Peter Berthold
Vogelzug

Peter Berthold

Vogelzug

Eine aktuelle Gesamtübersicht

4., stark überarbeitete
und erweiterte Auflage

Wissenschaftliche Buchgesellschaft
Darmstadt

Einbandgestaltung: Neil McBeath, Stuttgart.

1. Auflage 1990
2. Auflage 1992
3. Auflage 1996

Die Deutsche Bibliothek – CIP-Einheitsaufnahme
Ein Titeldatensatz für diese Publikation ist bei
Der Deutschen Bibliothek erhältlich.

Die Deutsche Bibliothek –
CIP Cataloguing-in-Publication-Data
A catalogue record for this publication is available from
Die Deutsche Bibliothek.

Online-Recherche unter:
For further information see:
http://www.ddb.de/online/index.htm

Bestellnummer 13656-X

4., stark überarbeitete und erweiterte Auflage
© 2000 by Wissenschaftliche Buchgesellschaft, Darmstadt
Dieses Werk ist auf der Grundlage der neuen amtlichen
Rechtschreibregeln erstellt.
Gedruckt auf säurefreiem und alterungsbeständigem Papier
Satz: Setzerei Gutowski, Weiterstadt
Printed in Germany
Schrift: Thesis

ISBN 3-534-13656-X

Gabi und Bongo

Das Bedürfnis zu ziehen ist ein ererbter Impuls, welchem die Nachkommen der Zugvögel unterworfen sind. Dies ist ein fast so – wenn nicht sogar genauso – unwiderstehlicher Zwang wie der ererbte Impuls, im Frühling zu brüten.

Übersetzung aus Seebohm (1888): *Charadriidae*

Wenn der ausgeprägte Vogelzug, der uns heute in der nördlichen Hemisphäre so vertraut ist, weder durch die persönliche Erfahrung eines Vogels noch durch ein bewusstes Erfahrungswissen seiner Vorfahren oder Umweltfaktoren bedingt ist, so kann andererseits kein Zweifel daran sein, dass seine Jahreszeitlichkeit, seine Zielsicherheit und Genauigkeit auf irgendeine andere Art und Weise mit der Erfahrung früherer Generationen zusammenhängen müssen. Eine solche Erfahrung hat nicht auf mündlichem oder schriftlichem Wege überdauert, und wir müssen deshalb annehmen, dass sie durch ein anderes Verfahren weitergegeben worden ist – genetisch, durch Vererbung. Wir müssen annehmen, dass die Verhaltensweise von früheren Individuen angenommen worden ist, dass sie irgendwie verinnerlicht worden ist und dass sie überlebt hat, weil sie heute noch wertvoll oder sogar lebenswichtig ist. Kurz – sie ist jetzt instinktiv.

Übersetzung aus Rowan (1931): The Riddle of Migration

Inhalt

Vorwort

Vogelzug gehört zu den faszinierendsten Erscheinungen unserer lebenden Umwelt, und es ist daher kein Wunder, dass er bereits seit dem Altertum erforscht wird. Die Zahl der Bücher, Monographien und Symposiumsbände, die sich mit Vogelzug beschäftigen, geht inzwischen in die Hunderte, und z. Z. erscheint alljährlich mindestens ein Band. Welchem Zweck soll dann das vorliegende Vogelzugbuch dienen? Es soll eine derzeit tatsächlich bestehende Lücke schließen. Wir besitzen im deutschsprachigen Raum zwar die einzige lehrbuchartige Gesamtdarstellung des Vogelzugs (von Schüz, Berthold, Gwinner u. Oelke 1971, neben der lehrbuchartigen Darstellung der gesamten Tierwanderungen von Baker 1978) – sie ist jedoch in mancherlei Hinsicht veraltet. Eine ganze Reihe in jüngerer Zeit erschienener Vogelzugbücher hat spezielle Schwerpunkte, wie z. B. Schmidt-Koenigs „Rätsel des Vogelzugs" (1980) die Orientierung, Curry-Lindahls „Großes Buch vom Vogelzug" (1982) und Meads „Bird Migration" (1983) die Darstellung von Zugabläufen oder Nachtigalls „Vogelflug und Vogelzug" (1987) Vogelflugprobleme. Gegenwärtig fehlt eine aktuelle, ausgewogene kurze Gesamtdarstellung aller wesentlichen Bereiche des Vogelzugs und seiner Erforschung, die vor allem Studenten, interessierten Laien, aber auch Biologen, Lehrern u. a. sowohl eine Einführung als auch einen kurzen Gesamtüberblick bietet. Das vorliegende Buch ist als Versuch zu verstehen, diese Lücke in Form von einer konzentrierten Einführung zu schließen. Vom Umfang her steht es zwischen der knappen Einführung von Creutz „Geheimnisse des Vogelzugs" (1987) und dem Lehrbuch von Schüz et al. (1971).

Ein schwieriges Problem stellt heutzutage die Bewältigung der Literatur dar. Über Vogelzugfragen erscheinen alljährlich Hunderte von Publikationen, von denen natürlich nur ein Bruchteil zitiert werden kann. Im Hinblick auf Ausgewogenheit des Buches muss das Literaturverzeichnis auf etwa 350 Titel beschränkt bleiben. Deshalb wird, soweit wie möglich, auf weiter führende, möglichst aktuelle Übersichtsarbeiten verwiesen, und Einzelbeispiele werden vor allem dort zitiert, wo Übersichten fehlen. Auf die Platz raubenden Hinweise bei Zitaten wie „Übersicht" oder „z. B." wird verzichtet; der Status einzelner Arbeiten ist meist leicht dem Titel im Literaturverzeichnis zu entnehmen. Das Literaturverzeichnis wurde am 10. März 1990 abgeschlossen. Beispiele, etwa für Zugabläufe und Steuerungsvorgänge, werden häufig aus dem Arbeitsbereich meines Instituts herangezogen, da sie für mich oft am besten zu bewerten und darstellbar sind. Wissenschaftliche und deutsche Vogelnamen werden vor allem nach Wolters (1975–1982) verwendet.

Ich habe trotz der gebotenen Kürze versucht, bei der Behandlung aller wesentlichen Bereiche der Vogelzugforschung neben den gesicherten Befunden auch die neuesten Ergebnisse, Hypothesen und Vorstellungen mit einzubeziehen. Sollten dabei Unausgewogenheiten entstanden sein, wäre ich für Mitteilungen im Hinblick auf spätere Überarbeitungen der Darstellung dankbar, ebenso für Hinweise auf weitere wichtige Phänomene oder Gesichtspunkte.

Zum Schluss bleibt mir die angenehme Pflicht, all denen herzlich zu danken, die mich mit Auskünften, Daten, Abbildungen, kritischer Durchsicht von Teilen des Manuskripts u. a. m. unterstützt haben, vor allem Doz. Dr. F. Bairlein (Köln), Prof. Dr. E. Gwinner (Andechs), Dr. A. Helbig (Frankfurt), Dr. G. Hilgerloh (Wilhelmshaven), Dres. S. Jenni-Eiermann und L. Jenni (Sempach), Dr. Y. Leshem (IRIC, Har Gilo, Israel), Prof. Dr. G. Rüppell (Braunschweig), Prof. Dr. K. Schmidt-Koenig (Tübingen), Dr. R. und Prof. Dr. W. Wiltschko (Frankfurt) und den Mitarbeitern der Wissenschaftlichen Buchgesellschaft für die angenehme Zusammenarbeit.

März 1990   Peter Berthold

Vorwort zur 4. Auflage

Der „Vogelzug" ist seit seiner 1. Auflage 1990 sehr positiv aufgenommen worden. Bei über 50 Besprechungen ist nur in 10 Kritik geübt worden. In 5 Fällen wurden Kleinigkeiten bemängelt, und in 3 Besprechungen wurden die Behandlung der Evolution des Vogelzugs bzw. die der Beziehungen zwischen Wetter und Zuggeschehen sowie der Radarornithologie als unzureichend erachtet. Alle diese Mängel habe ich versucht, hier in der 4. Auflage zu beheben. In 2 Besprechungen wurden eher persönliche, wenig konstruktive Ansichten vorgebracht, die sich nicht berücksichtigen ließen.

Der Verlag hat für diese Auflage meinem Wunsch nach 20%iger Erweiterung des Umfangs zugestimmt. Er schlägt sich in einigen neuen Kapiteln nieder und im Übrigen in Bezug auf die 1. Auflage proportional im Text- und Abbildungsteil sowie im Register und Literaturverzeichnis. Zudem wurde die Reihenfolge einiger Kapitel besser angeordnet, und manche Kapitel wurden zusammengezogen.

Seit der 1. Auflage habe ich (1991) ein Buch über „Orientation in Birds" herausgegeben, die englische Ausgabe des „Vogelzugs" („Bird Migration, A General Survey", 1993, Oxford) mit überarbeitet sowie ein Buch über „Control of Bird Migration" (1996) geschrieben. Dafür und für diese Auflage wurden über 6000 weitere und neue einschlägige Publikationen durchgearbeitet, von denen etwa 250 in das Literaturverzeichnis aufgenommen wurden. Neue Literatur wurde bis zum 31. 12. 1998 berücksichtigt. Während der zwei Jahre dauernden intensiven Arbeit an der 4. Auflage wurden viele neue Daten aufgenommen, sehr viele Textabschnitte modernisiert, frühere Annahmen verworfen oder in neuere Hypothesen gefasst usw. Auch das Register wurde gründlich überarbeitet und weist jetzt noch mehr auf offene Probleme und Hypothesen hin. Ein neues Glossar enthält die wichtigsten Grundbegriffe des Vogelzugs und seiner Erforschung. Ich hoffe, dass die 4. Auflage der erweiterten „Gesamtübersicht" ausgewogen, „gereift" und sowohl umfassend als auch leicht zugänglich ist. Für Anregungen für die nächste Auflage bin ich weiterhin dankbar. Zum Schluss möchte ich denjenigen herzlich danken, die mich außer den im Vorwort zur 1. Auflage Genannten besonders unterstützt haben: eine Reihe von Mitarbeitern der Vogelwarte Sempach, Dr. H.-W. Ley (Radolfzell) und Doz. Dr. E. Nowak (Bonn).

März 1999   Peter Berthold

1. Einführung

Die Umweltbedingungen der meisten Lebewesen unserer Erde sind charakterisiert durch den ständigen Einfluss zweier geophysikalischer Zyklen: durch Tages- und Jahresperiodik. Sie werden bedingt durch die Drehung der Erde um ihre Achse und die jahreszeitlich wechselnden Sonnenstandshöhen. Der daraus resultierende Tagesgang vieler Faktoren und die in mannigfacher Weise ausgeprägten Jahreszeiten bringen einen ständigen Wechsel der Lebensbedingungen mit sich, auf die sich Lebewesen einstellen müssen, wenn sie überleben und sich erfolgreich fortpflanzen wollen. Eine der zahlreichen Reaktionen auf diese Periodizitäten sind Wanderungen. Es ist daher nicht verwunderlich, dass Wanderungen bei nahezu allen Gruppen von Lebewesen vorkommen – von den Bakterien und einfachen Algen über viele Formen der Wirbellosen und Vertreter aller Wirbeltierklassen bis zum Menschen. Viele aquatische Lebensformen – z.B. das Plankton – führen tageszeitliche Vertikalwanderungen durch und folgen so bestimmten Tagesgängen von Licht, Temperatur, Nahrungsangebot u.a.m. Legionen von Tierformen verlassen zu bestimmten Tageszeiten ihre sie schützenden Baue oder sonstigen Verstecke, wandern zeitweise, vor allem zur Nahrungssuche, umher und kehren schließlich in ihren Unterschlupf zurück.

Als Antwort auf die Jahreszeiten unserer Erde sind vielfältige saisonale Wanderungen entstanden. Auch hier sind es im einfachsten Falle Vertikalwanderungen innerhalb eines geographisch eng begrenzten Lebensraumes. Viele niedere Bodentiere, die im warmen Sommerhalbjahr im Oberflächenbereich leben wie Regenwürmer, Schnecken und Grillen, ziehen sich im kalten Winterhalbjahr in tiefere Bodenschichten zurück. Dort suchen auch viele Wirbeltiere ihren Schutz, z.B. manche Fische im Schlamm gefrierender Gewässer, unter den Amphibien unsere Frösche und Molche, unter den Reptilien viele Eidechsen und Schlangen, unter den Säugetieren unsere Maulwürfe und Schlafmäuse – aber keine einzige Vogelart. Ihre saisonalen Wanderungen führen stets in mehr oder weniger entfernt gelegene Gebiete, und bis auf eine einzige Ausnahme bleiben auch alle Vogelarten, gleichgültig ob sie wandern oder nicht, das ganze Jahr hindurch aktiv. Diese Ausnahme betrifft die im südwestlichen Nordamerika lebende Winternachtschwalbe *(Phalaenoptilus nuttallii)*. Die Angehörigen dieser Art suchen zum Winter hin geeignete Höhlen auf, in denen sie einen regelrechten Winterschlaf durchführen. Ihre Körpertemperatur, die beim aktiven Vogel rund 40° C beträgt, sinkt dabei auf nur etwa 10° C ab.

Auch bei den Vögeln sind die einfachsten saisonalen Wanderungen

Vertikalbewegungen. So wie etwa Hirsche im Gebirge zum Winter hin ihre Bergweiden verlassen und tiefere Einstände in Tallagen aufsuchen, wandern auch viele montane Vogelarten im Winterhalbjahr in tiefere Regionen, in unserem Hoch- und Mittelgebirgsbereich z. B. Alpendohle *(Pyrrhocorax graculus)*, Wasserpieper („Bergpieper", *Anthus spinoletta*) und Mauerläufer *(Tichodroma muraria)*. Alpendohlen können aber auch bei ihren täglichen Nahrungssuch- und Schlafplatzflügen zwischen Höhen von 500 bzw. 2000 m hin und her pendeln.

Während diese Wanderungen über relativ kurze Distanzen oft nur wenig beachtet werden, wirken die saisonalen Langstreckenwanderungen vieler Tierarten faszinierend auf uns: Sie wecken Sehnsüchte, etwa mit Zugvögeln vor dem nahenden Winter in wärmere Gefilde mitzuwandern, sie lassen uns staunen angesichts verblüffender Streckenleistungen und bisweilen unglaublichen Orientierungsvermögens, und sie umgeben uns oftmals mit dem prickelnden Fluidum des Rätselvollen.

Saisonale Langstreckenwanderungen kommen bereits bei vielen Gliederfüßern vor. Marine Krebse (Langusten, Hummer) können einige hundert Kilometer auf dem Meeresgrunde wandern, Wanderheuschrecken vermögen mit ihren Schwärmen bekanntlich weite Teile ganzer Kontinente heimzusuchen, der amerikanische Monarchfalter *(Danaus plexippus)* zieht von seinen nördlichsten Lebensräumen in Kanada bis in seine Winterquartiere in Mexiko maximal rund 4000 km weit, und von unseren einheimischen Schmetterlingen wandern Arten wie der Distelfalter *(Vanessa cardui)* oder der Admiral *(Vanessa atalanta)* von Nordafrika über das Mittelmeer bis nach Skandinavien und Island.

Bei den Wirbeltieren sind saisonale Langstreckenwanderungen in allen Klassen ausgeprägt. Unter den Fischen sind die bekanntesten Beispiele Aale, Lachse und Thunfische, die zwischen Meeren und Flüssen als anadrome und katadrome Wanderer bzw. in den Meeren z. T. Tausende von Kilometern zurücklegen, bei den Amphibien Molche, die immerhin einige Kilometer zu und von ihren Laichplätzen wandern, bei den Reptilien sind es insbesondere marine Schildkröten wie die bekannte Suppenschildkröte *(Chelonia mydas)*, die zur Eiablage bestimmte Küsten, z. B. von kleinen Inseln, aufsuchen und dabei 3000 km zurücklegen können, bei den Säugern marine Arten wie Wale und Robben sowie Eisbären, die z. T. kontinentweite Wanderungen bis zu 20 000 km durchführen, und viele terrestrische Arten wie Rentiere, Gnus und andere Herdentiere, die alljährlich große Wanderstrecken von bis zu etwa 1500 km zu Land zurücklegen (Baker 1991). Sie alle werden jedoch weit übertroffen von der Vielfalt und dem Umfang an Wanderungen, die Vögel durchführen. Vögel sind für Wanderungen prädestiniert durch den Erwerb der Möglichkeit zu aktivem Flug, durch ihre Größe, ihre Homoiothermie sowie ihren Formenreichtum gepaart mit ökologischer Vielfalt.

Vögel haben nahezu alle Gebiete unserer Erde erobert, und ihre Wanderzüge umspannen praktisch die Gesamtoberfläche unseres Planeten wie ein Netz (Abb. 1). Vogelzug findet auch auf der Südhalbkugel statt.

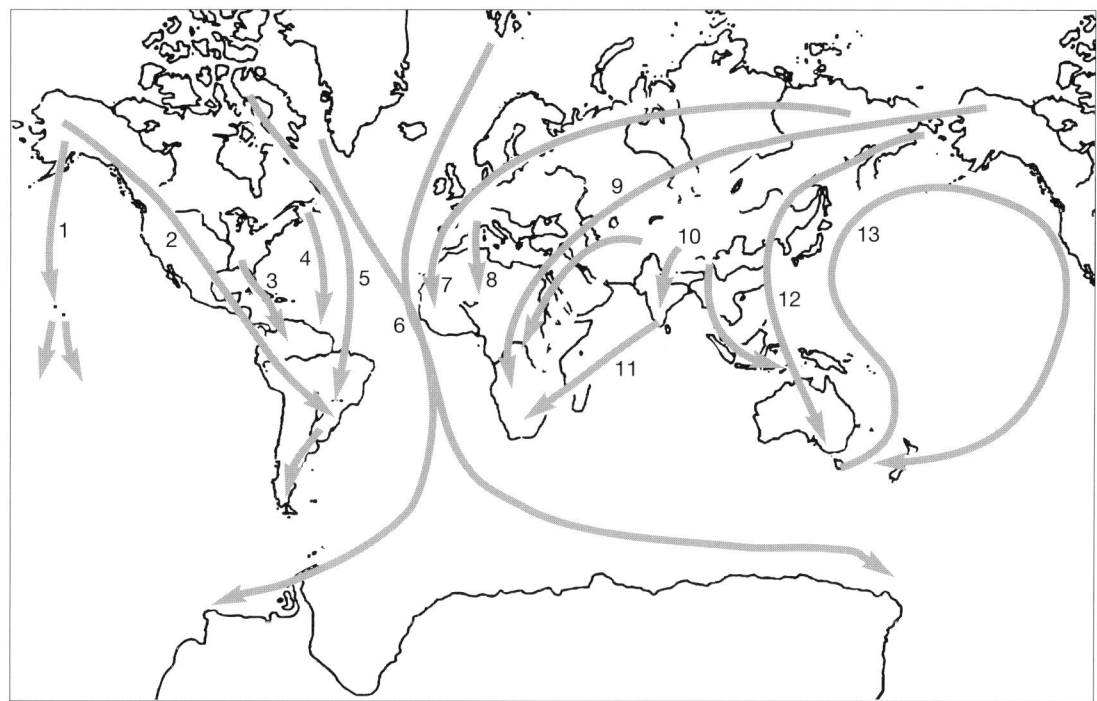

Abb. 1: Beispiele für Wanderrouten von Langstreckenziehern auf dem Wegzug. 1: Wanderregenpfeifer *(Pluvialis dominica)* und andere Limikolen von Alaska zu Inselgruppen im Pazifik, 2: Präriebussard *(Buteo swainsoni)*, 3: Transgolfzug vieler nordamerikanischer Arten, 4: Kappenwaldsänger *(Dendroica striata*, Transatlantikzug), 5 u. 12: Knutt *(Calidris canutus rufa* bzw. *C. c. rogersi)*, 6: Küstenseeschwalbe *(Sterna paradisaea)*, 7: Kampfläufer *(Philomachus pugnax)*, 8: Transsaharazug vieler eurasischer Arten, 9: Steinschmätzer *(Oenanthe oenanthe*, Alaska-Population), 10: Rauchschwalbe *(Hirundo rustica*, drei verschiedene Populationen in unterschiedliche Winterquartiere), 11: Amurfalke *(Falco amurensis*, dargestellt ist nur die Ozeanüberquerung), 12: s. 5, 13: zirkulärer Weg- und Heimzug des Kurzschwanz-Sturmtauchers *(Puffinus tenuirostris)*.

Viele dieser Australwanderungen führen vom Brutgebiet nordwärts in mehr äquatornahe Ruheziele. Zugvögel legen im Extremfall Strecken zurück, die dem Umfang der Erde entsprechen, queren sämtliche Ozeane, Wüsten, Gebirge und Eisfelder, vielleicht mit Ausnahme der Pole (Gudmundsson 1992), und es gibt keinen Monat im Jahr, in dem nicht irgendwo in der Welt Zugvögel auf großer Reise wären. Für dieses weltumfassende System an Wanderungen war die Entwicklung vieler spezieller Anpassungen und Steuerungsmechanismen erforderlich, und diese Entwicklung ist auch heute noch nicht abgeschlossen. Unsere z.T. unter menschlichem Einfluss sich stark und schnell verändernde Umwelt verlangt auch den heutigen Zugvögeln neue Anpassungen ab.

Die folgende Übersicht informiert zunächst über die Entstehung des Vogelzugs (Kap. 2) und seine Erforschungsgeschichte (Kap. 3), danach (Kap. 4) werden die wichtigsten Methoden behandelt, mit denen man heutzutage versucht, sowohl den Ablauf des Vogelzugs in der freien

Natur als auch seine Steuerungsgrundlagen in Experimenten und Laboratoriumsstudien zu analysieren. Kap. 5 zeigt die Vielfalt heutigen Vogelzugs auf, stellt Rekordleistungen dar und leitet Gesetzmäßigkeiten ab. In Kapitel 6 werden die physiologischen Grundlagen besprochen, also Anpassungen an die Erfordernisse des Zugs und Steuerungsmechanismen sowie ökologische Aspekte, Kapitel 7 behandelt die Orientierungsmechanismen, vor allem Kompasse und Navigationshypothesen, und in Kapitel 8 wird in einer kurzen Zusammenschau dargestellt, wie wir uns den Ablauf und die Steuerung typischen Vogelzugs nach heutiger Kenntnis vorzustellen haben. Kapitel 9 bringt einen aktuellen Bericht über die Gefährdung unserer Zugvögel und über erforderliche Schutzmaßnahmen, Kapitel 10 behandelt die evolutionsbiologischen Aspekte des heutigen und künftigen Vogelzugs, in Kapitel 11 wird die Bedeutung des Vogelzugs für den Menschen umrissen, und Kapitel 12 beschließt die Übersicht mit einem kurzen Ausblick auf die Zukunft der Zugvögel und der Vogelzugforschung.

2. Evolution, genetische Grundlagen und Umfang des Vogelzugs

Ob die „Urvögel" *Archaeopteryx*, die in den Jurakalkschichten bei Eichstätt in Bayern gefunden worden sind und die vor rund 140 Mio. Jahren gelebt haben, oder die China-Urvögel *Confuciusornis* der Unterkreidezeit schon irgendwelche bescheidenen Wanderungen unternommen haben, wissen wir nicht. Ihre Flugunfähigkeit kann jedenfalls nicht einfach als Hindernis dafür angesehen werden, denn zum einen können rezente Arten laufend oder schwimmend wandern (5.30), zum anderen haben wahrscheinlich die flugunfähigen Zahnvögel *Hesperornis* der Kreidezeit schon ausgedehnte Wanderungen durchgeführt. Fossile dieser großen, mit Taucherfüßen und stark reduzierten Flügeln ausgestatteten marinen Fischfänger wurden in Nordamerika gefunden. Die Fundumstände machen wahrscheinlich, dass diese Vögel, ähnlich wie viele heutige Seevögel, zum Brüten bereits beträchtliche Strecken in höhere Breiten wanderten (Tyrberg 1986). Wenn diese Annahme richtig ist, dann wäre Vogelzug im engeren Sinn (5.1) nahezu so alt wie die Vögel selbst, wie dies Alerstam (1990) postulierte. Ähnlich frühe Entstehung des Vogelzugs wird auch von einer Reihe anderer Untersucher angenommen (Berthold 1999).

   Wir müssen davon ausgehen, dass schon sehr frühe Vogelformen Ausbreitungsbewegungen durchgeführt haben, wie wir sie von vielen Jungvögeln kennen (5.3, 5.8), sei es, um sich aus den elterlichen Brutgebieten zu entfernen, um intraspezifischer Konkurrenz, Populationsdruck, zu entgehen, um neue Nahrungsgründe zu erschließen u.a.m. Je nachdem, ob man derartiges Abwandern in die Definition von Vogelzug mit einbezieht oder nicht, wird man die Entstehung des Vogelzugs eher früher oder später anzusetzen haben. Folgt man einer engeren Definition, die unter Vogelzug vor allem die regelmäßigen saisonalen Pendelbewegungen versteht (5.1, 5.2), dann betreffen unsere ersten Hinweise die oben genannten *Hesperornis*. Wie es danach weitergegangen ist, entzieht sich unserer Kenntnis. Aber über die Entstehung des Vogelzugs als Lebensform ist natürlich in zahlreichen Untersuchungen spekuliert worden, die kaum zu überblicken sind und bis zu Aristoteles zurückreichen (Kap.3). Erfreulicherweise gibt es neuere zusammenfassende Übersichten wie vor allem die von Rappole (1995), die weiterhelfen. Rappole (1995) hat alle bekannten Theorien zur Entstehung des Vogelzugs in acht Kategorien von Ursachen zusammengefasst: 1. weit zurückliegende Änderungen von Umweltbedingungen, vor allem bewirkt durch frühere Eiszeiten, Meeresspiegelschwankungen oder die Kontinentaldrift bei der Entstehung der heutigen Kontinente, 2. Klimaänderungen in neuerer Zeit, vor allem nach den letzten Eiszeiten, 3. proximate Faktoren verschiedenster Art (Kap. 4), vor allem Vorläufer sich anbahnender größerer Umweltveränderungen, 4. anderswo, in mehr oder weniger großer Entfernung zeitweilig zur Verfügung stehende günstige Ressourcen, 5. die jahreszeitliche Nutzung von Früchten und Nektar in einer Reihe von Gebieten mit zeitlicher Abfolge im Nahrungsangebot, 6. Saisonalität von Ressourcen in Verbindug mit interspezifischer Konkurrenz, 7. Saisonalität von Ressourcen in Verknüpfung mit intraspezifischer Konkurrenz (Dominanzeinflüsse), und 8. die Zugschwellen-Hypothese, die auf Baker (1978) zurückgeht und postuliert, jeder Organismus habe eine genetisch determinierte „Zugschwelle", so dass sich verschlechternde Umweltbedingungen ab einer bestimmten Grenze zu Wegzug führen.

So unterschiedlich die zahlreichen Theorien, auf den verschiedensten Ursachen aufbauend, auch sein mögen – sie haben nach Rappole (1995) alle eines gemeinsam: die Annahme, dass Zugvögel ursprünglich aus Standvögeln entstanden sind und dass „irgendetwas" das Ziehen in Gang gebracht hat. Für diese Verhaltensänderung vom Stand- zum Zugvogel gibt es in der Literatur zwei Erklärungsversuche: zum einen die Annahme von zufälligen Mutationen und zum anderen die Vorstellung, Vogelzug habe sich aus ursprünglichen Streubewegungen, v.a. der Jugenddispersion, die auch bei Standvögeln regelmäßig vorkommt (5.3), oder Nomadisieren (5.5) und fakultativem über obligaten Teilzug (5.10) bis hin zu obligatorischem Pendelzug schrittweise entwickelt (Terrill 1991; in einfacherer Form auch Merkel 1966: Entwicklung aus Hungerunruhe, Baker 1978: Explorationsverhalten-Zugmodell). Weiter wurde angenommen, Vogelzug sei wahrscheinlich in verschiedenen systematischen Vogelgruppen und in unterschiedlichen Regionen der Erde mehrfach oder sogar vielfach und unabhängig voneinander entstanden (polyphyletische Entstehung, Farner 1955). Und schließlich bildeten sich zwei gegensätzliche Ansichten über die Großräume der Vogelzugentstehung aus: die Theorie des nördlichen Ursprungs, die davon ausgeht, Vogelzug sei in der heutigen nördlichen gemäßigten Zone entstanden, sowie die Theorie des südlichen Ursprungs, die Entstehung von Zugvögeln eher in den Tropen sieht (Rappole 1995). Aus heutiger Sicht besteht kaum Zweifel, dass Vogelzug seinen Ursprung eher in tropischen Regionen oder zumindest unter tropisch-subtropischen Bedingungen genommen hat. Die höchste Beweiskraft dafür liegt in der Feststellung, dass – zumindest in Amerika – die meisten Langstreckenzieher der Nordhemisphäre eng verwandte, nicht oder wenig ziehende Formen in den Tropen haben (Rappole 1995). Außerdem ist Vogelzug auch innerhalb der Tropen – entgegen früherer Lehrmeinung – nicht etwa selten, sondern weit verbreitet. Curry-Lindahl (1981) berichtet z.B. von Wanderungen bei über 500 Arten und Unterarten innerhalb Afrikas. Inzwischen sind Intratropikalzüge in derartigem Ausmaß festgestellt worden (Schüz et al. 1971, Dowsett-Lemaire 1989, Rappole 1995), dass Winker et al. (1997) davor warnten tropische Vogelformen als Standvögel anzusehen, bevor sie nicht gründlich

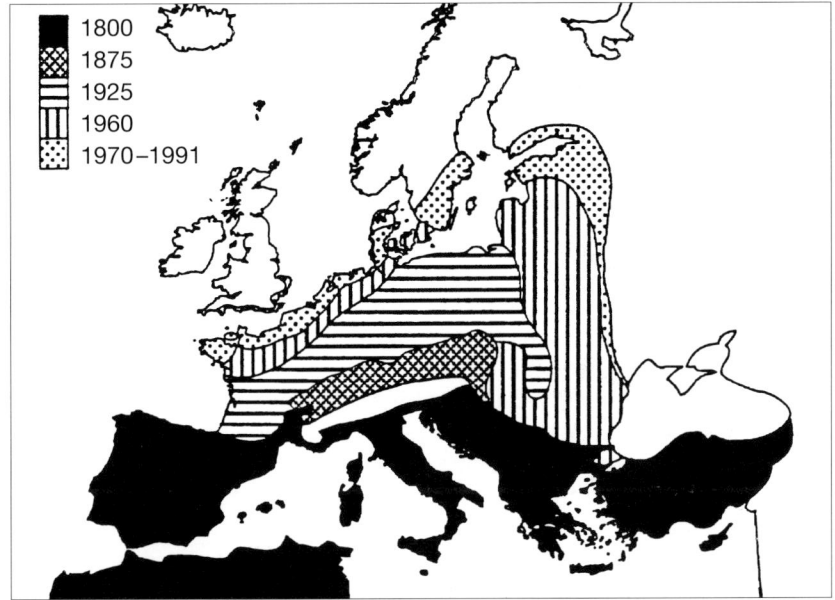

■	1800
▨	1875
▦	1925
▥	1960
▦	1970–1991

Abb. 2: Die Ausdehnung der Brutverbreitung des Girlitz *(Serinus serinus)* in Europa seit 1800 (aus Berthold 1998 nach Burton 1995).

auf Wanderungen hin untersucht wurden. Levey und Stiles (1992) haben in Intratropikalzügen eine unmittelbare Prädisposition für die Entwicklung von Zugverhalten außerhalb der Tropen angenommen (Evolutions-Vorläufer-Hypothese, Chesser u. Levey 1998).

Die bisher vorgestellten Vogelzug-Theorien besitzen folgende Mängel: Sie können nur schwer erklären, wie Zugverhalten im Falle polyphyletischer Evolution immer wieder neu entstanden sein mag, wie die Verhaltensänderung vom Stand- zum Zugvogelverhalten immer wieder eingetreten sein soll und vor allem, wie mit der Annahme von Mutationen der häufig zu beobachtende Wechsel im Zug-/Standvogel-Verhalten erklärt werden soll. Derartige Verhaltenswechsel, die – wie gleich gezeigt werden wird – häufig auftreten, würden regelmäßig gegengerichtete und bei vielen Arten gleichartig verlaufende Mutationen erfordern, die kaum vorstellbar sind. Die genannten Schwierigkeiten lassen sich gut am Beispiel von Girlitz *(Serinus serinus)* und Amsel *(Turdus merula)* erläutern. Der Girlitz hat sein Brutgebiet seit etwa 1800 vom Mittelmeerraum zunehmend nach Norden ausgedehnt – um 1925 bis in den norddeutschen Raum und danach bis nach Skandinavien (Abb. 2). Dabei wurde der ursprüngliche Teilzieher zum reinen Zugvogel mit mehr und mehr nach Süden ausgerichteten Zugrichtungen (Mayr 1926). Heutzutage, im Zuge der gegenwärtigen Klimaerwärmung (Kap. 10), überwintert der Girlitz wieder zunehmend im Brutgebiet, und zwar nun in seinem gesamten europäischen Verbreitungsgebiet (Bauer u. Berthold 1997) und wird damit wieder zum Teilzieher, der er früher im Mittelmeerraum war (Berthold 1999). Ein ähnliches Beispiel stellt die Amsel dar. Sie ist in ihrem mediterran-atlantischen Verbreitungsgebiet Standvogel oder Teilzieher. Nach ihrer postglazialen (Wieder-)Besiedlung Europas war sie dort bis ins 19. Jahrhundert Zugvogel, später Teilzieher, und gegenwärtig entwickelt sie Standvogelpopulationen, die bei weiterer Klimaerwärmung vorherrschen könnten (5.10). Derartige Veränderungen, die wir z. Z. bei vielen Arten beobachten (Kap. 10), sind schwer mit gleichgerichteten Mutationen zu erklären. Für sie gibt es, wie im Folgenden gezeigt wird, eine näherliegende Erklärungsmöglichkeit.

Eine Reihe von neuen Versuchsergebnissen, Beobachtungen und Verknüpfungen von Erkenntnissen haben es ermöglicht, auf dem Internationalen Ornithologenkongress 1998 in Durban eine neue umfassende Vogelzug-Theorie vorzustellen (Berthold 1999), die sowohl die Evolution des Vogelzugs, seine Steuerung als auch seine Anpassungsfähigkeit durch Mikroevolution erklärt. Sie baut auf einfachen experimentell erhärteten Befunden auf und kommt mit wenigen zusätzlichen Annahmen aus. Ihre wesentliche Grundlage ist der obligate Teilzug (5.10). Im Folgenden werden zunächst ihre Grundlagen kurz dargestellt, und anschließend wird sie formuliert.

Langfristige Untersuchungen in der Vogelwarte Radolfzell an einer Reihe von Arten, vor allem der Mönchsgrasmücke *(Sylvia atricapilla)* sowie an Rotschwanzarten, haben inzwischen gezeigt: Alle wichtigen morphologischen und physiologischen Grundlagen sowie Verhaltensgrundlagen des Vogelzugs werden unmittelbar genetisch gesteuert (also z. B. der Zugtrieb und der Beginn des Wegzugs, die Menge der Zugaktivität und damit die Dauer der Zugperiode und die bis ins Winterquartier zurückzulegende Strecke bei zugunerfahrenen, erstmals ziehenden Individuen, weiterhin die Zugdisposition, hier vor allem die Fettdeposition für den Zug, ferner das Orientierungsverhalten, aber auch Anpassungen in der Flügelform u. a. m., 5.32, 6.3, 6.12–6.15, 6.18, 6.21, 7). Derartige genetische Steuerung ist für sehr viele weitere Zugvogelarten wahrscheinlich. Weiterhin zeigen die untersuchten Zugmerkmale beträchtliche phänotypische und additiv-genetische Variabilität und besitzen dadurch ein großes Mikroevolutionspotential (Berthold 1999). Im Hinblick auf das Mikroevolutionspotential erwies sich der obligate Teilzug als besonders aufschlussreich. An einer teilziehenden Mönchsgrasmückenpopulation ließ sich nämlich zeigen, dass aus ihr durch experimentelle Selektion – die gerichteter Mikroevolution in der freien Natur entspricht – nahezu reine Zug- bzw. fast ausschließliche Standvögel innerhalb von nur 3–6 Generationen gezüchtet werden können (6.18). Damit stellt Teilzug bei diesen Vögeln eine Art Drehscheibe dar, von der aus – je nach den Umwelterfordernissen – größere oder kleinere Anteile von Zugvögeln in einer Population selektiert werden können. Weiterhin ließ sich nachweisen, dass bei Teilziehern die Verhaltensweise Ziehen (oder der Zugtrieb) und bei den ziehenden Individuen die Menge der Zugaktivität (die die Zugstrecke bestimmt, 6.13) von ein und demselben genetischen Mechanismus gesteuert werden, also ein Zugsyndrom darstellen (6.18). Da Ziehen und Nichtziehen bei Teilziehern nach den an Mönchsgrasmücken erzielten Ergebnissen offenbar polygen gesteuerte Schwellenmerkmale sind (6.18), ist nach dem Zugsyndrom zu erwarten: Auch bei der Selektion von reinen Zugvögeln auf kleinere Zugaktivitätsmengen (also kürzere Zugstrecken) sollte irgendwann eine kritische Schwelle erreicht werden, von der ab „automatisch", ohne die Wirkung weiterer Faktoren wie z.B. Mutationen, Nichtzieher auftreten – also Teilzug entsteht (Pulido et al. 1996, Berthold 1999, 6.18). Damit nimmt Teilzug eine Schlüsselstellung im Vogelzug ein für den Übergang von reinen Zugvögeln zu weniger ausgeprägten Zugvögeln bis hin zu Standvögeln, und es ist nicht überraschend, dass er offenbar sehr weit verbreitet ist. Von den rund 400 Brutvogelarten Europas z.B. sind über 60% Teilzieher, und es spricht vieles dafür, dass die restlichen knapp 40% zwar derzeit vorwiegend sehr hohe Zugvogelanteile besitzen, aber ebenfalls genotypische Teilzieher sind (d.h. potenzielle Teilzieher, die in ihrem Genom auch Gene besitzen, die Standvogelverhalten, also Nichtziehen, bewirken können; Berthold 1999, 6.18). Obwohl unsere Kenntnisse über den Umfang und die Art von Wanderungen in den Tropen noch sehr unvollständig sind, ist dennoch wahrscheinlich, dass Teilzug auch dort weit verbreitet ist. Das liegt schon deshalb nahe, weil die meisten Intratropikalzüge über kurze Strecken erfolgen und Kurzstreckenzug allgemein häufig mit Teilzug verbunden ist. Teilzug könnte sich bei weiteren Studien durchaus als die am weitesten verbreitete Lebensform bei Vögeln überhaupt erweisen – und damit als ein Grundmuster des Verhaltens von Vögeln (Berthold 1999). Es ist nicht überraschend, dass der offenbar sehr erfolgreiche Teilzug nicht etwa erst von Vögeln „erfunden" wurde, sondern eine alte und weit verbreitete Verhaltensweise darstellt, die bei vielen Insekten, Krustazeen sowie in allen anderen Wirbeltierklassen und sogar bei Pflanzen vorkommt (Berthold 1999). Vögel könnten somit bereits bei ihrer Evolution Teilzugverhalten von Vogelvorfahren mitgebracht haben, wie man das für ihre Orientierungsmechanismen annimmt (7.7).

Nach dieser kurzen Übersicht über neuere Befunde zur Steuerung des Vogelzugs und zum Teilzug lässt sich die neue Vogelzug-Theorie in wenigen Kernsätzen folgendermaßen formulieren: 1. Vogelzug entwickelte sich ursprünglich in tropischen Regionen oder zumindest unter tropischen Bedingungen und sehr wahrscheinlich schon bald nach Entstehung der Vögel. 2. Zugbewegungen führten unter tropischen Verhältnissen zunächst nur über kurze Entfernungen und waren dabei schon frühzeitig mit Teilzug verknüpft. Vögel haben das alsbald weit verbreitete Teilzugverhalten vielleicht bereits von Vogelvorfahren mitgebracht und ihr gesamtes späteres Zugverhalten daraus entwickelt. 3. Wie Teilzug auch immer entstanden sein mag – er hat sich als eine außergewöhnlich erfolgreiche und anpassbare Lebensform erwiesen und zunehmend verbreitet. Falls er nicht schon ursprünglich im Erbgut der Vögel allgemein fest verankert war, könnte er inzwischen eine evolutionsstabile Verhaltensform geworden sein – eine Verhaltensweise, die über Selektion und Mikroevolution durch keine andere Verhaltensweise (in diesem Fall reines Stand- oder ausschließliches Zugvogelverhalten) ersetzt werden kann. Da Teilzieher – wie experimentell gezeigt – unter extremen Bedingungen rasch bis zu phänotypisch (fast) reinen Zug- oder Standvögeln selektiert werden können, brächte die evolutionsstabile Verankerung des Teilzugs keinerlei Nachteile. Sie hätte aber den großen Vorteil, dass selbst nach extremer Selektion auf nur einen Phänotyp die Entwicklung später, unter andersartigen Umweltbedingungen, jederzeit durch einfache Gegenselektion wieder umkehrbar wäre. 4. Nachdem Teilzugverhalten bei Vögeln genetisch verankert war, besaßen sie ein genetisches Grundmuster, von dem aus die gesamte Verhaltenspalette vom (fast reinen) Standvogel bis zum (fast ausschließlichen) Zugvogel – und in dieser Gruppe bis hin zum interkontinentalen Langstreckenzieher (5.24) – rein durch Selektion und Mikroevolution entwickelt werden konnte. Und diese Entwicklungen adaptiver Radiation können, wenn dies neuartige Umweltverhältnisse erfordern, jederzeit und relativ rasch durch Gegenselektion umgekehrt werden (10), ohne dass Mutationen oder sonstwie gesteuerte „Verhaltenssprünge" erforderlich sind. Damit stellt die genotypische Veranlagung zum Teilzugverhalten eine ideale Ausgangsbasis für alle Formen von regelmäßigem Zug dar, und sie mag durchaus auch genetische Verbindungen zum Dispersionsverhalten oder zu mehr fakultativem Zugverhalten besitzen (5.3 ff.), nach denen es zu suchen gilt. Berechnungen ergaben, dass die Umwandlung von einer (fast) ausschließlich ziehenden in eine (nahezu reine) Standvogelpopulation (oder umgekehrt) bei Singvögeln nur etwa 25 Generationen oder 40 Jahre dauern würde (Berthold 1999).

Für die spezifische Entwicklung des heutigen Vogelzugs z. B. im eurasisch-afrikanischen Raum haben sicher die Eiszeiten eine große Rolle gespielt. Während der Eiszeiten war die Vogelwelt Europas stark reduziert (Moreau 1954), viele Arten und Populationen waren gezwungen, sich in mediterrane, nordafrikanische oder asiatische Refugien zurückzuziehen, von wo aus sie nach der letzten Eiszeit „wieder" einwandern konnten (Mayr u. Meise 1930). Das Wieder ist in Anführungszeichen gesetzt, denn manche ursprünglichen Arten haben sich offensichtlich durch die zeitweilig erfolgte Trennung von Populationen zu nah verwandten Arten aufgespalten, nämlich zu sogenannten Zwillingsarten. Solche Artenpaare sind in unserem Raum z. B. Garten- und Waldbaumläufer *(Certhia brachydactyla, C. familiaris)*, Fitis und Zilpzalp *(Phylloscopus trochilus, P. collybita)* und Sumpf- und Weidenmeise *(Parus palustris, P. montanus)*. Manche dieser Zwillingsarten sind ausgeprägte Zugvögel und Langstreckenzieher wie der Fitis, andere mehr Kurz- und Mittelstreckenzieher wie der Zilpzalp und andere im wesentlichen Standvögel wie der Waldbaumläufer.

Die vor rund 15 000 Jahren mit dem Ende der letzten Eiszeit einsetzende Entwicklung zum heutigen Vogelzugsystem in Europa dauert bis in unsere Gegenwart an, und ein Ende dieser Entwicklung ist nicht abzusehen. Beispiele für bis in die Gegenwart andauernde Entwicklungen im

Zug- und Ansiedlungsverhalten finden wir bei vielen Arten: Der Kiebitz *(Vanellus vanellus)* etwa hat Finnland im Wesentlichen erst in unserem Jahrhundert besiedelt, die nördlichen Landesteile sogar erst Ende der 60er Jahre, die Wacholderdrossel *(Turdus pilaris)* erreichte Ende der 40er Jahre Grönland, wo sie seitdem regelmäßig brütet (Schüz et al. 1971), und auch bei uns etablieren sich gegenwärtig neue Zugvogelarten als Brutvögel: vom Südwesten her der Orpheusspötter *(Hippolais polyglotta)*, vom Osten der Karmingimpel *(Carpodacus erythrinus)*, und vom Süden dringen z. Z. Arten wie der Bienenfresser *(Merops apiaster)* vor (Bauer u. Berthold 1997, Berthold 1998, Kap. 10). Und anthropogene Veränderungen unserer Umwelt, allen voran rezente Klimaänderungen, bedingt durch zunehmende Luftverschmutzungen („Treibhauseffekt"), könnten die Entwicklung neuartiger Vogelzugmodi bei rezenten Populationen stark beschleunigen. Darauf wird in 10 näher eingegangen. Das einzige derzeit bekannte Beispiel dafür, dass sich gegenwärtig aus Teilzug ausgeprägtes Zugverhalten entwickelt, wird in 5.2 behandelt (Hausgimpel *Carpodacus mexicanus*).

In vielen, vor allem älteren Arbeiten ist die Frage diskutiert worden, inwieweit die gemäß der Drifttheorie erfolgte Kontinentalverschiebung, also die Entstehung der heutigen Kontinente aus den Urkontinenten, Nachwirkungen auf den heutigen Vogelzug haben mag. Während die Systematiker aufgrund immer feinerer Methoden der Verwandtschaftsbestimmung und anhand von Fossilfunden recht gut in der Lage sind, die historische Verteilung früher Vogelformen auf den verschiedenen Kontinenten und die nachfolgende Weiterentwicklung der Avifaunen zu rekonstruieren (Brodkorb 1971), sind entsprechende historische Aspekte des Vogelzugs rein spekulativ geblieben (Schüz et al. 1971, Gauthreaux 1982) und sollen hier nicht weiter erörtert werden. Im Hinblick auf die in der Nordhemisphäre nach der Eiszeit entstandenen Wanderwege sieht es jedoch so aus, als ob noch heute eine Reihe von Arten die ehemaligen Wiederbesiedlungsrouten ihrer Gründerpopulationen als Zugwege benützen würde, auch wenn diese Zugrouten heute eher umständlich erscheinen (5.17). Andererseits müssen wir uns aber auch klar vor Augen halten, dass jüngste experimentelle Befunde zeigen, dass Zugverhalten beim Zusammentreffen von einer ziehenden und einer nicht ziehenden Population u. U. von einer Generation zur anderen in die Nachkommen der sesshaften Individuen vererbt werden und damit sehr rasch neu entstehen kann. Ähnlich schnell können wohl auch andere wesentliche Eigenschaften von Zugvögeln beim Einwirken starker Selektionsfaktoren auf genetischer Basis verändert werden, so dass konservative Verhaltensweisen von Zugvögeln zumindest theoretisch bei Bedarf wohl sehr schnell abgewandelt werden können (6.18, Kap. 10).

In höheren geographischen Breiten führen, wie oben bereits angesprochen, die meisten Vogelarten irgendwelche Wanderungen durch, und sei es wenigstens in einigen ziehenden Populationen oder Rassen (wie z. B. beim Haussperling *Passer domesticus* in der in Asien ziehenden Rasse *bactrianus*, 6.6), und reine Standvögel sind dort selten. Von Eurasien wandern alljährlich etwa 200 Arten nach Afrika. Moreau (1972) hat mit einer Reihe von Methoden abgeschätzt, dass damit jährlich über fünf Milliarden Individuen nach Afrika ziehen. Von den rund 1850 in Afrika lebenden Vogelarten mit schätzungsweise 70 Milliarden Individuen führen ebenfalls einige hundert Arten regelmäßig größere Wanderungen durch (Curry-Lindahl 1981, Lövei 1989), die mehr als zehn Milliarden Individuen betreffen mögen. Unter der berechtigten Annahme, dass in dem nearktisch-neotropischen, dem paläarktisch-orientalisch-australischen und dem antarktischen Vogelzugsystem ähnliche Mengen von Zugvögeln wandern wie in dem näher dargestellten paläarktisch-afrikanischen, dürften von den gegenwärtig in der Welt lebenden 200–400 Milliarden Vögeln alljährlich Zugvögel in der Größenordnung von mindestens 50 Milliarden unterwegs sein.

3. Geschichte der Vogelzugforschung

Sie beginnt zweifellos mit Aristoteles, dem Stresemann in seiner „Entwicklung der Ornithologie" (1951) bescheinigt, dass er „die Vogelkunde zum Rang einer Wissenschaft erhoben hat". Während Aristoteles erstaunlich detaillierte Beobachtungen aus den Gebieten der späteren Systematik, Morphologie, Physiologie, Embryologie, Ethologie u.a. mitteilt, hat er, was Zugvögel anbelangt, vor allem „das Märchen vom Winterschlaf der Vögel verbreitet", wie Stresemann formuliert. Diese Meinung wurde immer wieder abgeschrieben und hielt sich erstaunlich lange, so dass noch der Systematiker Linné im 18. Jahrhundert der Ansicht war, Schwalben z.B. versänken im Herbst in Sümpfen und kämen erst im Frühjahr wie Amphibien wieder hervor (Schüz et al. 1971). Der zeitgenössische französische Naturforscher Cuvier hielt sogar Angaben für zutreffend, nach denen Fischer unter dem Eis von Gewässern zusammengeklumpte, aber noch lebende Schwalben gefunden haben sollen. Aristoteles glaubte zudem, eine Reihe von Arten würde sich zum Überwintern in andere Arten verwandeln (Transmutationstheorie, Mead 1983), und selbst Wanderungen bis zum Mond wurden angenommen (Nachtigall 1987).

Der erste große Ornithologe, den die Geschichte kennt (Stresemann 1951), war der Stauferkaiser Friedrich II., und ihm verdanken wir auch eine erste Darstellung des Vogelzugs mit einer großen Zahl erstaunlich präziser, bis auf den heutigen Tag gültiger Beobachtungen und Deutungen. In seinem berühmten Werk „De arte venandi cum avibus" führt er die Ursachen des Vogelzugs auf äußere Einwirkungen wie Kälte und Nahrungsmangel zurück. Seiner hervorragenden Beobachternatur entging nicht, dass in den Keilformationen wandernder Kraniche *(Grus grus)* die Führervögel wechseln, worin er Aristoteles korrigiert. Er beschreibt treffend, wie Zugvögel im Frühjahr der Nahrung und der Wärme folgend allmählich in die Brutheimat einrücken und gibt eine faszinierende Beschreibung des Vogelfluges.

Unter den frühen Vogelzugbeobachtern haben sich einige weitere einen bleibenden Namen gemacht: der Vorläufer der modernen Verhaltensforschung, von Pernau, der bereits 1702 die Vorstellung von Instinkten, also vorgegebenen Verhaltensweisen, entwickelte und klar erkannte, dass der Zugvogel oftmals nicht direkt durch Hunger und Kälte zum Aufbruch veranlasst, sondern „durch einen verborgenen Zug zur rechten Zeit getrieben werde ...". Auch Reimarus und Legg vertreten bereits 1760 bzw. 1780 die Meinung, dass Zugvögel vielfach zu bestimmten Zeiten eine Art vorprogrammiertes „Zugweh" bekommen bzw. „innerer Kenntnis" folgen

(Berthold 1996). Johann Andreas Naumann (1791, 1795–1817) schließlich gibt die erste klare Beschreibung der Zugunruhe, d. h. der Zugaktivität in Gefangenschaft befindlicher Zugvögel und deutet sie bereits im Sinne eines Zug-Zeitprogramms. Die Kenntnis der Zugrichtung sieht er als in des Vogels „Natur gepflanzet" an (4.8, 6.13, 7.6.7).

Die intensive Erforschung des Vogelzugs setzte im 19. Jahrhundert ein. Farner (1955) unterscheidet zwei wesentliche Perioden. Etwa von 1825–1925 dauerte die Periode der Beobachtungen. Aus ihrer Zeit sind Namen wie Brehm, von Homeyer, Palmén und Wallace zu nennen, und von Lucanus (1923) und Wachs (1926) schrieben kritische, umfassende Übersichten über diesen Zeitabschnitt. In dieser Periode vielfältiger Mischung aus richtigen und falschen Beobachtungen, vorgefassten Meinungen und naturphilosophischen Konstruktionen kam es zu recht eigenwilligen Vorstellungen, auch Rückfällen gegenüber weit besserer Kenntnis der Materie in zurückliegender Zeit. Palmén z. B. nahm in seinem 1876 erschienenen Buch „Über die Zugstraßen der Vögel" an, der „sogenannte Zuginstinct" gehe zum Teil auf Vererbung von Erfahrung zurück, Zugvogelscharen hätten allgemein ältere Individuen als Anführer, Vogelzug vollziehe sich nur in festgelegten Korridoren, den Zugstraßen, vornehmlich im Bereich großer Flüsse und einen angeborenen Richtungssinn gebe es nicht.

1925 begann mit den Pionierarbeiten des Kanadiers Rowan die Periode der experimentellen Vogelzugforschung. Rowan setzte in Freilandvolieren gehaltene Individuen zweier Zugvogelarten, nämlich Junkos *(Junco hyemalis)* und Amerikanerkrähen *(Corvus brachyrhynchos)* bereits mitten im Winter langen Tagen aus durch zusätzliche künstliche Beleuchtung, wodurch die Vögel vorzeitig sangen und Gonadenreifung zeigten, und derartig vorbehandelte freigelassene Krähen wanderten verfrüht in Richtung auf ihre nördlichen Brutgebiete ab. Damit war die erste Hypothese für die Steuerung des Vogelzugs auf experimenteller Basis geboren: Rowan folgerte, zumindest der Heimzug werde durch die Gonaden gesteuert, genauer, durch Sexualhormone ausgelöst (6.10).

Schon um die Jahrhundertwende war ein anderes Vogelzugexperiment eingeleitet worden – das Beringungsexperiment. Auf dem ersten Internationalen Ornithologen-Kongress 1884 in Wien war beschlossen worden, den Vogelzug mit Hilfe einer Vielzahl von Beobachtungsstationen systematisch zu erfassen. 1901 kam es zur Gründung einer solchen, sich später als überaus wichtig erweisenden Station: der Vogelwarte Rossitten auf der Kurischen Nehrung in Ostpreußen. Kurz zuvor, 1890, hatte der dänische Lehrer Mortensen damit begonnen, Stare *(Sturnus vulgaris)* und andere Vögel systematisch mit Metallringen am Bein (Lauf) zu kennzeichnen und erhielt sogenannte Rückmeldungen von weggezogenen und anderswo geschossenen oder wiedergefundenen Individuen. Derartige Kennzeichnungen waren auch schon früher gelegentlich vorgenommen worden – bereits in der Antike, worüber Plinius berichtet (Bub u. Oelke 1989). Aufsehen erregte z. B. auch ein Weißstorch *(Ciconia ciconia)*, den eine Gräfin in Deutschland mit einem Silbermedaillon markiert hatte und der 1846 in Palästina gefangen wurde. Aber erst Mortensen verhalf der Kennzeichnung von Zugvögeln zu einem ersten Durchbruch. Das Beringungsexperiment wurde alsbald – 1903 – in der frisch gegründeten Vogelwarte Rossitten unter der damaligen Leitung von Johannes Thienemann institutionalisiert und brachte in kurzer Zeit viel Licht in die bislang nur andeutungsweise bekannten, z.T. komplizierten Wanderwege vieler Zugvögel. Bereits 1931 konnten Schüz und Weigold einen ersten Atlas des Vogelzugs herausgeben, der in Kartenform über die Wanderwege einer ganzen Reihe von Zugvogelarten Auskunft gibt und der von Zink (1973–1985) und Zink und Bairlein (1995) fortgesetzt wurde. Inzwischen ist die Methode der Beringung ein Welterfolg geworden: Sie wird in den meisten Ländern der Erde praktiziert, und inzwischen sind in Europa über 120 Millionen und weltweit mehr als 200 Millionen Vögel beringt worden. In vielen Ländern wurden dafür spezielle Beringungszentralen eingerichtet, in Europa über 30, die EURING angehören, der European Union for Bird Ringing, und nach einheitlichen Methoden arbeiten (4.6).

Ähnlich wie die Vogelzugforschung mittels Beringung hat sich auch die sonstige Zugforschung zunehmend institutionalisiert. Schon die Vogelwarte Rossitten hat nach anfänglich reiner Beobachtung und Beringung ihre Arbeitsbereiche erweitert und ab 1925 Orientierungsexperimente und ab 1935 physiologische Untersuchungen begonnen. Sie sind in dem Nachfolgeinstitut, der Vogelwarte Radolfzell, einer Abteilung der Forschungsstelle für Ornithologie der Max-Planck-Gesellschaft, stark ausgeweitet worden und schließen heute auch Bereiche der Vogelzugendokrinologie und der Vogelzuggenetik ein (4.10, 4.8 u. 6.18). 1910 kam es zur Gründung einer weiteren Vogelwarte in Deutschland, der Vogelwarte Helgoland, die heute ihren Hauptsitz im Institut für Vogelforschung in Wilhelmshaven hat. Sie geht letztlich auf die Tätigkeit des Künstlers und Vogelbeobachters Heinrich Gätke auf Helgoland zurück, der auch den Begriff „Vogelwarte" in den deutschen Sprachgebrauch eingeführt hat (Weigold 1930, Bairlein u. Hüppop 1997). 1936 wurde eine dritte deutsche Vogelwarte auf der Insel Hiddensee in der Ostsee gegründet, die seit 1964 auch eigene Ringe ausgibt. In vielen Ländern, in denen solide naturwissenschaftliche Forschung betrieben wird, haben sich inzwischen darüber hinaus Arbeitsgruppen von Vogelzugforschern etabliert, häufig an Universitäten, die meist bestimmte Bereiche wie Orientierungsprobleme, periodische Vorgänge, Stoffwechselvorgänge usw. konzentriert untersuchen und die entsprechende Ausstattung für anspruchsvolle Experimente und Analysen besitzen. Besonders wichtige Impulse erhielt die Vogelzugforschung aus dem Gebiet der Biorhythmik, das sich zunächst in Bezug auf die Tagesperiodik (Wagner 1930, Palmgren 1944) und später im Bereich der Jahresperiodik (Aschoff 1955) rasch ausweitete.

4. Methoden der heutigen Vogelzugforschung

Bis zu den ersten Experimenten mit Zugvögeln (Kap. 3) kannte man nur die zufällige oder systematische Beobachtung als Untersuchungsmethode in der Vogelzugforschung, bisweilen auch die Jagd. Heute sind der modernen Zugforschung eine Fülle von Methoden dienlich, teils einfache und altbewährte, die immer noch unentbehrlich sind, und zunehmend mehr neueste Verfahren aus vielen Bereichen, vor allem der Biologie, der Chemie und Physik, aber auch der Medizin oder der Weltraumforschung. Im Folgenden werden zunächst in den Abschnitten 4.1–4.7 Methoden der Vogelzugforschung im Freiland beschrieben, in 4.8–4.10 experimentelle Verfahren zum Studium gekäfigter Vögel sowie Laboratoriumsmethoden. Im Vordergrund von Vogelzugstudien stehen meist folgende sieben Hauptfragen:

1. Welche exogenen und/oder endogenen Faktoren bewirken, dass Individuen, Populationen oder Arten teils Zug-, teils Standvögel sind?
2. Wann beginnen sich Zugvögel für den Zug vorzubereiten, und was bewirkt den Beginn?
3. Wie wird der Zugbeginn ausgelöst?
4. Wie ist die Zugrichtung festgelegt und wie wird sie realisiert?
5. Wie wird der Zugablauf gesteuert?
6. Wenn, wann, wie und wo rasten Zugvögel unterwegs?
7. Wie wird das Ende einer Zugperiode bestimmt?

Wie bei vielen anderen biologischen Phänomenen gilt es dabei stets sorgfältig zwischen den proximaten und den ultimaten Faktoren zu unterscheiden. Die proximaten oder unmittelbaren sind die aktuell regulierenden Umweltfaktoren, wie z. B. die Photoperiode, die in Verbindung mit endogenen Rhythmen an der Zugauslösung beteiligt ist (6.12). Die ultimaten oder mittelbaren sind die evolutiv selektionierenden Umweltfaktoren, die, wie z. B. das jahreszeitlich wechselnde Nahrungsangebot, Zugverhalten ursprünglich haben entstehen lassen (Kap. 2, 6 u. 10).

4.1 Sichtbeobachtung

Wandernde Tagzieher wie z. B. die Scharen ziehender Krähen, Keile von Entenvögeln, Pulks von Staren, Limikolen (Watvögeln), Finken oder Ammern, sie alle fallen hauptsächlich dem Auge auf, daneben häufig auch durch vielerlei Rufe. Bei vielen Arten bot sich an, den am Tage sichtbaren Zug systematisch zu beobachten und z. B. zu registrieren, ab wann, wie lange, wie regelmäßig die einzelnen Arten wandern, wann bestimmte

Altersklassen und die verschiedenen Geschlechter ziehen, wann die Zug-dichte am größten ist u. a. m. Ein derartiges Beobachtungsprogramm war z. B. der erste Forschungsauftrag der 1901 neu gegründeten Vogelwarte Rossitten (Kap. 3, Thienemann 1927). Durch systematische Beobachtun-gen lassen sich sogenannte tages- und jahreszeitliche Zugmuster einzel-ner Arten ermitteln, also die zeitliche Verteilung und die Dichte der Durchzügler während einzelner Tage oder über eine Zugsaison. Verglei-che solcher Zugmuster über Jahre decken vielfach Regelhaftigkeiten auf, aber auch Wetterabhängigkeiten, über lange Zeiträume andauernde Ent-wicklungen u. a. Entsprechende, im Jahresverlauf oft mehrgipflige Mus-ter werden auch mit Fangverfahren erzielt (4.7) und geben Aufschluss über Zug- und andere Bewegungen (Jenni 1984).

Die Sichtbeobachtung (von der Biologen z. B. im Gegensatz zum Ver-hören von Stimmen oder zur Registrierung durch Fang usw. sprechen) war die klassische Vogelzug-Forschungsmethode der Periode der Beob-achtungen (Kap. 3), aber sie ist auch heute noch von großer Bedeutung. Viele Tagzieher, die sich nur schwer fangen und damit weder gut durch Fang registrieren noch beringen lassen (4.6), werden nach wie vor auf ihrem Zug durch Sichtbeobachtung erfasst. Das geschieht vor allem an exponierten Plätzen wie Bergpässen, Höhenzügen, Landvorsprüngen an Küsten usw., wo erfahrungsgemäß Tagzieher wie Greifvögel, Störche, viele Limikolen, aber auch Kleinvögel konzentriert und gut erfassbar durchziehen. Vielerorts, z. B. an der schwedischen Küste, am Bosporus, in Gebirgen Israels und der USA, aber auch auf der Schwäbischen Alb sind Beobachtungsstationen eingerichtet worden, in denen systematische „Zugplanbeobachtungen" organisiert werden, die den Zugablauf und die ihn steuernden Vorgänge mehr und mehr erhellen (z. B. Edelstam 1972, Gatter 1973, Leshem 1989). In Israel – einem der bedeutendsten Vogel-zugkorridore (5.13) – werden in den Hauptzugzeiten spezielle „Migration Birdwatcher's Festivals" veranstaltet, wobei innerhalb weniger Wochen u. a. über eine Million Greifvögel und eine halbe Million Weißstörche be-obachtet werden können. Im Bereich von Gibraltar werden in dem Pro-jekt MIGRES wandernde Seevögel erfasst.

Ausgezeichnete Möglichkeiten zur Sichtbeobachtung des Vogelzugs bieten sich heute von Ultraleichtflugzeugen aus, mit denen man prak-tisch in den Schwärmen von Zugvögeln mitfliegen kann. Entsprechende Untersuchungen werden vor allem in Israel durchgeführt, wo das Vogel-schlagproblem – die Kollision von Zugvögeln mit Flugzeugen – bei der ge-ringen Größe des Landes und der hohen Vogelzugdichte den Luftverkehr vor große Probleme stellt (Leshem 1989, 11).

Sehr viele Vogelarten wandern jedoch nachts, und sie sind tagsüber al-lenfalls stationär während ihrer Rast oder Nahrungssuche zu sehen. Man hat früher, ehe bessere Methoden zu ihrer Registrierung zur Verfügung standen, vielfach versucht, sie durch Beobachtung vor der Mondscheibe zu erfassen (Schüz et al. 1971, Williams u. Williams 1990). Diese recht mühsame Methode wird heute nur noch wenig praktiziert, in jüngerer Zeit jedoch wieder verstärkt, um z. B. die Durchzugsdichte über der Sahara abzuschätzen (Biebach et al. 1991) oder die Zugverhältnisse im Alpenraum aufzuklären (Liechti et al. 1996). Man hat mit einigem Erfolg versucht, abends zum Zug aufbrechende und morgens zur Rast einfallende und wandernde Zugvögel mit Nachtsichtgeräten zu erfassen oder mit transportablen Scheinwerfern „einzufangen", zu identifizieren und zu studieren (Ceilometer-Technik, Gauthreaux 1969). In neuerer Zeit haben sich auch Infrarot-Detektoren bewährt – spezielle Videokameras, die auf Temperaturabweichungen von einigen hundertstel Grad Celsius reagieren und mit denen man z. B. Zugvögel bis in etwa 3000 m Höhe erfassen kann (Liechti et al. 1995).

4.2 Jagd und Sammeltätigkeit

Die Jagd hat in früheren Zeiten durch Nachweise schwer zu bestimmender Arten wie z. B. mancher Greifvögel, Limikolen und Entenvögel im Schlichtkleid viel zur Klärung der Verbreitung von Zugvögeln, vor allem zur Beschreibung ihrer Zugrouten und Winterquartiere, beigetragen. Zur systematischen Untersuchung etwa des Zugs in verschiedenen Geschlechts- und Altersklassen wurden nicht selten ganze Serien von Vögeln geschossen, wenn sich die Individuen im Felde nicht anhand äußerer Merkmale näher bestimmen ließen (Thienemann 1927). Viele Fragen des Vogelzugs ließen sich auch anhand von Balgsammlungen in Museen bearbeiten. Heute spielen die Jagd und Sammlungen in der Zugforschung eine geringe Rolle. Aber in einer Reihe von Ländern werden auch heutzutage die Jagdstrecken, z. B. in den USA von Wasservögeln, die auf dem Zug und im Winterquartier in großer Zahl erlegt werden, regelmäßig auch im Hinblick auf die Wanderungen der Arten ausgewertet (Kalchreuter 1987).

4.3 Akustische Registrierung

Viele Zugvogelarten wandern stumm, andere rufen jedoch während des Zugs, und eine ganze Reihe von Arten besitzt spezielle Zugrufe, die nur während der Zugzeiten produziert werden. Zugrufe können bei manchen Arten vor dem Aufbruch zur Stimulation wanderbereiter Artgenossen hervorgebracht werden, vor allem aber auch während des Zugs, und zwar vielleicht zur Verbesserung der Orientierung (6.11). Ornithologen haben im Laufe der Zeit die meisten Zugrufe analysiert, und so bieten diese Rufe seit langem die Möglichkeit, Nachtzieher auf ihren Wanderungen zu identifizieren. Mühselige, systematische Nachtverhöre haben so zur Darstellung von Zugmustern von Nachtziehern geführt (Dorka 1966). Inzwischen sind Tonbandgeräte entwickelt worden, die so mit Detektoren ausgestattet sind, dass sie beim Auftreten von Zugrufen eingeschaltet werden und die Rufe aufnehmen, die dann später tagsüber abgehört oder mit Hilfe von Computerprogrammen identifiziert werden können (Dierschke 1989, Wuethrich 1994).

Eine andere Art der Registrierung von Zugvögeln mit akustischen Hilfsmitteln besteht darin, dass man Durchzügler mit Lockrufen, die von Lockvögeln und vom Tonband stammen, anlockt und mit verschiedenen Methoden fängt (4.7, Berthold 1996).

4.4 Erfassung mit Radar

Die Entwicklung von Flugkörpern, die für militärische Zwecke einsetzbar waren und unbemerkt in den Luftraum anderer Länder eindringen konnten, machte spezielle Erfassungssysteme erforderlich – so kam es zur Entwicklung der Radargeräte (von **RA**dio **D**etection **A**nd **R**anging). Diese mit gebündelten elektromagnetischen Wellen geringer Wellenlänge arbeitenden Apparate brachten vor allem für die Erforschung des nächtlichen Vogelzugs nach dem Zweiten Weltkrieg große Fortschritte. Auf Bildschirmen der Überwachungsradargeräte, wie sie z. B. in Flughäfen installiert sind, werden sowohl die Schwärme von Zugvögeln wolkenartig sichtbar (Vogelechos erscheinen als Lichtpunkte) als auch kurzfristige Wanderrouten einzelner Individuen als Striche, und sie lassen sich gut photographieren (Abb. 3). Mit den sogenannten Zielverfolgungsradargeräten können einzelne Individuen, die zunächst mit dem Radarstrahl eingefangen werden, über Kilometer verfolgt werden. Mit ihnen können auch Flügelschlagfrequenzen (Flügelschlagmuster) ziehender Individuen erfasst werden, die bei wenigen Arten die Bestimmung der am nächtlichen Himmel ziehenden Individuen erlauben (Bruderer 1971, Bruderer u. Jenni 1990, Stark 1996). Daneben kommen Höhenfindungs-, Wetter- und selbst Verkehrsüberwachungsradargeräte zum Einsatz (z. B. zur Fluggeschwindigkeitsmessung mit Hilfe von Dopplereffekten).

Die systematische „Radarornithologie", die in den USA, in England und in der Schweiz schon frühzeitig ausgebaut wurde (Eastwood 1967), informiert uns bei Tag- wie Nachtzug vor allem über die Zugdichte, die Zughöhen, die Zugrichtungen und -geschwindigkeiten sowie über Umwelteinflüsse. Bei den Zugrichtungen gilt es zu unterscheiden zwischen der allgemeinen Zugrichtung, nämlich der Flugrichtung eines Vogels relativ zum Boden, sowie seinem Kurs, d. h. der Richtungseinstellung der Körperachse, die bei Wind und Verdriftung (7.7) stark differieren können. Radarstudien informieren uns weiter über die Hauptzugrichtungen in bestimmten Gebieten oder von Zuggemeinschaften sowie über die Zuggeschwindigkeiten. Dabei ist zu unterscheiden zwischen der Eigengeschwindigkeit (Relativgeschwindigkeit, Fluggeschwindigkeit relativ zur umgebenden Luft) und der Geschwindigkeit ziehender Vögel über Grund. Schließlich vermitteln uns Radaruntersuchungen Vorstellungen über Beziehungen des Zugs zu Wetterfaktoren, die Reaktion von Zugvögeln auf topographische Gegebenheiten, die Zusammensetzung von

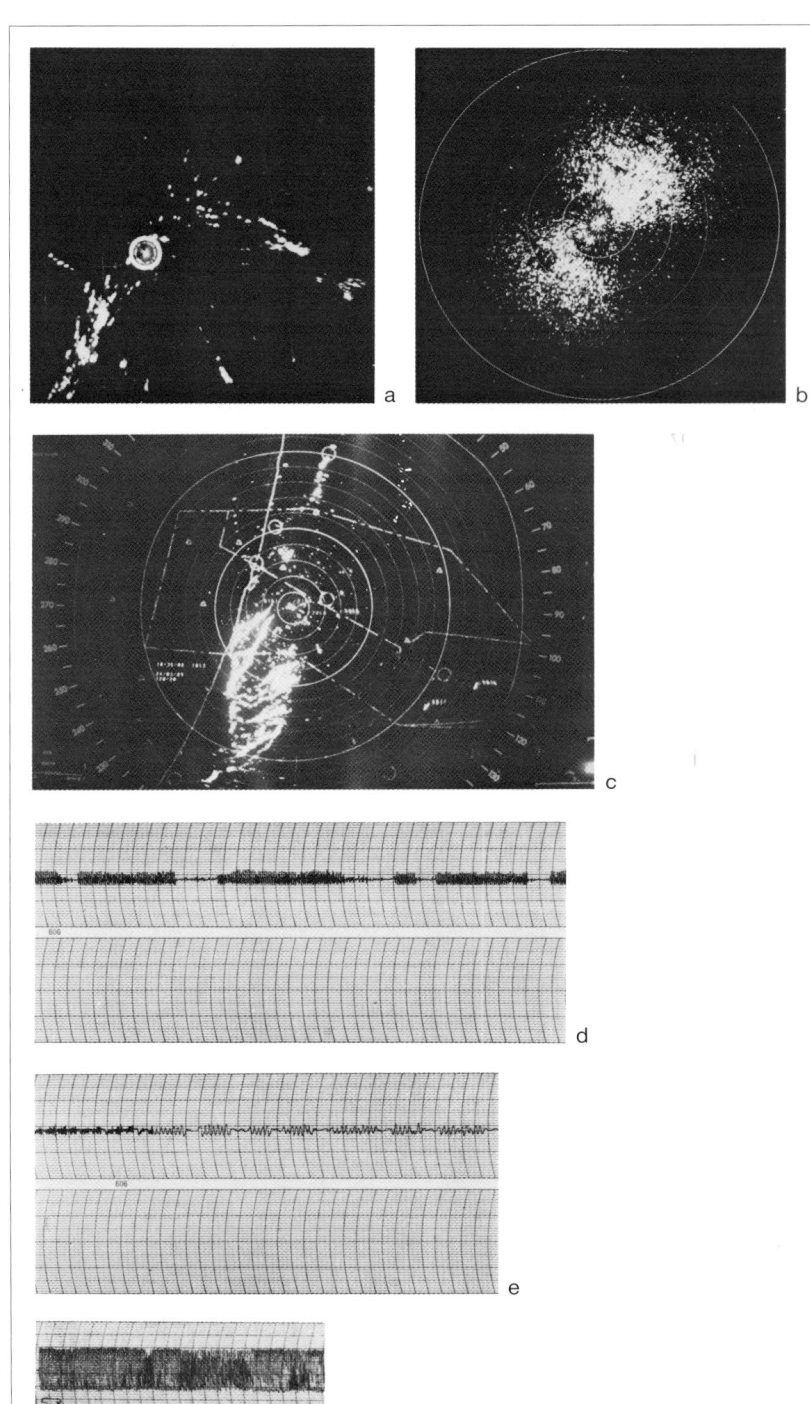

Abb. 3: Radarechos von Vögeln. a–c: Aufnahmen von Gibraltar, a: vom Felsen nach NO-SO und SW abfliegende Möwen, b: Nachtzug (Wegzug). Aufnahmeradius in b etwa 10 km, in a etwa 20 km (Original nach G. Hilgerloh).
c: Tagzug (ca. 35 000 am 23. 03. 89 östlich des Mittelmeeres durch Israel ziehende Weißstörche (Ciconia ciconia), verteilt auf eine Länge von über 70 km; Abstand der Kreise zwei Meilen; Original nach Y. Leshem u. Israel Raptor Information Center).
d–f: Flügelschlagmuster, d: vom Mauersegler (Apus apus), e: von einem kleinen Singvogel, f: von einem Entenvogel (Original nach B. Bruderer).

Zuggemeinschaften u. a. m. Dabei sind eine ganze Reihe allgemein gültiger Regeln gefunden worden (7.7). Vor allem aber haben die Radarstudien aufgedeckt, wie kompliziert der Ablauf des nächtlichen Zugs sein
kann und welcher detaillierten Studien es im Einzelnen bedarf, um bestimmte Zugabläufe zu analysieren und zu verstehen.

Allgemeine Radarstudien haben einen großen Nachteil: Die registrier-
ten Arten lassen sich bis auf wenige Fälle nicht genau bestimmen, sondern meist nur grob nach 3 bis 4 Körpergrößen oder Artengruppen klassi-
fizieren ("Kleinvögel", "Enten-", "Seevögel" und "Limikolen", Williams u.
Williams 1990). Die Unsicherheit, ob ermittelte Daten eher Lang- oder
Kurzstreckenziehern, eher Individuen aus mehr näher oder entfernt brütenden Vogelpopulationen usw. zuzuordnen sind, begrenzt die Zugforschung oft erheblich. Unklar ist auch noch, wie häufig Verwechslun-
gen von Vögeln mit Insekten vorkommen (Larkin 1991). Dennoch werden
Radarstudien auch künftig eine wichtige Rolle spielen, z. B. bei der Untersuchung von Flug- und Orientierungsweisen, bei Fragen, wie Zugvögel
hohe Gebirge wie die Alpen oder Wüsten wie die Sahara überqueren, bei
der Ermittlung von Zugdichten und damit sogar zur grob quantitativen
Abschätzung von Zugvogelbestandsveränderungen (Bruderer 1997, Gauthreaux 1994). Bei der Untersuchung vieler Fragen gewinnen kombinierte Ansätze, in die Radarstudien integriert werden, an Bedeutung (4.10).

4.5 Telemetrie und Satelliten-Telemetrie

Nach dem Zweiten Weltkrieg nahm die Entwicklung kleiner Sender, so
genannter Transmitter, die mit elektromagnetischen Impulsen arbeiten,
großen Aufschwung. Sie wurden damit auch zur Übertragung und Registrierung vieler biologischer Daten von Lebewesen, die sich frei bewegen können, verwendbar. Solche Sender wurden bis zu Kleinstsendern
minimiert, die mit Batterie z. T. weniger als ein Gramm wiegen, selbst bei
Kleinvögeln auf dem Rücken angebracht werden können und Reichweiten von mehreren Kilometern besitzen. Brieftauben *(Columba livia forma
domestica)* konnten in größerer Zahl bis etwa 20 km weit telemetriert
werden (Rüttiger u. Schmidt-Koenig 1994). Derartige Sender werden
auch immer wieder für Vogelzugstudien eingesetzt. In Amerika hat man
versucht, mit Minisendern ausgestatteten Drosseln auf einem Teil ihrer
Wanderung mit dem Flugzeug oder per Auto zu folgen (was mit großem
Aufwand über einige hundert Kilometer gelingen kann, Cochran et al.
1967, Cochran 1987). In Griechenland wurde die Abflugrichtung über das
Mittelmeer ziehender Neuntöter *(Lanius collurio)* verfolgt (Biebach et al.
1983), und an einer Reihe von Arten wurde das Teilzieherverhalten, das
Verhalten von Rastplatzgesellschaften, das Abwandern von Jungvögeln
aus der Brutpopulation u. v. a. m. untersucht (z. B. Kenward 1987).

Die Telemetrie (Funkpeilung) ist bisher jedoch nur in beschränktem
Umfang, meist für die gezielte Untersuchung weniger Fragen, in der Vo-

gelzugforschung eingesetzt worden. Die Gründe dafür sind klar: Die Sender sind relativ teuer, die apparative Ausstattung ist aufwendig, Sende- und Empfangstechnik verlangen erhebliche Einarbeitung, die zu untersuchenden Individuen müssen zunächst gefangen und mit Sendern bestückt werden, was ihr Verhalten verändern kann, die untersuchbare Individuenzahl ist meist eng begrenzt und Reichweite sowie Lebensdauer der Sender sind gering. Eine Reihe von Mini-Speichergeräten, z.T. mit Mikroprozessoren ausgerüstet, die als Flugwegrekorder z.B. Kurswinkel, Bewegungsabläufe und -geschwindigkeiten oder auch die Lichtintensität gegen die Zeit speichern, erlauben auf indirekte Weise die Einschätzung der Position von Vögeln und die Rekonstruktion kürzerer Zugstrecken (Ioalè et al. 1994, Pütz 1996). Sie spielen jedoch in der Zugforschung bisher nur eine geringe Rolle (Berthold 1996).

Eine Methode hat der Vogelzugforschung in letzter Zeit geradezu eine neue Dimension eröffnet: die Satelliten-Telemetrie. Sie beruht darauf, dass Minisender, die Zugvögel in der Regel wie einen Minirucksack tragen, mit Satelliten in Verbindung stehen, über die fortlaufende Ortung wandernder Individuen möglich ist. In den 70er Jahren ist das internationale ARGOS-System eingerichtet worden, das zunächst zwei Satelliten in einer Erdumlaufbahn von etwa 850 km besaß und vor allem der Ermittlung geophysikalischer Daten diente. Die von der Erde aus mit den Satelliten in Verbindung stehenden Sender wogen damals um ein Kilogramm. Derartige Sender wurden in den 80er Jahren erstmals großen wandernden Tieren wie z.B. Eisbären und Karibus angeschnallt, deren Wanderungen man damit verfolgen konnte. Mit der zunehmend weiteren Verwendung der Sender, z.B. zur Überwachung vieler beweglicher Objekte wie Schiffe, Boote oder Lastzüge wurden sie immer mehr verkleinert. Als sie nur noch knapp 200 g wogen, kamen sie auch für die Vogelforschung in Betracht. Ab 1984 konnten amerikanische Wissenschaftler erste Versuche an vier Großvogelarten durchführen (Weißkopfseeadler *Haliaeetus leucocephalus*, Trompeter- und Pfeifschwan *Cygnus buccinator* und *C. columbianus* sowie Riesensturmvogel *Macronectes giganteus*), die sich z.T. über mehrere Monate verfolgen ließen (Strikwerda et al. 1986). 1990, als die japanische Firma Toyocom Minisender mit einem Gesamtgewicht von nur noch 185 g einschließlich Batterie zur Verfügung stellte, konnte die Vogelwarte Radolfzell in Zusammenarbeit mit der Bundesforschungsanstalt für Naturschutz in Bonn (E. Nowak) und dem Bundesumweltministerium die Satelliten-Telemetrie in Europa einführen. Wir wählten zunächst für einen Pionierversuch Zwergschwäne *(Cygnus bewickii)*, die von Holland kontinuierlich bis nach Sibirien geortet werden konnten, dann einen Gänsegeier *(Gyps fulvus)*, dessen Wanderung sich in Spanien verfolgen ließ, und seit 1991 konzentrieren wir uns auf den Weißstorch, von dem inzwischen über 80 Vögel telemetriert werden konnten (Abb. 4, Berthold et al. 1997).

Mit der Satelliten-Telemetrie begann eines der faszinierendsten Kapitel der Vogelzugforschung. Da die Satelliten (von denen ARGOS inzwi-

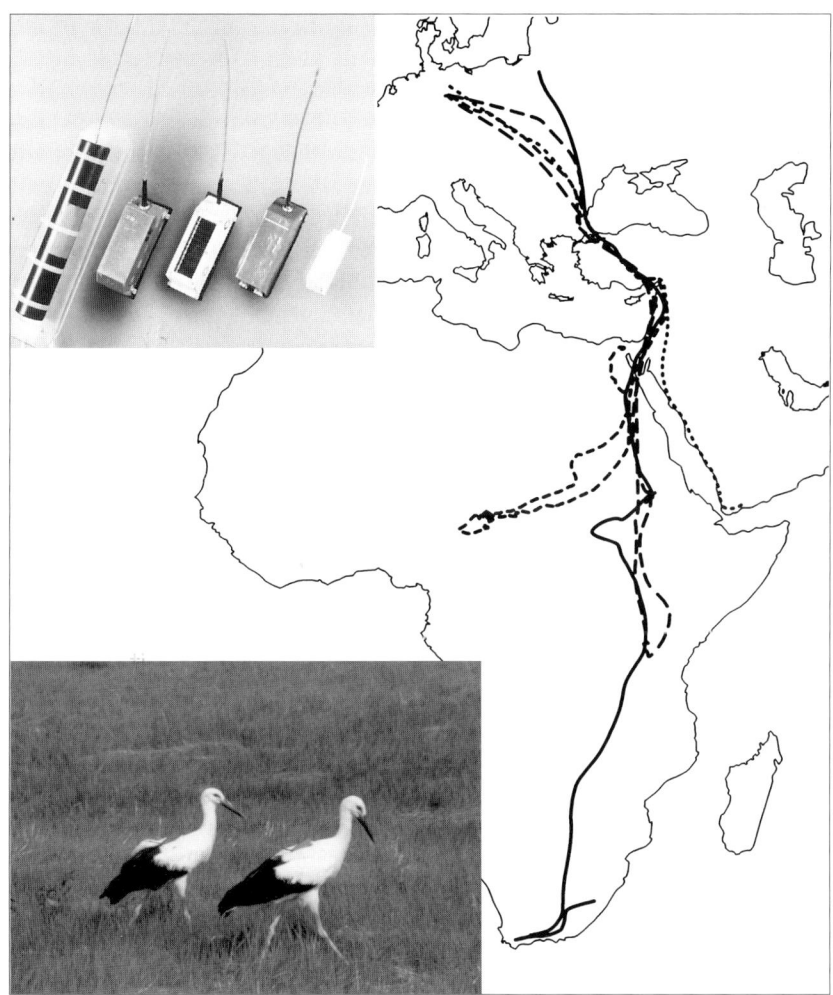

Abb. 4: Die Karte zeigt Zugrouten von vier Weißstörchen *(Ciconia ciconia)*, die mit Hilfe der Satelliten-Telemetrie ermittelt wurden. Links oben: fünf Typen von Mini-Sendern für die Satelliten-Telemetrie von Vögeln, der mittlere mit Solaranlage, links unten: zwei Weißstörche mit vor kurzem mit Hilfe eines Minirucksacks angebrachten Sendern, die später bis auf die Antenne im Rückengefieder verschwinden (nach Berthold et al. 1997).

schen vier betreibt) die Erde rund 14mal pro Tag umrunden, lassen sich Zugvögel häufig mehrfach am Tag orten, und da die Sender bis auf etwa 150 m genau lokalisiert werden können, sind auch die tatsächlich geflogenen Zugrouten genau erfassbar. Im Rahmen unserer Weißstorchstudien ließen sich bisher folgende Rekorddaten ermitteln: Die längste telemetrierte Zugstrecke (von Ostdeutschland bis nach Südafrika und zurück) betrug über 24 000 km, die größten Tagesetappen lagen bei 550 km, die Höchstzahl an Ortungen pro Zugperiode betrug 1890 und pro Tag 23, und von demselben Vogel konnten bislang maximal 3 Zugperioden erfasst werden. Die mit der Satelliten-Telemetrie erzielten Ergebnisse sind vielfach bahnbrechend. Erstmals lässt sich, weit über das durch Beringung (4.6) ermittelte Bild vom Zuggeschehen hinausgehend, das gesamte Raum-Zeit-Muster des Zugablaufs erfolgreich wandernder Individuen erfassen, einschließlich der Tagesetappen und ihrer Flughöhenprofile

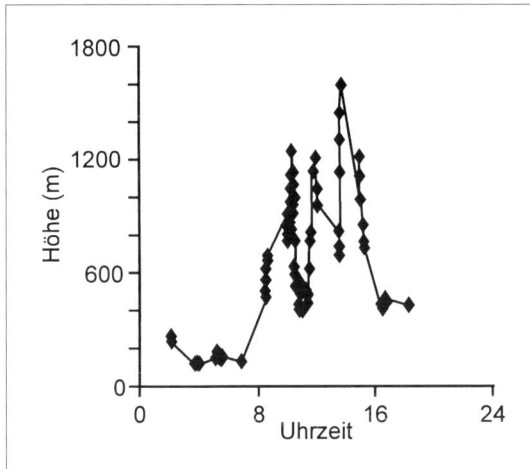

Abb. 5: Höhenprofil der Tageswanderung eines Weißstorchs *(Ciconia ciconia)* auf dem Wegzug in Ungarn (aus Kaatz 1995).

(Abb. 5), der Rastdauer und der gewählten Rastgebiete, die zudem in begleitenden Studien auf ihre Bedeutung für Rastvögel und ihre Schutzwürdigkeit hin untersucht werden können. Mit der Satelliten-Telemetrie ist somit praktisch ein uralter Traum der Menschheit wahr geworden: zumindest indirekt über die Technik von Minisendern auf dem Rücken von Zugvögeln mitzuwandern, wie dies die schwedische Dichterin Selma Lagerlöf für den kleinen Nils Holgersson und seine Gans beschrieb.

Wie kaum eine andere Methode hat die Satelliten-Telemetrie in kurzer Zeit weltweit Fuß gefasst, und inzwischen sind über 50 verschiedene Vogelarten telemetriert worden – von Albatrossen, Pinguinen, Kranichen, Greifvögeln, Trappen, Gänsen bis zu Enten und Brachvögeln als derzeit kleinsten Arten (Berthold et al. 1997). Neben den Weißstörchen werden v. a. auch Kraniche und Greifvögel, insbesondere Falken und Adler, systematisch untersucht (Meyburg u. Meyburg 1997) sowie Albatrosse. Den bislang telemetrierten Streckenrekord hält wohl ein Wanderalbatros *(Diomedea exulans)* mit etwa 50 000 km in 200 Tagen. Zweifellos hat die Satelliten-Telemetrie ihre große Zeit noch vor sich. Minisender, die inzwischen bis auf 20 g verkleinert werden konnten und mit Solarenergie betrieben werden können, werden für immer mehr Arten verwendbar und dürften in Zukunft auch die Ermittlung von Lebenswanderstrecken erlauben. Sie werden in Verbindung mit in Erprobung befindlichen Minikameras und -mikrophonen sowie Chemo- und anderen Sensoren und durch neue Systeme von Satelliten und Bodenstationen eine Vielzahl an Daten von den untersuchten Vögeln als auch aus deren Umwelt in Realzeit liefern, die sowohl der Grundlagenforschung, z. B. der Orientierungsforschung, als auch dem Artenschutz dienen. In einem besonders eindrucksvollen Fall gelang es ab 1994, mit Hilfe der Satelliten-Telemetrie die Ursachen für große Verluste des Präriebussards *(Buteo swainsoni)* in Südamerika aufzuklären (Übersicht: Berthold et al. 1997). Aber auch bei weiterer schneller Entwicklung wird die Satelliten-Telemetrie – zumindest bei Kleinvögeln – eine andere, seit langem bewährte Methode nicht oder wenigstens nicht in naher Zukunft ersetzen können: die Beringung von Vögeln (nächstes Kapitel).

4.6 Beringung und andere Markierungsverfahren

Die Vogelberingung hat der Vogelzugforschung im Freiland bisher die größten Fortschritte gebracht. Die massenhafte Kennzeichnung von Zugvögeln in den nunmehr fast hundert Jahren ihrer Geschichte in den meis-

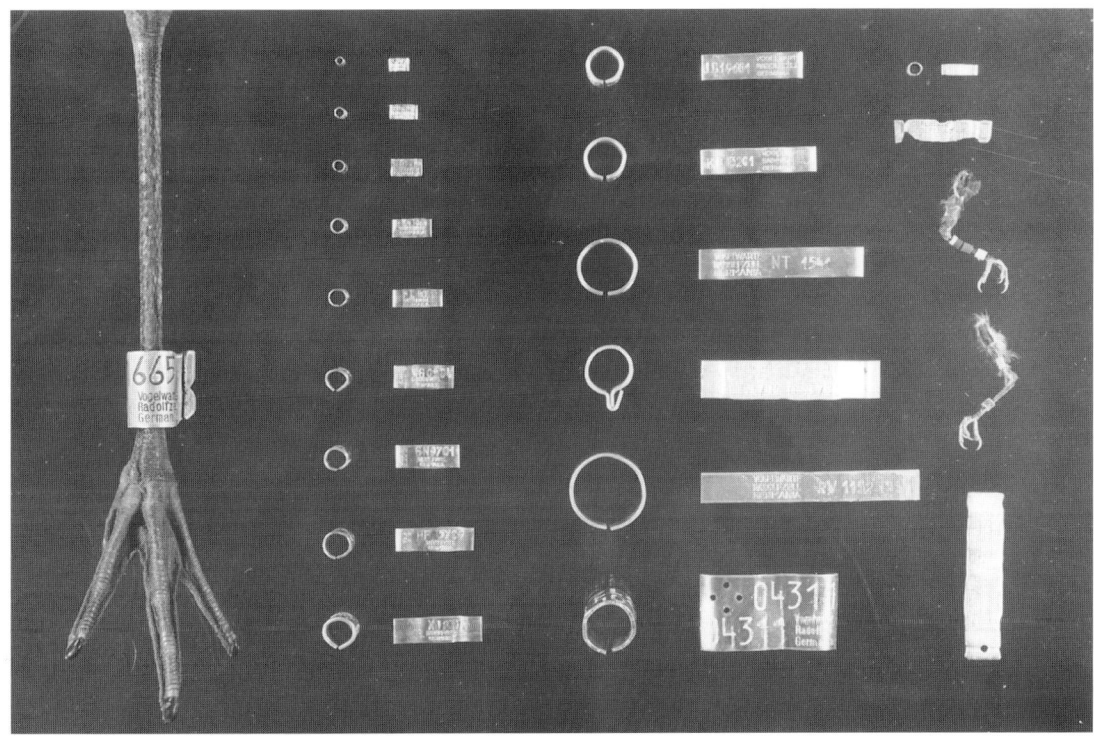

Abb. 6: Die derzeit im Arbeitsbereich der Vogelwarte Radolfzell verwendeten Ringtypen, in Ansicht am Lauf von Vögeln, in Aufsicht geschlossen, und in Ansicht bandförmig geöffnet. Links (am Lauf eines Storches) und unten rechts so genannte Ableseringe (mit großen Ziffern, Kerben und Lochmarkierungen zum individuellen Erkennen), in den mittleren Reihen die verschiedenen Ringgrößen für unterschiedlich große Vogelarten, für Vögel mit kräftigen Schnäbeln mit Schlaufe verschließbar, rechts oben ein stark abgenutzter, an einer Stelle fast durchgewetzter Ring nach langer Tragedauer, darunter Plastikringe zur Farbmarkierung an den Läufen von Singvögeln. Über Halsmanschetten, die ähnlich aussehen wie Ableseringe, siehe Text und Berthold (1996).

ten Gebieten der Erde (Kap. 3) hat Wanderwege und Winterquartiere, Zugzeiten und Zugformen aufgedeckt und viele weitere Daten geliefert wie keine andere Methode.

Vögel kann man auf verschiedene Weise individuell kennzeichnen, z. B. durch Färben ihres Gefieders, etwa mit Pikrinsäure, durch Flügel-, Bein-, Rücken- und Schnabelmarken, Halsmanschetten, in Federspulen eingesetzte farbige Schwanzfedern u. a. Die besondere Ausbildung ihrer Beine, nämlich der Besitz eines so genannten Laufes – dem mit Hornschildern bedeckten Teil zwischen dem Fersengelenk und der Fußwurzel (Abb. 6) –, ermöglicht das Anlegen von dauerhaften Metallringen. Solche Ringe werden von den Beringungszentralen (Kap. 3) jeweils für bestimmte Länder bereitgestellt, und zwar in einer Serie von Größen für verschiedene Größenklassen von Vögeln, wofür von EURING (Kap. 3) spezielle Richtlinien erarbeitet wurden. Abb. 6 zeigt die derzeit im Zuständigkeitsbereich der Vogelwarte Radolfzell verwendeten 18 Ringtypen. Die meisten dieser Ringe werden aus Aluminium gefertigt, für besonders langfristige Studien an sehr langlebigen Arten sind Stahlringe oder Ringe aus Legierungen (vor allem Nickel-Chrom-Stahl) erforderlich, da sich Aluminiumringe mit den Jahren am Vogellauf durchscheuern können (Abb. 6). Die kleinsten Ringe wiegen etwa 0,04 g und liegen damit etwas unter einem Prozent des Körpergewichts der kleinsten europäischen Singvögel – der Goldhähnchen.

Die Metallringe der Beringungsstationen kennzeichnen den beringten Vogel auf Dauer individuell, auch, wenn ein Ringfund einer Station erst nach vielen Jahren zur Kenntnis gelangt. Die Ringe der Vogelwarte Radolfzell z. B. tragen als Institutskennzeichen die Prägung „Radolfzell Germania" sowie Kennbuchstaben und (maximal sechsstellige) Kennzahlen (Abb. 6). Die individuelle Kennzeichnung erfolgt also nach einem System der Buchstaben- und Zahlenkombination, wie sie zur Kennzeichnung von Kraftfahrzeugen in der Bundesrepublik Deutschland verwendet wird. Wann ein Vogel welcher Art (und, wenn bestimmbar, welchen Alters und Geschlechts) wo beringt wurde, wird in den Archiven und EDV-Anlagen der Beringungszentralen festgehalten. Im Falle eines Ringfundes und einer Rückmeldung lässt sich durch geradlinige Verbindung von Beringungs- und Fundort („Idealzugrichtung", Schüz et al. 1971) und durch die Differenz zwischen Beringungs- und Funddatum eine minimale theoretische Zugstrecke und eine maximale Zeit für die Bewältigung dieser Strecke ableiten. Häufig werden durch Beringung ermittelte Zugrichtungen auch in Winkelgraden (Zugwinkeln) des Himmelsrichtungen-Kreises angegeben.

Für die Beringung müssen die zu kennzeichnenden Vögel gefangen werden, was vielfach schwierig, aufwendig und z. T. auch für die Vogelwelt und ihre Lebensräume störend sein kann. Seit alters her sind jedoch zahlreiche Fangverfahren entwickelt worden, und davon stehen unbedenkliche, sorgfältig geprüfte Fangmethoden zur Verfügung (z. B. Bub 1977). Die ursprünglich dem in Rossitten eingeführten Beringungsexperiment entgegengestellte Meinung, die Beringung würde der Vogelwelt schweren Schaden zufügen, ist längst widerlegt. Im Gegenteil, heute ist kaum ein größeres Vogelschutzvorhaben möglich, ohne dass Beringungsergebnisse herangezogen oder beschafft werden müssen.

Von den verschiedenen Möglichkeiten der Beringung und dem sich anschließend stellenden Problem, Näheres über den Verbleib der beringten Vögel zu erfahren, seien kurz die wichtigsten skizziert. Die Beringung von flugunfähigen Jungvögeln in ihren Nestern erübrigt den oft mühseligen Fang, macht aber die oft schwierige Nestersuche erforderlich. Da die Nester vielfach Verlustquoten von 50% und mehr aufweisen, ist der Aufwand der Nestlingsberingung häufig vergeblich. Ringfunde von Nestlingen sind jedoch, wenn sie erzielt werden, besonders wertvoll, da der Neststandort die genaue Brutheimat einer Population kennzeichnet. Mit der Fänglingsberingung (4.7) kann man leichter große Beringungszahlen erreichen, aber in vielen Fällen bleibt offen, woher die beringten Vögel genau stammen.

Leider sind die Wiederfundraten beringter Vögel recht gering. Sie erreichen zwar bei einigen größeren Arten, vor allem solchen, die bejagt werden, etwa 15–30%, liegen aber bei vielen Kleinvögeln weit unter 1%. Der
U.S. Fish and Wildlife Service hat die Melderate beringter geschossener
Entenvögel durch Rücksendeprämien für die Ringe beträchtlich erhöht.
Für einige große Arten wie den Weißstorch hat man Ableseringe entwickelt (Abb. 6), deren Prägung oder Aufschrift am lebenden Vogel (mit
einem Fernrohr) abgelesen werden kann. In ähnlicher Weise lassen sich
farbig beringte Vögel identifizieren. Legt man außer dem Aluminiumring
an beiden Läufen (insgesamt bis maximal sechs) leichte farbige Plastikringe in systematischer Kombination an, so lassen sich Hunderte von
Vögeln einer Population individuell markieren und wieder erkennen
(Abb. 6). Bei einer Reihe von Arten (vor allem Schwänen, Gänsen) hat man
auch gute Erfolge mit Halsmanschetten oder Anhängern mit ablesbarer
Aufschrift erzielt (Mathiasson 1976). In den letzten Jahren werden zur individuellen Markierung von Tieren zunehmend elektronische Identifizie-
rungs-Kennzeichen verwendet. Derartige Transponder, also Antwortsen-
der, nur wenige Millimeter groß und unter einem Gramm leicht, können
unter die Haut transplantiert und mit Lesegeräten identifiziert werden.
Sie beginnen auch bei langfristigen Zugvogelstudien eine Rolle zu spielen (Michard et al. 1995).

4.7 Standardisierte Fangverfahren

Um die Beringung in der Vogelzugforschung erfolgreich anwenden zu
können, ist es unerlässlich, Vögel in großer Zahl zu fangen. Während man
früher mit Wasser- und Futterlocken, kleinen Reusen, Schlagfallen u. Ä.
eher bescheidene Fänge erzielte, brachte die Entwicklung großer Reusen
und vor allem spezieller Fangnetze wesentliche Fortschritte. Waren die
anfänglichen so genannten Spiegelnetze, aus Baumwollgarn hergestellt,
noch recht gut sichtbar und wurden daher von vielen Vögeln über- und
umflogen, ehe sie sich darin verfingen, so sind die heute verfügbaren „Japannetze" für Vögel weitgehend unsichtbar und entsprechend erfolg-
bringend. Japannetze sind feine, aus sehr dünnen Nylonfäden gefertigte
Netze (Abb. 7, großenteils in Japan hergestellt, daher der Name), die seit
den 50er Jahren preiswert zur Verfügung stehen und eine geradezu stür-
mische Entwicklung in der Vogelberingung mit sich brachten. Mit diesen
Netzen lässt sich das ganze Artenspektrum von unseren kleinsten Vögeln, den Goldhähnchen, mit etwa 5–6 g Körpergewicht bis hin zu Vögeln
von etwa Taubengröße fangen, und auch die am besten fliegenden und
äußerst manövrierfähigen Arten können mit ihnen gefangen werden
(Bub 1977).
Für den Massenfang von Zugvögeln eignen sich vor allem hervorragende Rastplätze, in denen sich Angehörige vieler Arten längere Zeit aufhalten. Solche Rastplätze sind besonders Feuchtgebiete mit reicher, stark

Abb. 7: Ein Teil der Fanganlage der Vogelwarte Radolfzell auf der Mettnau-Halbinsel am Bodensee. Zwischen den beiden Laufstegen sind an Metallstäben „Japannetze" zum Vogelfang aufgehängt; im Hintergrund zwei Mitarbeiter bei einem Kontrollgang.

strukturierter Vegetation, die vielen Arten spezielle Habitate bieten. In derartigen Rastgebieten kann man feste Vogelfangstationen einrichten (Abb. 7), in denen nach standardisierten Methoden Zugvögel über viele Jahre hinweg jeweils während der gesamten Zugperiode gefangen werden können. Dabei lassen sich mit Hilfe der Erstfänge z.B. Zugzeiten, Durchzugmuster und Habitatpräferenzen zur Zugzeit ermitteln, mit Hilfe von Wiederfängen Verweildauer, Fettdeposition und Veränderungen des Körpergewichts, Abklingen der Mauser, Durchzugzeiten in verschiedenen Jahren u. v. a. m. Im Gegensatz zur Beringung, bei der nur die wenigen meist zufälligen Wiederfunde Ergebnisse bringen, liefern bei systematischem Fang alle Individuen wertvolle Daten. Das größte standardisierte Fangprogramm dieser Art, das „Mettnau-Reit-Illmitz-Programm" der Vogelwarte Radolfzell, das inzwischen auf Ostdeutschland (Galenbecker See) und Russland (Rybachy, früher Rossitten) ausgedehnt wurde, wird bereits seit 1972 durchgeführt. Im Rahmen dieses Programms wurden bis 1998 über eine halbe Million Individuen von etwa 50 verschiedenen Arten untersucht. Ergebnisse über ihren Wegzug in Mitteleuropa wurden in einem speziellen Band dargestellt (Berthold et al. 1991, Beispiel Abb. 8). Ein ähnliches Programm läuft seit langem unter der Bezeichnung „Operation Baltic" (Busse u. Kania 1970), und über Fangstationen in aller Welt informiert Bub (1991). Von 1993–1997 arbeitete in Europa und NW-Afrika ein ganzes Netzwerk von über 40 Fangstationen, das von der European Science Foundation gefördert wurde und in dem u. a. auch sehr viele Vögel gefangen wurden, die bereits auf anderen Stationen beringt worden waren. In Italien wird seit einiger Zeit in dem „Progetto Piccole Isole" (PPI, Spina u. Pilastro 1997) der Heimzug von Kleinvögeln aus Afrika

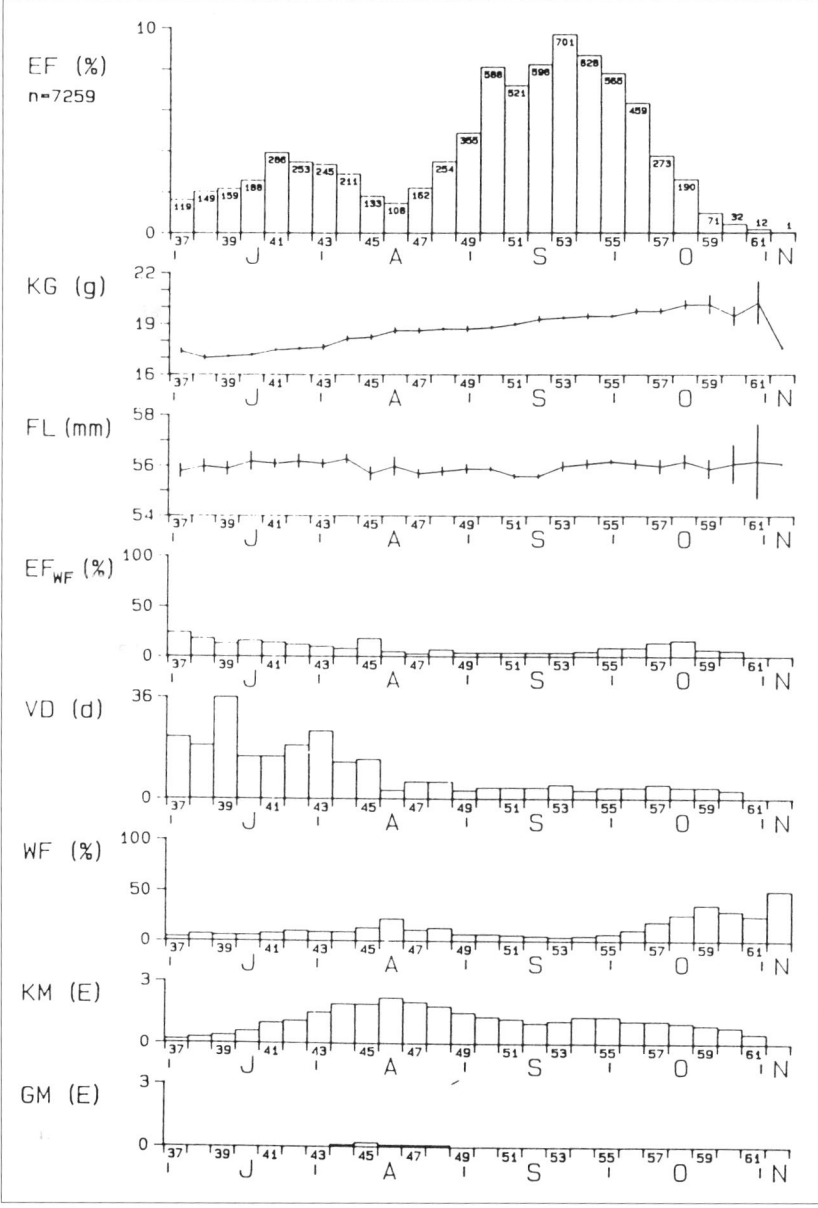

Abb. 8: Darstellung von Daten von Fänglingen der Mönchsgrasmücke *(Sylvia atricapilla)* aus dem „Mettnau-Reit-Illmitz-Programm" der Vogelwarte Radolfzell von der Station Mettnau aus dem Zeitraum von 1972–1983. EF: Erstfänge, KG: Körpergewicht, FL: Flügellänge, EF$_{WF}$: Erstfänge, die später Wiederfänge ergeben, VD: Verweildauer, WF: tatsächlich erzielte Wiederfänge, KM, GM: Klein- und Großgefiedermauser. Abszisse: Monate und Jahrespentaden (nach Berthold et al. 1991).

untersucht. In Fangstationen auf Hochgebirgspässen wie dem Col de Bretolet (5.28) lassen sich z.T. Vögel aus dem aktiven Zug heraus fangen. Neuerdings erzielt man hohe Fangzahlen an verschiedenen Orten dadurch, dass man Vogelgesänge nachts laut vom Tonband vorspielt, was Durchzügler zur Landung veranlasst (z. B. Hudde u. Vohwinkel 1997). Die Methode ist jedoch umstritten, da negative Auswirkungen auf Durchzügler nicht unwahrscheinlich sind.

Abb. 9: Tageszeitliche Aktivitätsmuster handaufgezogener Mönchsgrasmücken *(Sylvia atricapilla)*. Links: vor der Wegzugperiode, rechts: in der Wegzugperiode, weiße Balken: Tagaktivität, schwarze Balken: nächtliche Zugaktivität (Zugunruhe) (aus Brensing 1989).

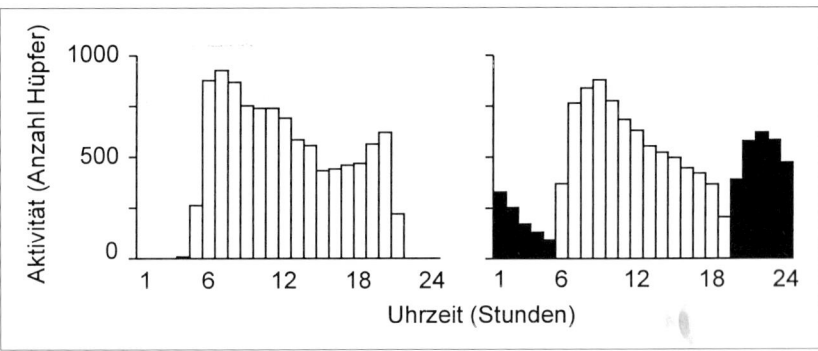

4.8 Erfassung der Zugunruhe, Haltung und Zucht von Versuchsvögeln

Vogelhaltern ist seit Jahrhunderten bekannt, dass gefangen gehaltene Zugvögel während ihrer Zugzeiten in so genannte Zugunruhe verfallen, zugunruhig werden: Sie hüpfen oder flattern umher oder „schwirren", d. h., sie schlagen im Sitzen mit ihren hoch erhobenen Flügeln mit hoher Frequenz und geringer Amplitude. Diese Zugunruhe ist besonders auffällig bei Nachtziehern. Während Angehörige dieser großen Gruppe von Vögeln außerhalb der Zugzeit normalerweise nachts ruhen, sind sie zu den Zugzeiten nachts aktiv, mitunter die ganze Nacht hindurch (Abb. 9). Man hat die Zugunruhe als Ausdruck des Zugtriebes gedeutet, und Naumann (1795–1817) hat wohl als Erster vermutet, dass die Dauer der Zugunruhe Auskunft über die Länge der Zugperiode und der Wanderstrecke geben könnte. Er verfolgte die Zugunruhe bei Pirol *(Oriolus oriolus)* und Trauerschnäpper *(Ficedula hypoleuca)*, die er in seiner Vogelstube hielt, und schloss aus deren langer Dauer, dass diese beiden Arten „sehr weit, vermuthlich bis nach Afrika" ziehen.

Die Zugunruhe – vor allem der Nachtzieher – lässt sich gut quantitativ erfassen, und zwar in so genannten Registrierkäfigen (Abb. 10). Die

Abb. 10: Registrier- und Orientierungskäfige, Datenerfassung und -auswertung. ▷ a: Registrierkäfig zur Erfassung der tageszeitlichen Bewegungsaktivität und der nächtlichen Zugaktivität, mit zwei beweglichen Sitzstangen, angeschlossen an verschiedene Registrieranlagen (Original), b: oktogonaler Orientierungskäfig mit radial angeordneten Sitzstangen (aus Wiltschko 1968), c: Rundkäfig zur Erfassung des Orientierungsverhaltens, Emlen-Typ (Original), d: wie c, schematisch (aus Emlen u. Emlen 1966), e: Tipp-Ex-Papier aus einem Rundkäfig (auf einem Leuchttisch photografiert) mit den (hellen) Fußkratzern eines Versuchsvogels nach einem 1,5-stündigen Test, f: Darstellung der von Hand ausgezählten Fußkratzer aus e im Kreisdiagramm mit 24 Sektoren (aus Helbig 1991), g: Darstellung der Fußkratzer nach automatischer Auswertung mit einem computergesteuerten Lesegerät der Vogelwarte Radolfzell im Computerplot-Kreisdiagramm, h: wie g, longitudinale Darstellung nach Winkelgraden.

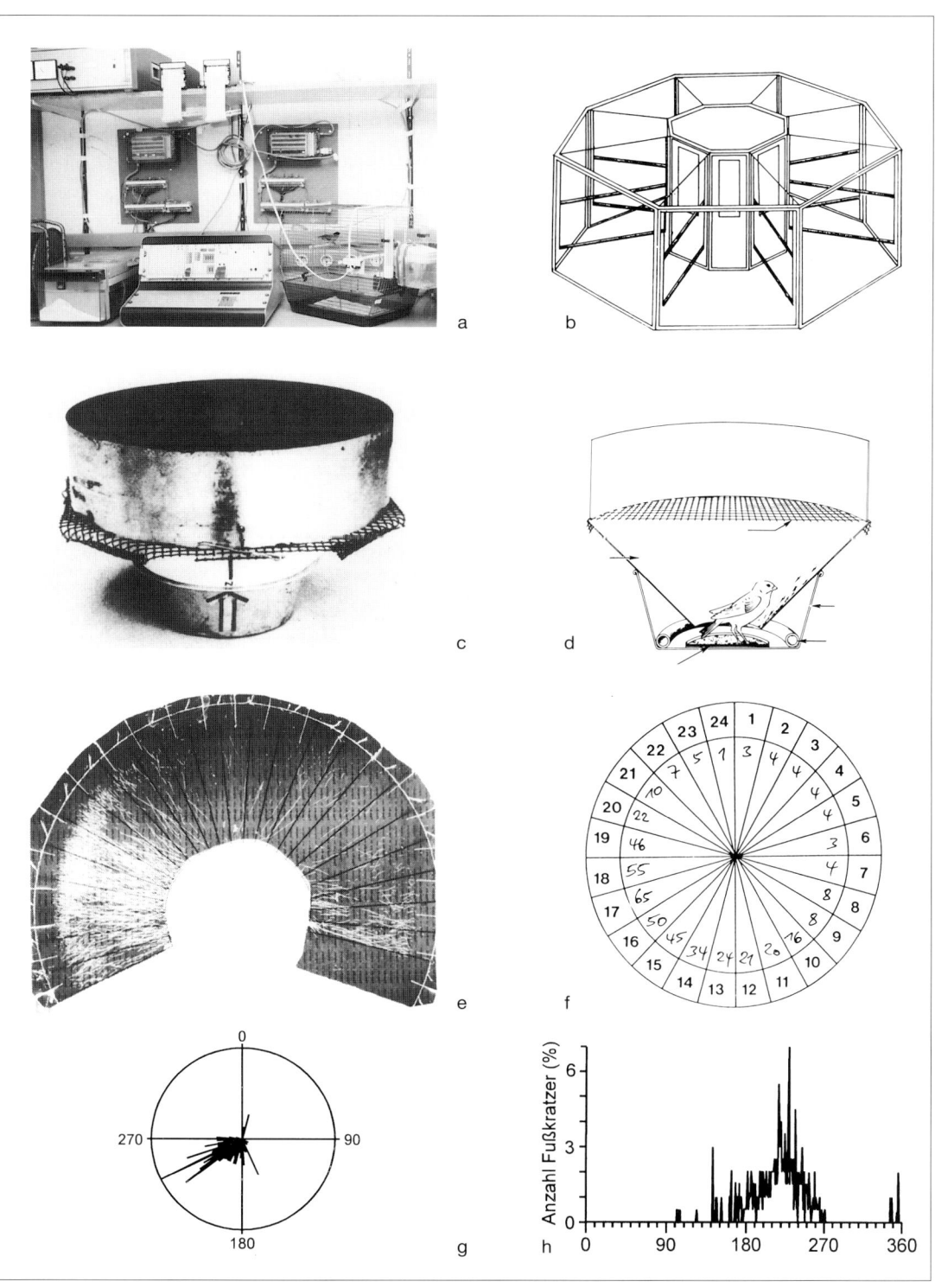

gebräuchlichste Methode beruht auf der Verwendung von beweglichen Sitzstangen, die auf Mikroschaltern gelagert sind. Springt oder fliegt ein Versuchsvogel auf eine solche Stange, drückt er sie durch sein Gewicht nach unten, wodurch die Schalter betätigt werden. Die Schalter sind in einen Stromkreis eingebaut, so dass jeder Ansprung auf eine bewegliche Stange als Impuls in einem Registriergerät (Mikroprozessor, Computer, Zeitmarkenschreiber usw.) erfasst werden kann. Auf diese Weise lässt sich die Verteilung der Zugunruhe während ganzer Zugperioden ermitteln, und für Individuen und Versuchsgruppen können Zugunruhemuster aufgezeichnet und mit den Zugmustern freilebender, tatsächlich ziehender Artgenossen verglichen werden. Dabei zeigte die Untersuchung von über 100 Arten, dass die Zugunruhe regelmäßig Ausdruck des Zugverhaltens freilebender Artgenossen ist und Auskunft über den Ablauf des Zugs in der freien Natur gibt (6.12–6.15, Berthold 1996). Der geschilderte Registrierkäfigtyp ist inzwischen modifiziert worden: Statt der Mikroschalter werden z.T. Photozellen, Ultraschall und Luftdruckschalter verwendet. Videoaufnahmen nächtlich zugaktiver Vögel (vor allem von Grasmücken) bei Infrarotlichtbeleuchtung, die für die Versuchsvögel unsichtbar ist, haben gezeigt, dass die Zugunruhe fast ausschließlich aus dem oben beschriebenen Schwirren besteht, also aus Flügelschlagen oder Schwirrflug im Sitzen. Man kann demnach die Zugunruhe als eine Art „Ziehen im Sitzen" bezeichnen (Berthold u. Querner 1988).

Zugunruhe lässt sich auch bei Tagziehern ermitteln, wie an mehreren Arten gezeigt wurde. Bei ihnen ist jedoch erforderlich, zunächst fortlaufend die gesamte tageszeitliche Aktivität zu messen. Durch Subtraktion der Tagesaktogramme von Perioden außerhalb der Zugzeiten von denen innerhalb der Zugzeiten erhält man als Differenz die Menge der Zugunruhe (Berthold 1978, 1996, Munro u. Munro 1998).

Die Erfassung der Zugunruhe hat sehr an Bedeutung gewonnen, seit es möglich ist, Zugvögel in großer Zahl – zu Tausenden – von Hand aufzuziehen und, wie im Falle der Grasmücken (Kap. 6), in erheblichem Umfang zu züchten. Dabei ist sorgfältig von anderen Tag- und Nachtunruhen wie Dispersions-, Sommer-, Winter-, Hunger-, Durst-, Eingewöhnungs- und Schlafplatzunruhe zu unterscheiden, die z.T. auch als Pseudozugunruhe bezeichnet werden (Berthold 1988c, 1996). Die Zucht (Kreuzungs- und Selektionsversuche, unter Einbeziehung von Methoden der molekularen Genetik) spielt heute eine wichtige Rolle, nachdem die große Bedeutung genetischer Faktoren bei der Zugsteuerung erkannt und experimentelle Mikroevolutionsforschung möglich wurde (Kap. 2, 6, 7 u. Kap. 10). Sie hat die Zugforschung der letzten 50 Jahre mit am weitesten vorangebracht (Gauthreaux 1996).

4.9 Untersuchung der Orientierungsleistungen

Die Mechanismen und Grundlagen der oftmals erstaunlichen Orientierungsleistungen von Zugvögeln versucht man vor allem in dreierlei Weise zu ergründen: durch Beobachtungen im Freiland, durch Freilandversuche und durch Tests von Zugvögeln in so genannten Orientierungskäfigen. Im Freiland lässt sich durch Beringung, Wiederfänge (Kontrollfänge) und Wiederfunde prüfen, wie ortstreu Vögel im Brutgebiet, Winterquartier und in Rastgebieten sein können und wie genau sie sich im Hinblick auf diese Ziele orientieren können. Sichtbeobachtungen, Radarstudien und heutzutage vor allem Daten der Satelliten-Telemetrie (4.5) geben Aufschluss über die Gerichtetheit von Zugflugetappen, über Konstanz und Variabilität spezifischer Richtungswahl, über die Einwirkung von Barrieren – wie großen Gewässern, Gebirgen und Wüsten – auf die Primärzugrichtung von Zugvögeln oder die Leitlinienwirkung von Küsten, Fluss-Systemen usw. (Kap. 7).

Im Freiland werden regelmäßig eine Reihe von experimentellen Verfahren angewandt, von denen Versetzungsversuchen (Verfrachtungsversuchen) die größte Bedeutung zukommt. Man kann Orientierungsleistungen immer dann erwarten und zu analysieren versuchen, wenn man Vögel versetzt, die eine starke Motivation zur Rückkehr besitzen. Das gilt für Brutvögel, die man von ihrem Brutort versetzt, wenn sie Jungvögel im Nest zu versorgen haben, für Haustauben (Brieftauben), die man von ihrem Heimatschlag verfrachtet, und z.T. für Zugvögel, die man während ihres Zugs von ihrem Zugweg weg transportiert. Bei Brutvogelverfrachtungen kann man auch Standvögel versetzen, und bei ihnen wie bei den Brieftauben hat sich gezeigt, dass sie wohl über prinzipiell entsprechende Orientierungsmechanismen verfügen wie Zugvögel (Kap. 7). Unter dieser berechtigten Annahme sind Brieftauben mit zu den wichtigsten Objekten der Orientierungsforschung an Vögeln geworden, weil sie sich leicht halten lassen, gut mit ihnen zu experimentieren ist und sie das ganze Jahr über motiviert sind, in ihren Schlag zurückzukehren (Kap. 7). Die Rückkehrquote verfrachteter Tauben liegt bei unerfahrenen Vögeln bei 30 km Verfrachtungsdistanz zwar nur bei 70% und fällt bei 150–180 km sogar auf etwa 20% (Wallraff 1989); bei eingeflogenen Tauben kann sie bei mittleren Entfernungen nach den Erfahrungen vieler Brieftaubenzüchter jedoch gegen 100% ansteigen. Wichtige Kenngrößen bei Taubenauflassungen sind die Anfangsorientierung, Verschwinderichtung, -punkt und -zeit (am Horizont, bezogen auf den Abflugort, also insgesamt die „Heimgerichtetheit"), die meist durch Direktbeobachtung ermittelt werden; für Detailfragen hat man Tauben auch kleine Kameras aufmontiert (Schmidt-Koenig 1980). Für das Heimfindevermögen spielen so genannte Distanzeffekte eine große Rolle (d.h. Abhängigkeiten der Heimkehrleistung von der Entfernung der Verfrachtung, Schüz et al. 1971).

Wie in 4.8 dargestellt, äußert sich bei gefangengehaltenen Zugvögeln der Zugtrieb in Form von Zugunruhe. Kramer (1949, 1952) hat als Erster klar erkannt und nachgewiesen, dass zugunruhige Käfigvögel bestimmte Richtungen bevorzugen. Er und eine Reihe nach ihm tätiger Orientierungsforscher haben verschiedene Typen von Orientierungskäfigen (Rundkäfigen) entwickelt, mit denen sich Richtungspräferenzen vor allem von Kleinvögeln (Singvögeln, kleinen Limikolen) nachweisen lassen. Der einfachste Typ ist der Trichterkäfig (Emlen-Käfig, Abb. 10). Ein Papp-, Metall- oder Plastiktrichter mit schrägen Wänden umschließt einen engen kreisförmigen Bodenraum, in dem ein Versuchsvogel stehen kann, und ist oben mit einer Glas- oder durchsichtigen Kunststoffplatte abgedeckt. Zugaktive Vögel versuchen von der Bodenfläche aus über die schräge Trichterwandung den Käfig zu verlassen. Früher hat man die Bodenfläche meist mit einem Stempelkissen versehen, so dass die Vögel Fußabdrücke auf der Trichterwand hinterließen. Heute kleidet man die Trichterwand mit Schreibmaschinen-Korrekturpapier (Tipp-Ex-Papier) oder ähnlichem Material aus, auf dem die Vögel ihre Richtungswahl durch Fußkratzer markieren, die sich später auszählen lassen oder, wie in unserem Institut, mit einem computergesteuerten Lesegerät erfasst und mit Hilfe von Computerprogrammen automatisch ausgewertet werden können. Für die automatische Registrierung werden Rundkäfige mit radial oder tangential angeordneten Sitzstangen verwendet, die wie bei Zugunruhe-Registrierkäfigen mit Mikroschaltern, Lichtschranken oder dergleichen ausgerüstet sind. Besondere Bedeutung hat der von Merkel und Fromme entwickelte oktogonale Typ mit acht radialen Sitzstangen erlangt (Abb. 10). Von einer Reihe weiterer Methoden seien noch Untersuchungen in Planetarien unter künstlichem Sternenhimmel erwähnt, ferner die Anwendung von Helmholtzspulen zur Veränderung des Erdmagnetfeldes (Kap. 7) oder die Herzfrequenz-Dressur, mit der vor allem bei Tauben durch Dressur durch leichte Elektroschocks und Herzschlagfrequenzmessungen Orientierungsleistungen ermittelt werden können (Schmidt-Koenig 1980). Ganzhorn (1990) schlägt vor, die bei der Navigation von Tauben relevanten Faktoren mit Hilfe klassischer Konditionierung zu überprüfen (d. h. durch Lernvorgänge, bei denen ein Zusammenhang hergestellt wird zwischen einem konditionierten – „bedingten" – Reiz, der vor der Konditionierung keine Reaktion auslöst, und einem unkonditionierten – „unbedingten" – Reiz, der immer eine Reaktion auslöst, bis schließlich auch der konditionierte Reiz allein zur Reaktion führt).

4.10 Laboratoriumsmethoden und kombinierte Verfahren

Da Vogelzug ein ungemein vielgestaltiges Phänomen ist und eine Fülle von morphologischen, physiologischen und ethologischen Anpassungen hervorgebracht hat, sind auch die methodischen Ansätze, Vogelzugfragen zu untersuchen, sehr breit gestreut und in ständiger Zunahme begriffen. Von den derzeit praktizierten Laboratoriumsmethoden können hier nur die wichtigsten kurz skizziert werden.

Seit den Pionierversuchen Rowans (Kap. 3) besteht der Verdacht, dass ein Hormon oder mehrere Hormone eine Schlüsselrolle bei der Steuerung des Vogelzugs spielen könnten. Bei der Suche nach einem „Zughormon" (6.10) sind in großer Zahl Kastrationen, Hormoninjektionen und -implantationen vorgenommen worden. Sie sind in letzter Zeit deutlich in den Hintergrund getreten, seit es möglich ist, aus sehr kleinen Blutmengen (etwa 0,2 ml bei Kleinvögeln), die vor allem dem lebenden Vogel, meist aus Flügel- oder Halsvenen, entnommen werden können, etwa 10–15 Hormone quantitativ zu bestimmen. Diese moderne Vogelzug-Endokrinologie versucht zunächst einmal Beziehungen zwischen Hormonspiegeln und Vogelzugvorgängen aufzudecken (6.10). Da sie sich auch im Freiland anwenden lässt, hat sich eine neuartige ökologische Feldendokrinologie entwickelt, in deren Rahmen schon über 100 Arten untersucht wurden (Wingfield u. Silverin 1998). Außer auf Hormone wird das Blut von Zugvögeln derzeit in verschiedenen Laboratorien eingehend auf Stoffwechselprodukte, Energieträger, Enzyme, Sauerstofftransportkapazität, den Hämatokritgehalt u. a. untersucht, um mehr über die komplizierten Stoffwechselvorgänge in der Zugzeit zu erfahren (Kap. 6).

Viele Zugvögel stellen zur Zugzeit ihre Nahrungsaufnahme in quantitativer und qualitativer Hinsicht um (6.5). Waren früher quantitative Bestimmungen der aufgenommenen Nahrung nur möglich durch äußerst mühsame und recht unbefriedigende Sichtbeobachtungen oder durch Mageninhaltsuntersuchungen getöteter Individuen, besteht seit 1973 die Möglichkeit, für Vögel gefahrlose Magenspülungen mit Wasser durchzuführen, die zu rascher Ausscheidung des Magen-Darm-Inhalts führen und dessen Untersuchung erlauben (Brensing 1977).

Ein Hauptcharakteristikum von Zugvögeln ist der ausgeprägte Fettstoffwechsel zur Zugzeit, der sowohl der Depotfettbildung als auch der direkten Nutzung von Fett dient (6.2–6.7). Dadurch kommt es auch zu starken Veränderungen im Kohlehydrat- und Proteinstoffwechsel sowie in der Zusammensetzung des gesamten Vogelkörpers. Deshalb spielt die Analytik des ganzen Zugvogelkörpers in Bezug auf den Gehalt an Fett, Wasser, fettfreiem Trockengewicht und dessen Zusammensetzung aus Kohlehydraten, Proteinen und weiteren Komponenten eine große Rolle. Für diese Analytik werden sowohl alte bewährte Standardverfahren der Chemie, Biochemie und Lebensmittelanalytik verwendet als auch moderne Verfahren verschiedener Disziplinen (Lundgren u. Kiessling 1988, Berthold 1996). Vielfach werden auch indirekte Stoffwechseluntersuchungen durchgeführt, in denen der Sauerstoffverbrauch und die Kohlendioxidproduktion in Stoffwechselmessgeräten ermittelt werden. Sorgfältige Vergleiche der Nahrungsaufnahme und der Kotabgabe geben Auskunft über die Ausnutzung der Nahrung. Auch mit dem Einsatz von schwerem oder radioaktiv markiertem Wasser und anschließender Bestimmung der Isotope im Blut lassen sich Stoffwechselfragen sehr genau untersuchen (Roberts 1989, Butler u. Woakes 1990). Der Fettstoffwechsel wird heute auch an Gewebekulturen in vitro analysiert (Ramenofsky

1990). Die subkutanen Fettdepots (6.3) können am lebenden Vogel recht verlässlich in (bis zu über 10) Fettklassen geschätzt werden. Messung der Fettmengen nach dem TOBEC-Verfahren, bei dem die „TOtal Body Electrical Conductivity", also das elektrische Leitvermögen ermittelt wird, sowie weitere neue Verfahren sind noch in Erprobung (Berthold 1996). Vielversprechend ist neuerdings die Fettbestimmung mit Hilfe der Magnet-Resonanz-Tomographie.

Große Fortschritte für das Verständnis des Vogelzugs bringen auch die immer genaueren Analysen des Vogelfluges. So ist es inzwischen gelungen, respiratorische Quotienten (das Verhältnis des bei der Atmung gebildeten CO_2 zum verbrauchten O_2) an fliegenden Kolibris in dicht abgeschlossenen Glasglocken zu ermitteln. Das gelang auch bei fliegenden Individuen verschiedener Arten einschließlich speziell gezüchteter „Grippler"-Tauben in geschlossenen Windkanälen und schließlich in offenen Saugkanälen, in denen der Vogel in gleichbleibend guter Atmosphäre fliegt und eine Maske trägt, die über Schläuche an Gasanalysatoren angeschlossen ist (Nachtigall 1987). Allerdings ist dabei sorgsam auf Artefakte zu achten (Rayner 1994). Messungen mit so genannten Ornithodoliten und die Stereo-Photogrammmetrie erlauben subtile Messungen von Fluggeschwindigkeiten sowie Wirbelbildungen und Auftriebsvorgängen am Flügel (Berthold 1996).

Breiten Raum nimmt die Haltung von Zugvögeln in kontrollierten Laboratoriumsbedingungen ein. In Klimakammern z. B. lassen sich Umgebungstemperatur, Luftfeuchte, die photoperiodischen Verhältnisse (Tageslichtdauer, Lichtintensität, spektrale Zusammensetzung des Lichtes), das Nahrungsangebot u. a. entweder konstant halten oder gezielt variieren. In einer riesigen Zahl z.T. komplizierter und über viele Jahre dauernder Versuche ist es durch Vergleiche von Zug- und Standvögeln, von Zugzeiten mit anderen Jahreszeiten usw. gelungen, Faktoren ausfindig zu machen, die bei der Steuerung des Zugs eine wichtige Rolle spielen, und andere auszusondern, die weniger bedeutungsvoll sind (Kap. 6).

Sowohl die Suche nach den Steuerungsgrundlagen des Zugs als auch nach der sensorischen Basis für die Verwendung von Umweltfaktoren wie Sonne, Sterne, Magnetfeld der Erde usw. für die Orientierung (Kap. 7) machen zweierlei mehr und mehr erforderlich: subtile Versuche und histologische, neuroendokrinologische und neurochirurgische Untersuchungen. Derartige Versuche haben z. B. gezeigt, wie empfindlich Vögel auf Luftdruckunterschiede reagieren, dass sie Infraschall wahrnehmen und Polarisationsmuster des Lichtes sowie ultraviolette Strahlung erkennen können (Beason u. Semm 1991). Kombinierte neurohistologische, neuroendokrinologische, neurochirurgische und biochemische Studien haben vor allem die Bedeutung des so genannten hypothalamo-hypophysären Systems für die Steuerung des Vogelzugs aufgezeigt. Es werden aber auch noch viele weitere Untersuchungen nötig sein. Andere Arbeiten konzentrieren sich derzeit auf die Epiphyse, die maßgeblich an der Steuerung der Tagesperiodik von Vögeln beteiligt ist und deren Hormon, das Melatonin, möglicherweise eine Rolle bei der Ausbildung von Zugaktivität spielt (6.10). Gänzlich neu sind Versuche, über die Bestimmung von im Vogelkörper aufgenommenen Isotopen oder mit Hilfe mitochondrialer DNA Brut-, Durchzugs- und Überwinterungsgebiete zu bestimmen, deren Bedeutung jedoch noch nicht abzusehen ist (Wenink u. Baker 1996, Kelly u. Finch 1998). Beim Schnäpperwaldsänger *(Setophaga ruticilla)* gelang es, mit Hilfe von Kohlenstoffisotopen nachzuweisen, dass spät heimkehrende Brutvögel in relativ schlechter Verfassung im Winterquartier in minderwertigen Habitaten gelebt hatten (Marra et al. 1998). Gegenwärtig steigt zunehmend der Anteil an vielfältig verknüpften Feld- und Laborstudien sowie an kombinierten Verfahren, z. B. durch die Verbindung von Sichtbeobachtungen, Radar, Flugkörpern und Infrarot-Detektoren (Leshem 1994, Liechti et al. 1995).

5. Die Phänomene des Vogelzugs

5.1 Einige Definitionen

Da Tierwanderungen im Allgemeinen und Vogelzugbewegungen im Speziellen in einer riesigen Fülle verschiedener Formen vorkommen (Kap. 1), ist es nicht leicht, treffende und sinnvolle Definitionen für Wanderungen allgemein zu formulieren. Die Anzahl entsprechender Versuche ist so groß, dass sich über Definitionen mühelos eine größere Abhandlung schreiben ließe. Die am weitesten gefasste Definition stammt von Baker (1978) und besagt: „Zug: der Akt der Bewegung von einer räumlichen Einheit zu einer anderen." Sie ist noch allgemeiner gehalten als die unserer Lexika, die Zug oder Wanderungen meist als Bewegung von einem Aufenthaltsort (im Sinne von Wohnort) zu einem anderen charakterisieren. Bakers Definition hat den Vorteil, dass sie praktisch keine Form von Wanderungen ausschließt. Sie schließt aber andererseits viele lokale, selbst alltägliche Bewegungen wie z. B. das Umherstreifen zur Nahrungssuche mit ein, die viele Ornithologen niemals in eine Definition von Zug mit einbeziehen würden. Vielmehr wird unter Vogelzug häufig in erster Linie oder ausschließlich die regelmäßige saisonale Pendelbewegung zwischen einem Brutgebiet und einem Ruheziel (häufig einem Winterquartier) verstanden (Schüz et al. 1971). In den folgenden Abschnitten dieses Kapitels wird eher im Sinne Bakers nahezu die ganze Palette an Vogelzugformen kurz skizziert, während in den Kapiteln 6–8 mehr eine Beschränkung auf den Vogelzug im engeren Sinn – die periodischen saisonalen Pendelbewegungen – erfolgt, einfach deshalb, weil davon die meisten Befunde vorliegen. Im Übrigen erscheint eine allzu strenge Suche nach ganz klaren Definitionen wenig sinnvoll, da es zwischen „echten" Zug- und anderen Bewegungen, z. B. Nahrungssuchflügen, durchaus Übergänge gibt (z. B. bei Albatrossen, die über zehntausend Kilometer weit zur Nahrungssuche fliegen können, Dingle 1996, Berthold et al. 1997).

5.2 Periodische saisonale Pendelzüge

Diese klassische Form des Vogelzugs – auch Jahreszug genannt, weil er jährlich stattfindet – ist weltweit verbreitet, und für uns als Bewohner höherer geographischer Breiten ist sie der Vogelzug schlechthin. Wir verstehen darunter das Abwandern unserer Frühlingsboten und Sommergäste (Sommervögel) wie z. B. der (meisten) Stare und (fast aller) Schwalben auf ihrem Herbstzug in ihre Winterquartiere und das Zurückwandern

in die Brutgebiete auf dem Frühjahrszug. Man spricht auch von Zwei-
wegewanderern, die einen Hin- und Rückweg ziehen, oder von Jahresziehern, die alljährlich wandern, im Gegensatz zu nur einmal wegziehenden, aber nicht zurückkehrenden Emigranten (5.4) oder zu Jahresvögeln,
die ganzjährig als Standvögel im Brutgebiet verbleiben.

Streng genommen sind die oben verwendeten Bezeichnungen wie
Herbst-, Frühjahrszug und Winterquartier oftmals nicht korrekt, denn
viele Zugvögel verlassen uns bereits mitten im Sommer, andere treffen
bereits lange vor dem auf der Nordhalbkugel für den 21. März festgelegten Frühjahrsbeginn – also noch im Winter – ein, wie Drosseln oder Lerchen, und viele Arten erreichen auch ihr Winterquartier bereits im Sommer, wie Grasmücken oder Rohrsänger oder zumindest im Herbst wie die
Hauptmenge unserer Zugvögel (5.25). Man hat deshalb mehr allgemeine
Begriffe für die Pendelzüge definiert und spricht vom Wegzug für das Abwandern aus dem Brutgebiet, vom Heimzug für das Rückwandern ins
Brutgebiet und vom Ruheziel für den Hauptaufenthaltsort zwischen
Weg- und Heimzug. Das entbindet auch von der sehr „nordischen" Sicht,
etwa von einem Winterquartier am Äquator sprechen zu müssen. Je nach
Situation wird man eher die auf die Jahreszeiten bezogenen, ein ander-
mal eher die allgemeineren Begriffe verwenden.

Häufig werden außer einem Ruheziel noch ein oder mehrere Zwischenziele angesteuert, sei es für die Mauser (5.11), zum Aufsuchen
günstiger Nahrungsgebiete (5.21) oder aus anderen Gründen.

Sonderformen der periodischen saisonalen Pendelzüge kommen bei
Arten mit verzögertem und gestaffeltem Heimzug vor, bei denen die
Jungvögel zunächst nicht zweimal jährlich wandern. Bei einer Reihe von
Arten, vor allem Großvögeln, tritt die Brutreife erst nach einigen Jahren
ein. Jungvögel solcher Arten wie z. B. von Weißstorch, Fischadler (Pandion
haliaetus), Reihern, Limikolen verbleiben z.T. über das Ende ihres ersten
Lebensjahres hinaus im Ruheziel oder ziehen erst relativ spät heim, und
viele ziehen nur eine mehr oder weniger große Strecke in Richtung auf
ihr Brutgebiet, wo sie dann als nichtbrütende „Übersommerer" verbleiben – vielleicht, um unnötiges Ziehen zu vermeiden. Spätestens mit Eintreten der Brutreife erreichen derartige Jungvögel dann schließlich ihre
Brutgebiete, meist in einer Region, in der sie früher erbrütet wurden
(5.26), und gehen dann zum periodischen, zweimal jährlichen Pendelzug
über.

Periodische saisonale Pendelzüge entstanden und entstehen zweifellos in Anpassung an jahreszeitlich schwankende Lebensbedingungen,
aber sicherlich unter verschiedenen auslösenden Bedingungen. Lebt z.B.
eine Vogelpopulation in relativ stabilen Umweltbedingungen weitgehend sesshaft und die Bedingungen verschlechtern sich im Winterhalbjahr, etwa im Zuge einer Kaltzeit, dann können ihre Angehörigen gezwungen sein, für das Winterhalbjahr abzuwandern, um überleben zu
können. Andere Populationen beispielsweise können sich unter günstigen Bedingungen stark vermehren, so dass Populationsdruck entsteht,

der zu Ausbreitungsbewegungen führt (5.8). Dabei können Gebiete entdeckt werden, die sich hervorragend zum Brüten und zur Aufzucht von Jungvögeln eignen, nicht aber zum Überwintern. Auch derartige Gebiete müssen im Winterhalbjahr verlassen werden. Aber während im ersten geschilderten Beispiel das Auftreten ungünstiger Winterbedingungen Ursache für die Entwicklung eines periodischen Pendelzugs war, sind es im zweiten Beispiel letztlich Populationsdruck und die Entdeckung eines günstigen Brutgebietes. Die wesentlichen Schrittmacher für derartige Vogelwanderungen dürften allgemein vor allem Nahrungsgrundlagen sein.

Für den ersten oben geschilderten Fall gibt es derzeit kein rezentes natürliches Beispiel, da unser Klima und damit die Lebensbedingungen für Vögel in höheren geographischen Breiten gegenwärtig günstiger werden und viele Teilzieher ihr Zugverhalten eher reduzieren („Treibhauseffekt" usw., Kap. 10). Aus dem 18. Jahrhundert gibt es jedoch Aufzeichnungen, nach denen Stare, die heute auf den Britischen Inseln weitgehend Standvögel sind, in Abschnitten mit kalten Jahren den Norden räumten und erst später wieder dort hinziehen konnten (Alexander u. Lack 1944). Dass dabei spontan Pendelzugbewegungen entstanden sein können, kann man sich gut vorstellen, denn auch heute können teilziehende Arten England in außergewöhnlich kalten Wintern in besonders großem Umfang verlassen, nach Irland ausweichen und später wieder dorthin zurückziehen (6.19). Pendelzüge könnten sich mit ausweitender Trockenheit z. B. in der Sahelzone neu entwickeln (Kap. 10). Ein interessantes Beispiel gibt es vom Hausgimpel. Die in Kalifornien weitgehend sesshafte Form entwickelte nach ihrer Versetzung durch den Menschen in das östliche Nordamerika schrittweise zunehmendes Zugverhalten mit steigendem Zugvogelanteil und zunehmend längeren Zugstrecken (Terrill 1991), das aus ursprünglichem Teilzugverhalten mit sehr hohem Standvogelanteil entstanden ist und sich immer noch weiter entwickelt (Able u. Belthoff 1998).

Für den zweiten Fall gibt es viele Beispiele. Allein in den letzten rund hundert Jahren haben, wie schon in Kap. 2 angesprochen, viele Arten wie in Europa z. B. Star, Kiebitz, Amsel, Heckenbraunelle *(Prunella modularis)* oder Grünlaubsänger *(Phylloscopus trochiloides)* ihre Areale vor allem in Skandinavien nach Norden ausgeweitet und sind in ihren nördlichen neu erworbenen Brutgebieten im wesentlichen Zugvögel, während sie weiter im Süden auch Teilzieher oder Standvögel sein können (Schüz et al. 1971). Wohl das eindrucksvollste Beispiel geben die zum Brüten in die Arktis ziehenden Vögel. Vertreter von rund 135 Arten wandern alljährlich dorthin, z. T. über riesige Strecken (5.24), um die 24-stündige Helligkeit des nordischen Tages und ein üppiges Nahrungsangebot zur Fortpflanzung zu nutzen (Johnson u. Herter 1990).

Zu den periodischen Pendelzügen gehören auch die schon eingangs erwähnten Vertikalwanderungen vieler Arten (Kap. 1), die bei uns vor allem in den Alpen, aber auch in den Mittelgebirgen eine Rolle spielen. Sie sind natürlich besonders ausgeprägt in den großen Gebirgen der Erde wie etwa den Rocky Mountains in Nordamerika oder im Himalaja. Der Fleckenkauz *(Strix occidentalis)* z. B. wandert von der Sierra Nevada in Kalifornien im Mittel 31 km weit in durchschnittlich 754 m tiefer gelegene Gebiete zum Überwintern (Laymon 1989), während viele im Wald lebende Hühnervögel oft nur wenige hundert Meter tiefer gehen. Ferner gehören zu ihnen auch eine Reihe von innertropischen Wanderungen, die schon in Kapitel 2 angesprochen wurden. Im Amazonasgebiet z. B. ziehen viele ans Wasser gebundene, aber Hochwässer meidende Arten wie Enten, Störche, Seeschwalben, Limikolen, Taucher u. a. regelmäßig, so dass ihnen bei den jahresperiodisch auftretenden Hochwässern stets Flachwasserzonen und zugängliche Uferstreifen zur Verfügung stehen (Schüz et al. 1971). Von den tropischen Kolibris führen eine Reihe von Arten sowohl periodische Pendelzüge als auch Vertikalwanderungen durch (5.6), und der in Zentralafrika verbreitete Weißkehlspint *(Merops albicollis)* wandert in Nigeria in Abhängigkeit von Regen- und Trockenzeiten regelmäßig 800–1200 km weit (Fry 1967).

5.3 Dispersion, Dismigration, Abmigration

Die brutreifen Individuen der meisten wandernden Vogelarten, mit Ausnahme vor allem nomadisierender Arten („Zigeunervögel", 5.5), sind ausgesprochen ortstreu (5.26) und kehren in der Regel immer wieder an den angestammten Brutort oder in dessen Nähe zurück (Brutortstreue, 5.26). Die Jungvögel vieler Arten, auch die von Standvögeln, führen hingegen regelmäßig Ausbreitungsbewegungen durch, die zu ihrer Dispersion führen. Diese Dispersion ist definitionsgemäß der „Zustand der Verteilung von Individuen bzw. Paaren oder Kolonien im Raum, nicht aber der dazu führende Verteilungs-Vorgang" (Berndt u. Winkel 1977). Derartige Dispersion kann gelegentlich passiv herbeigeführt werden, z. B. bei Verdriftung durch starke Winde. Auf diese Weise gelangt ein Teil der so genannten „Irrgäste", z. B. aus Nordamerika, über den Atlantik in die westlichen Küstenbereiche Europas (7.7). In der Regel wird die Dispersion – vor allem bei Jungvögeln – jedoch durch aktiven Ortswechsel herbeigeführt, nämlich durch die so genannte Dismigration, zu Deutsch Zerstreuungswanderung, Streubewegungen, selten auch Dispersionswanderung, die eine Art von Einwegzug darstellen. Manche Autoren differenzieren unter diesem Oberbegriff weiter in Dispersal, (Jugend-)Streuung, wenn den Zerstreuungswanderungen mehr endogene Faktoren (6.12) zugrunde liegen, also ein Ausbreitungstrieb, und in Spacing, Ausweichen, wenn eher exogene Faktoren verantwortlich sind (Berndt u. Sternberg 1968). Wie die Namen schon andeuten, dispergieren Vögel häufig ohne Vorzugsrichtung, z. T. nach allen Richtungen, z. T. in Beziehung zu topographischen Verhältnissen (Alerstam 1991). Der früher auch für Streubewegungen verwendete Begriff Strich („Strichvögel") ist ungenau und sollte vermieden werden (Creutz 1987).

Die Dispersion ist bei einer großen Zahl von Vogelarten untersucht worden, und über ihre Erscheinungsformen sowie ihre mögliche biologische Bedeutung existiert eine Fülle von Literatur (Bauer 1987). Hier werden die wichtigsten allgemeinen Gesichtspunkte und zwei Beispiele dargestellt.

Reine Philopatrie, also Ansiedlung am Geburtsort ohne Jugend-Streuung, kommt bei Vögeln nicht häufig vor (Weatherhead u. Forbes 1994). Andererseits ist die Streuung meist auch nicht sehr groß – sie beträgt bei den meisten Jungvögeln im Mittel nur wenige Kilometer vom Geburtsort; ein Teil kann jedoch erheblich weiter dispergieren (s. u.). Die hauptsächliche Jugend-Streuung erfolgt in den ersten Wochen und Monaten nach dem Ausfliegen und scheint in dieser Phase häufig stark endogen programmiert zu sein. Ob ihr eine endogen gesteuerte Dispersionsunruhe zugrunde liegt, ist noch nicht geklärt; Aktivitätsmessungen an der Kreischeule *(Otus asio)* sprechen jedoch dafür (Ritchison et al. 1992). Sie kann sich bei Standvögeln bis weit in den Winter oder in die nächste Brutperiode fortsetzen, bei Zugvögeln bis weit nach Beendigung des Heimzugs, und dürfte in diesen späten Bereichen häufig exogen beeinflusst sein, vor allem durch Konkurrenz. In der Regel sind Altvögel über Jungvögel und größere Individuen über kleinere dominant, dazuhin spielen Zeitfaktoren bei der Revierbildung, Schlüpftermine u. a. eine Rolle. So zeigen z. B. Jungvögel aus späten Bruten z. T. geringere Geburtsortstreue als solche aus frühen Bruten, wahrscheinlich, weil sie mehr zum Ausweichen gezwungen sind. Weiterhin streuen bei Vögeln ganz allgemein die Weibchen stärker als die Männchen, die sich näher zum Geburtsort ansiedeln (im Gegensatz zu Säugetieren, wo die Verhältnisse umgekehrt liegen, Terrill 1991, Clark et al. 1997 u. a.). Bei Arten mit sehr hoher Brutortstreue (5.26) ist die Geburtsortstreue der Jungvögel sehr gering (wohl, weil sie durch die Altvögel besonders stark zum Ausweichen gezwungen werden) und umgekehrt, und Arten mit sehr ausgeprägter Dismigration weisen geringe Rassenbildung auf (Berndt u. Sternberg 1968). Bei Teilziehern wie der Singammer *(Melospiza melodia)* streuen ziehende Individuen mehr als nichtziehende (Nice 1933). Die Dispersion wird also offenbar sowohl genetisch und durch Selektion als auch direkt durch äußere Einflüsse, in erster Linie wohl Konkurrenz, gesteuert, wobei bei manchen Arten eher endogene, bei anderen – zumindest zeitweise – exogene Faktoren zu überwiegen scheinen (Ketterson u. Nolan 1990, Payne 1991, Morton 1992, Berthold 1996, Belthoff u. Dufty 1998). Weiterführende Ergebnisse könnte v. a. die vergleichende Untersuchung von Nestgeschwistern erbringen (Hudde 1995).

Der biologische Sinn der Dismigration liegt in der Erschließung neuer Lebensräume, in der Vermeidung von Konkurrenz, in der Dichteregulation (Abbau von Gedränge, Auffinden unbesetzter Gebiete), bei Zugvögeln dient sie auch der Festlegung späterer Brutplätze (Gwinner 1971 b, Sniegowski et al. 1988), die nach der Rückkehr bezogen werden. Ferner bewirkt sie sicher Genaustausch und Vermeidung von Inzucht und mag

Abb. 11: Wiederfunde nestjung beringter Schleiereulen *(Tyto alba)* während des ersten Lebensjahres, beringt in Süd-deutschland in dem Bereich von 48.4–49.4 nördlicher Breite u. 8.7–10.1 östlicher Länge (nach Bairlein 1985 b, Computerplot von R. D. Wassenaar, EURING-Zentrale).

damit in mehrfacher Weise die Fitness erhöhen (Bauer 1987). Interessant ist, dass bei vielen Arten ein Teil der Jungvögel als Nichtbrüter in Geburts-ortsnähe verbleiben kann (bisweilen als „Populationsreserve" bezeich-net) und nicht dismigriert und dass in späteren Jahren Vögel wieder näher an den Geburtsort heranrücken können. Inwieweit dieses Verhal-ten alternativ zur Dismigration einer zu starken Panmixie entgegenwir-ken und dazu beitragen mag, genetische Anpassungen innerhalb kleiner Populationen zu konzentrieren, ist eine hoch interessante Frage der Po-pulationsgenetik, aber bislang wenig untersucht (Bauer 1987). Mög-licherweise geht auch der Herbstgesang vieler Arten hauptsächlich auf dispergierende Jungvögel zurück. Baker (1993) nimmt an, dass die relativ stark ausgeprägte Jugendstreuung bei Zugvögeln (Paradis et al. 1998) der festen Heimatprägung für eine sichere Rückkehr in das Brutgebiet der Population dienen könnte (Navigationsziel-Hypothese, Kap. 7).

Im Folgenden werden zwei Beispiele für Dismigration näher darge-stellt, im ersten Fall für normale, im zweiten für sehr stark ausgeprägte Zerstreuungswanderungen (Abb. 11).

Die Dismigration junger Mönchsgrasmücken z. B. zeigt folgendes Bild: Wiederfunde in Belgien beringter Vögel stammten vor dem Wegzug zu 17 % vom Beringungsort, zu 19 % aus südwestlichen und zu 64 % aus nördlichen Richtungen. Bis auf 5 Funde lagen alle unter 50 km, und ihre mittlere Entfernung betrug etwa einen Monat nach der Beringung rund 30 km vom Beringungsort. Die mittlere Ausbreitungsgeschwindigkeit lag bei 2 km, die maximale bei 10 km pro Tag (Fouarge 1981). In Ostösterreich führte die Dismigration zu einer Verteilung der Weibchen auf eine Fläche von etwa 23–69 km², die der Männchen auf nur etwa 6–17 km² (Wolf 1987).

Bei der Schleiereule *(Tyto alba)* ergab eine Auswertung von über 1200 Wiederfunden in Süddeutschland nestjung beringter Vögel, dass 25 % der Funde aus Entfernungen von über 100 km vom Beringungsort stammten, und nur 44 % lagen unter 50 km, obwohl 72 % der Funde im ersten Lebensjahr der Vögel erzielt wurden. Fernfunde reichten maximal bis 1800 km (Bairlein 1985 b), andernorts bis über 2200 km. Diese starke Dismigration ist als Anpassung an sehr große Populationsschwankungen dieses Mäusejägers zu sehen. In mäusearmen schneereichen Wintern können Teilpopulationen völlig zusammenbrechen, andere in mäuse-reichen Brutperioden bei zwei Bruten pro Jahr sehr viele (pro Brutpaar bis sieben) Junge produzieren, die bei starker Streuung weiträumig unbe-setzte Gebiete finden können. Derartige Langstrecken-Dispersion, z.T. kontinentweit, über mehr als 1000 km, kommt auch bei anderen Arten vor wie z.B. Seeschwalben (Schmidt u. Dost 1988) und sogar bei der Was-seramsel *(Cinclus cinclus,* Hegelbach u. Koch 1994). Sie könnte z.T. auf Ver-driftung beruhen (7.7) oder auch der Exploration neuer Gebiete dienen (Elkins 1988 a). Manche Arten wie Seeregenpfeifer *(Charadrius alexandri-nus)* können abwechselnd an über 1100 km voneinander entfernten Brutplätzen nisten (Stenzel et al. 1994). Ob derartig späte Umsiedlungen noch in den Bereich der Dispersion fallen, ist offen.

Unter Abmigration versteht man ein Auswandern, das vor allem von Entenarten bekannt geworden ist. Enten verpaaren sich z.T. bereits vor dem Heimzug, und aufgrund solcher Paarungen kann ein Partner einen anderen in weit entlegene Gebiete „entführen", zum Auswandern bewe-gen. Solche Fälle treten z.B. regelmäßig bei unseren Stockenten *(Anas platyrhynchos)* auf (Schüz et al. 1971), und auf entsprechende Weise wur-den möglicherweise zwei Eisenten *(Clangula hyemalis)* verschiedene Wege geführt, die als Küken in Grönland beringt wurden und wovon sich später eine als Brutvogel in Kanada, die andere im Winter in der Ostsee aufhielt (Freuchen u. Salomonsen 1958). Bei diesen Abmigrationen sind die bei Entenvögeln stärker brutortstreuen Weibchen offenbar die An-führer, und bei den Männchen kommt es zu Umsiedlungen (Rees 1987, Alerstam 1991). Abmigration ist jedoch insgesamt selten, da sich die meisten Zugvogelarten erst nach Rückkehr im Brutgebiet verpaaren und dort meist nur eine Saison- oder Brutehe führen.

5.4 Invasionen

Bei einer großen Zahl von Vogelarten verlassen mehr oder weniger große Teile der Populationen in unregelmäßigen, nur bedingt voraussagbaren Jahren ihre Brutgebiete und erscheinen dann, oft massenweise, in ande-ren Gebieten als so genannte Invasionsvögel. Es kommt also zunächst zu

Evasionen, Emigrationen (Eruptionen), also zu Abwanderungen aus den Brutgebieten, und anschließend zu Invasionen, Immigrationen (Irruptionen), also zu Einwanderungen in anderen Gebieten. Die Zahl der bekannten Fälle dieser „irregulären, aperiodischen Wanderungen" ist so groß, dass Schüz et al. (1971) in dem „Grundriß der Vogelzugskunde" etwa 30 Einzelbeispiele abhandeln, gegliedert in die beiden Gruppen „größenteils von pflanzlicher Nahrung abhängig" und „fleischfressende Invasionsvögel", was zeigt, dass sie Gruppen mit verschiedenen Ernährungsweisen angehören können.

Ausgeprägte Vogelinvasionen werden bisweilen selbst dem Laien offenbar, etwa, wenn im Winterhalbjahr gelegentlich Verkehrsstraßen in Süddeutschland zeitweilig gesperrt werden müssen wegen Tausender von Bergfinken *(Fringilla montifringilla)*, die auf der Suche vor allem nach Bucheckern auch die waldnahen Fahrbahnen mit dem „rollenden Teppich" ihrer Schwärme überziehen, oder wenn plötzlich mitten im Winter exotisch anmutende Seidenschwänze *(Bombycilla garrulus)* als Wintergäste an Futterhäusern auftauchen. Ganz besonders markant waren Invasionen des in Asien verbreiteten Steppenhuhns *(Syrrhaptes paradoxus)*. Zwischen 1863 und 1908 kam es zu Großinvasionen, die Vögel bis zu den Britischen Inseln führten, und schwächere Einflüge wurden noch bis 1969 registriert (Schüz et al. 1971). Ebenso auffallend waren die Invasionen des farbenprächtigen Rosenstars *(Pastor roseus)*. Diese Art, die hauptsächlich in Indien überwintert und bis zur Türkei, gelegentlich bis Ungarn brütet und sich überwiegend von Wanderheuschrecken ernährt, erreichte auf Invasionen bisweilen weite Teile Westeuropas bis Portugal, Irland und Island (Peterson et al. 1985). Wohl infolge der massiven Heuschreckenbekämpfungen sind diese Einflüge in jüngerer Zeit zurückgegangen.

Fragt man nach den Ursachen und Auslösern derartig auffälliger Invasionen und den zugrunde liegenden Evasionen, so wird klar, dass allgemein zwei Faktoren eine große Rolle spielen: geringes Nahrungsangebot und hohe Populationsdichte. Im Folgenden sollen zwei Beispiele näher behandelt werden, die die Zusammenhänge erhellen.

Der Seidenschwanz brütet in der Taigazone der Holarktis von Skandinavien bis Kanada. Seit dem Spätmittelalter sind seine Masseninvasionen in Europa bekannt und dokumentiert und führten früher zu allerlei Spekulationen, was der Art u. a. den heute noch in Holland üblichen Namen „Pestvogel" eintrug. Herausragende Großinvasionen wurden in den Wintern 1413, 1519, 1570, 1682, 1779, 1794, 1806, 1866, 1903, 1913, 1931 und 1965/66 registriert, wovon die letzte bisher am Genauesten verfolgt wurde (Glutz u. Bauer 1985, Kinzelbach 1995). Nach Schüz et al. (1971) treten größere Einflüge etwa alle zehn Jahre auf, kleinere weit häufiger, und ein geringer Teil von Vögeln wandert alljährlich, was Schüz als gewöhnlichen Zug bezeichnet. Auch der nordamerikanische Zedernseidenschwanz *(Bombycilla cedrorum)* wandert regelmäßig (Brugger et al. 1964).

Während der beschriebenen Großinvasionen überschwemmen Seidenschwänze regelrecht weite Teile Europas und müssen ihrer großen Anzahl nach aus Gebieten bis etwa zum Ural stammen. Sie strömen dann bis in die Türkei, können im Süden Zypern, Kreta, Malta, Sardinien und Portugal und im Westen Irland, die Färöer und Island erreichen.

Inzwischen ist klar, dass das Eintreten der Großinvasionen wesentlich von der Verfügbarkeit an Ebereschen („Vogelbeeren") in den Brutgebieten und deren Nähe abhängt. Ist der Ebereschenertrag gering und unzureichend, werden die nach dem Ausfliegen der Jungen im Sommer umherstreifenden Familienverbände mehr und mehr gezwungen, weiter zu wandern, und etwa ab Mitte September werden gerichtete Zugbewegungen beobachtet. Schneefälle können auch bei mäßigem Ebereschenangebot die Nahrungssituation verschärfen und noch bis gegen Jahresende größere Invasionen auslösen. Einmal im Ziehen begriffen, durchwandern Seidenschwänze selbst Gebiete mit reichlichem Beerenangebot. Die in unseren Breiten eingetroffenen Vögel verzehren praktisch alles an Beeren und Früchten, was von anderen, meist omnivoren Vogelarten übrig gelassen wurde bis hin zu am Boden verrottenden Äpfeln. Sie verfügen als frugivore Nahrungsspezialisten (u. a. mit besonders langem Darm ausgerüstet) über einen so ausgezeichneten Ausnutzungskoeffizienten der Nahrung, dass sie selbst ausschließlich von verrottenden Äpfeln zumindest eine Zeit lang leben können (Berthold 1976 a, siehe auch 6.5).

Während von manchen Invasionsvogelarten erhebliche Teile der Evasoren nicht zurückwandern und umkommen („Totwandern"), kehren die Seidenschwänze regelmäßig in ihre Brutgebiete zurück und sind bei uns meist bis Ende März verschwunden. In Jahren sehr starker Invasionen kann sich die Rückkehr z. T. erheblich verzögern, bis in den Sommer hinein (Glutz u. Bauer 1985), ein Phänomen, das auch beim Eichelhäher *(Garrulus glandarius)* beobachtet wurde (Gatter 1974) und möglicherweise in Jahren hoher Populationsdichte die Verminderung intraspezifischer Konkurrenz im Brutgebiet bewirkt.

Als zweites Beispiel soll die Kohlmeise *(Parus major)* dienen. Sie zieht in Mitteleuropa normalerweise wenig, führt aber ebenfalls Großinvasionen durch. Eine Analyse der Bestände des südlichen Norddeutschlands und der Invasionen (Berndt u. Henß 1967) zeigt, dass die großen Invasionen mit Kulminationspunkten der sogenannten Gradationen (Massenvermehrung) der Brutpopulationen zusammenfallen (Abb. 12), wobei Gradationsintervall und Invasionsintervall im Mittel beide etwa 3,5 Jahre betragen. Demnach sind die Invasionen der Kohlmeise als „dichtebedingte Emigrationswanderungen mit zugartigem Verlauf" anzusehen (Berndt u. Henß 1967), was auch für andere Meisen und andere Invasionsvögel gilt. Meisen sind als stark feindgefährdete, witterungsanfällige Vögel auf eine hohe Vermehrungsrate in günstigen Jahren angewiesen. Bei dieser Fortpflanzungsweise lässt sich offenbar immer wieder auftretende Überbevölkerung nicht vermeiden. Sie wird durch Evasionen reduziert, die die

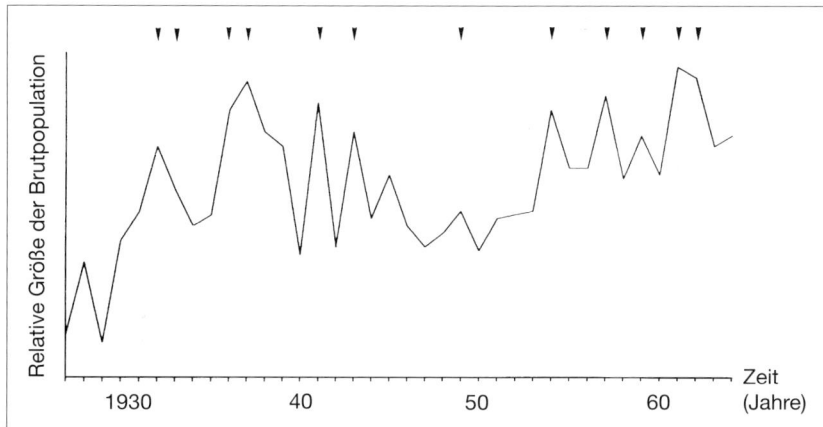

Abb. 12: Evasionen der Kohlmeise *(Parus major)* für das mittlere Norddeutschland, dargestellt durch Pfeile, in Abhängigkeit von der Populationsgröße (nach Berndt u. Henß 1967).

Siedlungsdichte im Brutgebiet herabsetzen und vielleicht weitere Funktionen haben. Evasoren können sich bei Meisen bis in über 500 km Entfernung vom Geburtsort ansiedeln, beim Tannenhäher *(Nucifraga caryocatacles)* sogar bis 3000 km. Auch wenn beim Seidenschwanz vor allem die Verfügbarkeit von Nahrung, bei den Meisen hingegen Überbevölkerung als Ursache für Evasionen genannt wurden, sind die Verhältnisse im Hinblick auf Ursachen und unmittelbare Auslöser bei allen mehr irregulären Wanderungen höchst kompliziert und in keinem Fall vollständig geklärt. Bei verschiedenen Eulenarten, die von den etwa drei- bis vierjährigen Gradationszyklen von Lemmingen abhängen, bekommen Invasionen mehr regelmäßigen Charakter, aber mit mehrjähriger Periodenlänge (Schüz et al. 1971). Auch bei Meisen und Seidenschwänzen – wie oben beschrieben – kommt es neben Evasionen auch zu regelmäßigen Zugbewegungen, bei der Blaumeise *(Parus caeruleus)* z. B. auch zu einem regelmäßigen Abwandern aus den baumbestandenen Brutgebieten in Schilfgebiete während des Winterhalbjahres. Derartige Wanderbewegungen zeigen deutliche Übergänge zum Teilzug und zu normalem Zugverhalten. Die bisherigen Vorstellungen über Ursachen und unmittelbare Auslöser fakultativer Wanderungen werden eingehend in 6.20 behandelt.

5.5 Nomadisieren

In ganz verschiedenen Gebieten der Erde gibt es Vogelarten, die weiträumig umherwandern und im Gegensatz zu den oben behandelten Invasionsvögeln kein festes populationsspezifisches Brutgebiet besitzen. Derartig nomadisierende Arten werden im Volksmund auch als „Zigeuner-" oder „Vagabundenvögel" bezeichnet, und das Paradebeispiel unserer Breiten dafür sind die Kreuzschnäbel, vor allem der Fichtenkreuzschnabel *(Loxia curvirostra)*. Dieser Nadelwaldbewohner, der in Eurasien von der

Iberischen Halbinsel bis Ostasien sowie in Nordamerika brütet, ist ein hochgradiger Nahrungsspezialist. Er ist, wie der Name schon sagt, auf Fichten spezialisiert, genauer auf den Verzehr von Fichtensamen, von denen er das ganze Jahr über großenteils lebt. Fichtensamen sind nur im Spätwinter und Frühjahr leicht zugänglich, wenn sich die reifen Zapfen unter der zunehmenden Sonneneinstrahlung erstmals öffnen und ihre Samen entlassen. Um auch zu anderen Jahreszeiten an die Fichtensamen zu gelangen, haben Kreuzschnäbel Schnäbel entwickelt, bei denen der Oberschnabel über den Unterschnabel kreuzt. Mit diesen gekreuzten Schnäbeln können sie auch an festen geschlossenen Zapfen die Zapfenschuppen in der Mitte durchtrennen und mit der Zunge die Fichtensamen hervorschieben. Sie haben sich damit auf der Nordhalbkugel eine Nahrungsnische geschaffen, die nur von wenigen anderen Arten wie Spechten und Eichhörnchen mit genutzt wird. Aber diese Spezialisierung hat einen Nachteil: Fichten fruchten (oder fruchteten, s. u.) nicht regelmäßig. Vielmehr kommt es nur alle paar Jahre (meist in jedem dritten bis vierten Jahr) zu reichem Zapfenansatz, der häufig großräumig synchron auftritt. Das bedeutet, dass Kreuzschnäbel in einem bestimmten Gebiet nur in manchen, noch dazu nicht genau voraussagbaren Jahren mit reichem Nahrungsangebot rechnen können. Bleiben Fichtensamen aus, kommt es zu so genannten „Mangelfluchten" (Schüz et al. 1971, 5.7), die Kreuzschnäbel über weite Strecken führen können. Wenn auch wandernde Kreuzschnäbel in allen Monaten des Jahres beobachtet werden können, so finden doch die Hauptwanderungen im Sommer statt (Newton 1975), nachdem im Spätwinter und Frühjahr die Hauptmasse der Jungvögel flügge geworden ist (Berthold u. Gwinner 1978). Im Gegensatz zu den Invasionsvögeln wandern nomadisierende Vögel meist nur einmal im Jahr, so lange, bis sie wieder einen günstigen Lebensraum, im Falle der Kreuzschnäbel ein Gebiet mit reichlich Fichtensamen, gefunden haben.

Die Wanderungen der Kreuzschnäbel vollziehen sich innerhalb des Gebietes ihrer normalen artlichen Brutverbreitung und können von Mal zu Mal erheblich in Richtung und Entfernung streuen (wiederum im Gegensatz zu vielen Invasionsvögeln). Kommt es infolge großräumigen starken Mangels an Fichtensamen zu massiven Wanderungen, ziehen die Vögel auffallend einheitlich gerichtet (Newton 1975). Ringfunde belegen Entfernungen von bis zu 3000 und sogar 4000 km. Es ist auch diskutiert worden, ob Kreuzschnäbel in ihrem großen Gesamtverbreitungsgebiet eine Art Pendelbewegung von Ost nach West und zurück durchführen, die sie immer wieder an günstige Nahrungsgründe bringt, aber die Beobachtungsdaten sprechen eher dagegen (Schüz et al. 1971).

Allgemein lässt sich folgern, dass das Nomadisieren als Anpassung an von Jahr zu Jahr wechselnde Nahrungsgrundlagen entstanden ist, während Invasionsvögel mehr saisonalen Nahrungsverknappungen ausweichen.

Die Hauptmasse nomadisierender Arten kommt in Gebieten der Erde vor, in denen die Umweltbedingungen besonders unregelmäßig sind, nämlich in den Trockengebieten Australiens und Südafrikas. In Australien sind etwa 30% der Vogelarten ausgeprägt nomadisch (Keast 1960). Viele Honigfresser etwa wandern umher, bis sie blühende Bäume in ausreichender Zahl finden, Körnerfresser wie die Zebrafinken *(Taeniopygia guttata)*, bis sie Gebiete mit Regen erreichen, in denen Gräser heranwachsen und Grassamen reifen.

Nomadisierende Arten haben an das sporadische, nicht voraussagbare Nahrungsangebot, das nur unter günstigen Umständen erfolgreiches Brüten ermöglicht, hochinteressante Anpassungen ihres Fortpflanzungsverhaltens entwickelt. Fichtenkreuzschnäbel z. B. können in allen Monaten des Jahres brüten, ihre Hauptbrutperiode fällt jedoch in den Spätwinter und das zeitige Frühjahr, wenn Fichtensamen besonders verfügbar sind. Ihre Geschlechtsorgane sind außergewöhnlich lange im Jahr funktionstüchtig – die Hoden der Männchen vom Spätherbst bis zum Sommer (Berthold u. Gwinner 1978). Kreuzschnäbel sind damit lange brutbereit und können nach einer Mangelflucht an einem neuen günstigen Nahrungsplatz alsbald wieder brüten. Ganz erstaunlich ist, dass frisch erbrütete Jungvögel schon nach wenigen Wochen oder Monaten brutreif werden und schon im Jugendkleid brüten können (Berthold u. Gwinner 1972). Auf diese Weise haben sie eine Chance, ein günstiges Nahrungsangebot zur Fortpflanzung auszunützen, das sich ihnen sonst erst später – wenn überhaupt wieder – bieten würde. Parallelen zu dieser besonders angepassten Jahresperiodik finden wir erst wieder in ganz anderen Regionen der Erde, vor allem in Trockengebieten der Südhalbkugel, wo entsprechende Arten mit starker Vermehrung leben (5.4). Zebrafinken z. B. wandern in Australien mit teilweise herangereiften Gonaden umher, so dass sie beim Auftreten von Regenfällen schnell Fortpflanzungsreife erreichen können, und auch bei ihnen brüten sehr rasch brutreif werdende Jungvögel alsbald mit (Immelmann 1962). Fichtenkreuzschnäbel, Zebrafinken und viele andere nomadisierende Arten sind so genannte r-Strategen, d. h. Arten mit zeitweilig hohem Vermehrungspotential (Wilson u. Bossert 1973), während ausgeprägte Zieher eher K-Strategen sind (mit späterer Brutreife und geringerer Nachkommenzahl pro Brut, 5.31).

Erstaunlicherweise haben wir festgestellt, dass auch bei den nomadisierenden Kreuzschnäbeln die Fettdeposition – wohl für eventuelle Zugzeiten – durch endogene Faktoren, nämlich eine endogene Jahresperiodik, gesteuert wird (Berthold 1977 a). Möglicherweise spielen demnach auch bei irregulären Wanderungen wie dem Nomadisieren oder bei Invasionen innere Faktoren eine Rolle (6.12, 6.20).

Infolge des Waldsterbens, das bei den Fichten vor allem Bestände in höheren Lagen erfasst, kommt es bei dieser Baumart als „Notreaktion" bekanntlich zu häufigerem Zapfenansatz als früher, und Jungbäume beginnen in früherem Alter zu fruchten. Vorläufig ist offen, wie das daraus resultierende gleichmäßigere Nahrungsangebot für Kreuzschnäbel möglicherweise deren Wanderverhalten verringern wird. Es gibt immerhin Anzeichen dafür, dass in jüngster Zeit in süddeutschen Nadelwaldgebieten kleinere Fichtenkreuzschnabelpopulationen ständig anwesend sind. Und in den Pyrenäen, wo Kiefern regelmäßig fruchten, sind Fichtenkreuzschnäbel sesshaft (Senar et al. 1993). Von den südafrikanischen Küstengebieten berichten Crawford et al. (1994) über eher vermehrtes Nomadisieren von Seevogelarten zu wechselnden Brutplätzen, das u. a. auf starke menschliche Störungen zurückgeht.

5.6 Folgebewegungen

Viele Arten tropischer und subtropischer Gebiete folgen bestimmten Ereignissen, die ihnen ihre Nahrungsgrundlage sichern, oder sie wandern lokal nur zeitweilig verfügbaren Nahrungspflanzen oder Beutetieren unmittelbar nach. Die dabei durchgeführten Wanderbewegungen lassen sich prinzipiell nicht streng von denen der in den vorangehenden Abschnitten besprochenen Invasionsvögel oder nomadisierenden Arten trennen. Auch der im letzten Abschnitt eingehend behandelte Fichtenkreuzschnabel folgt ja gewissermaßen dem Fichtensamenangebot. Allerdings nutzt er zeitweilig ein bestimmtes Nahrungsangebot, und erst wenn dort die Nahrung knapp wird, macht er sich auf die Suche nach neuen Nahrungsgründen, wobei er oftmals lange und weit umhersuchen muss. Vögel mit den hier in Rede stehenden Folgebewegungen „bleiben" hingegen mehr unmittelbar an ihren beweglichen Nahrungsquellen, indem sie ihnen direkt oder mehr gezielt folgen.

Je nach Art der Nahrungsquelle oder des zur Wanderung stimulierenden Ereignisses spricht man von Ameisen-, Brand-, Blüten-, Frucht- und Samenfolgern. Am besten sind wir über diese Folgebewegungen durch eine Reihe von eingehenden Studien und durch Übersichtsarbeiten in Südamerika unterrichtet (Koepcke 1963, Sick 1968, Ortiz-Crespo 1986, Willis 1986, Schuchmann 1996).

Als Ameisenfolger bezeichnet man Vogelarten, die die Züge von Wanderameisen begleiten, um sich von Tieren zu ernähren, die durch die Ameisen aufgescheucht werden. Sie sind vor allem in Südamerika weit verbreitet und gehören ganz verschiedenen systematischen Gruppen an (Willis 1986, Haemig 1989).

Nach Sick (1968) werden in Südamerika zum Ende der Trockenzeit in den Campogebieten Savannenbrände gelegt, die als Reinigungsbrände „sukzessive den halben Kontinent" bedecken und besonders in Zentral-Brasilien eine große Rolle spielen. Die durch diese Brände aufgescheuchte oder versehrte Tierwelt wird von einer ganzen Reihe von Vogelarten systematisch genutzt – den Brandfolgern, die den durchs Land ziehenden Feuerwalzen nachfolgen. Hierzu gehören ganz verschiedene Arten unterschiedlicher systematischer Gruppen. Zum einen sind es Greifvögel, nämlich Savannenbussard *(Heterospizias meridionalis)*, Karakara *(Polyborus plancus)*, Urubitinga *(Urubitinga urubitinga)*, Schwebeweih *(Ictinia plumbea)* und Truthahngeier *(Cathartes aura)*, dann der Halsbandsegler *(Cyp-*

seloides zonaris) sowie die Tyrannen Bartmonjita *(Xolmis cinerea)* und Trauertyrann *(Tyrannus melancholicus)* und der kranichähnliche Seriema *(Cariama cristata).* Ganz entsprechende Erscheinungen gibt es natürlich in anderen Erdteilen, in Afrika z. B. gehören zu den Brandfolgern verschiedene Greifvögel, Racken, Bienenfresser, Störche, Rabenvögel u. a. (Thiollay 1971).

Blütenfolger gibt es in allen drei großen Gruppen der blütenbesuchenden Vögel: bei den Honigfressern Australiens, den Nektarvögeln Afrikas und Asiens und den Kolibris Amerikas. Koepcke (1963) unterrichtet uns eingehend über die Verhältnisse in Peru. Hier folgen vier Kolibriarten (Atacama-Kolibri *Rhodopis vesper*, Bandelfe *Myrtis fanny*, Lesson-Amazilie *Amazilia amazilia* und Corakolibri *Thaumastura cora)* Nahrung bietenden Blüten regelmäßig an der wüstenhaften Küste von den Flussoasen zu den sogenannten Lomas. Die Lomas sind Gebiete mit einer zeitweilig auftretenden zartblättrigen Nebelvegetation, deren Existenz vom kalten Humboldtstrom abhängt und die vorübergehend einem Blütenmeer gleichen und dann für die Kolibris attraktiv sind. Andere Arten wie der Veilchenohrkolibri *(Colibri coruscans)* wandern zwischen den Lomas und höher gelegenen Gebieten des Andenabhanges als Vertikalzieher hin und her. Bei diesen Wanderungen können Kolibris enorme Strecken zurücklegen; Beringungen erbrachten Entfernungen von 500–2000 km (Sick 1968 und 5.24).

Während in unseren Breiten omnivore Vogelarten überwiegen, kommen in südlicheren Gebieten, vor allem in den Tropen, viele fast nur Früchte verzehrende Formen vor. Bei ihnen wie bei Arten, die von verschiedensten Samen leben, sind Folgewanderungen ebenfalls ausgeprägt. Der Soldatenara *(Ara militaris)* z. B. führt in Peru ausgedehnte Flüge über die grasige Puna durch, um von seinem ostandinen Brutgebiet aus auf die Westseite der Anden zu gelangen, wenn dort bestimmte Früchte reifen (Koepcke 1963). In SO-Brasilien wanderten früher die Pracht-Amazonen *(Amazona pretrei)* in großer Zahl in den Monaten März und April in die heute weitgehend verschwundenen Araucarienwälder, um deren Samen zu verzehren. Ähnlich zieht in Chile der Langschnabelsittich *(Enicognathus leptorhynchus)* zwischen den Südbuchen- und Araucarienwäldern sowie Getreideanbaugebieten hin und her, um zu verschiedenen Jahreszeiten die unterschiedlichen Samen zu nutzen (Sick 1968). Für Afrika sind vor allem die Wanderungen riesiger Scharen von Blutschnabelwebern *(Quelea quelea)* zu nennen, die in Getreideanbaugebieten zu großen Problemen führen und regelrechte Bekämpfungskampagnen gegen diesen „Schadvogel" ins Leben gerufen haben. Die verschiedenen Rassen dieser Art, die je nach Umfang ihrer Wanderungen unterschiedlich große Fettdepots anlegen (6.3), verhalten sich z.T. mehr wie nomadisierende, z.T. mehr wie regelmäßig wandernde Zugvögel (Dingle 1996).

5.7 Fluchtbewegungen

Vögel können auf überraschend eintretende, lebensbedrohliche Umwelt-situationen in vielfältiger Weise mit Flucht reagieren. Das gilt sowohl für die sesshaften Individuen von Teilziehern (5.10) als auch für Stand- und Zugvogelarten. Für eine ganze Reihe von Situationen, die immer wieder mit einiger Regelmäßigkeit auftreten, haben viele Vogelarten entsprechend adaptives Fluchtverhalten entwickelt. Vögel können sich jedoch längst nicht jeder bedrohlichen Umweltsituation rechtzeitig durch Flucht entziehen. So hat z. B. der nasse und kalte Herbst 1974, der ein außergewöhnliches, säkulares Ereignis war, in unserem Raum viele sogar schon im Wegzug begriffene Zugvögel mit seiner Nahrungsverknappung so stark überrascht, dass es zu der berüchtigten „Schwalbenkatastrophe" kam, bei der große Mengen unserer Schwalben den Tod fanden.

Je nachdem, weshalb Vögel flüchten, hat sich in der Literatur eine ganze Reihe von Termini wie Mangelflucht (5.5), Winter-, Kälte-, Frost-, Schnee-, Eis-, Hunger- und Hochwasserflucht (Sick 1968) sowie Ausweichflug, Ausweichbewegung eingebürgert, denen sicher weitere wie Feuerflucht (im Falle von Wald- oder Steppenbränden), Trockenzeitbewegungen (Dürreflucht), Brutplatzmangelflucht usw. hinzuzufügen sind.

Auch die Fluchtbewegungen lassen sich prinzipiell nicht völlig von anderen Formen von Vogelwanderungen wie etwa den Evasionen der Invasionsvögel trennen. Aber während bei den Invasionsvögeln fast immer hohe Populationsdichte, mangelnde Nahrungsbasis oder ein bestimmtes Verhältnis dieser beiden Faktoren als Zugauslöser wirken (6.12, 6.20), sind die Fluchtbewegungen vielfach dichteunabhängig und letztlich meist auf einen einzigen Faktor zurückzuführen.

Eindrucksvolle Beispiele zeigt etwa die Eisflucht. Friert z. B. ein großes Binnengewässer wie der Bodensee in einem kalten Winter praktisch ganz zu (wie letztmals bei der „Seegfrörne" 1962/1963) oder gar nahezu ein ganzes Meer (wie die Ostsee 1966), dann räumen die meisten Wasservögel wie Enten, Schwäne, Taucher und Rallen die Wasserflächen, ehe sie ganz zufrieren. Die Vögel flüchten, vorwiegend in südliche Richtungen, und weichen in Gebiete aus, in denen sie normalerweise nicht überwintern. Solche Eiswinter im nördlichen Meeresbereich treiben dann z. B. Meeresenten bis weit ins Binnenland und ermöglichen den Feldornithologen dort die Beobachtung von „Raritäten" (Ranftl et al. 1989). Die Vögel verlassen die Gewässer nicht, weil es ihnen zu kalt geworden oder weil ihnen die Nahrung knapp geworden wäre, sondern letztlich, weil ihnen ihr „Schwimmbecken" zufriert und sie dabei festfrieren würden. Werden nämlich in zufrierenden Gewässern bestimmte Zonen durch Zerschlagen des Eises offen gehalten, dann können darin Wasservögel in hoher Konzentration noch geraume Zeit bleiben, auch wenn sie nicht von Menschen gefüttert werden.

Die allermeisten Wasservögel merken, auch bei drastischen Temperaturstürzen, wenn das Wasser um sie herum zu frieren beginnt, und flüchten rechtzeitig, so dass selbst in sehr strengen Kältewintern nur relativ wenig festgefrorene „Opfer" anfallen, die dann manchmal Anlass zu dramatischen Rettungsaktionen durch Tierliebhaber sind.

Während viele Eisflüchter nachts wandern, lassen sich Schneeflüchter häufig tagsüber in großer Zahl beobachten. Fällt z. B. in einem recht milden Winter in unseren Mittelgebirgen noch spät überraschend viel Schnee, dann kann man vor allem Mäusebussarde *(Buteo buteo)*, Eichelhäher, Drosseln, Lerchen u. a., die bislang in den Höhenlagen verbleiben konnten, massenweise in Tallagen flüchten sehen (Gatter 1974). Häufig sind derartige Fluchten erfolgreich, nicht selten aber sind auch so unmittelbar flüchtende Individuen erschöpft, bevor sie in günstigeren Gebieten Zuflucht finden können, und gehen dann in großer Zahl zugrunde (Schüz et al. 1971).

Abschließend seien die so genannten zyklonalen Wetterflüge unserer Mauersegler *(Apus apus)* besprochen, die eine Art Wetterflucht darstellen. Nach der Übersicht in Glutz und Bauer (1980) weichen Mauersegler zum einen Gewittern aus, indem sie vor herannahenden Unwettern eine Zeit lang mitfliegen und sie später rasch queren. Zum anderen weichen sie auch Tiefdruckgebieten großräumig aus. Derartige Wetterfluchten können einsetzen, wenn die Regenfront eines Tiefs noch mehr als 500 km entfernt ist, und werden wohl entweder direkt durch Wetterfaktoren (Temperaturrückgang, elektromagnetische Impulsstrahlung, „Atmospherics") oder indirekt durch Nahrungsabnahme ausgelöst. Die Vögel fliegen dabei meist gegen den Wind, weichen damit „automatisch" dem Zyklonenzentrum aus, das sie im Uhrzeigersinn umwandern, und können in großen Trupps von bis zu 50 000 Individuen bis zur Rückkehr 1000–2000 km zurücklegen, wobei sie wohl sogar in der Luft in langsamem Flug „ruhen". Die Hauptausweichrichtungen sind Süden und Südwesten, wodurch die Vögel den wärmsten Zyklonensektor erreichen. Durch diese Wetterfluchten sind Mauersegler oft tage- oder gar wochenlang von ihren Brutplätzen abwesend.

Für Mauersegler sind diese Wetterfluchten eine hervorragende Anpassung, die es diesen Luftplanktonjägern ermöglicht haben, auch hohe geographische Breiten bis Skandinavien als Brutgebiet zu erobern. Sie entgehen dadurch oft für sie lebensgefährlichen nahrungsarmen Zeiten während des Durchzugs von regenreichen Tiefdruckfronten, in denen ihr Gewicht um bis zu 40% absinken kann. Während der Abwesenheit der Eltern können junge Mauersegler in ihren Nestern torpid werden, d. h. ihre Körpertemperatur bis knapp (1–5° C) über die Umgebungstemperatur absenken und auf diese Weise ohne Nahrung länger als eine Woche überleben. Vom Süden zurückkehrende Altvögel können bereits von unterwegs für sie wieder Nahrung mitbringen. Es wird auch vermutet, dass beim Mauersegler die Wanderungen zwischen Brut- und Winterareal wenigstens über größere Strecken z. T. eine Abfolge von Wetterflügen sein könnten (Glutz u. Bauer 1980).

Fluchtverhalten kann auch in Form von programmierten Fluchtbewegungen auftreten, nämlich bei obligatem, genetisch gesteuertem Teilzug, wenn er als Ausweichverhalten entstanden ist (6.18).

5.8 Ausbreitungsbewegungen

Bei vielen Arten kommt es zu Ausbreitungsbewegungen, zu Expansionen, die zu einer zeitweiligen oder ständigen Vergrößerung oder Verschiebung ihres Verbreitungsgebietes führen. Diese Arealausweitungen betreffen vor allem die Brutgebiete, bei Zugvögeln z.T. auch die Winterquartiere.

Ursachen und Mechanismen dieser Ausbreitungsbewegungen sind verschiedenartig, schon deshalb, weil sie bei Standvögeln, Teilziehern und ausgeprägten Zugvögeln vorkommen, deren Wanderverhalten unterschiedlich sein kann.

Bei Standvögeln ist in der Regel eine positive Populationsentwicklung Voraussetzung für Arealausweitungen. Unter zunehmendem Populationsdruck dispergieren vor allem Jungvögel zunehmend in weitere Entfernung (5.3) und besiedeln Neuland. Ein typisches Beispiel bietet gegenwärtig in Deutschland bekanntlich der Kolkrabe *(Corvus corax)*. Bis nach Ende des Zweiten Weltkrieges stark verfolgt, war dieser ausgeprägte Jahresvogel in weiten Teilen Europas selten geworden. Mit seinem zunehmenden Schutz seit der Nachkriegszeit breitet sich die Art derzeit wieder stark aus (Bauer u. Berthold 1997).

Eines der Paradebeispiele für expandierende Arten ist die Türkentaube *(Streptopelia decaocto)*. Dieser in Indien beheimatete Standvogel drang über die Türkei 1930 bis Ungarn vor, erreichte 1943 Wien, brütet seit den 50er Jahren in Süddeutschland und hat inzwischen ganz Europa, Westasien und Nordafrika erobert (Nowak 1989, Hengeveld 1993). Türkentauben haben sich bei ihrer Expansion eng an den Menschen angeschlossen. Sie leben und brüten größtenteils in unseren Siedlungen, ernähren sich vielfach an Futterhäusern, von Hühnerfutter, dringen in Taubenschläge ein usw. Sie haben sich damit eine solide, meist ganzjährig verfügbare Nahrungsquelle verschafft und konnten sich durch Synanthropie dem Druck vieler Feinde, die meist mehr außerhalb menschlicher Siedlungen jagen, entziehen. Die Türkentaube dürfte vor allem auch dadurch zum Kulturfolger geworden sein, dass sie früher gekäfigt und regelmäßig wieder freigelassen wurde (Kasparek 1998). Wohl bedingt durch ihre semidomestizierte Lebensweise hat sie weitere Anpassungen entwickelt, vor allem eine ausgedehnte Brutperiode. Sie kann fast das ganze Jahr über brüten und in dieser Zeit bei fünf bis sieben Jahresbruten insgesamt mindestens fünf Junge pro Brutpaar aufziehen. Es ist möglich, dass neben der Domestikation eine oder mehrere Mutationen, vor allem bezüglich des Verhaltens gegenüber dem Menschen, diese außergewöhnliche Expansion begünstigt haben (Mayr 1967), vielleicht auch genetische Drift (Zufallsveränderung von Genfrequenzen) im Hinblick auf eine bevorzugte nordwestliche Dispersionsrichtung (Kasparek 1996). Gegen Letzteres spricht allerdings, dass auch beträchtliche Ausbreitung bis Westkasachstan stattgefunden hat, so dass die westliche Unterart der Türkentaube vielleicht schon bald auf ihre östliche Form in Ostkasachstan treffen wird (Nowak 1989).

Weit häufiger als bei Standvögeln sind großräumige Arealausweitungen bei Zugvögeln zu beobachten. Einige Beispiele wurden bereits in Kapitel 2 behandelt. In unserem Raum hat vor allem in Skandinavien in den letzten rund 100 Jahren eine ganze Reihe von Arten ihr Brutareal nach Norden verschoben (5.2). Dabei spielt oft so genannte Zug- oder Zugwegverlängerung (-prolongation) auf dem Heimzug eine wichtige Rolle. Rückkehrer ziehen über das bisherige Brutgebiet hinaus, und diese „Stoßtrupps zur Arealerweiterung" bilden schließlich Gründerpopulationen in neuen Brutgebieten (Schüz et al. 1971). Zugwegverlängerung ist besonders in außergewöhnlich warmen Frühjahren festgestellt worden (Elkins 1988 a). Ein kosmopolitisches Paradebeispiel ist der teilziehende Kuhreiher *(Bubulcus ibis)*. Die ursprünglich nur im tropischen Afrika und Asien beheimatete Art hat in Verbindung mit der zunehmenden Weideviehhaltung etwa 1930 Südafrika besiedelt, seit Ende des letzten Jahrhunderts Europa und beide Amerikas, wo sie 1981 Alaska erreichte, 1948 Australien und 1963 Neuseeland (Maddock u. Geering 1994).

Die Serie der Beispiele für expandierende Arten ließe sich lange fortsetzen, etwa mit der Reiherente *(Aythya fuligula)*, die ins westliche Mitteleuropa vordringt, mit dem Eissturmvogel *(Fulmarus glacialis)* im Nordseeraum, dem Seidensänger *(Cettia cetti)* im Mittelmeergebiet u. v. a. Interessante Beispiele für temporäre Ausbreitungsbewegungen wurden auch aus Nordamerika bekannt. In trockenen Jahren können normalerweise in der Prärie brütende Enten z.T. durch Zugwegprolongation bis in arktische Gebiete vordringen, um dort in prärieartigen Habitaten zu nisten (Johnson u. Herter 1990). Bei keiner Art ist letztlich genau geklärt, inwieweit Veränderungen der Umwelt, vor allem in Klima und Nahrungsangebot, oder eher in den Vögeln – z. B. genetische Änderungen, die neue Anpassungen einleiten – bedeutsam sind. Wir werden darüber mehr erfahren, wenn es gelingt, expandierende Arten bei ihrem Vordringen mit modernen Methoden der Genetik, der Ökophysiologie und anderer Disziplinen begleitend zu untersuchen.

5.9 Differenziertes Zugverhalten

Bei vielen Langstreckenziehern wandern alle Individuen in ein großes einheitliches Ruheziel, z.B. von Eurasien nach Zentralafrika, und weder die Ringfunde noch Beobachtungen geben Anhaltspunkte darüber, dass sich Alt- und Jungvögel oder Männchen und Weibchen dort räumlich trennen würden. Bei vielen Kurz- und Mittelstreckenziehern sind die Verhältnisse jedoch kompliziert, weil Zugwege, Zugzeiten und Ruheziele

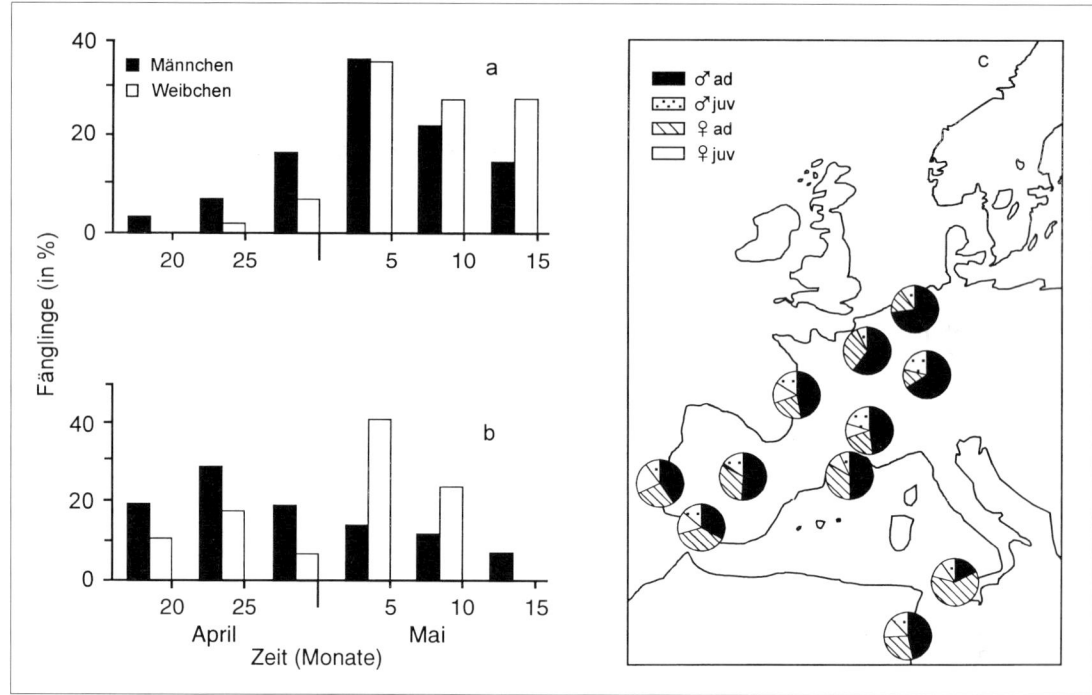

Abb. 13: Beispiele für differenziertes Zugverhalten. Links: relativ früher Heimzug der Männchen bei a: Pirol *(Oriolus oriolus)* und b: Ortolan *(Emberiza hortulana)* im Mittelmeerraum (nach Spina et al. 1994), rechts (c): Staffelung der Überwinterungsgebiete von in Mitteleuropa brütenden Kormoranen *(Phalacrocorax carbo)* aufgrund unterschiedlich langer Zugstrecken der Alters- und Geschlechtsgruppen (nach van Eerden u. Munsterman 1995).

nach Alter und Geschlecht stark differenziert sein können. Amerikanische Vogelzugforscher haben dafür den Ausdruck „differential migration" geprägt (Gauthreaux 1982, Terrill u. Able 1988), der sich für unsere Zwecke wohl am besten mit „differenziertes Zugverhalten" übersetzen lässt.

Bei vielen Kurz- und Mittelstreckenziehern, bei denen alle Mitglieder einer Population wandern, ziehen die Männchen weniger weit als die Weibchen und Altvögel kürzere Strecken als Jungvögel. Das gilt für Großvögel wie z. B. Basstölpel *(Sula bassana)*, Möwen, Greifvögel u. a. ebenso wie für viele Kleinvögel (Schüz et al. 1971). Theoretisch könnte dabei eine deutliche Zonierung der Ruheziele eintreten, in der alte Männchen dem Brutgebiet am nächsten verbleiben, gefolgt von jüngeren Männchen und alten Weibchen und schließlich von jungen Weibchen. Derartige Zonierungen sind zumindest näherungsweise verwirklicht bei Amseln, Buchfinken *(Fringilla coelebs)*, manchen Limikolen u. a. (Abb. 13) und werden z. T. durch Überspringzug erreicht (5.20). Bei einer ganzen Reihe von Arten gibt es auch andersartige Gruppierungen (Schüz et al. 1971, Ketterson u. Nolan 1985). Bei vielen Langstreckenziehern wandern die Altvögel vor den Jungvögeln ab, bei Kurzstreckenziehern ist es eher umgekehrt. Interessanterweise fehlt darüber eine gute Übersicht.

Dieses differenzierte Zugverhalten kann recht verschiedene Ursachen und unterschiedliche Bedeutung haben. Es kann u. a. dazu dienen, die verschiedenen Alters- und Geschlechtsgruppen im Ruheziel zu trennen, um intraspezifische Konkurrenz zu reduzieren. Bei vielen Arten sind die

Männchen oder Altvögel deutlich größer und schwerer als Weibchen und Jungvögel und können dadurch eher in höheren geographischen Breiten überwintern (wie z. B. bei britischen Kampfläufern *Philomachus pugnax*, wo Männchen mehr in Europa, Weibchen mehr in Afrika überwintern, Gill et al. 1995). Bei vielen Arten kehren bekanntlich die Altvögel vor den Jungvögeln und die Männchen vor den Weibchen zurück (Abb. 13), worüber ebenfalls eine solide Übersicht fehlt. Differenziertes Zugverhalten bringt dabei für Altvögel und Männchen oft kürzere Heimzugwege mit sich, was ihre Rückkehr begünstigen kann. Individuen, die ihr Ruheziel in höheren nördlichen Breiten beziehen, sind zur Zeit des Heimzugs besser an Nachwintereinbrüche angepasst als mehr südlich überwinternde Individuen und können dadurch Vorteile bei ihrer relativ frühen Rückkehr haben. Bei vielen Populationen mag das Überwintern von Altvögeln und Männchen nahe dem Brutgebiet das Ergebnis einer fortlaufenden Zugwegverkürzung (-abbrevation) sein, die schließlich zur teilweisen Einstellung des Wegzugs führt – und damit zum Teilzug (siehe Kap. 5.10). Auch die ziehenden Individuen teilziehender Populationen können dann (weiterhin) differenziertes Zugverhalten zeigen. Schnellere Rückkehr kann auch durch längere, effizientere Flügel bewirkt werden (Stolt u. Fransson 1995). Für die Mönchsgrasmücke ist nachgewiesen, dass differenziertes Zugverhalten eine endogene Grundlage hat (unterschiedliche Mengen programmierter Zugaktivität bei Männchen und Weibchen, Terrill u. Berthold 1989, 6.13, 6.21). Beim Buchfinken gehen die Geschlechtsunterschiede auf unterschiedliche Photosensibilität (gegenüber der Tageslichtdauer, 6.21) zurück, die durch die circadiane (tagesperiodische) Rhythmik (Kap. 6) bewirkt wird (Dyachenko 1996). Für die Diskussion dieser recht komplizierten Verhältnisse wurden in der neueren Literatur fünf verschiedene Hypothesen aufgestellt: die Verhaltens-Dominanz-, Ankunftszeit- und sexuelle Selektions-, Körpergröße- und Physiologie-, Erstankunftseffekt- sowie die Endogene-Programmierungs-Hypothese (Berthold 1996, 6.21).

5.10 Teilzug

Teilzug ist die am weitesten verbreitete Form des Vogelzugs (Kap. 2) und wohl die häufigste Lebensform bei Vögeln überhaupt. Er kommt sowohl in höheren geographischen Breiten als auch in den Tropen häufig vor, und viele der gemeinhin als Standvögel oder ausschließliche Zugvögel bezeichneten Arten stellen sich bei näherer Untersuchung als Teilzieher dar (Grote 1941, Rappole 1995, Berthold 1999). Man spricht von Teilzug, wenn ein Teil der Individuen einer Art oder Population wandert und ein anderer Teil ständig im Brutgebiet bleibt. Diese einfache Definition lässt zunächst nicht ahnen, wie vielschichtig die Erscheinungen des Teilzugs sind. Terrill u. Able (1988) haben versucht, verschiedene Formen des Teilzugs näher zu definieren und abzugrenzen. Sie unterscheiden zwischen fakultativem und obligatem Teilzug. Im Falle von fakultativem Teilzug wandern Angehörige einer teilziehenden Population nicht alljährlich, sondern nur fallweise, wenn besondere Umstände teilweisen Wegzug auslösen. Solche Fälle treten vor allem bei nomadisierenden Arten (5.5), Invasionsvögeln (5.4) und bei Fluchtbewegungen (5.7) auf. Beim obligaten Teilzug wandert regelmäßig alljährlich ein Teil einer bestimmten Population. Typische obligate Teilzieher unserer Breiten sind z. B. so bekannte Arten wie Amsel, Rotkehlchen *(Erithacus rubecula)* und Buchfink, während die teilziehende Kohlmeise als Invasionsvogel eher der ersten Kategorie zuzurechnen ist (5.4). Beim Buchfinken hat das Teilzieherverhalten sogar zu seiner Namensgebung beigetragen. In Schweden, der Heimat des Systematikers Linné, verbleiben im Winter vor allem Buchfinkenmännchen, und aufgrund dieser „Winterwitwerschaft" gab er der Art den Namen „coelebs" = ehelos.

Terrill u. Able (1988) haben vorgeschlagen, den Terminus Teilzug nur auf Populationen anzuwenden, in denen Individuen sowohl ziehen als auch sesshaft sind. In der Alten Welt wird allgemein von Teilzug auch dann gesprochen, wenn bei Arten einzelne Populationen ganz oder teilweise wandern und andere gänzlich sesshaft sind. Es ist unwahrscheinlich, dass sich die mehr restriktive Definition bei uns durchsetzen wird.

Schüz u. Meise (1968) haben versucht, die verschiedenen Variationen des Teilzugs bei Arten und Individuen weiter zu definieren. Sie sprechen von „Allgemein-Teilzieher", wenn in allen Populationen der Art Zieher und Standvögel vorkommen (wie z. B. bei der Schneeeule *Nyctea scandiaca)*, von „Misch-Teilzieher", wenn ein Teil der Populationen sesshaft ist und die restlichen ganz oder teilweise wandern (wie z. B. bei Mönchsgrasmücke bzw. Wintergoldhähnchen *Regulus regulus)*, und von „Populations-Teilzieher", wenn einzelne Populationen ziehen, andere nicht (wofür Bachstelze *Motacilla alba* u. a. genannt werden, die aber doch auch teilziehende Populationen besitzen). Diese Definitionen haben sich ebenso wenig durchgesetzt wie Bezeichnungen wie „Zug-Stand-Vogel gemischten Verhaltens" oder „Individualzieher" (Schüz et al. 1971) für Teilzieher. Man wird sich bei der hochkomplexen Erscheinung des Teilzugs künftig wohl mit relativ einfachen weit gefassten Definitionen begnügen müssen, und Anstrengungen sollten vor allem dahingehend unternommen werden, an ausgewählten Beispielen Steuerung und Bedeutung des Teilzugs aufzuklären.

Teilzug (in seiner obligaten Form) ist eine Lebensform, bei der gleichzeitig Sesshaftigkeit und periodisches Wandern (Jahreszug) nebeneinander vorkommen. Wie immer er im Einzelfall zustande gekommen sein mag (Kap. 2), er hält sich jedenfalls heute da, wo die Individuen beider Verhaltensweisen im Mittel die gleichen Fitness-Vor- und -Nachteile erfahren. Erleben z. B. die sesshaften Vögel einer Teilzieherpopulation beim Überwintern in ihrem Brutgebiet einzelne oder gar eine Reihe milder Winter, so werden relativ viele von ihnen überleben, und sie können dann in großer Zahl die Heimvorteile ihres Überwinterns vor Ort nutzen. Solche Vorteile sind vor allem zeitige Besetzung von Revieren und damit Auswahl der besten Territorien, bevor Konkurrenten zuwandern, sowie früher Brutbeginn und damit erhöhte Chancen für Ersatz- und Zweitbruten, und daraus resultiert u. a. viel Zeit für die Entwicklung ihrer Jungen bis zum nächsten Winter. Einzelne oder gar eine Serie von strengen Wintern hingegen können die Standvögel von Teilzieherpopulationen sehr stark dezimieren, bisweilen praktisch auslöschen (wie z. B. beim Wintergoldhähnchen in Skandinavien). Dann sind die Zugvögel der teilziehenden Populationen im Vorteil: Ihnen stehen nach Beendigung ihres Heimzugs viele oder gar alle Territorien zur Verfügung, und sie sind dann diejenigen, die die Population durch ihren Nachwuchs im Wesentlichen erhalten, bis die Nichtzieher wieder mehr Vorteile erfahren. Dermaßen ausbalancierte Verhältnisse zwischen Stand- und Zugvögeln kommen bei Teilziehern über längere Zeiträume sicher relativ selten vor. Vielmehr wird auch bei sich nur wenig verändernden Umweltbedingungen die eine oder andere Lebensform Vorteile erfahren und zunehmen. Entsprechende Veränderungen sind in historischer und jüngerer Zeit in großer Zahl bekannt geworden, und neue kommen laufend hinzu. Ein Paradebeispiel ist unsere Amsel. Sie war noch bis ins 19. Jahrhundert hinein in Mitteleuropa praktisch ausschließlicher Zugvogel, der zur Brutzeit scheu in Wäldern lebte und zum Überwintern in den Mittelmeerraum zog (Berthold 1996). Heute sind die mitteleuropäischen Amselpopulationen Teilzieher, von denen aufgrund umfangreicher Beringungsergebnisse rund die Hälfte der Individuen (vor allem Altvögel und Männchen) ganzjährig im Brutgebiet oder dessen Nähe verbleibt. Wie kam es zu dieser Entwicklung? Zum einen haben sich die Umweltbedingungen für Amseln zunehmend deutlich verbessert. Im Bereich der immer größer werdenden Städte und Dörfer entstanden mehr und mehr Rasenflächen, die Amseln den Regenwurmfang erleichtern, Streuobstgürtel um die Ortschaften boten Früchte, zahlreiche Futterhäuser Winternahrung, und selbst das Mikroklima verbesserte sich – zumindest die Städte wurden wärmer. Zum anderen hat es die Amsel als typischer „Kulturfolger" geschafft, ihre Scheu dem Menschen gegenüber abzulegen (durch Mutationen oder Lernvorgänge aufgrund einer besonderen Lerndisposition), so dass sie im Laufe ihrer Verstädterung die genannten Vorteile optimal nutzen konnte. Damit war der Weg frei für eine rasche Entwicklung vom Zugvogel zum Teilzieher mit erheblichem Standvogelanteil. Amseln in klimatisch günstigen Gebieten wie z. B. im Raum Bonn sind inzwischen reine Standvögel geworden (600 in den 1990er Jahren im Botanischen Garten beringte Individuen ergaben keinen Fund außerhalb der Stadtgrenze; Streif briefl.). Und sollte bei uns eine weitere Erwärmung infolge globaler Klimaänderungen eintreten („Treibhauseffekt"), könnten unsere Amseln sicher rasch in großen Gebieten Jahresvögel werden, wie es z. B. die Amseln auf den Britischen Inseln bereits sind (Kap. 10, über Steuerungsvorgänge 6.18).

Auch bei anderen Arten sind einzelne Populationen mehr oder weniger sesshaft geworden wie z. B. die nach Grönland expandierten Wacholderdrosseln (Kap. 2) oder ein Teil der nach Europa eingeführten Kanada-gänse *(Branta canadensis)*. Umgekehrt sind die nach Norden vorgedrungenen, im Mittelmeerraum weitgehend sesshaften Girlitze in Mitteleuropa (noch) überwiegend zugaktiv (Kap. 2 u. 10), und auch in das östliche Nordamerika versetzte Hausgimpel entwickelten dort Zugverhalten (Terrill 1991, 5.2).

Auch bei einer Reihe von anderen Arten nimmt der Standvogelanteil in jüngerer Zeit in Mitteleuropa zu, wenn auch nicht in dem Maße wie bei der Amsel. In den Ballungsräumen mit geringer Meereshöhe wie z. B. dem Ruhrgebiet und dem Großraum Frankfurt a. M. verbleiben im Winter zunehmend mehr Stare (Merkel u. Merkel 1983), in verschiedenen Gebieten versuchen mehr Hausrotschwänze *(Phoenicurus ochruros)*, Mönchsgrasmücken, Zilpzalpe u. a. im Brutgebiet oder mehr in dessen Nähe zu überwintern (Kap. 10).

Es spricht vieles dafür, dass Zugvögel vielfach nur in dem Umfang in unseren Breiten brüten können, wie ihnen Standvögel Territorien freilassen, die sie nach Rückkehr beziehen können (O'Connor 1981). Trifft das zu, dann werden sich ziehende Formen bei Umweltveränderungen, die Standvögel begünstigen, umso länger und erfolgreicher halten können, je mehr es ihnen gelingt, auch Standvogelanteile zu entwickeln. Teilzug ist vielfach als ein Schritt in diese Richtung anzusehen, der sich mit einer zunehmenden Erwärmung unseres Klimas in höheren Breiten allgemein zugunsten der Standvogelanteile verändern könnte (Kap. 10).

Teilzug kann aber auch andere Bedeutung haben. Bei mediterranen Populationen wie der der südfranzösischen Mönchsgrasmücken führt er vor allem die jungen Weibchen aus dem Brutgebiet, die dadurch der Konkurrenz zahlreicher überwinternder Zuwanderer entgehen, und ist hier also ein Ausweichzug (Berthold 1986, 5.7).

Wie das Teilzugverhalten beim Individuum und in der Population gesteuert wird und wie schnell es durch Selektion verändert werden kann, wird in 6.18 behandelt.

5.11 Mauserzug

Viele Vogelpopulationen, die eine konzentrierte Großgefiedermauser durchlaufen und dabei häufig zeitweilig flugunfähig werden, suchen in einer Art Zwischenzug (5.21) spezielle Mausergebiete auf, die ausreichend Schutz und/oder Nahrung bieten. Nach der Übersicht über derartige Mauserzüge von Jehl (1990) sind Mauserzüge nach Arten, Populationen, Alters- und Geschlechtsgruppen sehr verschiedenartig; ideale Gebiete werden jedoch regelmäßig traditionell aufgesucht. Das bekannteste Beispiel aus unserem Gebiet ist die Brandgans *(Tadorna tadorna)*. Von ihr versammeln sich zur Mauser alljährlich bis zu 100 000 Individuen in der Elbmündung, vor allem im Wattengebiet der Insel Trischen, die aus Westeuropa einschließlich Großbritannien und Südfrankreich stammen.

Vom Ohrentaucher *(Dytes auritus)* mausern jährlich bis zu 1,5 Millionen Individuen auf dem Großen Salzsee in Utah in Nordamerika. Viele weitere Fälle kommen bei anderen Gänse- und Entenarten vor, aber auch bei Flamingos, Alken, Limikolen u. a. Nichtbrütende Individuen suchen Mauserplätze z.T. frühzeitig auf, und mehrjährig verpaarte Enten können sich möglicherweise für den Mauserzug vorübergehend trennen.

Viele dieser Mauserzüge sind in unserer Hemisphäre nach Norden gerichtet, z.T. in arktische Regionen, von wo aus die vermauserten Individuen später wieder in südliche Ruheziele wandern (Schüz et al. 1971). Als Gründe für das Aufsuchen von Mauserplätzen in hohen Breiten nimmt man die lange Tageslichtdauer für die Nahrungsaufnahme an, aber auch geringen Feinddruck und Vermeidung von Konkurrenz. Für Gänse scheint frisch sprießendes, nährstoffreiches Gras der nordischen Wiesen eine Schlüsselrolle zu spielen (Nahrungsqualitäts-Hypothese, Jehl 1990).

Für die Mauserperioden in häufig völliger Flugunfähigkeit werden teilweise Fettdepots angelegt, mit denen Engpässe in der Ernährung überbrückt werden können. In vielen gezielt aufgesuchten Mausergebieten ist das Nahrungsangebot jedoch so reichlich, dass trotz der beschränkten Beweglichkeit das Körpergewicht gehalten oder sogar erhöht werden kann. Bisweilen kommt es jedoch zu starker Abmagerung. In vielen Fällen erfolgt während der Flugunfähigkeit eine temporäre Atrophie der Flugmuskeln (um 15–20%, beim Ohrentaucher um bis zu 50%, bedingt durch Dehydratation, Fett- und Proteinabbau) und eine zeitweilige Hypertrophie der Beinmuskeln. Vor dem Wegzug werden die zurückgebildeten Flugmuskeln wieder aufgebaut, häufig begleitet von trainierendem Flügelschlagen.

5.12 Zugrichtungen: allgemeine Übersicht

Die intratropischen Zieher (Kap. 2) müssen ihre Zugrichtungen in vielfacher Weise nach den ökologischen Gegebenheiten ihres Jahreslebensraumes ausrichten (5.6). Aber auch die Zugvögel höherer geographischer Breiten wandern nicht lediglich im einfachsten Sinne äquatorwärts, also aus unseren Breiten in den Süden und von der Südhalbkugel in den Norden (Australzug). Vielmehr gibt es aufgrund der geographischen und ökologischen Situationen sowie der Entwicklungsgeschichte von Wanderungen recht komplizierte Wanderwege. In Amerika, wo sich die großen Gebirge in Nord-Süd-Richtung erstrecken, sind Nord-Süd-Richtungen sehr stark ausgeprägt. Und selbst die von Europa eingeführten Stare haben dort wohl ihre westliche Zugrichtungskomponente teilweise verloren und sich mehr auf Nord-Süd-Wanderungen eingestellt (Schüz et al. 1971). In der Alten Welt liegen Gebirge, Meere und Wüsten wie die Alpen, der Himalaja, das Mittelmeer und die Sahara quer zur Nord-Süd-Richtung und schaffen für Zugvögel schwierige Situationen, die komplizierte Zugverhältnisse hervorgerufen haben. Betrachtet man die Wanderwege mittel-

✓	✗	⌃	✓✓	⌃
45	10	13	3	16

Abb. 14: Schematische Darstellung der anfänglichen Wegzugrichtungen (Pfeile) mitteleuropäischer Singvogelarten
auf ihrem Weg in den Mittelmeerraum und Anzahl der betreffenden Arten (nach Bairlein 1985 a).

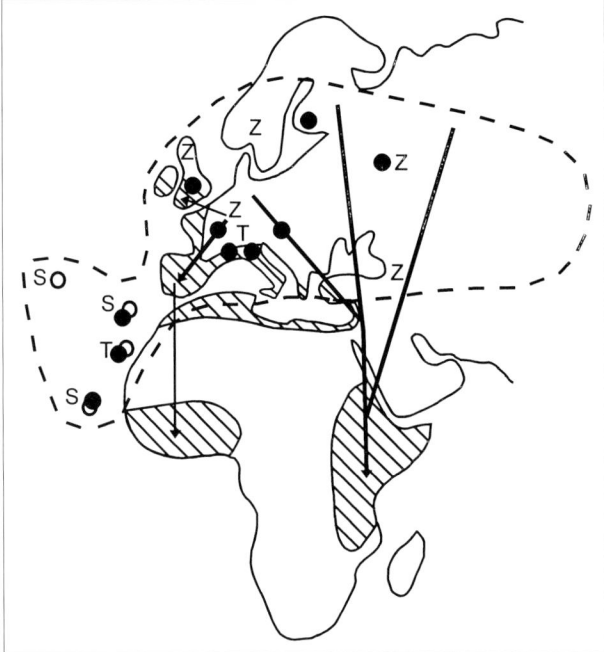

Abb. 15: Schematische Darstellung der Lebensformen und
Wanderwege der Mönchsgrasmücke *(Sylvia atricapilla)*. Z:
ausschließliche Zugvögel, T: Teilzieher, S: Standvögel, dicke
Pfeile: Haupt-, dünne Pfeile: Nebenzugrichtungen, gestrichelt: äußere Grenze der Brutverbreitung, schraffiert: Überwinterungsgebiete, Punkte: Herkunftsgebiete von Versuchsvögeln, die in der Vogelwarte Radolfzell untersucht wurden
und deren Daten später behandelt werden (nach Berthold
1999).

europäischer Singvögel, so ergibt sich
für die Anfangsrichtungen ihres Wegzugs Folgendes (Abb. 14): 45 Arten wandern in südwestlicher Richtung ab, 10
Arten ziehen nach Südosten, bei 13
Arten fallen die Zugrichtungen populationsweise zwischen Südwest und
Südost, bei 3 Arten kommt es zu einem
Trichterzug (5.15) ins mittlere Mittelmeergebiet, und 16 Arten besitzen eine
Zugscheide (5.16), die Südost- und Südwestzieher mehr oder weniger stark
trennt. Nicht dargestellt sind in der
Übersicht die Verhältnisse von Zugvögeln, die aus Nord- und Osteuropa in
westeuropäische Küstenbereiche ziehen und dabei stark westliche Zugrichtungen einschlagen oder gar, wie die
Mönchsgrasmücke, von Mitteleuropa
z.T. in nordwestlicher Richtung in ein
neuartiges Ruheziel auf die Britischen
Inseln wandern (Abb. 15 u. Kap. 10).

Ähnlich vielgestalt wie im euro-
päisch-afrikanischen Raum sind auch
die Zugwegeverhältnisse im asiatischen und asiatisch-afrikanischen
Raum (Schüz et al. 1971, Mead 1983).
Im Folgenden werden typische räumliche Formen des Zugablaufs näher besprochen.

5.13 Breitfrontzug

Die meisten Zugvogelarten durchwandern zumindest große Teile ihrer Durchzugsgebiete flächendeckend, d.h., die
Individuen der verschiedenen Herkunftsgebiete überfliegen alle im
Durchzugsraum liegenden geomorpho-
logischen Erscheinungen wie Ebenen, Gebirge, Flüsse usw., ohne sich von
ihnen wesentlich ablenken zu lassen (eurymetachore Zugweise, Schüz et
al. 1971). Trägt man die Ringfunde derartiger Breitfrontzieher in Karten
ein, dann ergeben sich flächendeckende Muster (Abb. 16). Wie Abb. 17
zeigt, ziehen dabei die Individuen der einzelnen Teilpopulationen nicht
einfach wahllos kreuz und quer durchs Land, sondern die Breitfront

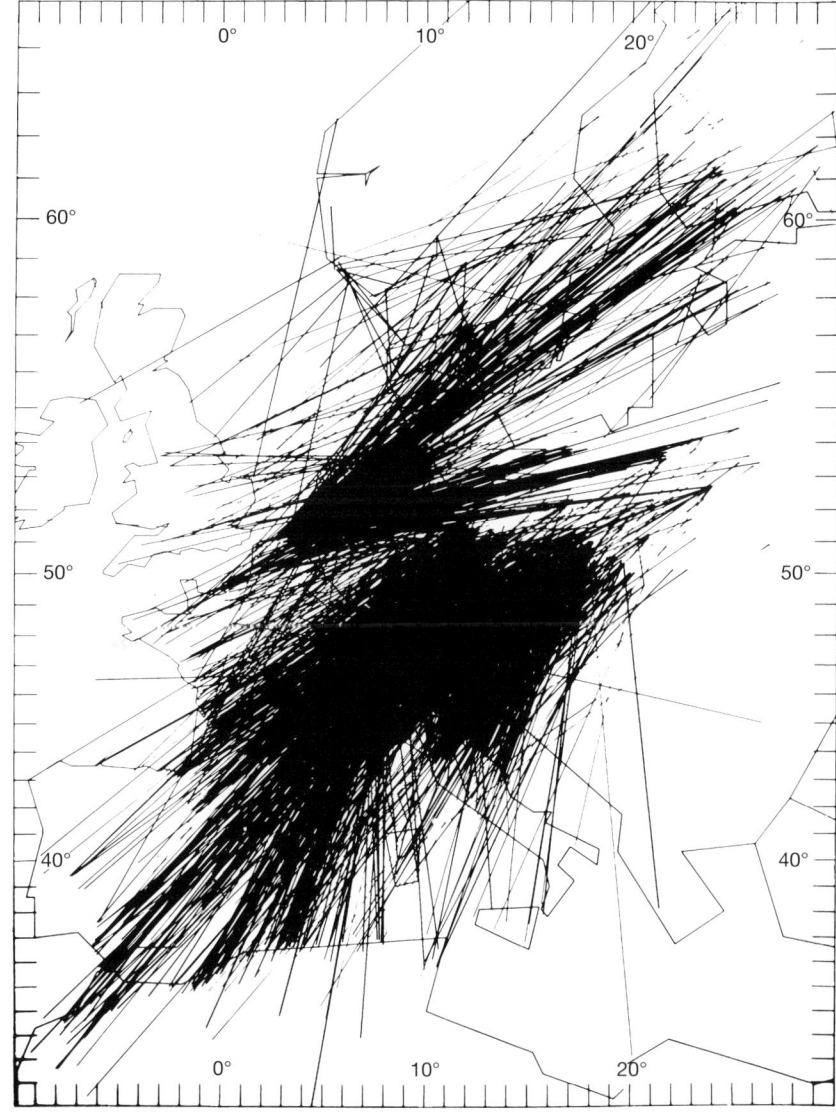

Abb. 16: Die Funde von 2182 in Europa nestjung beringten Staren *(Sturnus vulgaris)*. Beringungs- und Fundort sind jeweils durch eine Gerade verbunden (aus Fliege 1984).

kommt vielmehr dadurch zustande, dass Teilpopulationen eher parallel, wie in benachbarten Sektoren, wandern.

Wie aus Abb. 17 hervorgeht, können sich einzelne Populationen hinsichtlich ihrer Zugrichtungen recht unterschiedlich verhalten. Ein weiteres, deutlicheres Beispiel dafür zeigt Abb. 18a. Mitteleuropäische Gartengrasmücken *(Sylvia borin)* wandern zunächst in südwestlicher Richtung in den Bereich der Iberischen Halbinsel, später nach Zentralafrika (5.18). Vögel aus Skandinavien ziehen in deutlich mehr südlicher Richtung, z.T. über Norditalien und den mehr zentralen Bereich des Mittelmeeres und der Sahara nach Zentralafrika, und Vögel aus dem asiatischen Teil des

Abb. 17: Mittlere Weg-
zugrichtungen von
Staren *(Sturnus
vulgaris)*, berechnet
für Gradnetzfelder aus
den in Abb. 16 darge-
stellten Ringfunden.
Die Breite der Pfeil-
köpfe ist dem Kehr-
wert der mittleren
Abweichung der Weg-
zugrichtung propor-
tional (aus Fliege
1984).

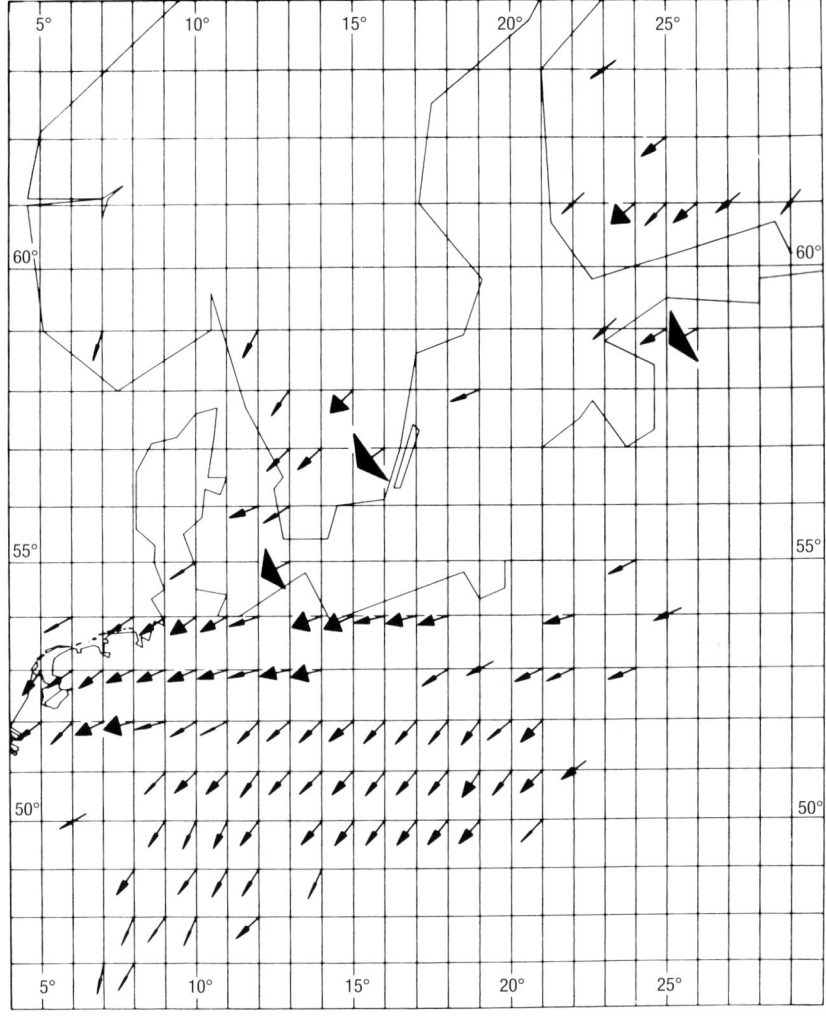

Brutareals wandern nach Zentralostafrika. Neben und zwischen den in
Abb. 18a als Beispiele eingezeichneten drei Zugwegen muss man sich so
viele weitere Zugrouten der benachbarten Populationen denken, dass
praktisch eine geschlossene Fläche an Breitfrontzug von den Britischen
Inseln bis Sibirien entsteht.

Auf viele Zugvögel – vor allem Tagzieher – wirken Gebirge, Meere,
Seen, Wüsten usw. als „ökologische Barrieren" hemmend, und auf sie zu-
steuernde Zugvögel können durch sie abgeleitet werden. Andererseits
können Fluss- und Niederungssysteme, Küstenstreifen u. a. Zugvögel –
auch Nachtzieher – anziehen oder leiten. Werden Zugvögel von geomor-
phologischen Erscheinungen in ihrer Zugrichtung derart beeinflusst,
spricht man von Leitlinien. Trifft Breitfrontzug auf solche Leitlinien und
lässt sich führen, spricht man von geleiteter Breitfront. Bei sehr starker

Abb. 18a, links: Schematische Darstellung der Zugwege von drei Populationen der Gartengrasmücke *(Sylvia borin)*. Zwischen den eingezeichneten Wanderwegen muss man sich zahlreiche, wahrscheinlich flächendeckende Zugrouten anderer Populationen vorstellen. Gerastert: Ruheziele (nach Zink 1973–1985).
b, rechts: Schematische Darstellung der Zugwege verschiedener Populationen der Klappergrasmücke *(Sylvia curruca)* in zwei getrennte Ruheziele in Ostafrika und Indien. Gerastert: Ruheziele (nach Zink 1973–1985 u. Mead 1983).

Kanalisierung durch Leitlinien (stenometachore Zugweise) kann es zu Massenzug kommen, und wo derartig verdichteter Zug regelmäßig auftritt, entstehen Massenzugwege (im Volksmund bisweilen „Vogelfluglinien" genannt). Ein hervorragendes Beispiel dafür ist in Europa die Kurische Nehrung. Auf dieser Landenge verdichtet sich der Vogelzug in so beeindruckender Weise, dass dieser Platz zur Gründung der ersten deutschen Vogelwarte auserkoren wurde (Kap. 3). In Nordamerika sind durch Leitlinienwirkung und Verdichtung vier ausgeprägte Zugkorridore entstanden, nämlich der Atlantik-, Mississippi-, Zentral- und Pazifik-„flyway", und zwischen Nordsibirien, Nordeuropa und Westafrika kam es zur Entstehung des Ostatlantik-„flyway" oder -Zugwegs, den jährlich rund 7 Millionen Watvögel von 20 verschiedenen Arten befliegen (Prokosch 1990). Den wichtigsten Zugkorridor stellt wohl Israel dar, wo im Sommer und Herbst schätzungsweise 500 Millionen Zugvögel durchziehen. Massenzugwege können auch zu Massenrastplätzen führen wie etwa in Südalaska im Bereich der Copperflussmündung, wo auf dem Heimzug etwa 20 Millionen Limikolen und Wasservögel rasten – eine der eindrucksvollsten Vogelansammlungen der Welt.

5.14 Schmalfrontzug

Viele Arten wandern zwischen Brutgebiet und Ruheziel wie in schmalen Korridoren oder auf Zugschneisen, ohne dass eine direkte Leitlinienwirkung dafür verantwortlich ist. Das gilt z. B. für Kraniche. Bei seltenen Arten unter ihnen wie dem Schneekranich *(Grus americana)* wandern die derzeit reichlich 150 existierenden Individuen alljährlich aus einem kleinen Brutgebiet im Norden Kanadas über einen engen Korridor in ein festes Ruheziel am Golf von Mexiko. Aber auch unser Kranich zieht aus sei-

nem riesigen Verbreitungsgebiet, das sich fast durch das ganze nördliche Eurasien erstreckt, über nur relativ wenige traditionelle schmale Zugrouten in knapp zehn feste Winterquartiere, die sich von Spanien über Nord- und Ostafrika bis China verteilen (Abb. 19).

Der klassische Schmalfrontzieher ist unser Weißstorch (Abb. 20). Seine westliche Schmalfront umfasst heute, bedingt durch den starken Rückgang der westlichen Storchbestände (9.2), nur noch relativ wenige mitteleuropäische Vögel, dazu iberische, nach Querung des Mittelmeeres im Bereich von Gibraltar auch nordafrikanische. Der Hauptbestand vom östlichen Norddeutschland bis Russland verdichtet sich westlich und südlich des Schwarzen Meeres zur östlichen Schmalfront.

Schmalfrontzug ist vor allem bei sozialen Tagziehern verbreitet (5.23), ferner bei Arten, bei denen Tradition (Führen von Jungvögeln durch Altvögel, Wandern im Familienverband) für die Erhaltung der Zugwege eine Rolle spielt, und z.T. auch bei Arten, die segelnd und gleitend entlang von „Thermikstraßen" wandern (5.30, Schüz et al. 1971). Dem Kanadier Bill Lishman gelang es 1993, 18 Kanadagänse mit einem Ultraleicht-Flieger als „Leitvogel" 500 km weit vom Ontario-See bis nach Virginia zu führen.

Bei Schmalfrontzug gibt es jeweils viele Gebiete zwischen Brutgebiet und Ruheziel, die von Durchzüglern nicht oder nur ausnahmsweise erreicht werden – sie liegen, wie man sagt, im Zugschatten.

5.15 Trichterzug, Fächerzug

Bilden sich Schmalfronten, wie im vorangehenden Abschnitt für den Weißstorch beschrieben, kommt es oft gebietsweise zu trich-
terartiger Verengung der konvergierenden
Zugrouten – man spricht in solchen Fällen
von Trichterzug. Zwei solche Zugtrichter entstehen beim Weißstorch bei Gibraltar und am
Schwarzen Meer. Nach Überfliegen des Mittelmeeres an dessen schmalster Stelle bei Gibraltar divergieren die Zugrouten der weiterwan-
dernden Weißstörche wieder stärker – es folgt
Fächerzug, der auch bei der östlichen Schmalfront ab Ägypten auftritt. Berühmt sind die
trichterbedingten Rekord-Zugkonzentrationen
von Greifvögeln in Südisrael bei Eilat und am
Panamakanal. An beiden Orten können pro
Zugsaison über eine Million Greifvögel registriert werden.

Eine andere Art von Trichterzug führen viele
Arten durch, die meist in höheren Breiten
große Brutgebiete besiedeln und dann wie
über riesige Trichter in kleine Ruheziele zu-
sammenströmen. Das gilt für viele nordamerikanische Arten, z. B. für eine ganze Reihe

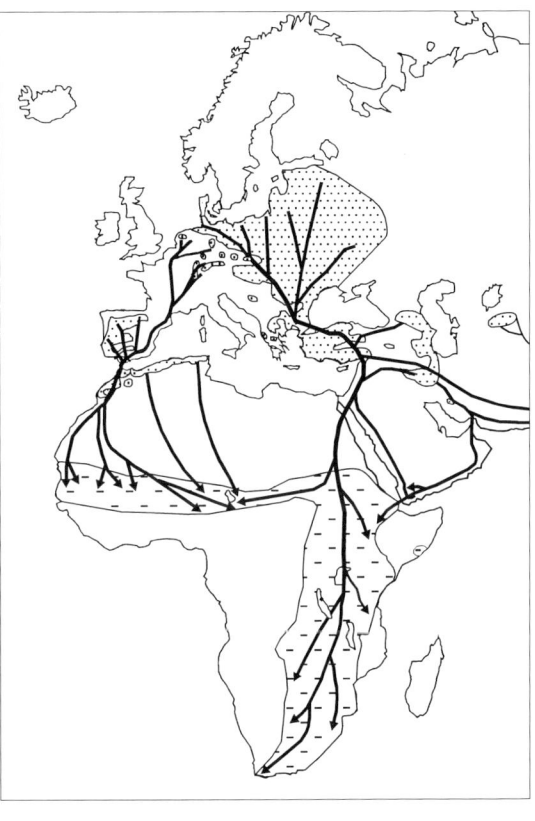

der „warbler" (Waldsänger, *Parulidae*), die z.T. von Nordwestalaska bis
Ostkanada brüten, aber in Mittelamerika überwintern (Mead 1983). In
unserem Raum ist die Klappergrasmücke *(Sylvia curruca)* ein sehr gutes
Beispiel dafür (Abb. 18b). Aus ihrem riesigen Verbreitungsgebiet, das sich
fast durch ganz Eurasien erstreckt, wandert sie in zwei relativ kleine Win-
terquartiere in Ostafrika bzw. Indien und bildet somit zwei benachbarte
Zugtrichter. Man spricht in solchen Fällen, wenn sich Individuen aus
einem großen Brutgebiet in relativ kleinen Ruhezielen konzentrieren, von
Konzentrationszug. Viel mehr Arten verteilen sich jedoch im Ruheziel in
Gebieten, die etwa die Größe des Brutgebietes haben oder sogar erheblich größer sind; es handelt sich dann um Streuungszug (siehe dagegen
Zerstreuungswanderung, Streubewegungen in 5.3).

Abb. 20: Schematische Darstellung der beiden Hauptzugrouten des Weißstorchs *(Ciconia ciconia)* im Westen über die Iberische
Halbinsel, im Osten am Ostrand des Mittelmeeres entlang sowie von Neben-
zugrouten. Punktiert: Brutgebiete, gestrichelt: Ruheziele (nach Schulz 1998 u. Originaldaten).

5.16 Zugscheiden

Wie Abb. 14 zeigt und in 5.12 dargestellt, besitzen mindestens 16 aus
Mitteleuropa in südlichen Richtungen abwandernde Singvogelarten eine
so genannte Zugscheide; dazu kommen Zugscheiden in anderen Richtungen (Abb. 15 u. 16) und auch bei Großvögeln vor (Abb. 20). Zugscheiden

entstehen, wenn die Zugrichtungen benachbarter Populationen divergieren. Im Falle des Weißstorchs (Abb. 20, 5.14) trennt die mitteleuropäische Zugscheide Ost- und Westzieher weitgehend. Beidseitig des Zugscheidengrats verläuft ein mehr oder weniger breites Zugscheiden-Mischgebiet, aus dem Weißstörche in beiden Richtungen abziehen können (Schulz 1995 b). Aber nur selten wandern einzelne Individuen weit in den zwischen den beiden Schmalfronten liegenden Zugschatten und erreichen z. B. Italien. In anderen Fällen wie bei der Mönchsgrasmücke (Abb. 15) trennt die Zugscheide Südost- und Südwestzieher nur unvollständig: Zwischen ihnen gibt es einen gewissen Anteil regelmäßig nach Süden abwandernder Individuen. Hier liegt also mehr ein Fächer an Zugrichtungen vor. Die zweite Zugscheide der Mönchsgrasmücke, die westliche, trennt hingegen in den Mittelmeerraum und auf die Britischen Inseln ins Ruheziel wandernde Artgenossen stärker.

In wenigen Fällen wie beim Star (Abb. 16) ist unklar, ob eine Zugscheide (wie im Gebiet Belgien/Frankreich) wirklich existiert oder nur durch starke Verfolgung der Art (in Belgien) vorgetäuscht wird (Fliege 1984).

Zugscheiden haben sich vielfach da ausgebildet, wo es gilt, in geleiteter Breitfront oder in Schmalfront Barrieren zu umgehen oder populationsweise getrennt liegende günstige Ruheziele aufzusuchen, oder beides. Bei der Lage von Alpen, Mittelmeer und Sahara quer zur Nord-Süd-Achse von Europa und Afrika ist es kein Wunder, dass so viele eurasische Arten Zugscheiden in Bezug auf die drei Barrieren entwickelt haben. Für Arten wie den Weißstorch wäre es gar nicht möglich, Alpen, Mittelmeer und Sahara nacheinander regelmäßig erfolgreich zu queren (6.7, 6.9); für ihn ist die Umwanderung des Mittelmeeres im Osten und dessen Querung an der schmalsten Stelle im Westen eine ideale Lösung. Denkbar wäre auch, dass alle Weißstörche entweder über die Ost- oder die Westroute wandern, was jedoch für einen Teil der Vögel erhebliche Umwege bedeuten würde (die es z.T. aber gibt, siehe nächsten Abschnitt).

5.17 Historisch bedingte Umwege

Viele Arten, die in Mitteleuropa oder im nördlichen Europa brüten, wandern zumindest mit einem Teil ihrer Populationen über die Iberische Halbinsel in afrikanische Ruheziele (Abb. 15, 18a, 20). Wenn sie dabei nicht nur nach Westafrika, sondern auch nach Zentral- oder gar Südafrika ziehen (wie Grasmücken, Laubsänger u. a.), nehmen sie dabei sogar Umwege in Kauf, die ihnen aber eine Querung des Mittelmeeres und der Sahara in deren zentralen Bereichen ersparen.

Angesichts dieses verbreiteten Zugwegs über die Iberische Halbinsel überrascht es, dass die in Westeuropa bis Portugal und Nordspanien brütenden Neuntöter die Iberische Halbinsel in östlicher Richtung verlassen (Abb. 21a), Norditalien queren, durch Jugoslawien und Griechenland

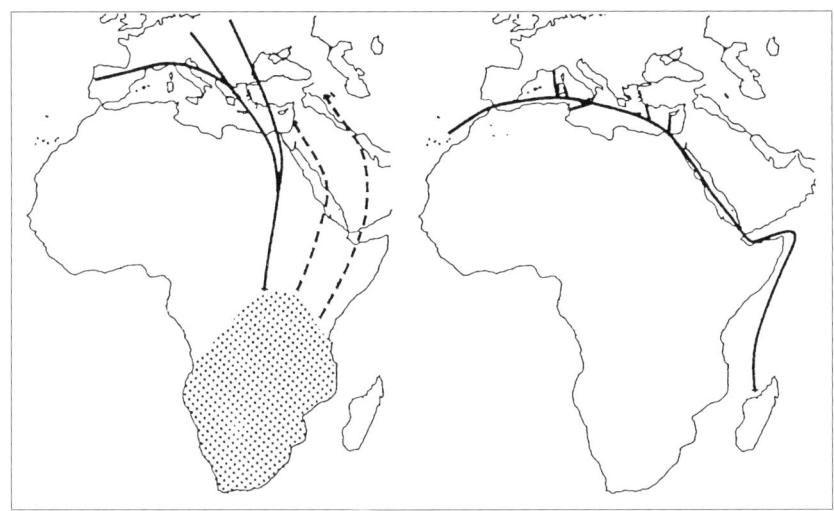

Abb. 21a, links: Sche-
matische Darstellung
der Wanderwege des
Neuntöters *(Lanius
collurio)*. Durchgezo-
gen: Wegzug, gestri-
chelt: Heimzug, geras-
tert: Ruheziele (nach
Zink 1973–1985).
b, rechts: Schemati-
sche Darstellung des
Wegzugs des Eleo-
norenfalken *(Falco
eleonorae)* aus seinen
nordwestafrikani-
schen und mediterra-
nen Brutgebieten in
die Ruheziele im Ge-
biet von Madagaskar
(nach Mead 1983).

wandern und dann, gemeinsam mit Vertretern mittel- und nordeuro-
päischer Populationen, das Mittelmeer im östlichen Bereich überqueren
(Biebach et al. 1983). Man nimmt an, dass Neuntöter nach der Eiszeit von
östlichen Refugien aus Mittel- und Westeuropa besiedelt haben und dass
die heutigen Populationen auf ihrem Wegzug immer noch traditionell
den historischen Einwanderungswegen folgen. Die Neuntöter der Iberischen Halbinsel hätten demnach (noch) nicht „bemerkt", dass auch südlich ihrer Brutgebiete in West- oder Zentralafrika Gebiete vorhanden
sind, die sich zumindest theoretisch auch als Ruheziele eignen könnten.
Möglicherweise mangelt es bisher an entsprechenden Änderungen hinsichtlich der Zugrichtung, der Zugstrecke usw., die andersartiges Zugverhalten ermöglichen würden. Oder aber bereits nach Westafrika gelangte
Individuen konnten dort doch nicht erfolgreich überwintern (wegen der
dortigen hohen Überwintererdichte, 5.29), so dass sich neue Zugwege
nicht durchsetzen konnten.
    Derartig umständlich anmutende Wanderungen wie bei den iberi-
schen Neuntötern gibt es bei einer ganzen Reihe von anderen Arten, und
z.T. kommt es sogar bei verwandten Formen zu Zugwegüberkreuzungen
(Schüz et al. 1971). Kampfläufer (Abb. 1) z. B. ziehen von ihren nordostsibi-
rischen Brutgebieten bis in westafrikanische Ruheziele etwa 12 000 km
weit und könnten theoretisch näher gelegene Ruheziele in Südasien aufsuchen, wie das andere Arten aus derselben Brutregion tun. Oder die im
nordwestafrikanischen Küstenbereich und im Mittelmeergebiet brütenden Eleonorenfalken *(Falco eleonorae)* ziehen in den Bereich von Madagaskar, möglicherweise ohne über das afrikanische Festland abzukürzen
(Abb. 21b); allerdings liegt inzwischen ein Ringfund aus Mali vor. Es ist
durchaus damit zu rechnen, dass sich derartige konservative Wanderungen bei Entdeckung anderer als Ruheziel geeigneter Gebiete durch entsprechende Selektionsvorgänge rasch ändern (Kap. 10).

5.18 Richtungswechsel: Zugknick, Bogenzug

Vermutlich wandern nur relativ wenige Arten, Populationen und Individuen auf dem kürzesten Weg zwischen ihren Brutgebieten und Ruhezielen hin und her. Selbst in den vielen Fällen, wo wir nach erfolgreichen
Beringungen nur unweit voneinander entfernte Beringungs- und Wie-
derfundorte wie üblich mit einer Geraden verbinden, wissen wir nicht, ob
Zugvögel diesen kürzesten Weg tatsächlich gewandert sind. In ungezählten anderen Fällen ist trotz dieser Unsicherheit klar, dass Zugvögel mit
erheblichen Umwegen wandern. Das ist in Eurasien, wo die Alpen, das
Mittelmeer, die Sahara, der Himalaya u. a. als Barrieren quer zur von Nord
nach Süd verlaufenden Hauptzugachse liegen, weit stärker ausgeprägt
als z. B. in Amerika (5.12). Aus Mitteleuropa z. B. wandern viele Zugvogelpopulationen in südwestlicher Richtung zur Iberischen Halbinsel. Das gilt
auch für viele, die später in West-, Zentral- oder Südafrika Ruheziele aufsuchen. Alle diese Afrikazieher müssen im Bereich der Iberischen Halbinsel oder in Nordwestafrika ihre primäre Zugrichtung mehr oder weniger stark ändern, denn mit Beibehaltung einer südwestlichen Richtung
kämen sie auf den Atlantik hinaus oder nach Südamerika. Es ist ganz
sicher, dass sie Richtungsänderungen vornehmen, da selbst von Langstreckenziehern wie der Gartengrasmücke (Abb. 18a) keinerlei Funde
oder Beobachtungen aus Südamerika vorliegen und selbst sehr gut zugdisponierte Kleinvögel nur selten in der Lage wären, den Atlantik zu überqueren (6.7).

   Alle Angehörigen von Populationen, die zunächst südwestlich zur Iberischen Halbinsel und später weiter nach Afrika wandern, müssen also
ihre Zugrichtung nach Süden oder gar Südosten abändern. Sie vollführen
dabei einen so genannten Zugknick oder Hakenzug, oder, falls die Richtungsänderung mehr allmählich vor sich geht, einen Bogenzug (Zink

Abb. 22: Schematische
Darstellung des Weg-
zugs der verschiede-
nen Populationen des
Knutts *(Calidris canu-
tus)*. Dicke Linien:
Hauptzugrouten, über
100 000 Individuen,
dünne Linien: Neben-
zugrouten, gestrichelt:
Zugroute der sibiri-
schen Population,
Zahlen: Monate der
Hauptwanderbewe-
gungen (nach Prater
1980).

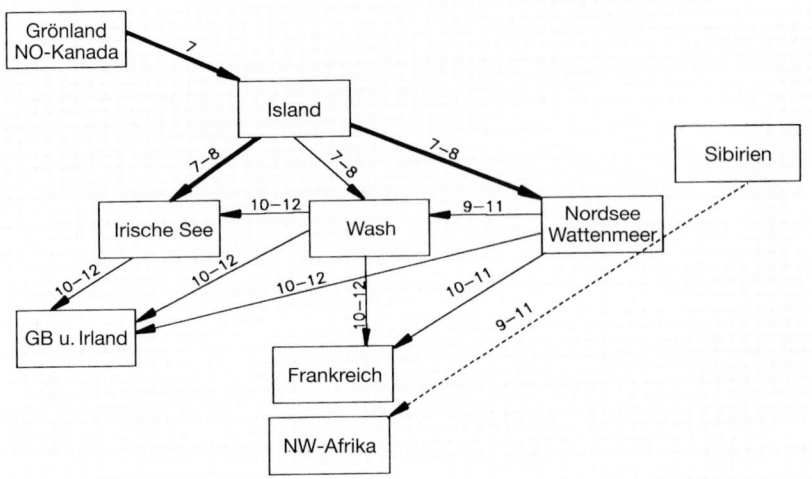

1973–1985, Hilgerloh 1989). Vorläufig ist offen, ob die Zugrichtungsänderungen mehr im Bereich der Iberischen Halbinsel oder mehr südlich, z. B. an der afrikanischen Westküste südlich der Sahara erfolgen (Hilgerloh 1989). Solche Zugknicks oder Bogenzüge kommen auch im östlichen Mittelmeerraum (Abb. 15) und in vielen anderen Gebieten vor. Manche Arten, die auf ihrem Zug Zwischenziele ansteuern (5.21), z. B. für die Mauser (5.11), müssen die Richtung mehrfach wechseln, bevor sie schließlich ihr endgültiges Ruheziel erreicht haben. Ein derartig kompliziertes Raum-Zeit-Zugmuster ist in Abb. 22 für den Knutt *(Calidris canutus)* dargestellt. Die spannende Frage, wie Richtungsänderungen auf dem Zug gesteuert werden, ist in 7.3 behandelt.

5.19 Schleifenzug

Viele Vogelpopulationen und -individuen benutzen für den Heimzug nicht denselben Weg wie für den Wegzug. Wenn sie in ihr ursprüngliches Brutgebiet oder in ihre Brutheimat zurückkehren, ziehen sie somit in irgendeiner Form eine Schleife. Bei vielen Arten kommen solche Schleifenzüge, Zugschleifen oder gelegentlich auch Ellipsenzüge ganz regelmäßig zustande. Abb. 21a zeigt ein typisches Beispiel für den Neuntöter. Der Wegzug führt vor allem über Griechenland, das östliche Mittelmeer und Nordostafrika in die zentral- und südafrikanischen Ruheziele. Auf dem Heimzug wandern die Vögel jedoch (schwerpunktmäßig) weiter östlich über die arabische Halbinsel. Man hat versucht, diesen Schleifenzug gegen den Uhrzeiger beim Neuntöter mit meteorologischen Faktoren zu erklären: Günstigere Windbedingungen im Osten könnten den Heimzug mehr östlich erleichtern (Moreau 1972). Weitere Beispiele für Schleifenzug im Gegenuhrzeigersinn finden wir bei Grasmücken, Laubsängern, der Wachtel *(Coturnix coturnix)*, Rauch- und Uferschwalbe *(Hirundo rustica, Riparia riparia)* u. a. (Schüz et al. 1971). Die Uferschwalben der Britischen Inseln zum Beispiel wandern über Westfrankreich und die Iberische Halbinsel nach NW-Afrika, kehren aber über die zentrale Sahara östlich bis über Italien und Mitteleuropa zurück. Vermutlich wandern die Vögel im Ruheziel am Südrand der Sahara östlich, so dass sie für den Heimzug einen weiter östlich gelegenen Startpunkt haben (Mead 1983). Bei vielen Arten dürften Ortsveränderungen im Ruheziel Ursache für Schleifenzüge sein (Zink 1973–1985).

Bei anderen Arten findet man Schleifenzug im Uhrzeigersinn, nämlich wiederum bei Grasmücken, Laubsängern, aber auch bei Blauracke *(Coracias garrulus)*, Pirol u. a. Westsibirische Prachttaucher *(Gavia arctica)* z. B. wandern direkt in ihr Ruheziel, das Schwarze Meer, ziehen aber mit dem auftauenden Eis über die Ostsee und das Eismeer zurück. Der Weg für den Heimzug ist damit länger, aber sicherer, weil er offenes Wasser garantiert (Schüz et al. 1971). Schließlich vollführen viele Meeresvögel, die den größten Teil des Jahres umherwandern, z.T. große kreisförmige

Zugschleifen, bei denen es bisweilen zu Überkreuzungen der eigenen Zugwege kommt (Abb. 1).

Insgesamt gesehen sind Schleifenzüge weit verbreitet, z.T. stark ausgeprägt, z.T. nur in schwerpunktmäßiger Verschiebung von Zugrouten angedeutet. Sie sind in ihren Formen vielgestaltig und bezüglich ihrer Ursachen und Bedeutung bislang nur unbefriedigend untersucht. In vielen Fällen dürften sie einem besonders raschen Heimzug in die Brutgebiete dienen (5.25, 6.17).

5.20 Ketten- und Überspringzug

Bei den meisten Arten mit mehr oder weniger zonal gegliederten Brutgebieten und Ruhezielen wandern die Populationen oder Individuengruppen hintereinander oder nebeneinander aus den Brutgebieten ab, ohne andere zu überwandern oder zu überholen. Bei diesem Kettenzug bleiben die einzelnen wandernden Gruppen wie Perlen einer Kette hintereinander aufgereiht – daher der Name. Man spricht von Überspring-, Übersprung-, Überrollzug oder Überwandern, wenn einzelne Rassen oder Populationen über andere hinweg in weiter entfernte Ruheziele wandern. Dabei können sesshafte Populationen von ziehenden überwandert werden oder später wegziehende oder langsamer ziehende in ihrem Brutgebiet überwandert bzw. unterwegs überholt werden. Während der Vorgang des Überwanderns an einem gegebenen Ort nur schwer durch subtile quantitative Erfassung der Dynamik von Populations- und Rassenmerkmalen zu analysieren ist, zeichnet sich das Ergebnis durch eine Zonierung der Ruheziele oft deutlich ab. Klassische Beispiele für Überspringzug liefert die nordamerikanische Fuchsammer (*Passerella iliaca*, Abb. 23a), bei der fünf ziehende Rassen eine sechste überwandern, und zwar umso weiter, je mehr nördlich sie brüten. Auch beim Sandregenpfeifer (*Charadrius hiaticula*, Abb. 23b) wandern die nördlichsten Populationen Skandinaviens und Russlands weiter als die südlichen, die in Dänemark und Norddeutschland brüten. Da zudem die Vögel der Britischen Inseln sesshaft sind, kommt es zu einer abnehmenden mittleren Flügellänge der Populationen im Ruheziel von Nord nach Süd (Erfüllung der Bergmann'schen Regel im Winterhalbjahr, Näheres siehe Mead 1983). Die biologische Bedeutung des Überspringzugs liegt vielfach auf der Hand: Durch unterschiedliche Zugstrecken differenzieren sich die Ruheziele, wodurch – wie beim Kettenzug – die intraspezifische Konkurrenz reduziert wird, wie z. B. für schwedische Turmfalken (*Falco tinnunculus*, Ericksson 1987) gezeigt wurde. Überspringzug ist damit eine Form differenzierten Zugverhaltens in seiner weitesten Definition (Gauthreaux 1982, 5.9). Die Entstehung und Bedeutung des Überspringzugs wurde ausführlich von Salomonsen (1955) sowie Holmgren und Lundberg (1993) diskutiert, auch unter dem Gesichtspunkt der Kosten des Zuges.

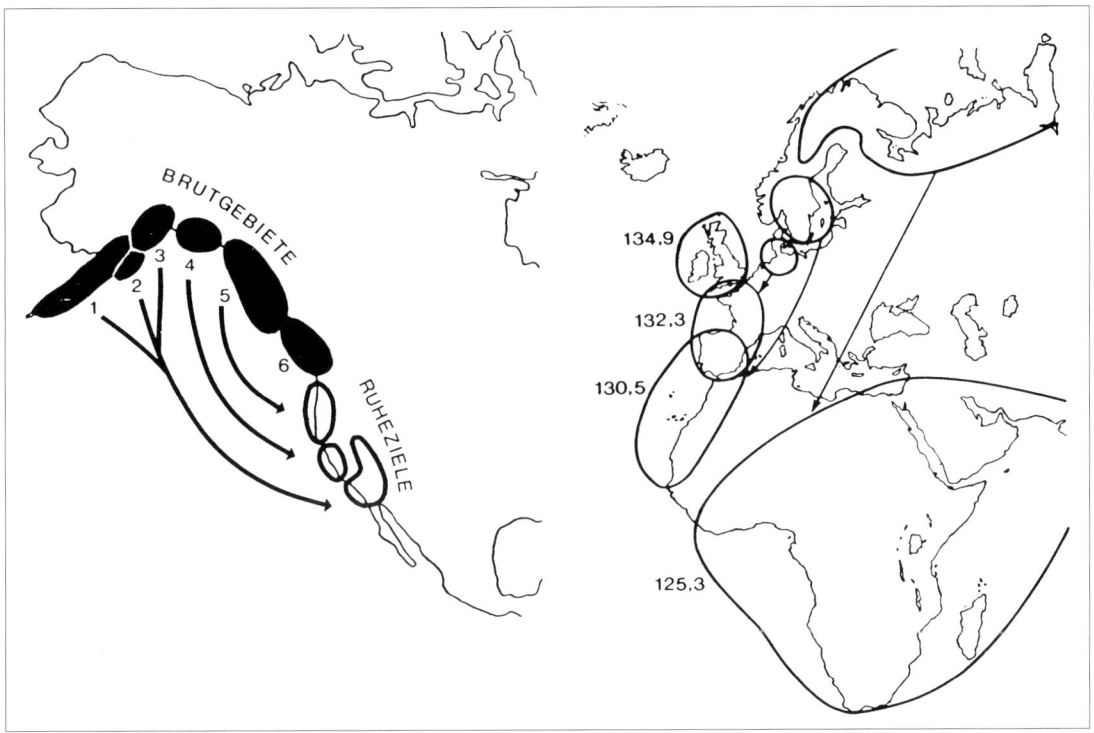

Abb. 23a, links: Schematische Darstellung der Zugverhältnisse der Fuchsammer *(Passerella iliaca)* im westlichen Nordamerika. Die nördlichen Rassen *unalaschcensis, insularis, sinuosa, annectens* und *townsendi* (1–5)
überwandern die residente Rasse *fuliginosa* (6) in unterschiedliche Ruheziele (nach Wetmore 1926). b, rechts:
Schematische Darstellung der Zugverhältnisse und der Ruheziele beim Sandregenpfeifer *(Charadrius hiaticula)* in Eurasien und Afrika. Die Zahlen geben die durchschnittliche Flügellänge der einzelnen Populationen
in mm an (nach Salomonsen 1955).

5.21 Zwischenzug, Frühwegzug

Eine ganze Reihe von Vogelarten zeigt alsbald nach dem Flüggewerden
der Jungvögel ausgeprägtes Wanderverhalten, das einerseits weit über
die normale Jugend-Streuung (5.3) hinausgeht, andererseits aber noch
nicht in die bekannten Ruheziele führt, z.T. sogar in andere Richtung als
auf die Ruheziele zu. Dieser Zwischen-, Frühsommer- oder Frühwegzug
kommt in ausgeprägter Form vor allem bei Star, Kiebitz, Reiherarten u.a.
vor. Schüz et al. (1971) unterscheiden zwischen gerichtetem Zwischenzug, wenn die Individuen wie beim Star in recht einheitlicher Richtung auf Zwischenziele zusteuern, und streuendem Zwischenzug wie bei
Reihern u.a., wenn die abwandernden Vögel in divergierenden Richtungen Zwischenziele in weiten Regionen ansteuern. Bei sehr starker Verteilung von Jungvögeln, z.B. jungen Nachtreihern *(Nycticorax nycticorax)*,
spricht man auch von „Granateneffekt" (Austin 1963).

Am Genauesten ist der Zwischenzug beim Star untersucht durch die umfassende Ringfundanalyse von Fliege (1984). Auffallend gerichteter Zwischenzug ist hier einmal bei nord- und nordosteuropäischen Populationen zu beobachten, der Vögel aus Skandinavien und aus Russland in Zwischenziele südlich von Ost- und Nordsee führt (von wo aus sie später in die Ruheziele von Westfrankreich bis zu den Britischen Inseln wandern). Zum anderen zeigen die Schweizer Stare ausgeprägten Zwischenzug, und zwar in nördlicher Richtung bis Holland und Belgien, von wo aus die Vögel später fast entgegengesetzt zum Überwintern in den Mittelmeerraum ziehen. Zwischenzug vollführen vor allem Jungvögel, die schon alsbald nach dem Flüggewerden aufbrechen. Beim Star beginnt der Zwischenzug bereits Mitte Juni, erreicht seinen Höhepunkt im Juli und endet um Mitte August, während der Wegzug in die Ruheziele erst im September einsetzt. Die Hauptursache des Zwischenzugs dürfte im Aufsuchen günstiger Nahrungsgründe liegen. Er führt Stare grundsätzlich in klimatisch begünstigte Gebiete mit hohem Nahrungsangebot (u. a. in heutige Kirschenanbaugebiete) und z. B. Reiher an neue Fischgewässer. Für die nahrungsökologische Deutung spricht z. B., dass Starpopulationen, die bereits in klimatisch günstigen Gebieten leben, keinen oder nur schwachen Zwischenzug ausgebildet haben. Zwischenzug kommt allgemein bei Arten und Populationen vor, bei denen eine nahrungsökologisch bedingte Verteilung der Vögel nach der Brutzeit auf ein größeres Gebiet sinnvoll ist. Da in den Zwischenzielen meist gemausert wird, ist Zwischenzug häufig auch in gewissem Umfang Mauserzug (5.11).

5.22 Umkehrzug, Wärmezug, Wetterpendeln

In diesem letzten Abschnitt über räumliche Zugmodi seien einige mehr heterogene Erscheinungen, vor allem „Wetterwanderungen", besprochen, für die es eine Reihe, zum Teil wenig klar definierter Begriffe gibt.

Umkehrzug oder Zugumkehr kommt häufig während des Heimzugs vor, vor allem bei früh zurückziehenden Arten. Erleben sie während des Heimzugs oder im bereits erreichten Brutgebiet Nachwintereinbrüche, ziehen sie vielfach mehr oder weniger weit in Richtung Ruheziel zurück. Mit der nächsten Warmfront können sie wieder vorrücken (Rand-, Wärmezug), und bei starkem Wechsel zwischen Warm- und Kaltperioden kann es zu einem regelrechten Wetterpendeln kommen (Schüz et al. 1971), das schon Friedrich II. beschrieb (Kap. 3).

Weniger leicht verständlich sind Umkehrzüge zur Wegzugzeit. Direkte Sichtbeobachtungen, Radarbeobachtungen und Ringfunde belegen sie in großer Zahl, und zwar bei allen Zugvogelformen von Langstreckenziehern bis zu Invasionsvögeln (Akesson et al. 1996). Entsprechende Beobachtungen liegen auch aus Orientierungsversuchen vor (bei vielen Individuen verschiedener Arten zeitweilig bimodal-axiale und nicht unimodal-sektoriale Richtungspräferenzen, Berthold et al. 1990 u. Kap. 7). In

vielen Fällen ist offenbar Gegenwind die unmittelbare Ursache für Umkehrzug (Seilkopf 1962, Schüz et al. 1971). Von eurasischen Arten, die
normalerweise nach Südosten in ihre Ruheziele wandern wie Sperber-
grasmücke *(Sylvia nisoria)*, Zwergschnäpper *(Ficedula parva)*, Karmingimpel u. a., werden in manchen Jahren viele Individuen im nordwest-
lichen Mitteleuropa beobachtet. Auch dafür hat man Zugumkehr verantwortlich gemacht, die wesentlich mit fördernden Winden aus Süd bis
Südost an der Rückseite von Hochdruckgebieten zusammenhängt (Gatter et al. 1979). Eines der eindrucksvollsten Beispiele von Umkehrzug in
Mitteleuropa lieferte im September 1977 der Eichelhäher. Auf einer Breite von nahezu 1000 km, nämlich von Schleswig-Holstein bis Süddeutschland, wanderten Eichelhäher praktisch über ganz Mitteleuropa entgegen
ihren normalen südwestlichen Wegzugrichtungen. Diese Massenzugum-
kehr ging einher mit einsetzender oder anhaltender Verschiebung mari-
timer Luftmassen vom Atlantik her (Gatter et al. 1979). Zugumkehr tritt
auch häufig vor Gewässern auf, vor allem bei wenig zugdisponierten
Vögeln, die entweder zunächst nach Rückflug von z. T. über 50 km ins Inland ihre Fettdepots vergrößern oder den Weiterzug gar abbrechen (7.7).

Für regelmäßig in den Nordseeraum anstatt in die südostasiatischen
Ruheziele wandernde Goldhähnchenlaubsänger *(Phylloscopus proregulus)* und andere Arten ist auch ein teilweise „defekter Kompass" vermutet
worden (Mead 1983, 7.7). Umkehrzugverhalten im Orientierungskäfig
mag auf mangelnden Orientierungshilfen beruhen.

5.23 Tag- und Nachtzug

Es ist nicht verwunderlich, dass normalerweise nachtaktive Zugvögel wie
einige Eulenarten, Ziegenmelker u. a. auch nachts wandern. Aber es überrascht festzustellen, dass auch die Mehrzahl der wandernden Arten, die
normalerweise tagaktiv sind, teilweise, vielfach oder gar ausschließlich
nachts zieht (Berthold 1996), nämlich fast alle unsere Insekten fressen-
den Singvögel, Limikolen, ferner Enten- und Gänsearten, Kuckuck *(Cucu-
lus canorus)*, Wachtel, Wendehals *(Jynx torquila)* u. a. Und auch normalerweise tags wandernde Arten wie Stare, Pieper und selbst Greifvögel und
Störche können in bestimmten Situationen nachts ziehen (siehe auch
Lank 1989 für Limikolen).

Reine oder fast ausschließliche Tagzieher sind vor allem Kurzstreckenzieher wie viele unserer kleinen Körnerfresser, z. B. Lerchen, Finken und
Ammern, aber auch insektivore Arten wie Pieper und Stelzen, und dann
vor allem Großvögel, die Thermik zum Segelflug verwenden. In Anpassung an günstige Umweltbedingungen wandern Tagzieher zu ganz verschiedenen, oft artspezifischen Tageszeiten von früh morgens bis spät
abends, die z. T. endogen programmiert sind (Berthold 1996). Unter den
Kleinvögeln, die Langstrecken ziehen, sind reine Tagzieher selten, mit
Ausnahme z. B. der Schwalben. Viele Nachtzieher wandern zudem allein,

Jungvögel häufig zeitlich getrennt vor oder nach den Altvögeln. Beim Kuckuck z. B. ziehen die Altvögel vor den Jungvögeln weg (Soler et al. 1994), und trotzdem finden die einzeln wandernden jungen Kuckucke ihr artspezifisches Winterquartier im tropischen Afrika, obwohl sie von ganz verschiedenen Wirtseltern aufgezogen werden, die ganz unterschiedliche Überwinterungsgebiete besitzen. Das wirft die hochinteressante Frage auf, wie derartige einzeln wandernde Nachtzieher ihr Winterquartier überhaupt finden können (7.6.7).

Wenn Nachtzug eine so weit verbreitete, fast durchgängige Zugweise vor allem der kleineren Langstreckenzieher so vieler verschiedener systematischer Gruppen ist, dann müssen ihn klare Vorteile gegenüber dem Tagzug auszeichnen, die ihn entstehen ließen. Sie werden in etwa sieben verschiedenen Hypothesen diskutiert, die hier kurz behandelt werden.

1. Zwangszug-Hypothese: In manchen Fällen ergibt sich Nachtzug (aber auch Tagzug bei Nachtziehern) sozusagen von selbst, nämlich bei Nonstopflügen über Meere von Arten, die nicht wassern können (5.24). Diese relativ wenigen Fälle können jedoch die weite Verbreitung des Nachtzugs, vor allem auch über Land, nicht befriedigend erklären.

2. Reduzierter-Feinddruck-Hypothese: Da man den Zug häufig für recht gefährlich hält (5.31), wurde postuliert, Nachtzug entziehe die wandernden Individuen wenigstens dem Zugriff ihrer Hauptfeinde, vor allem den Greifvögeln. Mit Ausnahme der zur Wegzugperiode der meisten eurasischen Arten im Mittelmeerraum und in Afrika brütenden Eleonorenfalken (Abb. 21b) und Schieferfalken *(Falco concolor)* ist der Einfluss von Greifvögeln auf Tagzieher jedoch nicht außergewöhnlich groß, und nachts kommen für Zugvögel Eulen als potentielle Beutegreifer in Betracht (Dorka 1966).

3. Zeitgewinn- und 4. Tageszeitliche-Nahrungssuche-Hypothese: Viele Arten müssen bis in ihre Ruheziele enorme Strecken zurücklegen (5.24), und wenn sie nur tagsüber in der Zeit wandern würden, die sie nicht für die Nahrungssuche benötigen, könnten sie unter erheblichen Zeitdruck geraten. Da in der Zugperiode der Nahrungsbedarf durch die Hyperphagie für die Depotfettbildung stark gesteigert und das Nahrungsangebot vielfach nicht übermäßig ist (6.2, 6.5), ist für viele Langstreckenzieher fraglich, ob sie ohne Nachtzug vorgegebene Strecken in der dafür zur Verfügung stehenden Zeit überhaupt schaffen würden. Die Verwendung zumindest von Teilen der Nacht zum Ziehen gibt ihnen tagsüber mehr Freiraum zur Nahrungssuche, auch wenn ein Teil der Zeit zum Ruhen verwendet wird. Und obwohl Vertreter einiger Gruppen wie Entenvögel und Limikolen auch nachts Nahrung aufnehmen, erfolgt die Hauptenergieaufnahme tagsüber, und dabei kann selbst die gesamte zur Verfügung stehende Tageslänge zum kritischen Faktor der Zugvorbereitung werden (Berthold 1996). Nachtzug könnte somit aus ökonomischen Gründen des Zeitgewinns entstanden sein (Stresemann 1934).

5. Energiespar-Hypothese (auch: atmosphärische Hypothese): Der aktive Flug während einzelner Zugetappen kostet bei weitem die Hauptenergie während der Wanderung. Wenn sich dabei regelmäßig auch nur ein kleiner Prozentsatz einsparen ließe, würde sich das bei Langstreckenziehern während der gesamten Wanderung beträchtlich summieren. Theoretisch bietet Nachtzug eine Reihe energetischer Vorteile: Fliegen in kühlerer, dichterer Luft erfordert weniger Energie als in tags relativ wärmerer Luft; horizontale Windgeschwindigkeiten sind nachts geringer, und damit reduziert sich die Wahrscheinlichkeit, gegen den Wind fliegen zu müssen sowie verdriftet zu werden und kompensieren zu müssen (7.7). Nachts ist ferner die Variationsbreite verschiedener Windrichtungen geringer, wodurch sich Zughöhen mit günstigen Winden leichter finden lassen (7.7), und schließlich sind vertikale Turbulenzen, die den Zug beeinträchtigen können, nachts weniger verbreitet (Kerlinger u. Moore 1989, Terrill 1991, Berthold 1996). Obwohl wir nicht wissen, wie weit Vögel diese Vorteile nutzen können, ist ein insgesamt positiver Einfluss dieser Faktoren auf nächtliche Wanderungen sehr wahrscheinlich.

6. Hypothese erhöhter physischer Sicherheit (auch: Dehydratations-Vermeidungs-Hypothese): Theoretisch besteht für den wandernden Vogel sowohl die Gefahr einer Hyperthermie als auch einer Dehydratation (6.8); beide Gefahren dürften bei Nachtzug in niedrigerer Umgebungstemperatur und höherer Luftfeuchte deutlich reduziert sein (Nachtigall 1987, Berthold 1996).

7. Hypothese der Anwendbarkeit eines Sternkompasses: Für eine Reihe von Arten ist die Existenz eines Sternkompasses nachgewiesen (7.4), der natürlich nur eingesetzt werden kann, wenn Sterne sichtbar sind. Ob seine Anwendbarkeit die Entstehung von Nachtzug begünstigt hat, ist höchst fraglich (Terrill 1991); ein umgekehrter Zusammenhang ist eher wahrscheinlich.

Von den genannten Vorteilen für Nachtzug kommt aus derzeitiger Sicht den Hypothesen 3–6 die größte Bedeutung zu, deren Faktoren in bestimmten Kombinationen zur Entwicklung von Nachtzug geführt haben dürften.

5.24 Zugstrecken

Die Vertikalzieher unserer Mittelgebirge, manche Winterflüchter usw. wandern z.T. nur sehr kurze Strecken, die weit unter 100 km, ja sogar unter einem Kilometer liegen können (5.2). Die meisten unserer Kurzstreckenzieher ziehen immerhin bis in maritim beeinflusste Gebiete, z.B. bis Westfrankreich, die meisten Mittelstreckenzieher bis in den Mittelmeerraum, also etwa 1000 km weit und die meisten Langstreckenzieher nach Afrika bis über die Sahara und damit mindestens 3500 km. Viele Langstreckenzieher wandern aus unserem Raum, aber auch aus Skandinavien oder gar aus Sibirien bis Südafrika und kommen dann auf Einzelstrecken zwischen 10 000 und 15 000 km und auf Jahreszugleistungen von bis zu 30 000 km. Solche Langstreckenwanderer aus Mitteleuropa sind etwa Weißstorch

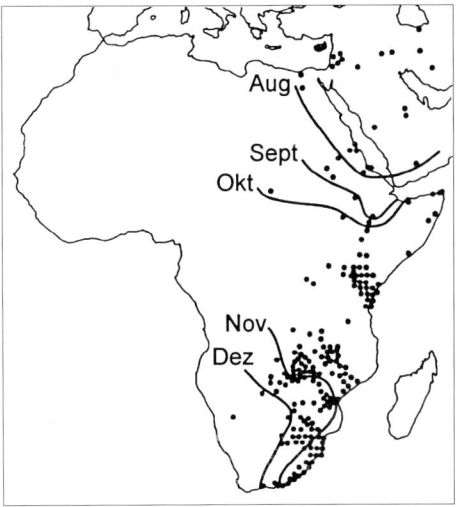

Abb. 24: Der räumlich-zeitliche Ablauf der Wanderung europäischer Sumpfrohrsänger *(Acrocephalus palustris)* in die südafrikanischen Ruheziele. Die Linien geben an, wo sich die Vögel in den Monaten von August bis Dezember hauptsächlich befinden (nach Dowsett-Lemaire u. Dowsett 1987).

(Abb. 20), Sumpfrohrsänger *(Acrocephalus palustris,* Abb. 24) und Gartengrasmücke (Abb. 18a).

Die Zugstrecken-Rekordhalter unter allen rezenten Zugvögeln sind die Küstenseeschwalben *(Sterna paradisaea).* Sie wandern regelmäßig von ihren arktischen Brutgebieten zumeist bis in antarktische Gewässer (6.19) und umkreisen wohl z.T. auch die Antarktis (Abb. 1). Wegzugstrecken sind durch Beringung bis etwa 22000 km belegt. Daraus resultieren Jahresgesamtstrecken in der Größenordnung von 40000 km, bei manchen Individuen vielleicht von etwa 50000 km, was etwa einer jährlichen Erdumwanderung entspricht. Da Küstenseeschwalben mindestens etwa 25 Jahre alt werden können (wie z.B. der berühmte Vogel „Silvia" in Skandinavien), könnte ihre Lebenswanderstrecke die Größenordnung von einer Million Kilometern erreichen. Auch Limikolen wie die ostsibirischen Pfuhlschnepfen *(Limosa lapponica),* der Kampfläufer und selbst Singvögel wie der Steinschmätzer *(Oenanthe oenanthe,* Abb. 1) kommen auf Jahresstrecken von 30000 km und mehr, außerdem viele andere Arten wie Sturmschwalben, Sturmtaucher, Störche usw. (Schüz et al. 1971).

Bei vielen Langstreckenziehern kommt es zu beeindruckenden Nonstopflugleistungen, vor allem beim Zug von nicht wassernden Arten über Meere sowie möglicherweise auch bei Zug über Wüsten hinweg. Sie betragen bei Limikolen der pazifischen Region wie dem Wanderregenpfeifer *(Pluvialis dominica),* dem Knutt und dem Anadyr-Knutt *(Calidris tenuirostris),* der Kreischbekassine *(Gallinago hardwickii)* u.a. zwischen ihren nördlichen Brutgebieten und den Ruhezielen auf den Hawaii- und Marquesas-Inseln oder in Australien, Neuseeland oder Tasmanien etwa 5000–7500 km (Barter 1992, Marks u. Redmond 1994). Auf derart riesigen Transozean-Nonstopflügen dürften Vögel z.T. über 100 Stunden unterwegs sein, auf Transatlantikflügen von Nord- nach Südamerika 80–90 Stunden (Williams u. Williams 1990). Nonstopflugleistungen betragen bei vielen anderen Arten, auch bei vielen Kleinvögeln, über 1000 km, und selbst eine Kolibri-Art, der Rubinkehlkolibri *(Archilochus colubris),* wandert im Ohnehaltflug von bis zu 1000 km über den Golf von Mexiko. Viele dieser Nonstopflugleistungen sind wahrscheinlich auf die Unterstützung durch Rückenwind angewiesen (Tulp et al. 1994).

Ganz erstaunlich sind auch gelegentliche Rekordstreckenleistungen in kurzer Zeit, die bei einer ganzen Reihe von verschiedenen Arten wie Gänsen, Limikolen, aber auch Drosseln durch spektakuläre Ringfunde bekannt werden. Sie liegen in Größenordnungen von 600–1000 km innerhalb von 24 Stunden und 3000–5000 km in 60–65 Stunden (Schüz et al. 1971, Mead u. Clark 1988, Nachtigall 1987) und bei 250 km in 24 Stunden bei Kleinvögeln (Berthold 1996). Der normale Zug verläuft hingegen viel langsamer (5.25).

5.25 Zugperioden, Zugdauer

Weltweit betrachtet findet Vogelzug aus den verschiedensten Anlässen das ganze Jahr über tagtäglich statt. Auch in unseren Breiten gibt es bei näherer Betrachtung keine jahreszeitliche Pause. Das lässt sich leicht feststellen an Orten mit regelmäßigem starkem Durchzug, aber nur kleinen Brutpopulationen, wo Wanderbewegungen vollständig erfasst werden können wie z. B. der Insel Helgoland. Dort werden Zugbewegungen in allen Monaten registriert (Abb. 25). Wenn zu uns zurückgekehrte Langstreckenzieher brüten, sind viele nordische Brutvögel noch auf dem Heimzug. Bis letztere brüten, setzt in südlicheren Breiten bereits die Jugend-Streuung (5.3) und bei früh abziehenden Arten und nicht brütenden Individuen der Wegzug ein. So geht der Heimzug sehr spät brütender Populationen fast nahtlos in den Wegzug sehr früh abziehender Populationen über. Der Wegzug selbst zieht sich lange, nämlich von Juli bis mindestens in den Dezember hin, Winterfluchten reichen bis in den Januar und Februar des nächsten Jahres, und zu dieser Zeit können in günstigen Jahren früh heimziehende Arten bereits wieder zurückwandern.

Erstaunlich ist, wie lange sich einzelne Arten und Populationen alljährlich auf Wanderung befinden und wie lange insgesamt vor allem der Wegzug dauert. Die meisten Langstreckenzieher verlassen z. B. Mitteleuropa im August und September und erreichen ihre mehr oder weniger festen Ruheziele (5.29), in denen sie dann meist auch mausern, nicht vor November, Dezember, z. T. erst später, und sind somit mindestens ein Vierteljahr auf dem Wegzug. Nach Alerstam und Lindström (1990) sind von den europäischen Kleinvögeln Langstreckenzieher 88 Tage (Medianwert von 13 Arten), Mittelstreckenzieher 42 Tage und Teilzieher 32 Tage auf dem Wegzug unterwegs. Für den Heimzug, der (wahrscheinlich aus verschiedenen Gründen, 6.17) schneller verläuft, kann man z. T. rund ein Drittel bis die Hälfte weniger rechnen. Die schnellere Heimkehr wird durch längere Zugschübe als auch durch kürzere Rastperioden erreicht (Berthold et al. 1990, Pearson 1990, 6.19).

Paradebeispiele für sehr lang andauernde Wanderungen geben viele Seevögel wie Sturmschwalben, Sturmtaucher, Seeschwalben (Abb. 1), die nur zur Brutzeit sesshaft und den Rest des Jahres auf Wanderschaft sind. Aber auch Singvögel wie unser Sumpfrohrsänger können erstaunlich lange unterwegs sein (Abb. 24). Sumpfrohrsänger verlassen Mitteleuropa ab Mitte Juli, passieren Äthiopien ab Mitte August, erreichen Kenia ab Oktober und sind nicht vor Ende Dezember oder Januar zahlreich in Südafrika anzutreffen (Dowsett-Lemaire u. Dowsett 1987). Sie befinden sich somit knapp ein halbes Jahr auf dem Wegzug, benötigen für den Heimzug nochmals knapp drei Monate, so dass sie etwa zwei Drittel des Jahres unterwegs sind. Ihr Ruheziel hat möglicherweise früher in Nordostafrika gelegen, und erst mit Bildung des Wüstengürtels in Zentralafrika mussten sie weiter nach Süden ausweichen und Zugstrecke und -dauer so enorm ausdehnen. Manche Arten wie der Rosenstar sind sogar bis zu

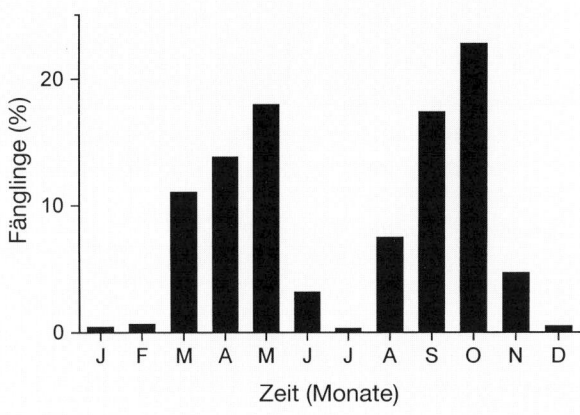

Abb. 25: Jahreszeitliche Verteilung der Fänglinge von 30 auf Helgoland durchziehenden Kleinvogelarten von 1970–1989 (Gesamtsumme der Fänglinge etwa 220 000, nach Originaldaten von D. Moritz, Helgoland).

zehneinhalb Monate im Jahr unterwegs (Berthold 1996). Im Gegensatz zu diesen langen Wanderungen dauern manche Fluchtbewegungen – z. B. Schneeflucht – oft nur Stunden.

Aus dem bei vielen Arten lange andauernden Wegzug ergeben sich selbst für Langstreckenzieher häufig nur recht geringe theoretische tägliche Vorrück-Strecken. Sie betragen z. B. bei einem Afrikazieher, der 5000 km in angenommen 100 Tagen wandert, nur 50 km pro Tag. Und in der Tat liegt die mittlere Vorrückgeschwindigkeit mitteleuropäischer Kleinvögel in dieser Größenordnung. Klein et al. (1973) berechneten für Garten- und Mönchsgrasmücken 76 bzw. 49 km pro Tag, und Hildén und Saurola (1982) ermittelten für über 30 Kleinvogelarten in Finnland anhand von Ringfunden 8–109 (im Mittel 55) km pro Tag. Nach Alerstam und Lindström (1990) und Ellegren (1993) kommen bei Kleinvögeln Langstreckenzieher im Tagesmittel 60–75 km voran (mit Maxima von mehr als 100 km), Mittelstreckenzieher reichlich 50 km – was auch Goldhähnchen schaffen – und Teilzieher gut 25 km. Seeschwalben und größere Limikolen erreichen hingegen 150–200 km, Rauchschwalben ebenfalls etwa 150 km. Mit fortschreitender Zugzeit und -strecke und z. T. auch mit höherer geographischer Breite nimmt die Vorrückgeschwindigkeit vielfach zu und erreicht vor allem beim Überqueren von Barrieren wie der Sahara weit höhere Werte (6.9). Nachtzieher fliegen, obwohl sie meist nur einen Teil der Nacht unterwegs sind, längere Tagesetappen als Tagzieher, und bei manchen Arten wandern Altvögel schneller als Jungvögel. Über den tatsächlichen Zugablauf siehe 6.14. Nur wenige Arten legen den größten Teil oder gar den ganzen Zug in einer oder wenigen Etappen zurück. Das ist dann der Fall, wenn die Wanderung im wesentlichen in der Querung einer ökologischen Barriere besteht (6.9) oder wenn, wie bei manchen Limikolenarten, entlang der Zugrouten nur wenige geeignete Rastgebiete zur Verfügung stehen (Zug in „Sprüngen", Piersma 1987, Johnson u. Herter 1990).

5.26 Räumliche Präzision

Die ungezählten, bei vielen Zugvogelarten ganz regelmäßigen Fälle von Ortstreue sowohl im Brutgebiet (Brutorts-, Brutplatztreue) als auch im Ruheziel (Ruheziel-, Winterquartiertreue), z. T. auch auf dem Zuge (Rastplatztreue) zeigen, dass Zugvögel in der Lage sind, sich zwischen bestimmten Plätzen ihrer Aufenthaltsgebiete selbst über Tausende von

Kilometern hinweg z.T. punktuell genau zu orientieren (Punktziel-Orientierung). Brutgebietstreue, z.T. sogar Nistplatz- oder Nesttreue (z. B. bei Rauchschwalben) oder auch Geburtsortstreue (5.3), sind für viele Vogelarten als Normalverhalten nachgewiesen und sind u. a. Voraussetzung für die weit verbreitete Rassenbildung auch bei Zugvögeln. Die ständig intensivierte Vogelberingung, vor allem auch in anderen Erdteilen wie Afrika und Südamerika, häufigere Wiederfänge und andere Umstände belegen in zunehmendem Maße auch Rastplatz-, Ruheziel- oder Winterquartiertreue. Unterwegs rastende und in anderen Erdteilen überwinternde Individuen werden dabei häufig Jahr für Jahr in derselben Region, z.T. in demselben Wäldchen, Gebüsch oder auf demselben Schlafbaum oder -ast angetroffen (Moreau 1972, Zink 1973–1985, Curry-Lindahl 1981, Myers et al. 1990, Reymond u. Zuchuat 1995). Andererseits gibt es aber auch viele Fälle, in denen Zugvogelindividuen in aufeinander folgenden Jahren in ganz unterschiedlichen Ruhezielen beobachtet werden. Bergfinken und Rotdrosseln *(Turdus iliacus)* z. B. können in einem Winter westlich bis zu den Britischen Inseln, in einem anderen östlich bis in Russland überwintern (Alerstam 1991). Manche Arten wie z. B. die Mönchsgrasmücke nomadisieren relativ stark in ihren mediterranen Überwinterungsgebieten, andere Arten sind mehr ortsfest in ihren Ruhezielen. In all den genannten Fällen von weniger ausgeprägter Ruhezieltreue darf man den Vögeln jedoch keinesfalls unterstellen, ihr Orientierungsvermögen und ihre Fähigkeit zu räumlicher Präzision seien unzureichend ausgebildet. Diesem Ruhezielwechsel liegen ganz offenbar ökologische Ursachen, z. B. andersartige „navigatorische Prägung" (Schmidt-Koenig 1980, Ketterson u. Nolan 1990), wechselndes Nahrungsangebot usw. und nicht etwa Fehlverhalten zugrunde. Zahlreiche Versetzungsversuche, auch mit Vertretern nicht ziehender Arten, und die (bei tiergerechter Durchführung der Versuche, Kap. 7) hohen Rückkehrquoten zeigen, dass Vögel generell zu hervorragenden Navigationsleistungen fähig sind. Es erscheint sinnvoll, als Arbeitshypothese für weitere Untersuchungen davon auszugehen, dass Vögel grundsätzlich in der Lage sind, sich von jedem Punkt der Erdoberfläche aus zu jedem anderen bekannten Ort zu orientieren, sofern sie entsprechend motiviert sind, die geforderten Strecken für sie zu bewältigen sind und sie in ihrer Jugend Gelegenheit hatten, die für ihre Orientierung als Richtgrößen relevanten Umweltfaktoren zu erfahren (Kap. 7).

5.27 Zeitliche Präzision

Für Fluchtbewegungen (5.7) lassen sich nahezu gar keine Voraussagen machen, wann genau sie stattfinden werden, für Evasionen (5.4) sind Voraussagen mit großen Unsicherheiten behaftet, die Zeit der Jugend-Streuung (5.3) hängt bei vielen Arten von den recht variablen Brutterminen ab, und selbst bei manchen regelmäßig wandernden Kurzstreckenziehern variieren die jährlichen Zugparameter wie Zugbeginn, -höhepunkt, -dauer, -geschwindigkeit u. a. z. T. erheblich in Abhängigkeit von der Lage der Brutperiode, dem Bruterfolg und dem unmittelbaren Einfluss vieler Umweltfaktoren wie Nahrung, Wetter u. a. (Berthold 1996). Nicht von ungefähr hat man Arten mit besonders schwer voraussagbarem Wanderverhalten als „Wettervögel", „außenweltbedingte" oder „wenig ausgeprägte Zugvögel", „Zigeunervögel" usw. bezeichnet (5.5). Demgegenüber stehen Arten, die man „Kalendervögel", „Instinktvögel", „innenweltbedingte" oder „ausgeprägte Zugvögel" genannt hat. Bei ihnen finden vor allem der Heimzug und die Rückkehr ins Brutgebiet Jahr für Jahr so verlässlich zu derselben Zeit statt, dass man nach ihnen praktisch den Kalender einrichten könnte. Ein sehr schönes Beispiel dafür ist in Finnland dokumentiert worden. Im Raum von Helsinki, wo regelmäßig viele Ornithologen beobachten, hat man beim Dunkelwasserläufer *(Tringa erythropus)* Folgendes festgestellt: Erstankömmlinge der aus zentralafrikanischen Ruhezielen zurückkehrenden Art trafen in 24 aufeinander folgenden Jahren stets zwischen dem 1. und 8. Mai ein, im Mittel am 4. Mai (mit einer Standardabweichung von nur 2 Tagen, Hildén 1979). Mit ähnlich hoher Präzision verläuft der Zug vieler anderer Populationen, vor allem in höheren Breiten, wo einerseits lang anhaltende winterliche Bedingungen und andererseits eine oft nur sehr kurze Zeitspanne, die zum Brüten zur Verfügung steht, sehr genaue Zugtermine erfordern. Gavrilov (1994) ermittelte die Ankunftszeiten von 11 Limikolenarten in der sibirischen Tundra und fand über einen Zeitraum von 30 Jahren Standardabweichungen von im Mittel 3,8 Tagen. Ähnliche Daten liegen für weitere Gebiete vor (Berthold 1996). Auch in Mitteleuropa wurden entsprechend präzise Ankunftszeiten gefunden, z. B. bei der Gartengrasmücke. Ihre Erstankunft variierte im Rheinland in 38 Jahren um den 1. Mai nur mit einer Standardabweichung von 5 Tagen (Mildenberger in Bairlein 1995). Sinnigerweise hat der Name „Kalendervögel" eine Doppeldeutigkeit erfahren: Wohl viele dieser Arten besitzen „innere" Jahreskalender (biologische Uhren) als Steuerungsmechanismen (6.12–6.21). Ähnlich spezifische Zeiten, die präzis eingehalten werden, wurden auch bei vielen Arten für den Weg- und Durchzug gefunden (Leshem u. Yom-Tov 1996 b).

Bei verpaart ziehenden Arten wie Schwänen wirken möglicherweise für den Wegzug mehr die Männchen, für den Heimzug mehr die Weibchen als „Zeitgeber" (Rees 1987) des z. T. sehr konsistenten Zugverhaltens (Rees 1989).

5.28 Zughöhen

Vogelzug findet regelmäßig in Höhen von etwas unter Meeresspiegelhöhe (vor allem von Kleinvögeln, die tief im Windschatten von Deichen ziehen) bis in Höhen von etwa 10 000 m statt (bei Himalajaüberquerern).

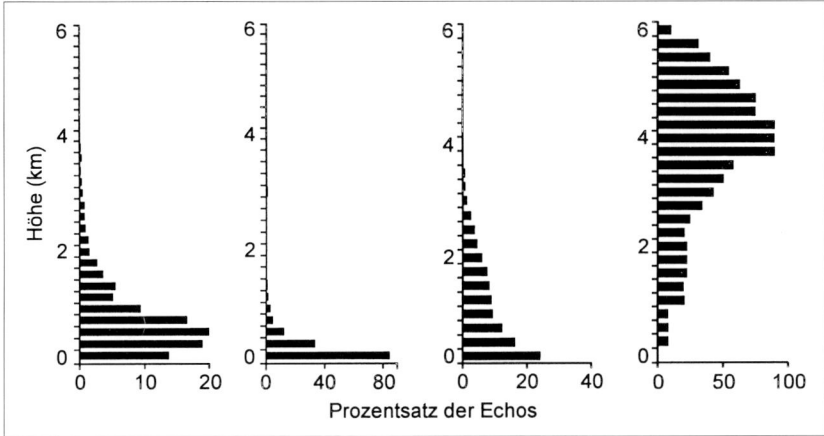

Höhe (km)

Prozentsatz der Echos

Abb. 26: Die Höhen-verteilung von Zug-vögeln, ermittelt durch Radarunter-suchungen, in ver-schiedenen Gebieten, von links nach rechts Süddeutschland, Nachtzug in der Weg-zugperiode, Süd-deutschland, Tagzug in der Wegzugperiode, Schweiz, Nachtzug in der Heimzugperiode, Antigua, Karibik, Nachtzug in der Weg-zugperiode (nach Bru-derer 1971, 1997 u. Williams et al. 1977).

Der normale Zug über Land verläuft im Allgemeinen recht niedrig. Nach Radarstudien von Jellmann (1989) lag in Norddeutschland der Median-wert beim nächtlichen Heimzug von Kleinvögeln und Limikolen bei 910 m, beim Wegzug (hauptsächlich von Limikolen) bei 430 m. Über 3000 m wurden lediglich 3,5 bzw. 1,5% der Echos registriert, über 2000 m 16 und 6,5%, über 1000 m 33 und 14%. Ganz entsprechend stellte Bruderer (1971) im Schweizer Mittelland beim Heimzug tagsüber einen Median-wert von 400 m und in der Nacht von 700 m fest, und die 90%-Grenze der Höhenverteilung der Echos lag zu beiden Zeiten bei 2000 m (Abb. 26). Hohe Gebirge wie der Himalaja werden von vielen Arten regelmäßig in großen Höhen von 7000–10 000 m überquert (Dolnik 1990). Streifengän-se *(Anser indicus)* können in Laborversuchen kurze Aufenthalte in simu-lierten Höhen von mehr als 10 000 m ertragen (Hiebl u. Braunitzer 1988, 6.9). Auch in Europa wurden Schwäne bis in Höhen von 8000–8500 m re-gistriert (Butler u. Woakes 1990), und sogar Kleinvögel wurden in Höhen von fast 7000 m festgestellt (zur weiteren Übersicht siehe Berthold 1996). Der gegenwärtige Höhenrekordhalter ist ein Sperbergeier *(Gyps rueppellii)*, der in einer Höhe von 11 300 m über der Elfenbeinküste in das Triebwerk eines Flugzeugs geriet und möglicherweise von einer Thermik-blase hochgetragen worden war (Hiebl u. Braunitzer 1988). Streifengänse und Sperbergeier sind durch Hämoglobin-Polymorphismus hervorragend an den Aufenthalt in großen Höhen angepasst (6.9). Große Flughöhen werden jedoch nicht nur über hohen Gebirgen, sondern z.T. auch bei Transozeanwanderungen erreicht. Transatlantikzieher von Nordamerika fliegen in der Karibik über Antigua z.T. in Höhen von über 6000 m mit Modalwerten um 4000 m (Abb. 26); zum südamerikanischen Kontinent hin fallen die Höhen dann stark ab (Williams et al. 1977). In welchen Höhen große Wüsten wie die Sahara überflogen werden, ist bisher kaum bekannt. Einige Radarstudien und Mondbeobachtungen in der Sahara, in asiatischen Wüsten und der Negev in Israel zeigen einen weiten Bereich von etwa 200–7000 m, mit Konzentrationen im Bereich von etwa

1000–3000 m, in der Sahara von 250–1500 m (Dolnik 1990, Biebach u. Klaassen 1994, Bruderer et al. 1995).

Trotz der großen Variabilität der Zughöhen und vieler Wissenslücken lassen sich einige grobe Regeln in Bezug auf Zughöhen und Zugverhalten formulieren. Nachtzieher wandern i. A. höher als Tagzieher; beim Nachtzug fehlt der sehr niedrige, bodennahe Zug meist vollständig; bei Tagziehern wandern die im Ruderflug ziehenden Arten niedriger als segelnde Arten; bei Gegenwind werden niedrigere Höhen mit geringeren Windgeschwindigkeiten aufgesucht; über dem Binnenland und kleinen Gewässern werden geringere Höhen eingehalten als bei vielen Transozeanflügen (mit Ausnahme der dynamischen Segelflieger, die unmittelbar über den Wellen ziehen, 5.30); und Niederungen, Tiefebenen usw. werden allgemein in relativ größeren Höhen über Grund durchwandert als bergige Gebiete und vor allem hohe Gebirge, die Zugvögel oft relativ niedrig, z. T. in Pässen queren. Aufgrund dieses Verhaltens sind in den Schweizer und französischen Alpen auf Bergpässen (Col de Bretolet, Col de la Golèze) feste Zugvogelfangstationen eingerichtet worden (Dorka 1966). Schließlich dürften schnellere Flieger auf ihren Wanderungen größere Höhen bevorzugen als langsamer fliegende Arten. Welche Höhen jeweils im Hinblick auf die atmosphärischen Bedingungen (Wind, Temperatur, Luftfeuchte u. a., 6.19, 7.7) am besten geeignet sind, finden Vögel wahrscheinlich durch auf- und absteigende Suchflüge während des Zugs heraus. Wie sie ihre Wahl im Einzelnen treffen und wie sie optimale Höhen genau bestimmen, ist bislang unbekannt (Schüz et al. 1971, Bruderer 1971, Richardson 1991).

5.29 Ruheziele

Für viele Zugvögel sind die Ruheziele, zu denen sie wandern, feste, eng begrenzte geographische Gebiete, in denen sie normalerweise die gesamte Zeit zwischen Weg- und Heimzug (stationär) verbleiben. Bei vielen anderen Arten sind es z. T. große Gebiete, in denen sie viel, z. T. kontinuierlich umherstreifen. Feste Ruheziele besitzen z. B. Kraniche, von denen etwa der amerikanische Schneekranich (5.14) alljährlich ein Feuchtgebiet am Rande des Golfs von Mexiko bei Corpus Christi als Ruheziel aufsucht, oder eine Teilpopulation des sibirischen Nonnenkranichs *(Grus leucogeranus)* Jahr für Jahr im indischen Vogelschutzgebiet bei Bharatpur überwintert. Ein Beispiel aus Mitteleuropa sind nordische Singschwäne *(Cygnus cygnus)*, die in steigender Zahl jedes Jahr in bestimmten Bereichen des Bodensees den Winter verbringen. Solche Arten geben ihr festes Ruheziel meist nur dann auf, wenn sie etwa starke Störungen, Veränderungen der Gebiete oder außergewöhnliche Bedingungen wie z. B. Zufrieren des Gewässers dazu zwingen. Aber auch viele Kleinvögel beziehen feste Ruheziele, z. T. Jahr für Jahr dieselben Plätze (Winterquartiertreue, 5.26). Dort bilden sie häufig Territorien, paarweise, oder nach Männchen und Weib-

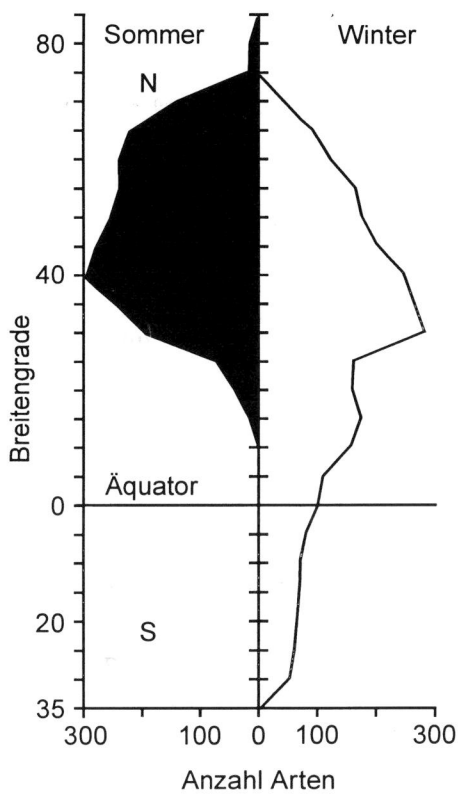

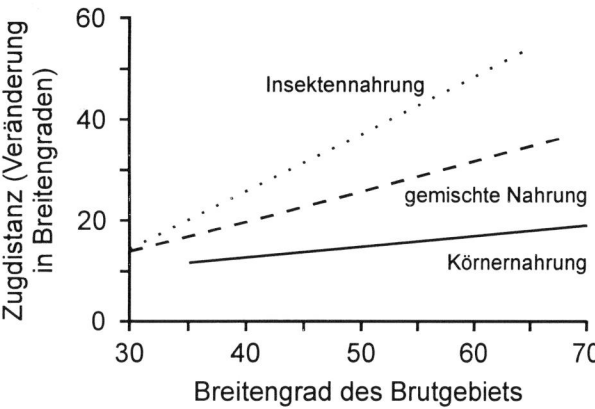

chen getrennt, markieren sie mit Gesang und verteidigen sie u.U. länger als ihre Brutreviere (z.B. Rotkehlchen, Sumpfrohrsänger, Berthold 1996).

Dem gegenüber stehen sehr viele Arten, die im Ruheziel relativ beweglich bleiben. Das gilt z.B. für die in diesem Zusammenhang bereits in 5.26 erwähnte Mönchsgrasmücke, die im Mittelmeerraum z.T.

Abb. 27, links: Die Sommerverbreitung (schwarz) und Winterverbreitung (weiß) der europäischen Brutvögel nach Breitengraden, rechts: die Zugdistanz westpaläarktischer Singvögel in der Wegzugperiode vom Brutgebiet zum Ruheziel in Abhängigkeit von der Art der Nahrung (nach Newton 1995).

ganz erheblich umherstreift – nomadisiert (5.5, Debussche u. Isenmann 1984, Cuadrado 1992, Cuadrado et al. 1995). Auch für viele Afrikazieher zeichnet sich mehr und mehr ab, dass neben Sesshaftigkeit und Territorienbildung erhebliche Bewegungen noch lange nach der Ankunft aus Eurasien stattfinden. Dieses Umherwandern mag bei vielen Arten und Individuen letztlich nur die Mauserperiode ausnehmen und so stark ausgeprägt sein, dass das Überwintern dieser Vögel in Afrika eher ein dynamischer Prozess als ein statisches Ereignis ist (Berthold 1988 b). Dabei ist vorläufig offen, wieweit diese Bewegungen in den Ruhezielen Teile endogener Zugprogramme oder mehr exogen gesteuert sind (6.15).

Die Entfernung der gewählten Ruheziele hängt von vielerlei Faktoren ab wie historischen Gründen (5.17), klimatischen Faktoren, der Ernährungsweise (Abb. 27, Evans u. Davidson 1990), dem Energiehaushalt (Energieäquivalenz-Regel von Damuth 1991), der Konkurrenz (5.4, 6.21) u. a. Von den nach Afrika wandernden paläarktischen Zugvögeln überwintern mehr als zwei Drittel nördlich des Äquators (Moreau'sches Paradoxon, Abb. 27, Morel 1973). In Westafrika mag eine wesentliche Ursache dafür darin liegen, dass ein Ausweichen weiter nach Süden z.T. recht schwierig ist (z.B. das Überqueren von großen Regenwaldgebieten erforderlich macht, 6.22). Individuen, die aus Eurasien nach Zentralafrika wandern, benötigen dort bei der kurzen Tageslänge und den hohen Temperaturen nur etwa 60 % der Energie zum Leben, die im Brutgebiet erforderlich ist, müssen dafür aber enorme Kosten für die Wanderung aufbringen. Ein Beispiel für unterschiedliche Kostenverteilung im Jahreszyklus verschiedener Populationen ist in 6.7 dargestellt.

5.30 Fortbewegung auf dem Zug

Für Zugvögel kommt es darauf an, durch Selektionsvorgänge Zuggeschwindigkeiten zu entwickeln, die sinnvoll schnell und günstig im Energieverbrauch sind und sicheres Wandern ermöglichen. Dafür ist es erforderlich, das richtige Verhältnis zu entwickeln von Zugschüben und der optimalen Fortbewegungsweise einerseits und von Rastperioden zum Ruhen und zur Nahrungsaufnahme in geeigneten Habitaten andererseits (6.14). Während der Zugphasen ist Fliegen bei Vögeln naturgemäß die Hauptfortbewegungsweise, aber daneben werden auch alle anderen Fortbewegungsarten, deren Vögel fähig sind, zur Bewältigung von Zugstrecken eingesetzt.

Die flugunfähigen *Hesperornis* der Kreidezeit (Kap. 2) mussten schwimmend wandern, da sie nicht fliegen konnten. Aber auch viele rezente, vor allem marine Arten wandern zumindest Teilstrecken schwimmend und tauchend. Das trifft z. B. für die flugunfähigen Pinguinarten der Südhemisphäre zu, aber auch für Vögel in unserem Raum wie vor allem Basstölpel, Enten, Gänse, Lappen-, Seetaucher und Lummen, die dabei Strecken von über 1000 km zurücklegen können (Salomonsen 1967, Schüz et al. 1971). Eine dem Schwimmen verwandte Fortbewegungsart ist das „Schneepaddeln", mit dem Pinguine bäuchlings, mit den flossenartigen Flügeln rudernd, abwechselnd mit Laufen und Hüpfen über Eis und Schnee von und zu ihren Brutplätzen wandern, z.T. mehrere Hundert Kilometer weit, bisweilen auf regelrechten „Pinguinstraßen".

Wandern im Laufen ist sonst wenig ausgeprägt, und Fußwanderungen kommen wohl nur fallweise in größerem Umfang vor wie z. B. 1929 beim Indianerblässhuhn (*Fulica americana*, Schüz et al. 1971). Schließlich können sich Vögel während ihrer Nahrungssuche mehr oder weniger gerichtet in Zugrichtung hüpfend fortbewegen, wobei auch kurze Flugstrecken eingeschaltet werden können. Dieses „Rastwandern" (Schmidt-Koenig 1980) wurde vor allem von russischen Ornithologen auf der Kurischen Nehrung registriert (Dolnik 1975). Es spielt möglicherweise in hohen Breiten, wo die Tage sehr lang sind und auch nachts ziehende Arten erst geringe Zugintensität entwickeln, eine Rolle, in Mitteleuropa ist es eher bedeutungslos (Bastian u. Berthold 1991). Gerichtete Fortbewegung in der Vegetation dürfte jedoch bei der Jugend-Streuung bedeutsam sein, bei der die Tagesleistungen meist so gering sind (5.3), dass man dafür kaum größere Flüge annehmen kann.

Die Hauptfortbewegungsweise auf dem Zug ist der Ruder- oder

Schlagflug, also der „normale" Vogel-Flug, bei dem in arttypischer Weise durch Flügelschlagen Auf- und Vortrieb erzeugt wird. Vögel fliegen dabei nicht mit besonders hoher oder gar Höchstgeschwindigkeit, sondern eher mit optimaler Reisegeschwindigkeit, die je nach Situation zumindest theoretisch auf maximale Reichweite, optimale Flugmöglichkeiten oder minimale Reisedauer ausgerichtet sein kann (Alerstam u. Lindström 1990, Berthold 1996). Gemessene Reisegeschwindigkeiten (Eigengeschwindigkeiten) betragen bei Singvögeln und Kolibris 30–60 km/h, bei Vögeln von Taubengröße etwa 70–80 und bei Enten und Gänsen 90–100 km/h (während z. B. Greifvögel im Sturzflug über 300 km/h erreichen). Da selbst eine optimierte Fluggeschwindigkeit während des Zugs viel Energie verbraucht (etwa das 20fache des Grundumsatzes, 6.8), sind von Zugvögeln eine Reihe von Anpassungen entwickelt worden, die Flugenergie sparen helfen. Weit verbreitete Formen sind der hüpfende Flug vieler Arten (mit Flügelschlagpausen), der muskelphysiologisch vorteilhaft ist und die Reichweite erhöht (Rayner 1990), der Segelflug und Formationsflüge.

Da bei Vögeln die Flugfähigkeit bei reichlich 20 kg Gewicht endet und große Zugvögel durch zusätzliche Fettdepots im Flug stark beeinträchtigt wären, sind Arten wie Störche, Pelikane, Adler u. a. praktisch gezwungen, im Gleitflug zu wandern, der nur rund 15–30 % so viel Energie verbraucht wie der Ruderflug (Berthold 1996). Beim normalen Segel- oder Gleitflug (dem passiven Thermik- oder Überlandsegeln) steigen die Vögel in Thermikzonen oder -blasen mit ausgebreiteten Schwingen auf (maximal etwa 5 m/s) und gleiten dann, unter zwischenzeitlichem Höhenverlust, von Thermik zu Thermik wie auf „Thermikstraßen", wobei von Aufwind- und Hangwindseglern in gebirgigen Gegenden große Strecken praktisch ohne Flügelschlag zurückgelegt werden können, bisweilen auch in gemischtem Gleit- und Ruderflug (Kerlinger 1989, Hedenström 1993). Ein Nachteil des Gleitfluges ist, dass das Kreisen beim Aufsteigen die Flugstrecke einer Wanderung nahezu verdoppeln kann (Leshem u. Yom-Tov 1996 a); wohl deshalb hat sich der Gleitflug auch nicht generell bei Zugvögeln durchgesetzt. Wanderer über dem Meer wie z. B. Albatrosse und Sturmvögel bewältigen große Strecken flügelschlaglos im dynamischen Segelflug. Dieses Wellensegeln resultiert aus der geschickten Ausnutzung der horizontalen Geschwindigkeitsunterschiede des Seewindes über den Wellen, die abwechselnd zum Hochtragenlassen und Vorwärtsgleiten genutzt werden. Beim Wandern entlang von Gebirgskämmen kann so genanntes Leewellensegeln in große Höhen führen (Bruderer et al. 1994).

Weit verbreitet sind auf dem Zug sogenannte Formationsflüge (Verbandflüge), z.T. von Individuen verschiedener Arten. Häufig sieht man Zugvögel einfach in Schwärmen, also mehr oder weniger dichten Haufen wandern (z. B. Stare, Finken) oder auch in einer langen breiten Reihe (z. B. Kiebitze, Tauben). Daneben fallen jedoch Verbände in Keilform, V-Form, Doppel- oder Mehrfach-V-Form auf oder auch in einfacher Schrägforma-

Abb. 28: Verteilung der
Leistungsersparnis auf
die einzelnen Flügel
bei einem Verband
von 56 Ringelgänsen
(Branta bernicla)
(nach Hummel 1973).

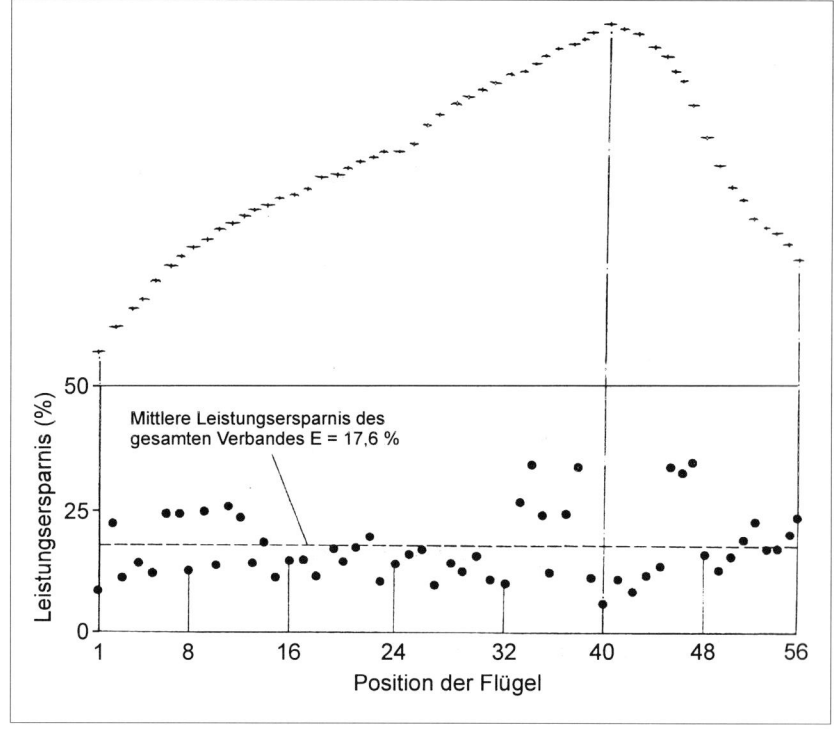

Abb. 28: Verteilung der Leistungsersparnis auf die einzelnen Flügel bei einem Verband von 56 Ringelgänsen *(Branta bernicla)* (nach Hummel 1973).

tion, bei der nachfolgende Individuen versetzt hinter den voranziehen-
den wandern (Abb. 28). In all diesen Verbänden wechseln immer wieder
die Anführer, indem sie ausscheren und sich weiter hinten eingliedern
(Kap. 3). Das spricht u. a. für eine stärkere Beanspruchung der Anführer
oder für eine Entlastung der Nachfolgenden, und tatsächlich sparen
hauptsächlich die nachfolgenden Vögel Energie. Hummel u. Beukenberg
(1989) haben die Leistungsersparnis von etwa tausend Flugformationen
berechnet und fanden, dass sie bei normalen Verbänden in der Größenordnung von etwa 20 % liegt. Ihre Verteilung auf die Gruppenmitglieder
variiert in Abhängigkeit von Verbandsgröße und -form, seitlichem Abstand u. a. Theoretisch kann die Ersparnis über 50 % betragen, allerdings
nur in ideal formierten Verbänden, wie sie kaum vorkommen dürften.
Dazu müssten auch die Flügelschläge aufeinander abgestimmt werden,
was deren Koordination mit der Atmung erschweren könnte (Funk et al.
1993).

Ein spezielles Buch über Vogelflug, vor allem seine Charakteristika und
Leistungen, hat Pennycuick (1989) veröffentlicht, einschließlich einer Dis-
kette mit einem Computerprogramm in BASIC für die Berechnung verschiedener Flugparameter.

Abschließend darf nicht unerwähnt bleiben, dass von einer Reihe von
kleineren Vogelarten Berichte vorliegen, nach denen Individuen im
„Huckepackflug" auf größeren Vögeln gewandert sind. Dabei mag es sich

in erster Linie um Notlandungen wie auf „fliegenden Inseln" handeln (Mead 1983).

5.31 Risiken des Ziehens

Wohl aus der Tatsache heraus, dass für uns Reisen in unbekannte Länder, vor allem solche mit relativ gering entwickelter Zivilisation, viele Gefahren bergen, ist die Meinung weit verbreitet, Zugvögel seien im Allgemeinen besonders großen Gefahren ausgesetzt und erlitten entsprechend hohe Verluste. Eher das Gegenteil ist – oder war zumindest – der Fall (Berthold 1996). Es ist seit langem bekannt (Kipp 1943), dass ausgeprägte Langstreckenzieher wie z. B. unsere Garten- und Klappergrasmücke und selbst der bis Südafrika wandernde Sumpfrohrsänger (5.24) im Wesentlichen nur ein Gelege von etwa 4–5 Eiern pro Brutperiode zeitigen, aus dem dann im Mittel etwa 2–3 Junge flügge werden. Demgegenüber legen Standvögel z.T. weit mehr Eier pro Gelege – Meisen z. B. häufig 10 und mehr – und ziehen meist mehrere Bruten im Jahr auf, so dass ihre Jungenproduktion häufig ein Mehrfaches der von Zugvogelarten beträgt. Auch Mönkkonen konnte 1992 für paläarktische und nearktische Langstreckenzieher zeigen, dass sie im Allgemeinen weniger Nachkommen produzieren und geringere Mortalität aufweisen als Standvögel. Trotzdem sind Populationen beider Gruppen unter normalen Umständen im Mittel weitgehend stabil. Demzufolge müssen Standvögel höhere Verluste erfahren als Zugvögel, und das ist in der Regel auch der Fall. Die Standvögel, vor allem der höheren geographischen Breiten, erleiden bekanntlich häufig hohe Winterverluste, während Ziehen an sich für richtig programmierte und gut disponierte Vögel (Kap. 6) kein erhöhtes Risiko bedeutet, im Gegenteil. Man nimmt an, dass von den küstennah wandernden Kleinvögeln Nordamerikas höchstens 1–10% infolge von Missorientierung auf das offene Meer hinaus gelangen und umkommen (Ralph 1978). Gelegentlich kommt es auf dem Zug zu Massenunfällen, die wohl stets wetterbedingt sind (7.7, Berthold 1996), aber auch Standvögel werden von Wetterunbilden wie Stürmen oder Hagel stark beeinträchtigt. Zugfette, schwere und damit in ihrer Beweglichkeit in der Vegetation behinderte Kleinvögel sind nachgewiesenermaßen erhöhtem Feinddruck durch Beutegreifer ausgesetzt, aber sie können sich dem teilweise durch Verhaltensänderungen entziehen (6.11). Dass heute vor allem Langstreckenzieher Bestandsabnahmen zeigen, dürfte am ehesten mit anthropogen veränderten Umweltbedingungen in Durchzugsgebieten und Ruhezielen, aber auch in den Brutgebieten, zusammenhängen (Kap. 9). Über gelegentliche Notlandungen oder auch Massenunfälle siehe 7.7. Die früher diskutierte Auffassung, Radarstrahlen, Starkstromfelder, Kurzwellensender u. Ä. könnten den Ablauf des Vogelzugs stören oder auch den Bruterfolg beeinträchtigen (über Elektrophoneffekte, Schüz et al. 1971, oder durch Elektrosmogeinflüsse, „Elektrostress"), wird in neuerer Zeit nicht bestätigt (Bruderer u. Boldt 1994, Hanowski et al. 1996). Ebenso ergaben sich keine Hinweise dafür, dass radioaktive Niederschläge der Tschernobyl-Katastrophe Vogelzugsysteme beeinträchtigt hätten (Pearce 1995).

5.32 Allgemeine Voraussetzungen für den Zug

Viele Voraussetzungen für eine erfolgreiche Wanderung erlangen Zugvögel in einer spezifischen Zugdisposition, die eine Vielzahl physiologischer und verhaltensphysiologischer Umstellungen umfasst (6.1–6.11). Eine Reihe von Anpassungen sind jedoch bereits im speziellen Körperbau und in der Körperausstattung von Zugvögeln oder von Vögeln allgemein vorgegeben. Dazu gehören vor allem der stromlinienförmige Körper, der leichte Körperbau, insbesondere durch die Pneumatisation der Knochen, relativ lange, aerodynamisch günstige Schwänze, bei Zugvögeln relativ kurze Beine und, wie unten näher dargestellt, ein besonders effizientes Herz-Kreislauf- und Atmungs-System und zahlreiche Spezialanpassungen der Muskeln.

Typisch für ausgeprägte Zugvögel sind häufig relativ lange und vor allem spitze Flügel (Seebohm'sche Regel, Seebohm 1901, Mönkkönen 1995, Berthold 1996). Diese Spitzflügeligkeit, die sich bei Zugvögeln ohne Beziehung zur Bergmann'schen Regel und der Flügelschnittregel von Rensch sicher schon präglazial als typisches Merkmal entwickelt hat (Schüz et al. 1971), wirkt sich flugmechanisch günstig aus: Lange, spitze Flügel weisen aus aerodynamischen Gründen viel weniger Luftwiderstand auf als runde Flügel (sie erzeugen nach der Wirbeltheorie von Rayner 1990 – als Teil der Aerodynamiktheorie – günstigere Luftwirbel), während kurze, runde Flügel die Manövrierfähigkeit erhöhen, vor allem auch in dichter Vegetation (Rüppell 1980). Bei vielen Kleinvogelarten besitzen auch die Altvögel spitzere Flügel als die einjährigen Individuen (Alatalo et al. 1984) und wandern wohl auch schneller (6.14). Der mehr spitze oder runde Flügelschnitt lässt sich mit verschiedenen Indizes (Flügelspitzigkeitsindex, Kipp'scher Flügelindex, Holynskiindex, Konvexitätsmaß usw., Svensson 1984, Alerstam 1990, Lockwood et al. 1998) darstellen. Bei ausgeprägt ziehenden Kleinvögeln z. B. liegt der Anteil der Flügelspitze an der gesamten Flügellänge in der Größenordnung von 40%, bei wenig ausgeprägten Ziehern und Standvögeln nur bei etwa 20% (Schüz et al. 1971). Die bisher umfassendste Studie über Beziehungen zwischen Vogelflügel, Vogelzug und anderen Faktoren liegt von Fiedler (1998) über die Mönchsgrasmücke vor.

Weitere wesentliche Anpassungen bestehen vor allem im Aufbau des Hauptflugmotors, den großen Brustmuskeln. Sie können bei ausgeprägten Zugvögeln bis zu 35% des Körpergewichts ausmachen (Butler u. Woakes 1990), und dementsprechend groß ist bei Zugvögeln auch das Brustbein mit relativ großer Fläche zum Ansatz der Flugmuskeln.

Langstreckenzieher besitzen vor allem große schnelle, oxidativ-glykolyti-sche („rote") Muskelfasern mit hoher oxidativer Kapazität, Kurzstrecken-zieher Fasern mit geringerer oxidativer Kapazität. Langstreckenzieher haben weiter die schmalsten Fasern sowie die höchste Dichte an Blut-kapillaren und damit relativ kurze Sauerstoffdiffusionsabstände. Diese Unterschiede können sich in der Zugzeit durch Muskelhypertrophie und -umbau sowie physiologische Leistungssteigerungen z.T. noch verstär-ken, auch bei ziehenden Individuen von Teilziehern gegenüber Stand-vögeln (Lundgren u. Kiessling 1988). Vogelmuskeln sind weiterhin beson-ders leistungsfähig durch hohe Dichte großer Mitochondrien sowie hohe Myoglobinkonzentration. Bei Zugvögeln fand man zudem die höchste bei Wirbeltieren bekannt gewordene Konzentration an Proteinen, die Fettsäuren binden und dem Energietransport im Körper dienen (Guglicl-mo et al. 1998, 6.3, 6.4). Anaerober Glykogenabbau (der „weißen" Fasern) spielt offenbar nur bei Start, Landung und schnellem Richtungswechsel eine Rolle (Butler u. Woakes 1990).

Bei Drosseln und anderen Vögeln kann es im Zuge der Hyperphagie und Frugivorie, also der verstärkten Nahrungsaufnahme und des erhöh-ten Früchteverzehrs (6.2, 6.5), zu Vergrößerungen des Verdauungstraktes und physiologischen Anpassungen des Verdauungssystems kommen (Kuroda 1964). Derartige Veränderungen fallen dann bereits in die Zug-disposition (Kap. 6). Die Anpassungen von Vögeln an große Höhen wer-den in 6.9 behandelt.

6. Physiologische Grundlagen, ökologische Beziehungen und Steuerung des Vogelzugs

In diesem Kapitel werden die Vorgänge und Verhaltensänderungen behandelt, die im Zugvogel vorgehen und die er zeigt, bevor er sich auf eine größere Wanderung begibt. Sie sind in dem Begriff Zugdisposition zusammengefasst. Die Zugdisposition ist ein komplexer verhaltensphysiologischer Zustand, der einen im Aufbruch befindlichen Zugvogel in vielfacher Hinsicht charakterisiert. Ein zugdisponierter Vogel hat, wie wir sehen werden, vor allem vorangehende jahresperiodische Prozesse abgeschlossen oder beschleunigt, seine Ernährungsgewohnheiten und seinen Stoffwechsel umgestellt, morphologische Veränderungen erfahren und sein Verhalten geändert. Steuerungsmechanismen, die den Wegzug auslösen, ihn eine bestimmte Zeit lang aufrechterhalten und wieder beenden und solche, die das Verhalten und die Einnischung im Ruheziel, den Heimzug und seine Beendigung im Brutgebiet kontrollieren, werden danach behandelt. Dabei wird dargestellt, wie es z. B. Kleinvögel schaffen können, viele tausend Kilometer weit zu wandern, davon erhebliche Strecken durch unwirtliche Gebiete, wie große Barrieren – etwa die Sahara – gemeistert werden können u. a. m. Alle physiologischen Grundlagen, die mit der räumlichen Orientierung zu tun haben, wie z. B. die Perzeption des erdmagnetischen Feldes oder des polarisierten Himmelslichts für den Einsatz von Kompassen, werden in Kapitel 7 dargestellt.

6.1 Adaptive Jugendentwicklung

Viele Jungvögel stehen mit ihren Vorbereitungen für den Wegzug unter erheblichem Zeitdruck. Die Eltern sind häufig, vor allem in Gebieten hoher geographischer Breiten, erst relativ spät aus den Ruhezielen zurückgekehrt, weil die lange ungünstigen Nahrungs- und Wetterbedingungen im Brutgebiet eine frühere Heimkehr nicht ermöglichten, und die nach dem Flüggewerden bis zum Wegzug zur Verfügung stehende Zeit ist oft nur sehr kurz. Bei sehr früh wegziehenden Arten wie dem Sumpfrohrsänger, der Sperbergrasmücke oder dem Karmingimpel beträgt sie nur etwa drei Wochen (Berthold 1988 a). In dieser kurzen Zeit müssen Jungvögel solcher Arten sowohl ihre Jugendentwicklung abschließen als auch ihre Zugdisposition erreichen.

Die meisten frei brütenden (also z. B. in Sträuchern und nicht in Baum- oder Felshöhlen nistenden) Singvögel verlassen ihre Nester so rasch wie möglich, nämlich im Alter von etwa zwei Wochen. Auf diese Weise wird die große Gefahr von Nestverlusten (die bei vielen Singvogelarten be-

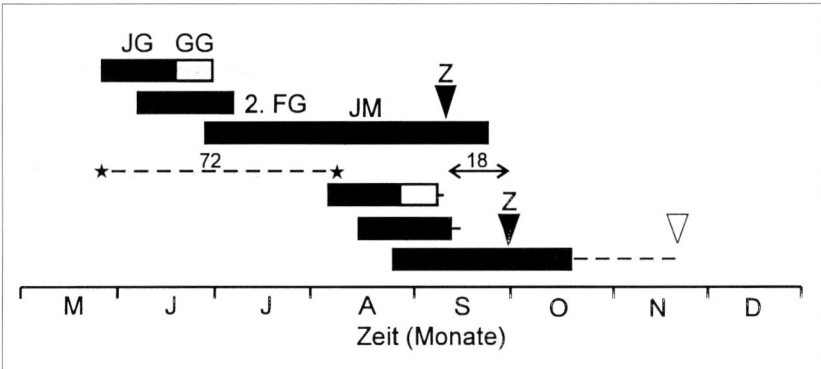

Abb. 29: Die Jugend-
entwicklung von zwei
Gruppen handaufge-
zogener Mönchsgras-
mücken *(Sylvia atrica-
pilla)*, geschlüpft im
Mai (oberer Teil der
Abbildung, mit Be-
schriftung) bzw.
August (unterer Teil,
für den obige Be-
schriftung ebenfalls
gilt). JG: Jugendgefie-
der, GG: Großgefieder
(Flügel- und Schwanz-
federn), 2. FG: zweite
Federgarnitur, JM:
Jugendmauser, Z:
Beginn der Zugakti-
vität, 72 und 18: Zeit-
differenz in den
Schlüpfterminen bzw.
im Beginn der Zug-
aktivität, offenes Drei-
eck: theoretischer Be-
ginn der Zugaktivität
der spät geschlüpften
Vögel ohne Wirkung
eines photoperiodi-
schen „Kalenderef-
fekts" (nach Berthold
et al. 1970).

kanntlich in der Größenordnung von etwa 50% liegt) in der späten Nest-
lingsphase der Jungvögel reduziert, und die früh flügge gewordenen Jungvögel sind zeitig beweglich und können sich bei Gefahr einzeln in
Sicherheit bringen. Dieser Vorteil früher Selbständigkeit geht mit dem
Nachteil einher, dass die Jungvögel bei Verlassen des Nestes noch recht un-
fertig sind. Das Großgefieder (Flügel- und Schwanzfedern) muß noch zu
Ende wachsen, und vor allem taugt das lockere Körpergefieder (Nestlings-,
Jugendgefieder) nur als vorübergehende Bedeckung, das in einer Jugendmauser meist alsbald wieder vollständig gewechselt werden muss. Außerdem sind bislang viele nackt gebliebene Körperstellen mit weiteren Feder-
garnituren zu bedecken (Berthold et al. 1970). Um dies alles schaffen zu
können, machen Zugvögel im Vergleich zu Standvögeln, aber auch ausgeprägte, früh wandernde Arten im Vergleich zu weniger ausgeprägt und
spät wandernden oder nur teilziehenden Formen und sogar spät in der
Brutperiode geschlüpfte Individuen im Verhältnis zu früh in der Brutzeit
geschlüpften Artgenossen eine rasche Jugendentwicklung durch, die
bereits im Ei beschleunigt anlaufen kann (Berthold 1988a). Die Abbildungen 29–31 zeigen drei Beispiele dafür. Vergleicht man die Jugendentwicklung von im Mai und im August geschlüpften süddeutschen Mönchsgrasmücken, so zeigt sich Folgendes: Die spät geschlüpften Individuen beschleunigen ihre gesamte Jugendentwicklung durch kürzere Dauer und
stärkere Verschachtelung einzelner Prozesse, vor allem durch eine stark
verkürzte Jugendmauser, so dass sie in wesentlich früherem Alter zugbe-
reit sind als ihre früher geschlüpften Artgenossen (Abb. 29). Bewirkt wird
diese Beschleunigung später geschlüpfter Vögel durch die Photoperiodizität, genauer gesagt, durch die im Spätsommer und Herbst abnehmende Tageslichtdauer (Kurztag-, „Kalendereffekt"). Vergleicht man innerhalb
einer Gruppe nah verwandter Arten wie z. B. der Grasmücken die Dauer
der Jugendmauser, so zeigt sich eine abnehmende Zeitspanne mit zunehmend ausgeprägtem Zugverhalten und umgekehrt (Berthold 1988a).
Untersucht man die Jugendmauser im Detail (Abb. 30), so wird sichtbar,
dass früh wegziehende Zugvögel (wie z. B. die Gartengrasmücke) die
Hauptintensität der Jugendmauser mehr zu Beginn der Mauserperiode

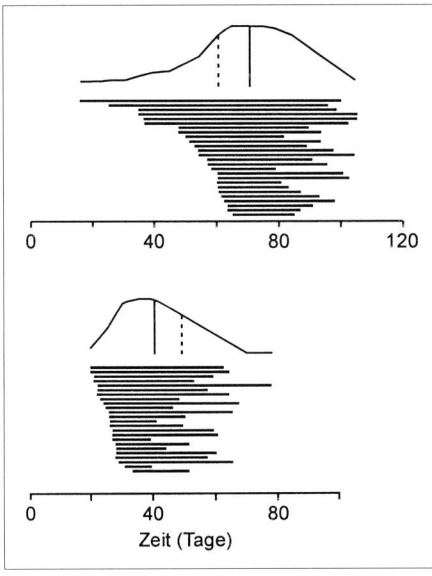

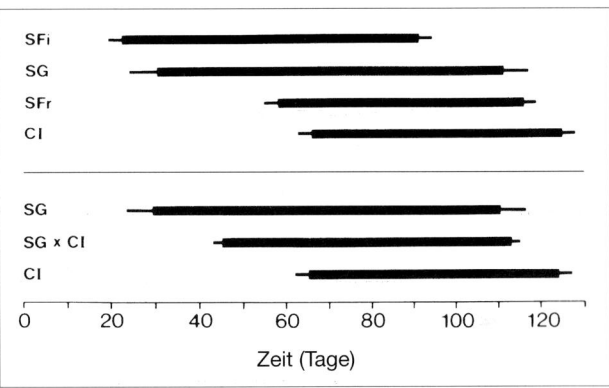

Abb. 31: Zeitlicher Verlauf der Jugendmauser von handaufgezogenen Vögeln der Mönchsgrasmücke *(Sylvia atricapilla)*, oben von vier verschiedenen Populationen, unten von zwei dieser Populationen und deren Hybriden. SFi: Südfinnland, SG: Süddeutschland, SFr: Südfrankreich, CI: Afrika, Kanarische Inseln (nach Berthold u. Querner 1982 c).

Abb. 30: Vergleichende Darstellung des Ablaufs der Jugendmauser von handaufgezogenen Garten- (unten) und Mönchsgrasmücken (oben, *Sylvia borin* und *S. atricapilla*) unter natürlicher Tageslichtdauer. Balken: Verlauf der Mauser in 24 bzw. 26 einzelnen Gefiederpartien, Kurve: kumulative Darstellung gleichzeitig mausernder Gefiederpartien, gestrichelt: Mitte der Mauserperiode, durchgezogen: Median der Kumulation (nach Berthold et al. 1970).

erreichen als später wegziehende Arten (wie z. B. die Mönchsgrasmücke). Dadurch wird es früh ziehenden Arten möglich, schon deutlich vor Beendigung der Jugendmauser Zugdisposition zu erlangen, vor allem Fettdepots anzulegen (6.2 u. 6.3).

Für einige Arten (Mönchsgrasmücke, Abb. 31, Schwarzkehlchen *Saxicola torquata*, Gwinner u. Neusser 1985, Rotschwänze, Berthold et al. 1996) ist nachgewiesen, dass Unterschiede in der Zeitdauer und im Intensitätsverlauf der Jugendmauser genetisch determiniert sind. Kreuzt man Vögel aus Populationen unterschiedlichen Zugverhaltens, verhalten sich die Hybriden intermediär (Abb. 31). Für Gartengrasmücken ist durch Aufzuchtversuche in Lichtbedingungen, wie sie verschiedene Populationen erfahren, wahrscheinlich gemacht worden, dass die gesamte Jugendentwicklung unmittelbarer genetischer Kontrolle unterliegt (Berthold 1988 a, 1990 b).

Die Jugendentwicklung von Zugvögeln kann somit an die jeweiligen Erfordernisse des spezifischen Zugverhaltens erblich angepasst werden, in erster Linie durch frühzeitigen und vergleichsweise beschleunigten Ablauf, der den Zugvögeln erlaubt, relativ schnell Zugdisposition zu erlangen und wegzuziehen.

6.2 Hyperphagie

Wer junge ausgeprägte Zugvögel im Käfig hält, wird mit dem Abklingen der Jugendentwicklung, aber meist noch ehe die Wegzugperiode beginnt, feststellen, dass die Vögel plötzlich spontan erheblich mehr Nahrung aufnehmen. In der nun beginnenden Zeit der Hyperphagie, also der

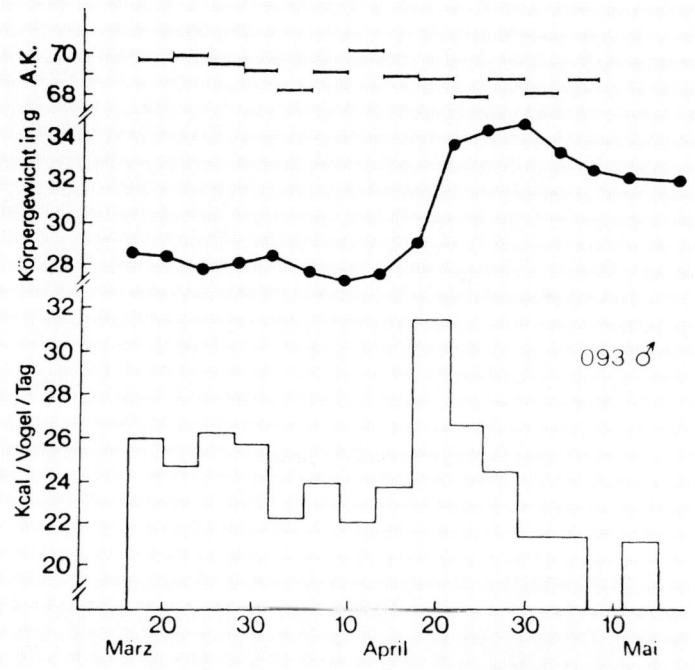

093 ♂

Abb. 32a, oben: Energieaufnahme und Körpergewicht einer gekäfigten Dachsammer *(Zonotrichia leucophrys)* unter natürlichen Lichtbedingungen vor und zu
Beginn der Heimzugperiode. A.K.: Ausnutzungskoeffizient der Nahrung in %
(nach King 1961); b, unten: Zwei Gartengrasmücken *(Sylvia borin)*, oben vor der
Zugzeit, unten in der Zugzeit mit großen Fettdepots.

verstärkten Nahrungsaufnahme, werden Energiereserven für den nahenden Wegzug angelegt.

Die Hyperphagie ist an einer Reihe von Arten unter kontrollierten Laboratoriumsbedingungen näher untersucht worden. Dabei zeigt sich, dass Körnerfresser wie die Dachsammer *(Zonotrichia leucophrys)* oder der Bobolink *(Dolichonyx oryzivorus)* und Insektenfresser wie die Gartengrasmücke während dieser Zeit etwa die gleiche Steigerung der Energieaufnahme zeigen. Sie variiert von etwa 10–40 % und liegt bei den meisten Arten im Mittel bei etwa 25–30 %, im Maximum bei 300 % (Abb. 32a, King u. Farner 1965, Bairlein 1990 a, Berthold 1996). Viele Kleinvogelarten nehmen wahrscheinlich während der Hyperphagie zeitweise so viel Nahrung auf, wie sie verdauen und umsetzen können und erreichen dabei die höchste Stoffwechselrate im Jahresverlauf (Lindström u. Kvist 1995). Die Hyperphagie ist die wichtigste Grundlage der migratorischen Fettdeposition (nächster Abschnitt), die allerdings durch eine Reihe anderer Faktoren unterstützt werden kann (6.3–6.5).

6.3 Fettdeposition

Das Hauptmerkmal der Zugdisposition und das Ergebnis der im vorangehenden Abschnitt besprochenen Hyperphagie ist, vor allem bei ausgeprägten Zugvögeln, die Bildung umfangreicher Fettdepots (Blem 1990, Abb. 32b). Dieses Fettwerden zur Zugzeit ist (wie die Hyperphagie) Vogelhaltern seit Jahrhunderten bekannt. Es wird bei gekäfigten Vögeln nicht selten bis in unsere Tage als pathologische Verfettung angesehen. Inzwischen ist jedoch zweifelsfrei erwiesen: Zugvögel unterliegen regelmäßig einem periodischen Fett- und Magerwerden, das vielfach durch endogene Körperrhythmen gesteuert wird (6.12–6.21, Abb. 38). Für Rotschwänze ließ sich inzwischen zeigen, dass der Umfang und das zeitliche Muster der Fettdeposition zur Zugzeit genetisch determiniert sind (Berthold et al. 1996). Aus zahlreichen Feldstudien ist klar geworden, dass Fettdeposition auch bei frei lebenden Zugvögeln etwa in demselben Umfang wie bei gekäfigten Artgenossen auftritt, und die nach einem endogenen Energieprogramm angelegten Fettdepots sind der wesentliche „Treibstoffvorrat" für die Wanderung.

Dass Depotfettbildung aufs Engste mit dem Zugverhalten verknüpft ist, zeigen eine ganze Reihe von Beobachtungen. So legen z. B. wandernde Formen der verschiedensten Tiergruppen wie Insekten, Fische, Vögel und Säugetiere generell Fettdepots für ihre Wanderungen an. Bei Vögeln werden selbst intratropische Zieher und nomadisierende Arten zu den Zugzeiten fett (5.5). Standvögel hingegen legen entweder gar keine Fettdepots an und wenn, dann zu ganz anderen Zeiten als Zugvögel, z. B. im Winter oder zur Brutzeit (in der Zugvögel zusätzlich fett werden können). Auch das periodische Fettwerden unserer Hausgänse und die Möglichkeit zu erfolgreicher Mast im Herbst gehen wohl noch auf die Zugdisposition der ziehenden Graugansvorfahren *(Anser anser)* zurück (Berthold 1971).

Es ist nicht verwunderlich, dass gerade Fett für Wanderungen eine dominierende Rolle als Energieträger spielt. Fett ist im gesamten Tier- und Pflanzenreich bei weitem der energiereichste speicherbare Stoff, der etwa doppelt so viel Energie liefert wie Kohlehydrate oder Proteine (6.7). Fett lässt sich bei Vögeln zudem „trocken", ohne den zusätzlichen Einbau von Wasser (und auch ohne zusätzliche belastende Trägerproteine) in die Fettzellen einlagern (Tankprinzip), seine Oxidation zur Energieproduktion ist sparsam in Bezug auf den Verbrauch an Glukose und Muskelprotein, und sie führt zur Produktion von Energie, Kohlendioxid und Wasser, ohne dass lästige Stoffwechselschlacken entstehen (6.4 u. Ramenofsky 1990). Weiterhin können die meisten Körpergewebe Fett verbrennen, und Muskelfasern, die Fett oxidieren, ermüden relativ langsam. Damit ist Fett der optimale „Treibstoff" für wandernde Vögel und für ziehende Tierarten allgemein, während seine Isolationswirkung gegen Kälte bei wandernden Tieren gering ist (Berthold 1996). Fettdepots in und unter der Haut können jedoch die Mechanik der Federstellungen und damit die Thermoregulation beeinflussen – interessante Aspekte, die bisher kaum untersucht wurden (Homberger u. Silva 1998).

Die Fettdepots für den Zug werden nahezu im ganzen Körper der Vögel angelegt. Ein Großteil, bei manchen Arten etwa die Hälfte des Fettes, wird subkutan im Fettgewebe der Haut und des Bindegewebes gespeichert. Das geschieht in 15–16 eigens dafür morphologisch differenzierten Fettkörpern. Die wichtigsten davon liegen im Gebiet des Schlüssel- und Rabenschnabelbeins, an den Körperseiten und in der Bauch-, Becken- und Bürzelregion. Diese subkutanen Fettspeicher können sich so stark ausdehnen, dass höchstens noch der zentrale Teil des Brustmuskels frei bleibt und die Vögel wie in ein „Speckhemd" gekleidet aussehen (Abb. 32b). Der andere Großteil der Fettdepots wird vor allem in der Bauchhöhle, in der Leber und im großen und kleinen Brustmuskel angelegt, nicht jedoch im Herzmuskel. Bei der Dachsammer z. B. steigt der Fettgehalt der Leber zur Zugzeit fast auf das Doppelte, im großen Brustmuskel um die Hälfte. Fettspeicherung im Brustmuskel hält Energievorräte im „Verbrennungsmotor" bereit. Die Mechanik der Fettdeposition, d. h. inwieweit die Anlage von Fettdepots bei Zugvögeln auch die Stabilisierung des Körpers in der Luft und die Transportgeschwindigkeit der verschiedenen Fettsäuren berücksichtigt, ist bisher kaum untersucht worden (Berthold 1996).

Das Depotfett der Vögel unterscheidet sich nicht prinzipiell, wenn es für den Zug, für die Brutzeit oder für den Winter gespeichert wird. Es ist bereits bei Zimmertemperatur von weicher Konsistenz, besteht etwa zur Hälfte oder zu zwei Dritteln aus ungesättigten C_{16}- und C_{18}-Fettsäuren, vor allem Öl-, Linolen- und Palmitinsäure, und wird (zu 80% oder mehr) in Form von Triglyceriden gespeichert. Häufige Unterschiede in der Zusammensetzung sind eher artlich bedingt oder durch verschiedenartige Nahrungsaufnahme verursacht, als dass sie auf Unterschiede im Zugverhalten, verschiedene Zugphasen oder dergleichen ausgerichtet wären (Berthold 1996). Es gibt Hinweise darauf, dass das Fett zur Zugzeit mehr ungesättigte Fettsäuren enthält und damit leichter mobilisierbar ist als zur Brutzeit (Conway et al. 1994). Braunes Fett – die Hauptwärmequelle winterschlafender Säugetiere – wird von Vögeln nicht gebildet.

Fettdepots werden in der Regel während des Zugs nur teilweise aufgebraucht und durch adaptive Hyperphagie immer wieder aufgefüllt. Das ist in Rastperioden oft erst nach 1–2 Tagen möglich, wenn der Verdauungstrakt wieder voll funktionsfähig ist (6.6). Die Größe der Fettdepots unterliegt wohl bei vielen Arten einer jahreszeitlichen Sollwertprogrammierung (6.7, 6.17 u. 6.21), und an ihrem Aufbau können kurzzeitige Oszillationen des Körpergewichts beteiligt sein, deren Bedeutung noch unklar ist (Bairlein 1986).

Bei vielen Arten ist der Zugbeginn (zumindest des ersten Wegzugs) mit einem bestimmten Umfang an Fettdeposition mehr oder weniger gekoppelt. Aber Zugvögel können auch bei verhinderter Fettdeposition Zugaktivität entwickeln, und während des Zugs können komplizierte Zusammenhänge zwischen Depotfettmenge und Zugverhalten je nach Verfügbarkeit von Nahrung entstehen (6.9 u. 6.14).

6.4 Stoffwechselanpassungen, Fettbildung, Fettverwertung

Es zeichnet sich seit langem ab, dass Zugvögel zur Zugzeit durch spezifische Stoffwechselvorgänge und spezielle Stoffwechselanpassungen charakterisiert sind. Moderne Methoden ermöglichten in den letzten Jahrzehnten zunehmend genauere Einblicke, deren wesentliche Ergebnisse hier kurz zusammengefasst werden.

Da der Zugvogel im Allgemeinen für seine Wanderungen mehr oder weniger große Fettdepots aufbaut (6.7), ist sein Organismus zur Zugzeit extrem auf Fettstoffwechsel eingestellt. In der Zeit der Depotfettbildung werden einmal die Kohlehydratreserven im Vogelkörper meist sehr stark abgebaut (6.6) und Fett wird der dominierende Energieträger. Fette werden in unterschiedlichem Umfang mit der Nahrung aufgenommen (essentielle Fettsäuren sind dabei auch für den Vogel lebensnotwendig), und sie werden in der üblichen Weise als Lipoproteine zu den Fettdepots transportiert. Große Teile des Depotfetts werden jedoch regelmäßig aus Kohlehydraten synthetisiert. Die normale Lipogenese (Neubildung von langkettigen, ungesättigten Fettsäuren aus Acetyl-CoA, das aus nichtlipiden Quellen wie Laktat, Alanin oder Glukose stammt) geht in Hyperlipogenese über, deren Hauptort die Leber ist. Besonders nach einer Hungerperiode kann diese Hyperlipogenese enorm ansteigen. Von der Leber aus werden die synthetisierten Fettsäuren ebenfalls als Lipoproteine transportiert, die vor der trockenen Speicherung des Fettes hydrolisiert werden.

Fettaufnahme, -transport und Lipogenese können zusammen so effektiv sein, dass Zugvögel in der Lage sind, pro Tag Fettdepots von nahezu 10% ihres fettfreien Körpergewichts zu bilden, die bei Gänsen bis etwa 20 g betragen können. Maximale Fettdepots (6.7) können daher, besonders bei Arten mit hohem Grundumsatz, unter günstigen Umständen in etwa zwei Wochen erreicht werden. Alerstam und Lindström (1990) geben für Kleinvögel eine tägliche Fettdepositionsrate von 2,4% (Medianwert für 31 Arten) an, für Watvögel von 1,3% (für 27 Arten). Neben weite Strecken ziehenden Kleinvögeln weisen vor allem Watvögel, die transozeanische Nonstopflüge durchführen oder in arktische Brutgebiete wandern, hohe Fettdepositionsraten und maximale Fettdepots auf. Besonders in arktische Brutgebiete ziehenden Arten stehen bei schnellen, langen Zugschüben oft nur wenige ideale Rastplätze zur Verfügung. Ungenügende Fettdeposition in einem Rastgebiet kann die weitere Wanderung und den Bruterfolg beeinträchtigen (Dominoeffekt, Piersma 1987). Optimale Fettdepositionsmöglichkeiten sind daher z.T. sehr bedeutsam.

Die Zufuhr der Nährstoffe für die Hyperlipogenese erfolgt in der Hyperphagie weniger durch größere Mahlzeiten, sondern vor allem durch eine mehr kontinuierliche Nahrungsaufnahme, für die normalerweise die Tageslänge bei weitem ausreichend ist. Die Lipolyse ist bei Zugvögeln bisher nur wenig untersucht worden, aber Speicherfett dürfte wie bei anderen Vogelarten auch in der nächtlichen Fastenperiode mobilisiert werden.

Die Hauptenergie wird von Zugvögeln in den großen und kleinen Brustmuskeln benötigt, die die Flügel ab und auf bewegen. Bei einer Reihe von Arten kommt es zu einer prämigratorischen Hypertrophie dieser Flugmuskeln (die z.T. mit einer Erhöhung des fettfreien Trockengewichts einhergeht, 6.6), bei anderen Arten fehlt sie, ohne dass sich bislang Regeln dafür finden ließen (Wingfield et al. 1990 u. 6.6). Bei dieser Hypertrophie können nach einer Ruhephase während der Mauser Trainingseffekte eine Rolle spielen (5.11 u. Butler u. Woakes 1990). Die Flugmuskeln vieler Vogelarten, vor allem von Zugvögeln, sind speziell auf die unmittelbare Nutzung von Fettsäuren zum Energiegewinn angepasst. Sie sind reich an Blutgefäßen, an Mitochondrien und Enzymen zur vollständigen Oxidation von Fettsäuren zu Kohlendioxid, Wasser und Energie (β-Oxidation, 5.32), und ihre Effizienz kann sich zur Zugzeit durch morphologische und physiologische Verbesserungen erheblich erhöhen (Berthold 1996).

Zugvögel können die Fettdeposition neben der Hyperphagie durch eine Reihe von Faktoren begünstigen: durch Aufsuchen von Gebieten mit besseren Ernährungsbedingungen (5.21 u. 6.5), Auswahl leichter erreichbarer, energiereicherer oder den Stoffwechsel begünstigender Nahrung (6.5), durch längere tägliche Nahrungsaufnahmeperioden (Berthold 1996) oder das Vermeiden von Überlappungen mit anderen energieverbrauchenden Vorgängen (6.23) sowie durch eine Reihe von Sparmaßnahmen wie verminderter Bewegungsaktivität (6.11) oder Aufenthalt in warmen Gebieten mit günstiger Thermoregulation, bei Kolibris auch durch energiesparende Torpidität. Bisweilen mögen auch ein etwas reduzierter (oder in Verbindung mit Hyperphagie gesteigerter) Grundumsatz oder eine verbesserte Nahrungsausnützung eine Rolle spielen (Berthold 1996).

Zugvögel, die in arktische Brutgebiete wandern, haben einen besonders hohen Grundumsatz, wodurch hohe Nahrungsaufnahme und -verwertung und die besonders schnelle und starke Depotfettbildung in präarktischen Rastgebieten begünstigt wird. Bei Ziehern, die in die Arktis wandern, sind Reservestoffe nicht nur für die langen Wanderungen, sondern oft auch für die Eiablage und den Bruterfolg entscheidend. Brutausfall infolge schlechter Kondition kommt bei arktischen Brutvögeln häufig vor (Johnson u. Herter 1990).

Inzwischen zeichnen sich durch detaillierte Stoffwechsel- und Gewebeuntersuchungen interessante Zusammenhänge zwischen Zugaktivität, bestimmten Enzymen wie den Lipoproteinlipasen, mehreren Hormonen (6.10), der Lipolyse und dem Fettsäuretransport ab, die jedoch noch weiterer intensiver Studien bedürfen (Ramenofsky 1990). Schließlich sei darauf hingewiesen, dass bei der Fettdeposition wie bei der Ausbildung von Zugunruhe endogene tageszeitliche (circadiane) Programme eine wichtige Rolle spielen (Berthold 1975, Kumar 1988, 6.11).

6.5 Anpassungen in der Ernährung

Zugvögel werden in der Zugdisposition nicht nur hyperphag, um durch vermehrte Nahrungsaufnahme Fettdeposition zu erreichen, sondern sie haben auch in der Nahrungswahl spezifische Anpassungen entwickelt. Am auffallendsten ist der weit verbreitete Verzehr von Früchten und Beeren bei Arten, die sich außerhalb der Zugzeiten zumindest überwiegend animalisch ernähren. Nicht nur Stare z. B. fressen in dieser Zeit gern Kirschen, Weinbeeren usw. oder Grasmücken z. B. Holunderbeeren, sondern auch Kraniche, Enten, Möwen, Limikolen u. v. a. verzehren Beeren und Früchte, Bienenfresser beispielsweise Ölpalmenfrüchte. Auch viele für Säugetiere giftige Früchte werden von Vögeln regelmäßig verzehrt und dank ihrer hohen Toleranz gegenüber Alkaloiden usw. gut vertragen (Berthold 1976 b, 1996, Snow u. Snow 1988).

Dieser weit verbreitete Früchteverzehr hat ökonomische und physiologische Ursachen. In der Zeit der Zugdisposition müssen Zugvögel für die Depotfettbildung vermehrt Energie aufnehmen. In dieser Zeit geht aber z. B. das Insektenangebot bekanntlich vielerorts bereits deutlich zurück, und die in großer Zahl nachts wandernden Arten sollten tagsüber eher teilweise ruhen als vermehrt zur Nahrungssuche aktiv sein. In dieser kritischen Zeit hoher Anforderungen stellen Früchte und Beeren eine hervorragende Nahrung dar. Sie sind vielfach als „leichte Beute" in großen Mengen erreichbar, enthalten meist viele Kohlehydrate, in gewissem

Umfang auch ungesättigte Fettsäuren und bisweilen Verbindungen (sekundäre Pflanzenstoffe), die die Lipogenese begünstigen (6.4). Sie sind zudem meist gut bekömmlich, da sie von den Pflanzen zur Samenverbreitung angeboten werden und dafür nicht nur Lockfarben, sondern auch angenehme Geschmacksstoffe besitzen und – im Gegensatz zu vielen Blättern und Blüten – nicht mit Abwehrstoffen gegen Verzehr ausgestattet sind.

Man hat zunächst angenommen, viele insektivore Zugvögel würden sich in der Zugdisposition vollständig auf Früchtenahrung umstellen, um damit die Fettdeposition zu optimieren. Viele Früchte und Beeren unserer Breiten sind jedoch als ausschließliche Nahrung zu nährstoffarm, vor allem in Bezug auf Fett und Protein, und bei ausschließlicher Fütterung mit diesen Früchten im Versuch würden Vertreter vieler Arten rasch sterben oder zumindest kritisches Untergewicht erreichen. Schon wenige Gramm an animalischer Nahrung können jedoch die Gefährdung beheben (Berthold 1976 b, Bairlein u. Hampe 1998). In südlicheren Breiten wie z. B. im Mittelmeerraum sind die Nährstoffgehalte von Früchten z. T. erheblich höher, und dort wird bisweilen ausschließlicher Früchteverzehr beobachtet (Snow 1971, Herrera u. Jordano 1981, Jordano 1985).

Die Auswahl von Früchten durch Zugvögel hängt im Einzelnen vom Angebot, von Eigenschaften der fruchtenden Pflanzen und der Früchte, von ihrem Reifegrad, der Farbe und auch vom Nährstoffgehalt ab. Früchteverzehr unterliegt ferner einer endogenen Jahresperiodik (6.12–6.21). Zudem können Früchte der Aufnahme sekundärer Pflanzenstoffe und von Wasser dienen, und ihre Auswahl wird möglicherweise auch dadurch bestimmt. Insgesamt sind die Auswahlkriterien sehr vielgestalt, bei weitem nicht geklärt, und einfache Regeln lassen sich zumindest derzeit nicht ableiten. Steht Zugvögeln im Versuch unbegrenzt animalische Nahrung zur Verfügung, wird sie zumindest bei einigen Arten auch in der Zugdisposition durchweg vor Früchten bevorzugt (Berthold 1976 b), und auch im Freiland verzehren viele stark frugivore Arten regelmäßig kleinere oder größere Anteile an animalischer Nahrung (Boddy 1991, Berthold 1996). Andererseits kann zusätzliche Beerennahrung im Versuch die Fettdeposition u. U. steigern (Abb. 33). Auch im Freiland hat man im Mittelmeerraum bei frugivoren Arten etwa doppelt so schnellen Gewichtsanstieg durch Fettdeposition beobachtet wie bei rein insektivoren Arten (Ferns 1975). In vielen Fällen ist im Freiland nicht ersichtlich, dass Zugvögel die energiereichsten oder fettreichsten Früchte bevorzugen, was man aus ökonomischen Gesichtspunkten erwarten sollte (Whelan u. Willson 1994). Vielfach wird jedoch Schwarzer Holunder bevorzugt, der aus noch unbekannten Gründen die Fettdeposition begünstigt. An Gartengrasmücken ließ sich experimentell mit Hilfe halbsynthetischer Nahrung nachweisen, dass die Vögel sehr wohl in der Lage sind, aus isokalorischen Nahrungsangeboten diejenigen mit höherem Fettgehalt auszuwählen (Bairlein 1990 a). Arten wie z. B. Laub- und Rohrsänger, die auch in der Zugzeit praktisch keine Früchte verzehren, bevorzugen z. T. Blattläuse,

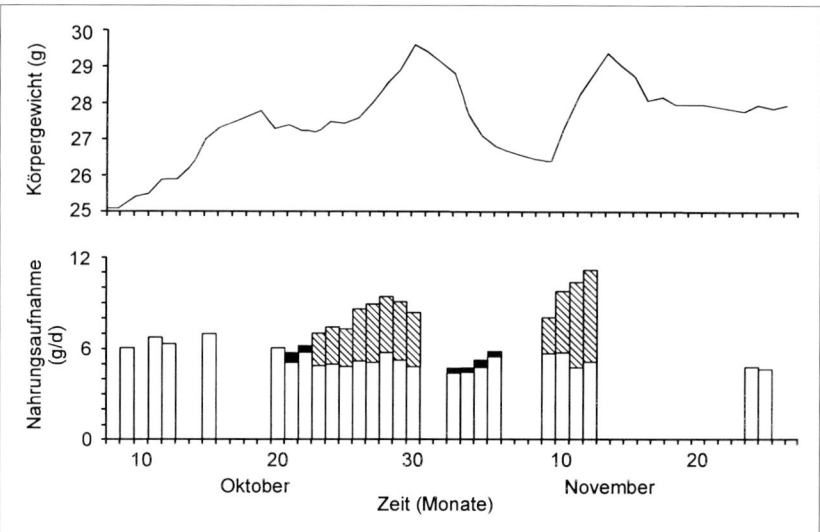

Abb. 33: Körpergewicht (oben) und tägliche Nahrungsaufnahme (unten) von Gartengrasmücken *(Sylvia borin)*.
Weiße Balken: standardisierte Grundnahrung, schraffierte und schwarze Balken: Beeren des Schwarzen bzw. Roten Holunders (nach Bairlein 1990 a).

deren hoher Zuckergehalt wohl die Lipogenese begünstigt und damit eher die Fettbildung als die Fettaufnahme. Kurz zusammengefasst ist festzuhalten: Omnivore Singvögel können in Zeiten, in denen animalische Nahrung knapp ist, oder in Perioden stark erhöhten Nahrungsbedarfs – zum Beispiel während des Zuges, wenn ausreichend tierische Kost nur mit großem Aufwand zu beschaffen wäre – gut existieren und auch hohe physiologische Leistungen vollbringen, wenn neben einem minimalen Anteil an animalischer Nahrung geeignete vegetabilische Kost in großem Umfang zur Verfügung steht (Berthold 1976 b). Deshalb sollten in Rastgebieten für Zugvögel v. a. geeignete beerentragende Sträucher in ausreichendem Maß zur Verfügung stehen und gegebenenfalls angepflanzt werden, damit rastenden, Fettdepots aufbauenden Vögeln die hilfreiche Früchtenahrung als leichte Beute praktisch „in den Schnabel wächst" (Berthold 1976 b). Boddy (1991) hat für die Mönchsgrasmücke ein eindrucksvolles Beispiel gegeben. Wenn ihr neben kleinen Mengen an Insekten unbegrenzt Beeren des Schwarzen Holunders zur Verfügung stehen, kann sie in weniger als 10% der täglich für Nahrungsaufnahme zur Verfügung stehenden Zeit aus etwa 400 Beeren 75–90% des täglichen Energiebedarfs decken.

Schon diese wenigen Beispiele zeigen, dass die hochinteressanten Anpassungen von Zugvögeln in der Ernährung noch vieler Untersuchungen bedürfen. Abschließend sei darauf hingewiesen, dass Früchte verzehrende Arten deren Samen verbreiten, auch über große Entfernungen, und somit Zugvögel ihre bevorzugten Beerenträger in gewissem Umfang selbst „anpflanzen" können, oder dass die Darmpassage die Keim- und Wachstumsfähigkeit mancher Samen erhöht (Paulsen 1998), woraus sich vielfältige Beziehungen in der Koevolution von Zugvögeln und fruchtenden Pflanzen ergeben, die erst z. T. geklärt sind (Snow u. Snow 1988, Bairlein u. Hampe 1998). Um pflanzliche Nahrung optimal ausnutzen zu können, kann sich bei saisonal vegetarischen Arten der Magen-Darm-Trakt entsprechend umbilden, was auch erst ansatzweise untersucht wurde (Berthold 1996).

6.6 Änderungen der Körperzusammensetzung zur Zugzeit

Manche Zugvogelarten wie der Schwarzhalstaucher *(Podiceps nigricollis)* ändern ihre Körperzusammensetzung durch Atrophie und Hypertrophie bis zu sechsmal im Jahr (Jehl 1997). Um derartige Veränderungen zu analysieren, haben Zugphysiologen vielfach aus Zugvögeln das Depotfett extrahiert, meist zur quantitativen Bestimmung und bisweilen auch zur qualitativen Analyse seiner Zusammensetzung. Dabei werden häufig auch der Wassergehalt und das fettfreie Trockengewicht des Körpers sowie dessen Zusammensetzung näher bestimmt. Auf diese Weise sind systematische Änderungen der Körperzusammensetzung in der Zugdisposition und während des Zuges bekannt geworden, für die sich eine Reihe von Regeln abzuzeichnen beginnen.

Wie schon gezeigt, steigt im zugdisponierten Vogel vielfach der Fettgehalt stark an. So notwendig die Energiereserve in Form von Fett für Zugvögel ist, so belastet sie dennoch die wandernden Individuen. Es ist daher nicht verwunderlich, dass in der Zugdisposition häufig die Kohlehydratreserven stark reduziert werden, zumal sie in erheblichem Umfang für die Lipogenese verwendet werden. Der Glykogengehalt der Leber z. B. fällt häufig auf weniger als drei Gewichtsprozent ab. Bei einer Reihe von Arten hat man zu dieser Zeit auch eine Abnahme des Proteingehaltes beobachtet, die zu einer weiteren Verringerung des fettfreien Trockengewichts führen kann. Außerdem kommt es häufig mit Abschluss der prämigratorischen Mauser und während der Zugzeit zu einer Reduktion des Wassergehalts, der vor der Zugzeit bei etwa 70% (bezogen auf fettfreies Körpergewicht) liegt und in der Zugzeit auf rund 60% abfallen kann (Child u. Marshall 1970, Kaiser 1989 u. 6.8). All diese Vorgänge kann man dahingehend interpretieren, dass der Zugvogel in der Zugdisposition so viel wie möglich Ballast abwirft, um während seiner Wanderung den Energieaufwand für den Flug so gering wie möglich halten zu können (Ballastreduktionshypothese). Allerdings sind die Veränderungen der Körperzusammensetzung bei Zugvögeln bei weitem nicht so einheitlich, als dass man generell von einer adaptiven Ballastreduktion sprechen könnte (Biebach 1990). Bei einer ganzen Reihe von Arten wie dem Rosenstar, der Schafstelze *(Motacilla flava)* oder der ziehenden Rasse *bactrianus* des Haussperlings hat man ein Ansteigen der Glykogenreserven in der Zugzeit beobachtet, und bei der Dachsammer sind die Glykogenvorräte während der Wegzugperiode höher als während des Heimzugs (Berthold 1971). Relativ hohe Glykogenwerte in der Zugdisposition des Wegzugs könnten mit der z. T. bis weit in die Zugzeit hinein andauernden Mauser zu tun haben oder auch mit der Zuggeschwindigkeit. Der Wegzug erstreckt sich bei vielen Arten über sehr lange Zeit (5.25), unterwegs werden viele Rastperioden eingelegt, und für die dabei zu leistende Nahrungssuchaktivität wird wohl eher Glykogen als Energieträger verwendet (wie normalerweise für die Mauser und für Aktivitäten außerhalb der Zugzeiten). Für Tauben und Kolibris ist nachgewiesen, dass sie für lange Flüge (Kolibris während des Zuges) Fett verbrennen, für kurze Flüge Kohlehydrate (Nachtigall 1995, Beuchat u. Chong 1997).

Ähnlich kompliziert wie bei den Kohlehydraten sind die Verhältnisse bei den Proteinen. Bei einigen Arten geht die Körpergewichtszunahme zur Zugzeit zumindest nach bisheriger Kenntnis nur auf Fettanlagerung zurück. Die meisten in letzter Zeit gründlich untersuchten Arten zeigen jedoch sowohl Fett- als auch Proteinzunahme, wobei der Proteinanstieg 2–60% betrug, bei größeren Arten relativ höher zu sein schien und bei Kolibris der Fettdeposition voranging (Berthold 1996). Ein Teil der Proteinzunahme erklärt sich durch die häufig starke Hypertrophie der Brustmuskeln zur Zugzeit (5.32 u. 6.4) sowie durch leichte Gewichtszunahme von Herz und Lunge, die bei einigen Arten beobachtet wurde (z. B. Naumanndrossel *Turdus naumanni*, Kuroda 1964). Daneben werden aber erhebliche Proteinmengen in anderen Körperbereichen angereichert (in Zellen verschiedener Gewebe, Mitochondrien usw., Berthold 1996). Diese Proteinreserven dienen offenbar v. a. Stoffwechselvorgängen, insbesondere dem Fettabbau während des Zuges. Beim Fettabbau- und -verbrauch, bei dem z. B. Fettsäuren in Lipoproteine rückgeführt werden und eine Reihe von Enzymsystemen in Funktion gehalten werden müssen (6.4 u. Berthold 1996), gehen schätzungsweise 5–7% des Energieumsatzes auf Kosten von Proteinen (Jenni 1996). Für eine Reihe von Arten ist inzwischen gezeigt, dass sie während großer Zugetappen (oder entsprechenden Fastenperioden im Versuch) ihren Verdauungstrakt sowie die Leber und einige andere Organe etwa um die Hälfte verkleinern (Hume u. Biebach 1996, Karasov u. Pinshow 1998, Piersma u. Gill 1998). Ob der damit verbundene Proteinabbau eher ein Stoffwechselerfordernis oder eine Ballastreduktion darstellt, ist vorläufig offen. Die verkleinerten Organe werden später im Ruheziel, die Verdauungsorgane auch schon in Rastgebieten wieder aufgebaut. Das macht verständlich, dass auf dem Zug rastende Vögel häufig erst nach 1–2 Tagen wieder Fettdepots aufbauen können und auch bei überwiegendem Früchteverzehr oft einen gewissen Anteil an tierischer proteinreicher Nahrung aufnehmen (6.5, Berthold 1996).

Werden die Fettdepots bei extremen Bedingungen aufgezehrt und ist erneute Depotfettbildung nicht möglich, werden z. T. auch Proteinreserven für den weiteren Zug abgebaut, und Zugvögel können dann extrem abmagern (Berthold et al. 1990). Derartige Proteolyse kann schon bei kurzfristigem Hungern einsetzen (Swain 1988). Kaiser (1989) hat die Körperzusammensetzung von einer Reihe von durchziehenden Kleinvogelarten in einem süddeutschen Rastgebiet eingehend untersucht. Er stellte durchweg Fettzunahme und in keinem Fall Fettabnahme fest, aber variable Verhältnisse in Bezug auf die Ab- und Zunahme von Wasser und des fettfreien Trockengewichts. Er kommt wie andere Untersucher zu dem Schluss, dass die Komponenten, die neben dem Fett das Körpergewicht in der Zugzeit verändern, noch eingehender Untersuchung bedürfen, bevor sich Regeln klar formulieren lassen.

6.7 Fettdepots und Zugverhalten, Energieverbrauch und Zugleistung

Die Fettdepots, die von Zugvögeln angelegt werden, zeigen Beziehungen vor allem zur Zugstrecke, die zurückgelegt werden muss, zu den beiden Zugzeiten (Weg- und Heimzug) und ihren unterschiedlichen ökologischen Bedingungen, zu den einzelnen Abschnitten der Zugperioden sowie zu Körpergröße und systematischer Zugehörigkeit der Zugvögel. Für diese Beziehungen lassen sich einige zumindest grobe Regeln aufstellen (Berthold 1971, 1975, 1996).

Nicht ziehende oder nicht zugdisponierte Kleinvögel haben einen Fettgehalt von nur etwa 3–5 % ihres Lebendgewichts. Langstreckenzieher unter den Kleinvögeln legen für die Zugzeiten regelmäßig Fettdepots in der Größenordnung von 30–50 % des fettfreien Lebendgewichts (oder von 60–100 % des fettfreien Ausgangsgewichts) an, d. h., es kommt durch die Fettdeposition nicht selten zu einer Verdoppelung ihres Körpergewichts, z. T. sogar etwas darüber (maximal bis 55–65 %, bei z. T. kurzfristiger Flugunfähigkeit). Bei Kurz- und Mittelstreckenziehern hingegen sowie bei Zugvögeln mit überwiegendem Gleitflug betragen die durchschnittlichen Fettdepots nur etwa 10–25 % des Körpergewichts.

Bei vielen Arten und Populationen findet man in der Depotfettmenge zwischen Weg- und Heimzug keine Unterschiede, bei anderen sind sie erheblich. Bei einer ganzen Reihe von Arten wie z. B. amerikanischen Ammern, Rotkehlchen und Buchfinken können die Fettdepots in der Heimzugperiode deutlich höher sein als während des Wegzugs. Verschiedene Anpassungen sind denkbar: Der Heimzug verläuft im Allgemeinen schneller und bei Kurz- und Mittelstreckenziehern oft in relativ schlechteren Klima- und Ernährungsbedingungen. Größere Fettdepots könnten hier Anpassungen sein an höhere Fluggeschwindigkeiten (s. u.), weniger Rastmöglichkeiten sowie geringeres Nahrungsangebot („adaptives optimales Überladen" mit Fettreserven, Berthold 1996). Ein Teil dieser größeren Fettdepots dürfte auch als Reserve im Brutgebiet dienen, besonders in Verbindung mit erhöhter Thermogenesekapazität (Swanson 1995). Beim Sandstrandläufer *(Calidris pusilla)* wiesen Individuen mit großen Fettdepots in der Heimzugperiode eine relativ hohe Rückkehrrate im Brutgebiet auf (Pfister et al. 1998).

Die Erklärungsmöglichkeiten für hohe Fettdepots bei der Ankunft im Brutgebiet wurden von Sandberg und Moore (1996 a) in vier (nicht völlig getrennten) Hypothesen zusammengefasst: Fettvorräte (und sicher auch gleichzeitig vorhandene Proteinreserven, 6.6) könnten 1. die Bildung von Fortpflanzungszellen begünstigen (Brutleistungshypothese), 2. verhindern, dass Rückkehrer im Hinblick auf die Brutperiode in Zeitzwang geraten (Zeitzwanghypothese), 3. Ankömmlinge in ungünstigen (z.B. nachwinterlichen) Bedingungen begünstigen (Sicherheitshypothese) und 4. ermöglichen, dass Rückkehrer gezielt spezifische, für die Brutperiode erforderliche Nährstoffe aufnehmen können (Nahrungsumstellungshypothese). Insbesondere bei Vögeln, die in arktischen Gebieten brüten wie Gänsen, Limikolen, aber auch Kleinvögeln, hängen offenbar die optimale Eibildung und damit die Überlebenschancen der Jungen vielfach von den Fett- und Proteinreserven ab, die die Vögel ins Brutgebiet mitbringen (Berthold 1996). Auch beim Weißstorch dürften im Winterquartier angelegte Proteinreserven (früher v.a. durch Heuschreckenverzehr) den Bruterfolg beeinflussen (9.2). Das zur Eiproduktion benötigte Kalzium kann unter ungünstigen Bedingungen ebenfalls aus dem Körper bezogen werden. Knutts können wohl dafür fast 50% des Kalziumgehalts ihres Skeletts abbauen, der zuvor während der Zugzeit erhöht wird (Piersma et al. 1996).

Bei manchen Limikolenarten übertreffen die Depotfettmengen des Wegzugs die des Heimzugs, was möglicherweise eine Anpassung an unterschiedlich lange Zugwege darstellt (Schleifenzug, 5.19 u. McNeil 1969).

Bei manchen Arten weisen Alt- und Jungvögel und wohl auch Männchen und Weibchen unterschiedliche Fettdepots auf. Bei ihnen liegen offenbar spezielle Anpassungen an verschiedene Zuggeschwindigkeiten oder im Hinblick auf sichere Energieversorgung während des Zugs vor (Alerstam u. Lindström 1990, Berthold 1996 u. 5.32).

Bei vielen Zugvogelarten, vor allem Langstreckenziehern, unterliegt der Zugablauf dynamischen, programmierten Veränderungen. Er beginnt langsam, steigert sich mehr oder weniger kontinuierlich, erreicht seinen Höhepunkt beim Überwinden von Barrieren und klingt wieder ab. Derartige Zugabläufe werden von entsprechenden Mustern der Depotfettmenge begleitet (Abb. 34). Als Regel gilt, dass Langstreckenzieher ihre maximale Depotfettmenge dann erreichen, wenn sie große Barrieren zu queren und möglicherweise lange Nonstopflüge zu leisten haben. Hohe Depotfettmengen zu dieser Zeit stellen Sicherheitsreserven dar und erhöhen zudem die Fluggeschwindigkeit (5.30). Sie bedeuten aber auch erheblichen Ballast, der die maximale Reichweite um mehr als die Hälfte reduzieren kann (Mead 1983). Der Beginn der Fettdeposition kann stark variieren. Manche Arten und Populationen legen bis zum Zugbeginn kaum oder keine Fettdepots an, andere geringere und wieder andere bereits große, je nach Zugablauf und Ausgangssituation. Ob geringe Fettdeposition zu Beginn der Zugzeit der Vermeidung von unnötigem Ballast dient oder eher eine physiologische Konsequenz ist (6.23), ist offen.

Auffallend ist, dass größere und große Zugvogelarten nur relativ gerin-

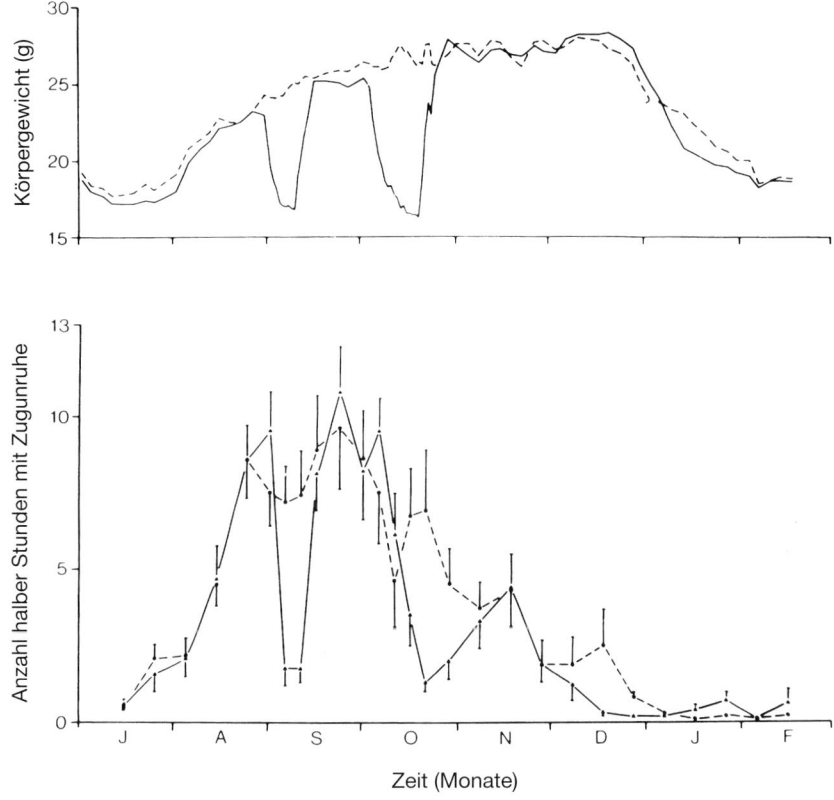

Abb. 34: Änderungen des Körpergewichts (oben) und Entwicklung der Zugunruhe bei Gartengrasmücken *(Sylvia borin)* während der Wegzugperiode. Ausgezogene Linien: Daten einer Versuchsgruppe mit zweimaliger Reduktion des Körpergewichts durch nährstoffarme Nahrung, gestrichelt: Daten einer Kontrollgruppe (aus Berthold 1976c).

ge Fettdepots für den Zug bilden. Nach den Berechnungen von Penny-cuick (1969) können nur Vögel mit einem fettfreien Körpergewicht bis etwa 750 g ihr Gewicht durch Fettdepots verdoppeln, ohne dass sie zu schwer werden, um noch mit maximaler Reichweitengeschwindigkeit (5.30) fliegen zu können. Bei sehr großen Zugvögeln wie Kranichen, Störchen, Schwänen usw. würde die Flugfähigkeit durch größere Fettdepots z.T. stark beschränkt werden oder gar verloren gehen (bei den rezenten Vogelarten reicht die Flugfähigkeit für mehrstündigen Dauerflug bis etwa 12 kg Lebendgewicht, für kürzere Flüge bis etwa 20 kg). Andererseits steigt die Flugeffizienz von kleineren Vogelarten zu größeren an, so dass Vögel von Taubengröße entsprechende Langstrecken- oder Nonstopflugleistungen wie Kleinvögel ungefähr mit der halben proportionalen Fettmenge bewältigen können (Schaefer 1968). Bedingt durch einen höheren Muskelwirkungsgrad (6.8) sind die Transportkosten pro Gramm Körpergewicht bei größeren Arten wie Limikolen um etwa 60% geringer als bei kleinen Singvögeln (Rayner 1990). Größere Limikolen wie Brachvögel, große Regenpfeifer, Schnepfen usw. legen daher z.T. nur maximale Fettdepots von etwa 20% des fettfreien Körpergewichts an, und zwar auch dann, wenn sie Tausende von Kilometern im Nonstopflug bewältigen müssen (5.24); z.T. sind ihre Fettreserven jedoch aus verschiedenen

Gründen wesentlich höher (Alerstam u. Lindström 1990). Bei lange Strecken ziehenden Gänsen betragen die Zugfettdepots etwa 30%, bei Greifvögeln, die im Gleitflug wandern (5.30), z.T. nur etwa 5% des Körpergewichts (Gorney u. Yom-Tov 1994). Weitere Aspekte über adaptive Fettdeposition in Bezug auf optimalen Zugablauf werden in Kapitel 12 angesprochen.

Mit den bisher verfügbaren Methoden ist es unmöglich, ziehende Vogelindividuen auf den Etappen ihrer Wanderungen zu verfolgen und dabei direkte Messungen ihres Energieverbrauchs vorzunehmen (4.5). Physiologen bedienen sich zahlreicher indirekter Methoden, die zu interessanten Ergebnissen über die Flugleistungen von Zugvögeln führen und sie immer verständlicher machen.

Angaben über den Verbrauch von Fett (als dem dominierenden Energielieferanten während des Zugs, 6.3 u. 6.4) liefern z.B. Vergleiche von Gewicht und Fettgehalt von Zugvögeln, die zu verschiedenen Nachtzeiten als Leuchtturmopfer anfallen, von Zugvögeln in aufeinander folgenden Fangstationen oder Bestimmungen des Gewichtsverlustes gekäfigter Individuen nach Zugunruheperioden sowie Bestimmungen des Körpergewichts vor und nach der Überwindung von Barrieren u.a.m. (Berthold 1975). Sehr genaue Messungen des Energieverbrauchs lassen sich jetzt auch an fliegenden Vögeln im Windkanal durchführen (Nachtigall 1995). Diese verschiedenartigen indirekten Methoden der Bestimmung des Fettverbrauchs ziehender Vögel, vor allem von Kleinvögeln, führten zu recht einheitlichen durchschnittlichen Ergebnissen. Als Richtwert kann man einen Verbrauch von etwa 0,4 kJ (0,1 kcal) pro Gramm Körpergewicht pro Flugstunde annehmen. Mit diesem Richtwert und mit einer Reihe inzwischen entwickelter Formeln (Kaiser 1989, Berthold 1996) kann man die theoretischen Zugstreckenleistungen von Zugvögeln abschätzen, die sich aus einer bestimmten Depotfettmenge (ohne weitere Depotfettbildung) bei der arttypischen Fluggeschwindigkeit ergeben. Damit lassen sich vor allem auch die enormen Nonstopflug-Streckenleistungen nachrechnen, die eine Reihe von Arten vollbringen (5.24). Als physiologischer Brennwert sind für ein Gramm Depotfett bei Vögeln wie bei anderen Tieren etwa 39,7 kJ (9,5 kcal) anzusetzen. Für eine Gartengrasmücke mit einem fettfreien Gewicht von z.B. 20 g und (mäßig großen) Fettdepots von 10 g ergibt sich somit bei einer angenommenen Fluggeschwindigkeit während des Zugs von etwa 30 km/h eine theoretische Flugdauer von 30 Stunden und eine Zugstreckenleistung von 900 km. Bei höheren Fettdepots (von 50% des Körpergewichts), höheren Fluggeschwindigkeiten und effizienterem Flug wie vor allem bei Limikolen ergeben sich theoretische Streckenleistungen, die in der Größenordnung von 2500–10 000 km, maximal bis 14 000 km liegen, beim Rubinkehlkolibri (5.24) immerhin bei etwa 1000 km (Williams u. Williams 1990, Berthold 1996). Damit erreichen Zugvögel Reichweiten von großen Flugzeugen, und es wird gut verständlich, dass Zugvögel mit großen Fettdepots in der Lage sind, selbst riesige Barrieren wie z.B. Ozeane im

Nonstopflug zu überwinden. Häufig bleiben Zugvögeln nach der Bewältigung solcher Barrieren sogar noch genügend Reserven zum Weiterwandern, bevor die Fettdepots aufgefüllt werden müssen. Viele Heimzieher fliegen z. B. nach Überqueren des Golfes von Mexiko noch 40–120 km weiter landeinwärts nach Norden, bevor sie landen (Williams u. Williams 1990). Kolibris können offenbar Fettreserven für den Zug durch zeitweilige Torpidität sparen (Carpenter u. Hixon 1988). Die genauesten Berechnungen theoretischer Flugstreckenleistungen können heute mit Formeln erzielt werden, in die, soweit verfügbar, Größe der Fettdepots, Körpergewicht, Flügellänge, Fluggeschwindigkeit und Flugkosten eingehen (Castro u. Myers 1989, Berthold 1996). Trotzdem lassen sich dabei vorläufig erhebliche Fehler nicht ausschließen, weil die einzelnen Faktoren z. T. nur sehr grob geschätzt werden können (Weber u. Houston 1997).

Wie im vorangehenden Abschnitt dargestellt, erreichen Zugvögel ihre maximalen Fettdepots vielfach erst in der Hauptzugperiode oder dann, wenn Barrieren zu überwinden sind, und in früheren Phasen sind sie erheblich geringer. Kaiser (1989) hat in einem süddeutschen Rastgebiet am Bodensee bei einer Reihe von wegziehenden Kleinvogelarten Depotfettmenge und theoretische Zugstreckenleistung bestimmt. Die Streckenerwartung lag bei 11 Arten im Mittel in der Größenordnung von nur etwa 150 km. Am Bodensee in der Zugzeit rastende und nach Südwesten ziehende Kleinvögel benötigen demnach im Durchschnitt spätestens im Raum Bern/Bieler See in der Schweiz ein neues Rastgebiet zum Auffüllen ihrer Fettreserven.

Drent und Piersma (1990) haben für die Pfuhlschnepfe die Gesamtenergiekosten für den Zug berechnet. Sie betragen bei in Afrika überwinternden Populationen 48% des Jahresenergieverbrauchs, bei in Europa überwinternden nur 22%. Dafür ist der Energiebedarf für das Überwintern bei den in Europa verbleibenden Vögeln mehr als doppelt so hoch wie bei den nach Afrika ziehenden Vögeln, die in dem dort wärmeren Klima mit niedrigerem Grundumsatz leben können.

6.8 Thermoregulation und Wasserhaushalt

Der Muskelwirkungsgrad der Flugmuskeln beträgt bei Kleinvögeln nur etwa 0,07–0,15, steigt bei größeren Arten bis gegen 0,25 an und dürfte maximal wohl rund 0,30 betragen. Somit werden allenfalls 30% der verfügbaren chemischen Stoffwechselleistung in mechanische Arbeit umgewandelt, und bis zu 93% müssen als Wärme abgeführt werden. Diese beim Flug gegenüber Ruhe bis achtmal höhere Wärmeabgabe erfolgt hauptsächlich über die Beine, Flügel, Atemluft und das Hämoglobin (Berthold 1996). Der fliegende Vogel erfährt gegenüber dem Sitzen in Ruhe eine Stoffwechselsteigerung etwa um den Faktor 5 und im Vergleich zum Ruhestoffwechsel etwa um das 10–30fache (Nachtigall 1987, Butler u. Woakes 1990, Rayner 1990, Berthold 1996). Damit wird leicht einsichtig, dass besonders für Zugvögel, die lange Strecken in hohen Umgebungstemperaturen fliegen, theoretisch Hyperthermiegefahr besteht, oder, wenn neben der Wärmeabgabe durch Strahlung und Konvektion für die evaporative Wärmeabfuhr (Transpiration, hauptsächlich über die Lunge) zu viel Wasser verbraucht wird, auch Dehydratationsgefahr. Messungen an fliegenden Vögeln ergaben, dass beim Flug die Körpertemperatur auf bis zu 47° C ansteigen kann, also nahe bis an den letalen Bereich (Prinzinger 1990). Dabei wird ein gewisser Temperaturanstieg offenbar gern toleriert, um die Muskeleffizienz zu steigern (Butler u. Woakes 1990). Bei hohen Umgebungstemperaturen (zwischen etwa 24° und 29° C) können z. B. Tauben jedoch den Wärmeüberschuss nicht mehr abführen und deshalb längere Flüge nicht durchführen. Nun ist bekannt, dass bei der Verbrennung von Fett im Körper Wasser entsteht, und zwar pro Gramm neben der Energie (von etwa 40 kJ) reichlich ein Gramm, das einer Dehydratation entgegenwirken kann. Untersuchungen an Tauben und anderen Arten ergaben, dass diese metabolische Wasserproduktion jedoch nur bei Umgebungstemperaturen bis etwa 5° C ausreicht, den durch Transpiration entstehenden Wasserverlust auszugleichen (Nachtigall 1987, 1995, Biebach 1990). Um sowohl der Gefahr der Überhitzung als auch der der Austrocknung vorzubeugen, sollten Zugvögel deshalb in Hinsicht auf möglichst niedrige Umgebungstemperaturen entweder große Flughöhen wählen oder nachts wandern oder öfters zwischenlanden, um zu trinken. Im Hinblick auf den Transsaharazug ergibt sich aus Beobachtungen theoretisch Folgendes (Bairlein 1990 b, Biebach 1990): Bedingungen für Langstreckenflüge bei stabilem Temperatur- und Wasserhaushalt finden Zugvögel tagsüber in Höhen um 3000 m, nachts um 1000 m. Die in großen Höhen häufig ungünstigeren Windbedingungen (7.7) mögen besonders bei Kleinvögeln Nachtzug begünstigen, bei größeren Arten eher auch Nonstopflüge erlauben. Messungen an in der Wüste rastenden Kleinvögeln und Berechnungen ergaben, dass bei nachts mit ausgeglichenem Wasserhaushalt ziehenden und tags in der Wüste rastenden Individuen nach zwei Zugnächten und einem Rasttag ein Abfall des Wassergehalts von etwa 67 % auf bis zu knapp 60 % stattfindet, der innerhalb der Dehydratationstoleranz liegt. Zusammenfassend ist damit zu folgern, dass selbst relativ langsam fliegende Kleinvögel große heiße Wüsten theoretisch sowohl in langen Nonstopflügen – tagsüber in großen Höhen – als auch mit Nachtzugetappen und Rast während des Tages überwinden können, ohne Gefahr zu laufen, zu überhitzen oder auszutrocknen. Der wesentliche limitierende Faktor für Zugflüge scheint demnach auch unter extremen Wüstenbedingungen der Treibstoff zu sein: Er lässt sich nur in beschränktem Maße in Oasen auffüllen und muss daher für eine sichere Überwindung der Wüste i. d. R. in vollem Umfang zu Beginn der Reise als Fettdepot zur Verfügung stehen. Damit in Einklang steht, dass zugfette Grasmücken in simulierten Wüstenbedingungen in Klimakammern nach temporärem Futter- und Wasserentzug sofort Nahrung aufnehmen, um ihre Fettdepots wieder aufzufüllen, aber kein Wasser. Allerdings wurden aber auch bei der Querung relativ kleiner Barrieren wie dem Golf von Mexiko Dehydratationserscheinungen mit einem Wassergehalt von unter 60% beobachtet (Leberg et al. 1996), so dass die Fragen nach den begrenzenden Faktoren des Langstreckenzugs und der Querung von Barrieren noch nicht endgültig geklärt sind (Klaassen 1996). Bisher noch kaum untersucht ist, wie Vögel bei Flügen in großen Höhen bei Umgebungstemperaturen von unter −50°C Hypothermie und der Gefahr des Erfrierens von Körperteilen trotzen.

6.9 Verhaltensweisen zur Überwindung von Zugbarrieren, Höhenanpassungen

Gebirge, Meere, Wüsten, Eisfelder und z.T. auch Regenwälder und Schlechtwetterfronten stellen für Zugvögel die sechs wesentlichen Barrieren dar. Sie werden jedoch überall auf der Erde gemeistert, und zwar können sie sowohl umgangen (5.16) als auch mit Hilfe spezieller Zugweisen überwunden werden (5.30). Die Verhaltensweisen, mit denen Zugvögel Zugbarrieren überwinden, hängen von der Art der Hindernisse und von den Voraussetzungen ab, die die verschiedenen Zugvogelgruppen mitbringen.

Selbst die höchsten Hochgebirge wie der Himalaja werden trotz ihrer häufig ungünstigen Wetterbedingungen und damit verbundenen großen Gefahren im Hinblick auf Zugstaus, Umkehrzüge usw. regelmäßig in Nonstopflügen oder in einer Reihe von Zugetappen überquert. Wenn in großen Gebirgen Zwischenlandungen erforderlich sind, dann landen Rastvögel wie etwa Kraniche, Gänse u.a. bevorzugt in Tälern. In Gipfelregionen angetroffene Zugvögel werden vielfach durch Schlechtwetterbedingungen zur Notlandung gezwungen. Für uns von besonderem Interesse ist das Verhalten von Zugvögeln gegenüber den Alpen, das vor allem von Bruderer und Jenni (1990) und Liechti et al. (1996) analysiert wurde. Wie Ringfundauswertungen zeigen (Zink 1973–1985), werden viele Vögel, die nördlich der Donau wandern, gemäß ihren programmierten Sollrichtungen so stark westlich geführt, dass sie „automatisch" nördlich an den Alpen vorbeiwandern. Das gilt vor allem für niedriger und bei geringem Wind ziehende Vögel. In größerer Höhe und bei den häufig auftretenden westlichen Winden wandernde Vögel ziehen mehr auf die Alpen zu bzw. werden in deren Richtung verdriftet. Viele dieser Vögel werden dann von den Ketten der Nordalpen geleitet und in ihrem Weiterzug zwischen den Alpen und dem Schweizer Jura kanalisiert. Daneben werden die Alpen bei geeignetem Wetter in erheblichem Umfang überquert, vorzugsweise wohl von Vögeln 1. aus mehr nördlicheren Populationen mit mehr südlicheren Richtungen und mit bereits relativ größeren Fettdepots und hoher Zugdisposition, 2. mehr von Langstreckenziehern mit noch langen Zugwegen, 3. mehr von größeren Arten mit höherer Fluggeschwindigkeit, 4. mehr von Vögeln, die früh in der Nacht auf die Alpen stoßen, die 5. in relativ großen Höhen wandern und 6. z.T. eher von mehr zugerfahrenen Altvögeln. Gemieden werden die Alpen vor allem von Arten, die im Gleit- und Segelflug wandern, und vielleicht von Feuchtgebietsbewohnern. Etwa 75 Zugvogelarten rasten in den Alpen regelmäßig, 130 gelegentlich.

Bei der Querung von Meeren (Transozeanzug) differenziert sich das Verhalten stark nach den Fähigkeiten der Zugvögel. Landvögel sind in der Regel gezwungen, große Gewässer wie z.B. den Golf von Mexiko zwischen Nord- und Südamerika oder das Mittelmeer im Nonstopflug zu bewältigen, und das Rasten auf Schiffen, Treibholz, Tangteppichen u.a. stellt Ausnahmen dar, häufig von bereits geschwächten Individuen. Vielfach vermeiden Landvögel Transozeanflüge und wandern bevorzugt über Land. Wohl nur selten dürfte es Landvögeln, die wassern mussten, gelingen, später weiterzuziehen. Wasser- und vor allem Meeresvögel hingegen können bei ihren kontinentweiten Wanderungen regelmäßig wassern und auf diese Weise Rekordstrecken bewältigen, wie sie z.B. von der Küstenseeschwalbe, Sturmtauchern u.a. bekannt geworden sind und von Landvögeln nicht erreicht werden können (5.24).

Am wenigsten genau sind wir über die Querung von Wüsten, vor allem der großen Wüsten wie der Sahara, unterrichtet. Moreau (1961, 1972) hatte postuliert, dass eurasische Zugvögel, die Ruheziele in Afrika ansteuern, die Sahara sowie das Mittelmeer in einem ausgedehnten Nonstopflug von etwa 30–40 Stunden überwinden. Die Fettdepots vieler Zugvögel würden einen derartigen Zugschub theoretisch ermöglichen (6.7). Untersuchungen von Lavée und Safriel (1973) in der Wüste Sinai, von Bairlein et al. (1983), Bairlein (1985 c, 1988) und Biebach (1985, 1990) in der West- und Ostsahara sowie von Dolnik (1990) in den Wüsten Zentralasiens haben jedoch gezeigt, dass viele Zugvögel in der Wüste landen, und zwar vielfach in der offenen Wüste, da die wenigen Oasen meist nicht erreichbar sind. Nachtzieher rasten tagsüber – wenn möglich – im Schatten von Steinen usw. und ziehen, wenn sie normale Fettdepots aufweisen, in der folgenden Nacht weiter, Individuen mit geringeren Fettdepots können in Oasen länger verweilen und ihre Fettdepots wieder auffüllen. Biebach (1995) schätzt, dass etwa ein Viertel der Transsaharazieher zwischenlandet, während die meisten Individuen die Wüste wohl im Nonstopflug überqueren. Dabei ist offenbar Rückenwind zur erfolgreichen Überquerung meist unerlässlich (Biebach 1992). Zur Klärung der Frage, wie weit intermittierender Zug (Zug in Schüben) verbreitet ist, sind vor allem Radar- oder Telemetriestudien (4.4 u. 4.5) erforderlich.

Als Regel gilt, dass Zugvögel große Barrieren, also auch arktische Eisfelder beim Transglazialzug, mit maximalen Fettdepots angehen (6.7). Sie geben ihnen Sicherheit für unvorhergesehene Verzögerungen, z.B. durch Schneestürme und tragen auch zu einer höheren Fluggeschwindigkeit und damit zu einem raschen Überwinden der Hindernisse bei. Da sehr fette Vögel beim Fliegen mehr Auftrieb erzeugen müssen, verstärkt sich aufgrund ihrer Flugmechanik auch ihr Vortrieb und damit die Reisegeschwindigkeit (Pennycuick 1969).

Hochinteressant sind bei Vögeln allgemein und besonders bei Zugvögeln die zahlreichen Anpassungen an den Aufenthalt in großen Höhen und an rasche Höhenwechsel. Sie machen Vögel erstaunlich unempfindlich gegen Hypoxie (Hypoxämie), also die Unterversorgung mit Sauerstoff in „dünner" Luft, wie sie in großen Höhen mit geringem Sauerstoffpartialdruck auftritt, sowie gegen Hypokapnie und Alkalose, also die Erniedrigung des Partialdrucks von Kohlendioxid und der Wasserstoffionenkonzentration des arteriellen Blutes. Die große Höhenatmungskapazität erlaubt es Vögeln, sich in Höhensimulationsversuchen noch bei Bedingungen normal zu verhalten, die denen von bis zu reichlich 12 000 m Höhe entsprechen, während Säugetiere schon bei Bedingungen von etwa der halben Höhe der Höhenkrankheit verfallen. Die wichtigsten Höhenanpassungen der Vögel sind folgende: Die Parabronchiallunge der Vögel arbeitet nach dem Kreuzstromsystem (das auch beim Wärmeaustausch in der Technik verwendet wird), bei dem die Luft beim Ein- und Ausatmen durch parallel verlaufende Parabronchien (Lungenpfeifen) getrieben wird, ohne sich zu vermischen. Dadurch können Vögel den Sauerstoff aus der Atemluft effizienter ausschöpfen als Säugetiere mit ihrer Alveolarlunge, die nach dem Poolsystem arbeitet und bei der immer etwas Restluft in den Alveolen mit der frisch eingeatmeten Luft vermischt wird (Berthold 1996, Scheidt u. Shams 1995). Diese erhöhte Sauerstoffaufnahme kann bei starker Hypoxie durch Hyperventilation der Lunge noch deutlich gesteigert werden (Butler u. Woakes 1990). Hypoxie könnte auch durch einen hohen Anteil von Hydroxyfettsäuren im Gehirn von Zugvögeln verringert werden. Weiterhin ist das Vogelherz im Vergleich zu entsprechend großen Säugetieren bis zu doppelt so groß und hat ein entsprechend großes Schlagvolumen. Während bei Säugern Hypoxie und Hypokapnie zu einer Verengung von Gefäßen im Gehirn (hypokapnische Vasokonstriktion) führen, ist das bei Vögeln aus noch ungeklärten Gründen nicht der Fall – ihr Gehirn bleibt vergleichsweise lange uneingeschränkt funktionsfähig. Extreme Höhenflieger wie die Streifengans erhöhen zur Zugzeit zur Steigerung der Sauerstoffaufnahme weder die Anzahl der roten Blutkörperchen noch den Hämatokritgehalt des Blutes insgesamt (Blutkörperchen und andere feste Bestandteile des Blutes nach Abtrennen des Plasmas). Vermehrung der Blutkörperchen kommt zwar auch bei Vögeln als Höhenanpassung wie bei Säugern einschließlich des Menschen vor, würde aber bei raschem Höhenwechsel wenig helfen. Anstieg des Hämatokritgehaltes, der von manchen Arten berichtet wird (Berthold 1996), macht natürlich das Blut zähflüssiger und bedarf weiterer Untersuchung. Arten wie die Streifengans sind jedoch für ihre oft sehr kurzfristigen Höhenwechsel von vornherein ausgerüstet – sie besitzen nämlich nebeneinander mehrere Hämoglobinformen, die sich in der Zusammensetzung ihrer Aminosäuren und damit in der Sauerstoffbinde- und -abgabefähigkeit unterscheiden. Dieser Hämoglobin-Polymorphismus stellt „Normalhämoglobine" für niedrigere Höhen und hohe Anteile an „Höhenhämoglobinen" bei besonders hoch fliegenden Arten bereit, so dass die Sauerstoffversorgung für einen großen Höhenbereich gesichert ist. Dieser Hämoglobin-Polymorphismus erklärt, warum z. B. extrem hoch fliegende Streifengänse eine bessere Höhenatmungskapazität haben als Gänsearten der Niederungen. Beim Sperbergeier (5.28) wurden an Stelle der bei Vögeln üblichen zwei sogar vier Hämoglobine gefunden (Hiebl u. Braunitzer 1988).

Eine weitere „Barriere" stellen für Zugvögel Schlechtwetterzonen dar. Zugvögel können zwar oft den Start für einzelne Zugetappen nach den lokalen Wetterverhältnissen ausrichten (Alerstam 1991), was besonders für lange Transozeanflüge wichtig ist (Williams u. Williams 1990), und sie fliegen außerdem häufig in ausgesuchten Rückenwindbedingungen (6.19 u. 7.7). Vielfach müssen aber Zugvögel bei schlechten Wetterbedingungen wandern oder weiterwandern. Dabei können erhebliche energetische und Orientierungsprobleme auftreten, die z. T. bis zu Massenunfällen führen (7.7), meist aber durch Sicherheitsvorkehrungen bewältigt werden können (6.11, 6.19 u. 7.7).

6.10 Hormonelle und neuronale Grundlagen des Zugs

Man hat immer wieder versucht, die Steuerung des Vogelzugs ganz wesentlich auf die Wirkung eines oder weniger Hormone zurückzuführen (Rowan 1925: Sexualhormone, Putzig 1938: Schilddrüsenhormone, Meier et al. 1980: Corticosteron und Prolaktin). Ein solches „Vogelzughormon" gibt es jedoch ganz offenbar nicht. Wingfield et al. (1990) folgern in ihrer Gesamtübersicht über hormonelle Vorgänge des Vogelzugs sogar, dass es keinen Grund für die Annahme gibt, irgendeine bestimmte Hormonkombination reguliere alle Zugvorgänge. Das ist auch unwahrscheinlich, zumal z. B. der Heimzug in der Regel mit den hormonellen Vorbereitungen für die Fortpflanzungsperiode zusammenfällt, der Wegzug hingegen meist mit dem Abklingen der Mauser. Vielmehr scheinen sich die hormonellen Grundlagen des Vogelzugs eher graduell als grundsätzlich von denen anderer jahresperiodischer Vorgänge zu unterscheiden. Wenn dem so ist, dann ist die subtile Kenntnis von Hormonspiegeln und ihren Änderungen, Phasenbeziehungen und Interaktionen Vorbedingung für Schlussfolgerungen. Derartige gesicherte Folgerungen sind gegenwärtig schwierig, weil viele der in den letzten rund 70 Jahren gewonnenen Befunde über Hormone und Vogelzug (sowie andere Prozesse) widersprüchlich und unklar sind, weil früher in Versuchen oft mit unphysiologisch hohen Hormonapplikationen gearbeitet wurde, die Bestimmung von Hormonspiegeln am lebenden Vogel erst seit kurzer Zeit möglich ist (4.10), Versuchsvögel oft in nicht genau definierten Phasen der Zugperiode untersucht wurden, zwischen Ursache und Wirkung nicht scharf getrennt wurde, Rückkopplungsmechanismen unerkannt blieben u. a. m.

Im Folgenden werden die gesicherten und wahrscheinlichen Befunde kurz dargestellt.

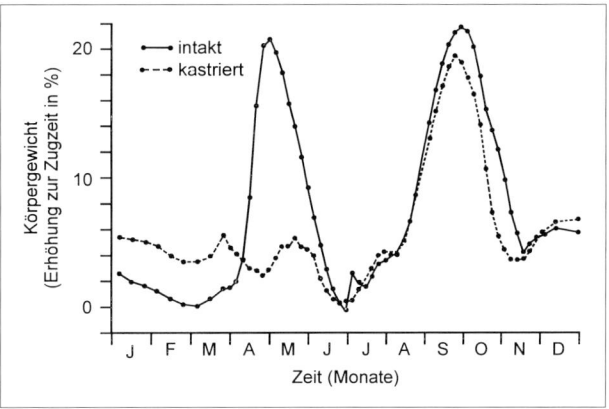

Wie bei anderen Wirbeltieren und anderen jahresperiodischen Vorgängen werden auch für die Vogelzugsteuerung endogene Faktoren im zentralen Nervensystem produziert und exogene Faktoren perzipiert, und beide Faktorengruppen führen schließlich gemeinsam über das hypothalamo-hypophysäre System zu neuroendokrinen und endokrinen Hormonsekretionen. Dabei kommt nach Läsionsversuchen und neurohistologischen Untersuchungen für jahresperiodische Vorgänge verschiedenen hypothalamischen Kernen wie der Eminentia mediana, für Orientierungsvorgänge, v. a. in Bezug auf Landmarken, dem Hippocampus und natürlich der Hypophyse zentrale Bedeutung zu (Gwinner 1986, Ketterson u. Nolan 1990, Healy et al. 1996, Bingman 1998). Kuenzel (1998) hat ein relativ einfaches neurales System vorgeschlagen, in dem die beiden Teilsysteme des vegetativen Nervensystems – Sympathicus und Parasympathicus – die Jahresperiodik von Zugvögeln steuern; es hat aber bislang nur hypothetische Bedeutung.

Abb. 35: Jahreszeitliche Änderung des Körpergewichts von kastrierten und unbehandelten Dachsammer-Männchen *(Zonotrichia leucophrys)* (nach Wingfield et al. 1990).

Am Eingehendsten untersucht ist die Rolle der Sexualhormone. Zunächst blieben zahlreiche Versuche, in denen das Gonadenwachstum vorzeitig stimuliert wurde (seit den Pionierexperimenten von Rowan, Kap. 3), sowie viele Kastrationsversuche widersprüchlich, da z. B. Kastration zu verschiedenen Zeiten unterschiedlich wirkt und bei manchen Arten wie z. B. der Wachtel Zugvorgänge offenbar nicht beeinflusst. Hormonspiegelbestimmungen und Hormonapplikationen in physiologischen Dosen bei verschiedenen Arten machen inzwischen übereinstimmend wahrscheinlich, dass Testosteron bei der Steuerung des Heimzugs eine wichtige Rolle spielt. Es könnte sowohl die Prolaktinsekretion verstärken als auch über Metaboliten die Hyperphagie, die Fettdeposition (Abb. 35) und den Hämatokritgehalt des Blutes steuern. Bei Staren bewirkt es ein Splitten der lokomotorischen Aktivität (Abb. 36), die als hormonell bedingte Änderung der Phasenbeziehung von zwei circadianen (tagesperiodischen) Oszillatoren gedeutet wird (Gwinner 1975). Testosteron könnte damit für die angenommene Verschiebung des Nachmittagsgipfels der tageszeitlichen Aktivität in die Nacht und die Bildung von nächtlicher Zugaktivität (4.8) wesentlich verantwortlich sein. Problematisch an diesen Deutungen bleibt vorerst, dass Sexualhormonen bei der Steuerung des Wegzugs offenbar keine Bedeutung zukommt, die wesentlichen Vorgänge des Wegzugs aber denen des Heimzugs prinzipiell entsprechen. Auch bei der Steuerung fakultativen Teilzugs ist die Rolle von Testosteron unklar (Silverin et al. 1989, Schwabl u. Silverin 1990).

Abb. 36: Die Wirkung von Testosteron auf die lokomotorische Aktivität (Hüpfaktivität) von Starenmännchen *(Sturnus vulgaris)* in konstanten Lichtbedingungen. Die Vögel wurden vor Versuchsbeginn kastriert, später wurde ihnen entweder Sesamöl (S, Kontrollvögel) oder Testosteron (T, Versuchsvögel) an den mit Pfeilen markierten Tagen injiziert. A: Kontrollvogel, B u. C: Versuchsvögel, bei denen sich die Aktivität nach Testosterongabe mehr oder weniger in zwei Komponenten aufteilt. Die Hüpfaktivität ist durch horizontale schwarze Balken dargestellt, und zwar der besseren Übersicht wegen für jede 24-Stunden-Periode zweimal nebeneinander (nach Gwinner 1974).

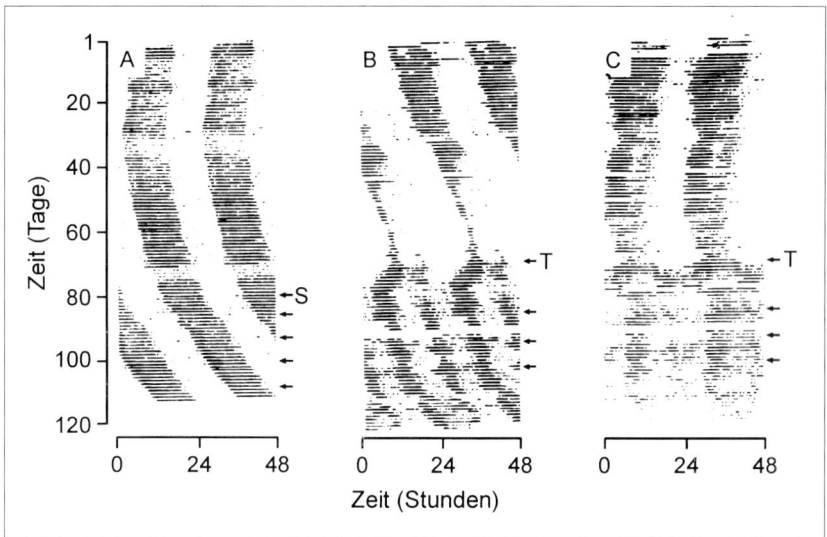

Ähnlich umfangreich wie bei den Gonaden und Sexualhormonen ist der Einfluss der Schilddrüse und ihrer Hormone auf die Vogelzugsteuerung untersucht worden. In vielen dieser zahlreichen Arbeiten sind Einflüsse auf Zugdisposition und Zugverhalten vermutet oder nachgewiesen worden. Aus gegenwärtiger Sicht spielen Schilddrüsenhormone bei der Zugsteuerung keine besondere, sondern eine normale, vor allem stoffwechselregulierende Rolle wie bei anderen jahresperiodischen Prozessen auch und beim Zug wohl eine geringere als bei der Mauser. Verstärkte Sekretion von thyreotropem Hormon während des Heimzugs blockiert möglicherweise die Spermatogenese und verschiebt damit die Haupthodenentwicklung auf die Zeit unmittelbar nach Ankunft im Brutgebiet (6.23, Naik u. George 1964, Berthold 1996).

Prolaktin und Glucocorticoide beeinflussen in wahrscheinlich komplexer Weise sowohl die Fettdeposition als auch (letztere) die Zugaktivität, allerdings eher in der Feinsteuerung als in grundsätzlichen Bereichen. Ähnliches gilt wohl für Pankreas-, Neurohypophysenhormone und Catecholamine. Vom Insulin z. B. wird vermutet, dass es für die Depotfettbildung wichtige Enzyme aktiviert (Ramenofsky u. Boswell 1994). Das Wachstumshormon Somatotropin wirkt vielleicht beim Fettstoffwechsel der Zugvögel mit Schilddrüsenhormonen zusammen und ist u.U. auch an der Hypertrophie der Flugmuskeln beteiligt. Der aktive Flug von Zugvögeln stimuliert möglicherweise direkt die Sekretion von Catecholaminen, Corticosteron und Wachstumshormon, die dann die Lipolyse und die Fettsäuremobilisierung beschleunigen (Ramenofsky 1990, 6.4). Dem Corticosteron als typischem „Stress"-Anzeiger kommt wahrscheinlich wichtige Bedeutung zu bei der Steuerung des Energiehaushalts während des Zugs, z. B. bei der Gluconeogenese und bei der Entwicklung von Zugverhalten unter dem Einfluss von Stressoren. Andererseits sind Zugvögel während des Zugs wohl vielfach durch niedrige Corticosteronspiegel vor unnötigem Stress besonders geschützt (Zug-Modulations-Hypothese, Holberton et al. 1996, Berthold 1996). Vorläufig ist offen, welche Rolle Melatonin – das Hormon der Epiphyse – bei der tagesperiodischen Organisation der Zugaktivität (6.11) sowie möglicherweise bei der Orientierung spielt (Beldhuis et al. 1988, Schneider et al. 1994). Vieles spricht dafür, dass Hormone den Zug weniger einzeln als vielmehr in komplexen Wirkungsgefügen mit steuern, in die auch Gehirnbereiche mit speziellen Hormonrezeptoren mit einbezogen sind und die noch weitgehend unklar sind (Deviche 1995, Berthold 1996).

6.11 Verhaltensanpassungen für die Zugzeit

Die Zugzeit ist bei den meisten ziehenden Vogelarten durch eine ganze Reihe charakteristischer Verhaltensänderungen gekennzeichnet. Da systematische Freilanduntersuchungen des Verhaltens zur Zugzeit bisher nur in geringem Umfang durchgeführt wurden (Brensing 1989), sind möglicherweise wichtige Anpassungen noch längst nicht vollständig beschrieben.

Ausgeprägte Umstellungen in der Nahrungswahl zur Zugzeit, vor allem Früchteverzehr bei sonst mehr insektivoren Arten, wurden bereits in Kapitel 6.5 besprochen.

Viele Arten sind zur Zugzeit ausgesprochen gesellig und bilden Rast- und Zuggemeinschaften, entweder untereinander (Reingeselligkeit, z. B. das bekannte „Sammeln" der Schwalben) oder mit Vögeln anderer Arten (Mischgeselligkeit, z. B. von Finken und Piepern, aber auch Gänsen, Kormoranen und Kranichen u. a.). In vielen Fällen entstehen auch Häufungen von Zugvögeln, die Scheingeselligkeiten darstellen, z. B. von verschiedenen Großvogelarten in Thermikzonen (5.30). Für die absichtliche Schwarmbildung von Zugvögeln gibt es mindestens sechs Gründe oder hypothetische Erklärungen, nämlich, wie z. T. auch bei nichtziehenden Arten, besseres Auffinden und Ausnutzung örtlich und zeitlich beschränkter Nahrungsangebote, geringeres Risiko gegenüber Beutegreifern (aus verschiedenen Gründen, bis hin zum Angriff im Schwarm), leichteres Auffinden von Thermikgebieten oder das Führen von Jungvögeln in bestimmte Rast- und Zielgebiete bei gesellig wandernden Arten (Lindström 1989, Berthold 1996 u. 5.15). Gesellliges Ziehen bringt ferner im Verbandflug zeitweilige Kräfteersparnis vor allem für nicht führende Individuen (5.30), und geselliges Wandern vieler Tag- und Nachtzieher, verbunden mit Verständigung durch z. T. spezifische Flugrufe (Zugrufe, Berthold 1996 u. 4.3), mag den Aufbruch von in Zugstimmung befindlichen Artgenossen organisieren sowie die Orientierungsleistung verbessern, sei es durch besonders geeignete Führer oder die Bildung optimaler Mittelrichtungen (Hamilton 1962, Black 1988). Dafür sprechen auch Versuche mit Brieftauben. Flugrufe, die bei Bewölkung

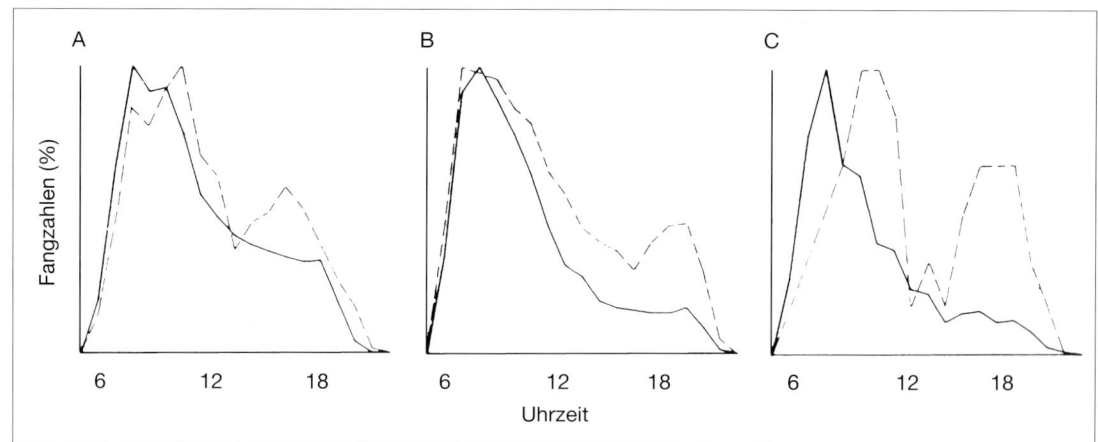

Abb. 37: Tageszeitliche Verteilung von Erstfängen (durchgezogene Linien) und Wiederfängen (gestrichelt) auf der Mettnau-Station der Vogelwarte Radolfzell. A: Mönchsgrasmücke *(Sylvia atricapilla)*, B: Teichrohrsänger *(Acrocephalus scirpaceus)*, C: Gartenrotschwanz *(Phoenicurus phoenicurus)*. Die Summe aller Fänglinge entspricht 100 % (aus Brensing 1989).

und im Nebel bei manchen Arten zunehmen, könnten über Dopplereffekte die Orientierung verbessern (Alerstam 1991, Berthold 1996).

Weit verbreitet und ausgeprägt sind Änderungen in der Tagesperiodik zur Zugzeit. Viele Zugvogelarten wandern nachts (5.23), und eine große Zahl dieser Arten ist nur in der Zugzeit ausgesprochen nachtaktiv. Für viele Zugvogelarten ist charakteristisch, dass das normalerweise zweigipflige tageszeitliche Aktivitätsmuster (Bigeminus) in der Zugperiode eingipflig wird, indem der Nachmittagsgipfel verschwindet (Brensing 1989, Abb. 37). Diese Änderung wird möglicherweise hormonell gesteuert (6.10), wobei der Nachmittagsgipfel u.U. in die Nacht verschoben und in Zugaktivität verwandelt wird. Das tageszeitliche Aktivitätsmuster in der Zugperiode hängt zudem von der Fettdeposition ab: Nur zugfette Vögel haben ausgeprägt eingipflige Muster (Abb. 37).

Zugdisponierte Nachtzieher zeigen vor dem Aufbruch zu einer nächtlichen Zugetappe vielfach gegen Ende der Hellzeit eine charakteristische Aktivitätspause (Ruhepause, „Einschlafpause", Bergman 1941), in der gekäfigte wie freilebende Individuen ruhen oder schlafen (Berthold 1996), und starten dann vielfach eine halbe bis Dreiviertelstunde nach Sonnenuntergang, z.T. aber auch erst tief in der Nacht (Alerstam 1991).

Wenn Zugvögel größere Fettdepots angelegt haben, ist ihre tageszeitliche lokomotorische Gesamtaktivität häufig gegenüber der Vorzugzeit reduziert (Brensing 1989). Sie bewegen sich vorsichtiger, da sie – schwerfälliger – u.U. Feinden leichter zum Opfer fallen können, und sie ruhen und schlafen mehr – bei der Rast in Wüsten (6.9) oft den ganzen Tag über. Sind die Fettdepots jedoch unzureichend, kann es zu Hyperaktivität kommen, bis günstige Nahrungsquellen gefunden werden. Dabei kann auch die Aktivität am Nachmittag sehr stark zunehmen (Brensing 1989), und die Vögel suchen schneller und in mehr Mikrohabitaten nach Nahrung (Moore 1991). Manchmal wird die Nahrungssuche auf den ganzen Tag ausgedehnt, und überwiegend tagaktive Limikolen-Arten fressen auch in mondhellen Nächten wie z.T. auch außerhalb der Zugzeiten (Berthold 1996).

Brensing (1989) konnte zeigen, dass die Gipfel der tageszeitlichen Aktivitätsmuster von Arten, die zur selben Zeit gemeinsam in Rastgebieten verweilen, gegeneinander verschoben sein können, wodurch wahrscheinlich Konkurrenz vermieden wird. Auch während des aktiven Zugs können Alt- und Jungvögel z.T. tageszeitlich getrennt sein wie z.B. bei der Rauchschwalbe, bei der Jungvögel tagsüber länger wandern, u.U. bedingt durch weniger effektive Flügel (Gatter u. Behrndt 1985).

Spät aus höheren Breiten wegziehende Arten wie Stare und Finkenvögel sind in ihrer tageszeitlichen Organisation sehr anpassungsfähig. Sie können z.B. tags wie nachts zum Wegzug aufbrechen und ihre Zug-, Ernährungs- und Ruhephasen nach der jeweiligen Umweltsituation ausrichten (Dorka 1966).

Während des Zugs ist z.T. auch das Räuber-Beute-Verhalten verändert. Ziehende Sperber *(Accipiter nisus)* z.B. lösen bekanntlich bei ziehenden Kleinvögeln vielfach weder Flucht noch so genanntes Hassen aus, wohl weil sie während des Zugfluges ihre potentiellen Beutetiere unbehelligt lassen. Viele Zugvögel werden jedoch in Rastgebieten stark von Beutegreifern verfolgt, wobei besonders zugfette, weniger bewegliche Individuen erhöhtem Risiko unterliegen können. Beobachtungen und Experimente zeigen, dass Feinddruck zu schnellerer Nahrungsaufnahme, aber auch zu früherem Aufbruch mit geringeren Fettdepots führen kann, was wiederum den Zugablauf beeinträchtigen mag (Fransson 1997, Aborn 1994).

6.12 Auslösung des ersten Wegzugs

Für Fluchtbewegungen (5.7) stellt sich bezüglich der Auslösung für unsere Betrachtungen kein sonderliches Problem: Die Vögel werden unmittelbar durch starke Umweltveränderungen, meist durch Mängel wie z.B. an offenem Wasser bei Eisbildung oder an Nahrung bei gefrorenem oder schneebedecktem Boden, zum Aufbruch veranlasst. Bleiben derartige Umweltverschlechterungen aus, kommt es gar nicht zur Auslösung eines Wegzugs, und in einer Reihe von günstigen Jahren mag es potentielle Flüchter geben, die ihr Leben lang gar nicht wegziehen (müssen).

Zunächst rätselhaft erscheint die Auslösung des ersten Wegzugs bei regelmäßig früh (bereits im Sommer, 5.25) abwandernden Arten, die einzeln ziehen, so dass sich Individuen nicht einmal gegenseitig stimulieren können. Für solche Arten vermutete bereits von Pernau (1702), dass sie „durch einen verborgenen Zug zur rechten Zeit getrieben" werden (Kap. 3). Bei ihnen spielen in der Tat endogene Faktoren für die Zugauslösung eine wesentliche Rolle. Inzwischen konnten wir nachweisen, dass sich der Zugtrieb von einer ziehenden Mönchsgrasmückenpopulation – aus Süddeutschland – bereits in die erste Nachkommengeneration einer nichtziehenden Population – von den Kapverdischen Inseln – einkreuzen lässt. Der Zugtrieb ist somit bei obligaten Ziehern genetisch determiniert

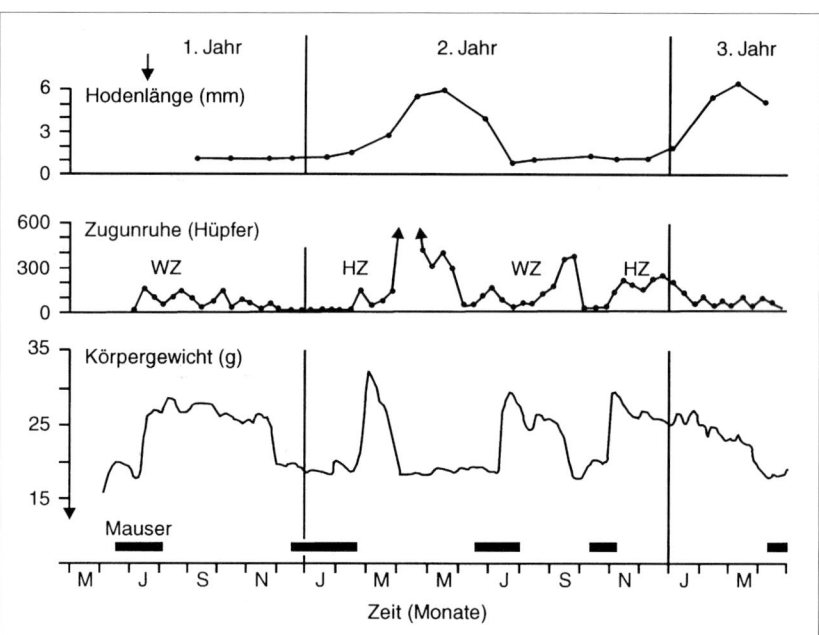

Abb. 38: Endogene Jahresperiodik (circannuale Rhythmik) der Zugunruhe (gemessen als nächtliche lokomotorische Aktivität, in „Hüpfern", 4.8), des Körpergewichts, der Mauser und der Hodenlänge einer männlichen Gartengrasmücke *(Sylvia borin).* Der handaufgezogene Vogel, Ende Mai geschlüpft, wurde im Juni (Pfeil) in konstante Bedingungen (ein Licht-Dunkel-Verhältnis von 10:14 Stunden) übergeführt und dort zehn Jahre lang gehalten; dargestellt sind Daten aus den ersten drei Versuchsjahren. HZ, WZ: Heimzug-, Wegzugperiode (nach Berthold et al. 1971).

und kann auch in nicht ziehende Populationen schnell vererbt werden (Berthold et al. 1990).

Gwinner konnte 1967 beim Fitis zeigen, dass er über eine endogene Jahresperiodik, eine so genannte circannuale Periodik, verfügt, die unter anderem die Entwicklung von Zugunruhe, also der Zugaktivität gekäfigter Vögel, steuert. Berthold, Gwinner u. a. (Berthold 1988a) haben dann Grasmücken systematisch auf den Besitz endogener Jahresrhythmen untersucht und gezeigt, dass sie bei Zugvögeln eine grundlegende Rolle bei der Steuerung des Zugs spielen (Abb. 38). Inzwischen ist circannuale Periodik (von lat. circa, ungefähr, und annus, Jahr) bei etwa 20 Zugvogelarten verschiedener systematischer Gruppen und für Vogelarten von fünf Kontinenten nachgewiesen und daneben auch bei nicht ziehenden Arten. Diese physiologischen Körperrhythmen, deren Entstehung und Steuerung im Organismus noch nicht geklärt ist, regeln den Ablauf vieler jahresperiodischer Vorgänge in den verschiedensten Tiergruppen von den Hohltieren bis zu den Säugern und wohl auch bei Pflanzen und dürften sehr weit verbreitet sein (Gwinner 1986, 1996, Berthold 1996, Cadée et al. 1996, Munro 1998). Neben der endogenen Jahresperiodik sind auch endogene tagesperiodische, so genannte circadiane Rhythmen (von lat. circa, ungefähr, und dies, Tag), an der Ausbildung von Zugvorgängen beteiligt; sie sind allerdings im Hinblick auf den Zug bisher erst wenig untersucht (Berthold 1996). In Kapitel 6.10 wurde bereits darauf hingewiesen, dass circadiane Oszillatoren bei der Entstehung der Zugaktivität eine Rolle spielen könnten, und McMillan et al. (1970) haben in der Tat gezeigt, dass auch die Zugaktivität durch eine circadiane Rhythmik gesteuert wird. Da zweifellos beide Rhythmikformen – circannuale wie circadiane – genetisch determiniert sind, dürfte die für eine ganze Reihe von periodisch auftretenden Zugerscheinungen nachgewiesene genetische Steuerung (Kap. 2, 6, 7 u. 10) mit diesen Rhythmen eng zusammenhängen. Außerdem stehen beide Rhythmen einerseits mit neuronalen und hormonalen Steuerungssystemen und andererseits mit den als Zeitgebern wirkenden Außenfaktoren eng in Verbindung (6.10, 6.21). Es ist deshalb wahrscheinlich, dass sie bei der gesamten Steuerung des Zuges eine zentrale Rolle spielen und zudem eine wichtige Verbindung zwischen endogenen und exogenen Faktoren bilden.

So offenkundig circannuale Rhythmen bei gekäfigten Zugvögeln zur spontanen Entstehung von Zugunruhe führen, so bleibt dennoch die Frage, ob sie auch im Freiland bei freilebenden Individuen unmittelbar Wegzug auslösen. Das konnten wir inzwischen durch folgende vergleichende Untersuchung nachweisen. Wurden bei 19 Vogelpopulationen (Grasmücken, Laubsängern, Rohrsängern, kleinen Drossel- und Finkenvögeln) einerseits an Gruppen handaufgezogener und in Versuchskammern gehaltener Individuen die Beginne der Zugunruhe bestimmt und andererseits im Freiland (auf Vogelfangstationen) bei denselben Populationen die Wegzugbeginne, so ergab sich zwischen beiden eine sehr enge Beziehung, die sich rechnerisch in einem hohen Korrelationskoeffizienten von 0,967 ausdrückt (Berthold 1990a). Aus dieser engen Beziehung ist zu schließen, dass diejenigen endogenen (auf circannualer Periodik beruhenden) Faktoren, die bei gekäfigten Individuen die Bildung von Zugunruhe bewirken, auch im Freiland im Wesentlichen zugauslösend sind. Würden im Freiland Umweltfaktoren eine beträchtliche und sei es auch nur stark modifizierende Rolle bei der Zugauslösung spielen, würde sich keine derartig enge Beziehung wie dargestellt ergeben. Da die untersuchten Vogelpopulationen recht unterschiedlichen systematischen Gruppen angehören, ist zu folgern, dass endogene Auslösung des ersten Wegzugs bei regelmäßig ziehenden Vogelarten weit verbreitet ist. Vor diesem Hintergrundwissen entpuppt sich so manche Volksmundweisheit wie z. B. „Wenn die Schwalben jetzt schon ziehen, sie vor naher Kälte fliehen" oder „Wenn der (!) Zugvogel im Oktober zeitig geht, der Winter nah vor der Türe steht" eher als Spruch, der auf mangelnder Beobachtung beruht, denn als Wetterregel. Inzwischen konnten wir durch die experimentelle Kreuzung von Gartenrotschwänzen *(Phoenicurus phoenicurus)* und Hausrotschwänzen zeigen, dass auch der Zeitpunkt der einsetzenden Zugaktivität für den Wegzug unmittelbar genetisch gesteuert wird (Berthold et al. 1996), wobei aber auch photoperiodische Effekte auftreten können (6.21), insbesondere bei spät geschlüpften Individuen (6.1). Auf endogene oder genetische Zugauslösung deutet auch folgende Beobachtung hin. Wurden nach Gelegetausch normalerweise ziehende Heringsmöwen *(Larus fuscus)* von nichtziehenden Silbermöwen *(L. argentatus)* aufgezogen, wanderten sie trotzdem in ihr normales Winterquartier (Harris 1970).

Kompliziert und bisher in keinem Fall vollständig geklärt ist die Zugauslösung bei Invasionsvögeln und nomadisierenden Arten. Man nimmt an, dass ähnlich wie bei Wanderheuschrecken ein „Gedrängefaktor" eine wichtige Rolle spielt (Lack 1954). Berndt und Henß (1967) stellen sich die Verhältnisse bei der Kohlmeise, die Evasionen vor allem in Jahren mit hohem Bruterfolg durchführt (5.4), so vor: „Für die Auslösung einer solchen dichtebedingten Invasion dürfte ein sich durch Revierkämpfe und eventuellen Nahrungsmangel sicherlich verstärkender psychisch wirkender Gedrängefaktor ausschlaggebend sein, der über eine Hypersensibilisierung eine neuroendokrine Umschaltung vom Stand-/ Strichvogelverhalten auf den Zugtrieb vornimmt und damit Emigration und Invasion auslöst." Auch für Kreuzschnäbel (5.5) wird z.T. Überbevölkerung, „Gedränge", als Auslöser angesehen, der die Vögel zum Aufbruch veranlasst, bevor die Nahrung wirklich knapp wird. Inwieweit dennoch bereits eingetretener oder sich abzeichnender Nahrungsmangel oder ein Missverhältnis zwischen Nahrungsangebot und Populationsdichte eine zugauslösende Rolle spielen, bleibt zu klären. (Näheres dazu siehe 6.20.)

6.13 Steuerung von Zugzeit und Zugablauf während des ersten Wegzugs

Ist nach erfolgter Zugauslösung der Zugvogel unterwegs, stellen sich für ihn die Probleme, wie weit er wandern und wie er den Ablauf seiner Wanderung gestalten soll. Für Flüchter, nomadisierende Arten und Invasionsvögel würde es theoretisch ausreichen, wenn sie gerade nur so lange wandern würden, bis sie neue Gebiete mit besserem Nahrungsangebot und geringerer Populationsdichte erreichen. Während derartige Kurzstreckenwanderungen für viele Flüchter typisch sind, legen Invasionsvögel und nomadisierende Arten häufig große Strecken zurück und durchwandern durchaus auch Gebiete, in denen sie nach unseren Vorstellungen eigentlich (länger) bleiben könnten (5.4). Das spricht dafür, dass derartige Wanderbewegungen, einmal stimuliert, auf weiträumige Verteilung der Individuen abzielen und wohl in gewissem Umfang programmiert sind (s. u.).

Für über 20 Zugvogelarten ist inzwischen gezeigt, dass die Zugunruhe gekäfigter Individuen ein recht gutes Abbild des Zugablaufs freilebender Artgenossen darstellt (Berthold 1988a, Abb. 34, 39). Wie die Zuggeschwindigkeit (6.14), so baut sich auch die Zugunruhe normalerweise allmählich auf, erreicht ihren Höhepunkt in der Zeit höchster Zugleistungen und klingt ab, wenn freilebende Vögel ihre Ruheziele erreichen. Weiterhin entwickeln Langstreckenzieher normalerweise viel, Kurzstreckenzieher wenig Zugunruhe, und Mittelstreckenzieher verhalten sich zwischengeordnet. Für das Verhältnis von der zu bewältigenden Zugstrecke zur Menge der Zugunruhe ergibt sich eine enge positive Korrelation (Abb. 40, 41). Zwei verschiedenartige Berechnungen haben zudem ergeben, dass

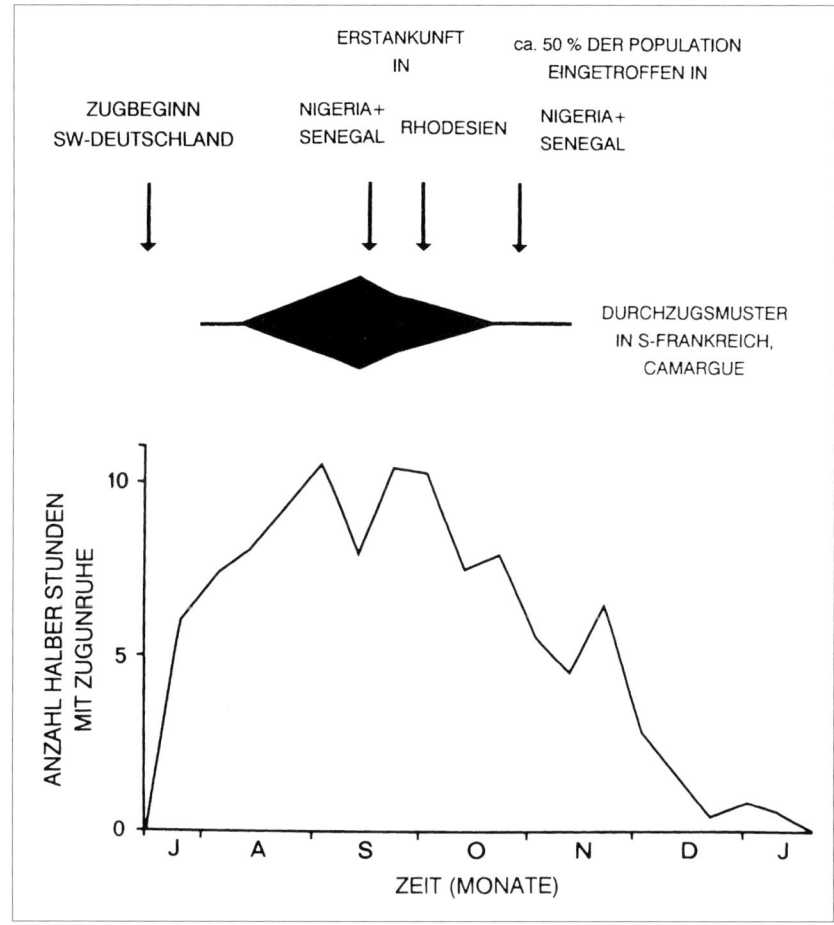

Abb. 39: Vergleich des jahreszeitlichen Musters der Zugakti-vität (Zugunruhe) gekäfigter Garten-grasmücken *(Sylvia borin)* mit Daten des Zugablaufs freileben-der Artgenossen (nach Berthold 1976 d).

die im Käfig während der Wegzugperiode insgesamt produzierte Zugun-ruhe – würde sie im Freiland als Zugaktivität eingesetzt – erstmals wan-dernde Zugvögel gerade in ihr Winterquartier bringen würde. Gwinner (1968) hat bei Laubsängern aus Ringfunden für Abschnitte der Wegzug-periode Streckenleistungen bestimmt, sie mit entsprechenden Zugun-ruhemengen korreliert und dann von der gesamten Zugunruhemenge der Wegzugperiode die theoretische Gesamtzugstrecke abgeleitet. Berthold u. Querner (1988) haben zunächst die Zugunruhe bei Garten-grasmücken mit Videorekordern bei nächtlicher Infrarotlichtbeleuchtung aufgezeichnet und näher analysiert. Sie besteht nahezu ausschließlich aus Schwirren, d. h. einem hochfrequenten Flügelschlagen mit geringer Amplitude im Sitzen (4.8). Wird diese Schwirraktivität mit der Flugge-schwindigkeit der Art multipliziert, würden die Vögel mit dieser Aktivität gerade ihr arttypisches Winterquartier erreichen. Aus diesen Feststellun-gen ist abgeleitet worden, Zugunruhe stelle ein endogenes Zug-Zeitpro-gramm dar, das Zugvögel zumindest auf ihrem ersten Wegzug in ihr typi-

Abb. 40: Zugaktivitäts-
muster (Zugunruhe)
von gekäfigten Vögeln
von sechs Gras-
mückenarten *(Sylvia)*
in Beziehung zur
Zugstrecke freileben-
der Artgenossen
(schwarze Balken: km)
während des ersten
Wegzugs
(nach Berthold 1973).

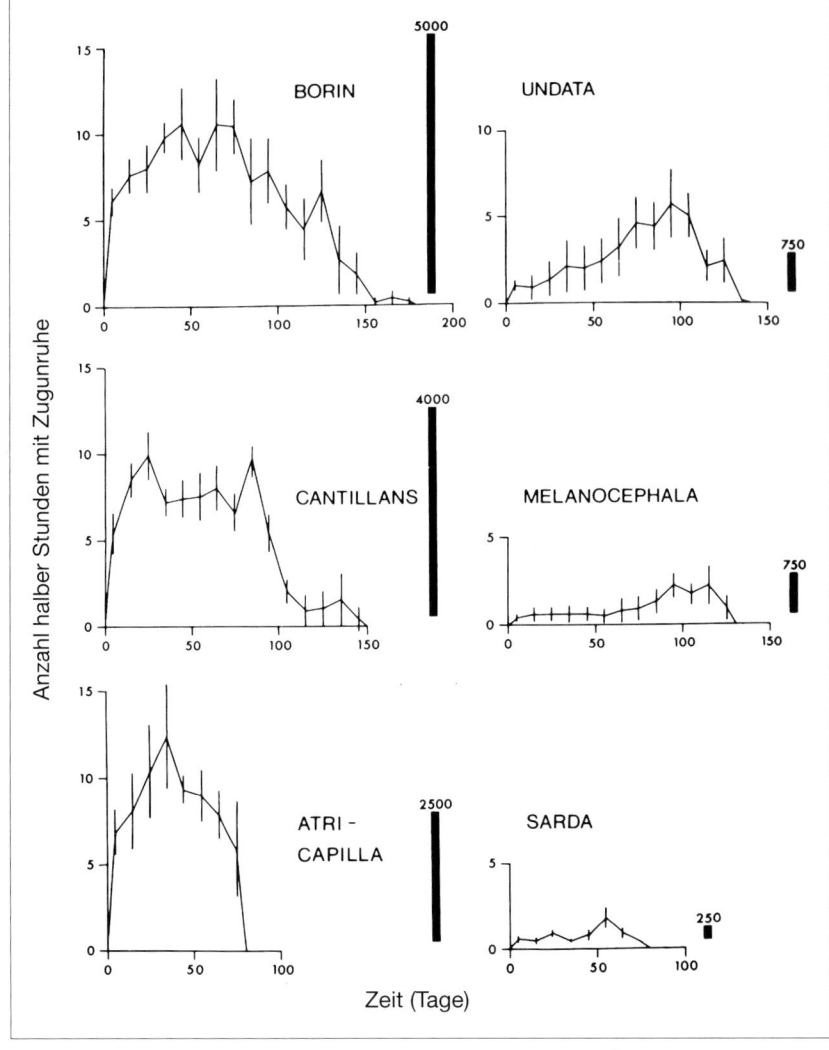

sches Ruheziel bringen kann und das ihren Zugablauf wesentlich bestimmt (Gwinner 1968, Berthold 1988 a).

Bei der Mönchsgrasmücke war es möglich, Vögel verschiedener Populationen mit unterschiedlichen Zugstrecken und unterschiedlichen Zug-
unruhemengen in Volieren zu kreuzen. Hybriden der F_1-Generation verhielten sich phänotypisch intermediär (Abb. 41). Damit ist zumindest für
die Mönchsgrasmücke erwiesen, dass die endogenen Zug-Zeitprogramme angeborene, vererbbare populationsspezifische Eigenschaften sind;
entsprechende Verhältnisse liegen, wie laufende Untersuchungen zeigen, bei Rotschwänzen vor und sind für viele weitere Arten wahrscheinlich (Berthold 1988 a, 1999).

Die jahreszeitlichen Muster der Zugunruhe sind in ihrer Form nicht

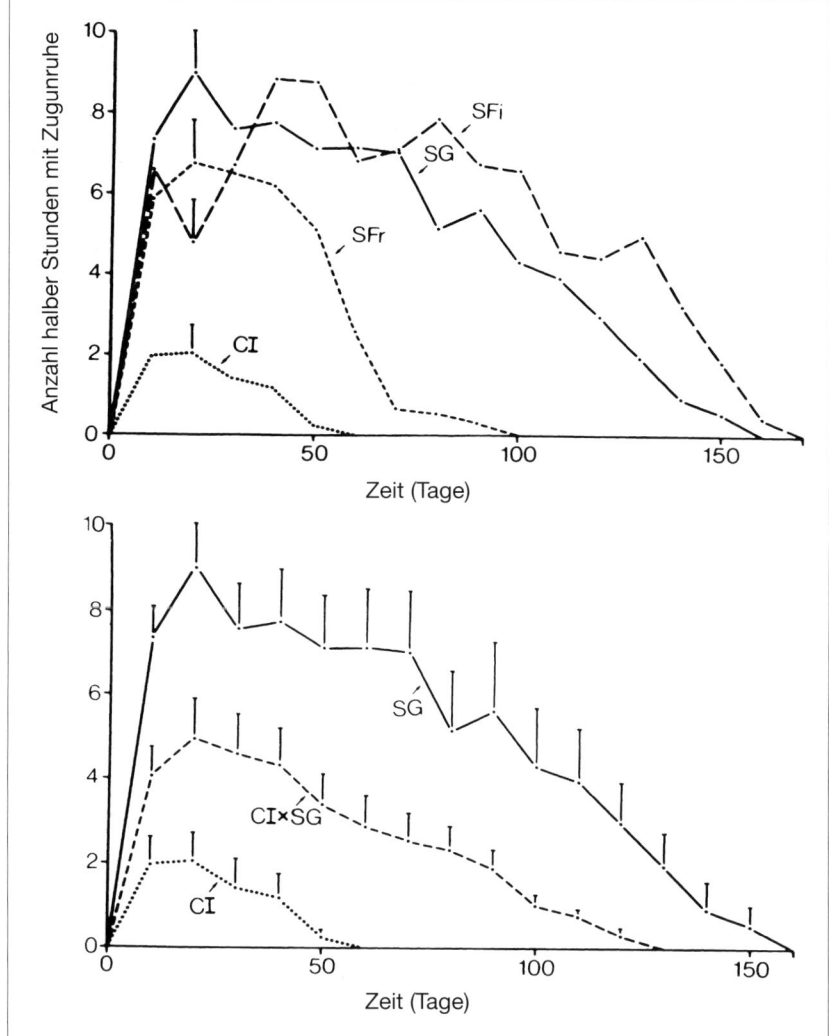

Abb. 41: Muster der Zugaktivität (Zug-unruhe) von Mönchs-grasmücken (Sylvia atricapilla). Oben: von Vögeln aus vier ver-schiedenen Populatio-nen, unten: von Vögeln von zwei die-ser Populationen und deren Hybriden. SFi: Vögel aus Südfinn-land, SG: Süddeutsch-land, SFr: Südfrank-reich, CI: Afrika, Kana-rische Inseln (nach Berthold u. Querner 1981).

einheitlich, sondern bei verschiedenen Arten und Artengruppen verschie-dengestaltig. Langstreckenzieher, die etwa gegen Mitte der Wegzugpe-riode die Sahara überqueren, weisen zu dieser Zeit einen deutlichen Gip-fel der Zugunruhe auf (Abb. 39, 40). Andere Arten wie z. B. die Sperber-grasmücke, die Mittelmeer und Sahara umwandern, besitzen flache Zugunruhemuster (Berthold 1984a). Kurzstreckenzieher, die erst relativ spät im Jahr wandern, weisen Gipfel ihrer Zugaktivität mehr gegen Ende ihrer kurzen Zugunruhemuster auf (Abb. 40). Der Sumpfrohrsänger, der von Mitteleuropa aus rasch bis NO-Afrika zieht, dann aber langsam (viel-leicht sogar nach einer Ruhephase in einem „Herbstquartier", Dowsett-Lemaire u. Dowsett 1987) nach S-Afrika weiterwandert, besitzt ein zwei-phasiges Zugaktivitätsmuster (Abb. 42). Entsprechende Muster sind bei

Abb. 42: Das Zug-
aktivitätsmuster
gekäfigter süddeut-
scher Sumpfrohrsän-
ger *(Acrocephalus
palustris)*. Während
des rasch ablaufenden
Zugs bis nach NO-
Afrika werden im Mit-
tel hohe Zugunruhe-
werte erreicht,
während des wesent-
lich langsameren Zugs
bis Südafrika gerin-
gere. Zusätzlich darge-
stellt sind der Körper-
gewichtsverlauf sowie
die Jugendmauser
und ein Teil der Win-
termauser (schwarze
Balken) (nach
Berthold u. Leisler
1980).

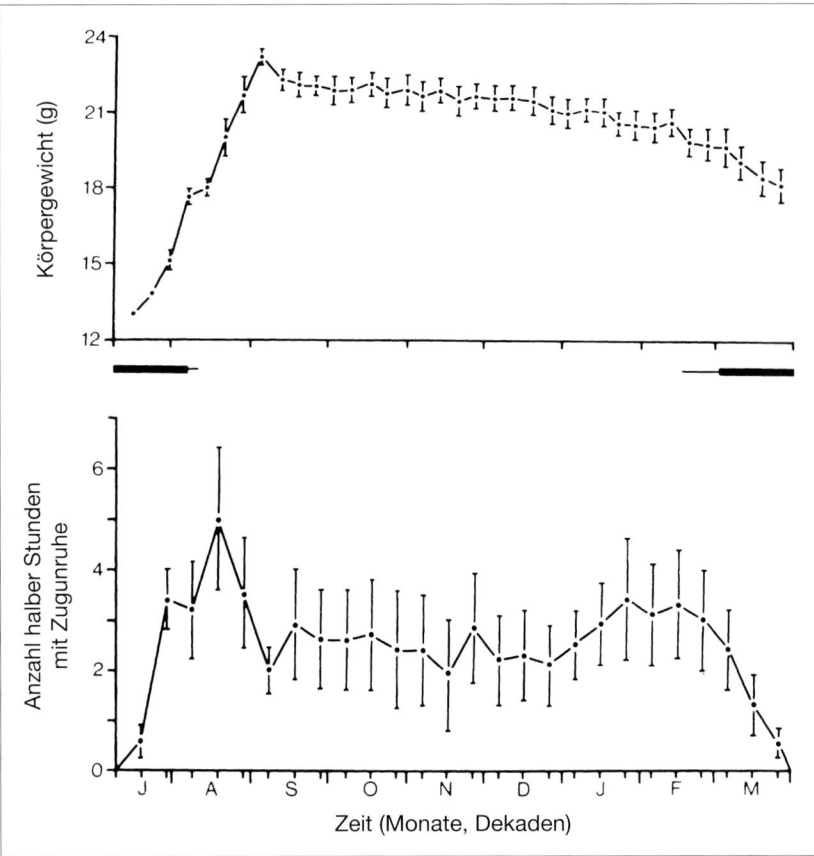

Arten wie dem Drosselrohrsänger *(Acrocephalus arundinaceus)* zu erwarten, der in zwei deutlich getrennten Schüben (zwei Zügen) wegzieht, und
zwar nach Mauser oder erneuter Fettdeposition südlich der Sahara noch
weiter in mehr südliche Winterquartiere (Jones 1995). Bei nah verwandten Arten bauen relativ schnell wegziehende Arten ihre Zugunruhemuster rascher auf als langsam wegziehende (Berthold 1971). Zugaktivitätsmuster können demnach auf den Zugablauf der einzelnen Arten
und Populationen in gewissem Umfang speziell ausgerichtet sein – sie
stellen in solchen Fällen spezifische Zugablauf-Programme dar. Auch aus
dem Freiland gibt es inzwischen zahlreiche Beobachtungen, dass selbst
lang andauernde Wanderungen bis in ihre späten Phasen endogener
Steuerung unterliegen (Pearson 1990, Williams u. Williams 1990). Die
Muster der Zugunruhe (und auch der Fettdeposition, 6.3) sind offenbar
recht starr programmiert. Zeitweilige Störungen der Muster haben keine
Verlängerung zur Folge (Abb. 34).

Inzwischen sind an süddeutschen Mönchsgrasmücken weiterführende
genetische Untersuchungen durchgeführt worden, die Folgendes zeigen:
Bei freilebenden Vögeln erstreckt sich das Winterquartier etwa von Mit-

telfrankreich über das Mittelmeergebiet bis zur Elfenbeinküste, und die Zugstrecken der mehr in seinem nördlichen und südlichen Bereich überwinternden Individuen streuen folglich ungefähr im Verhältnis 1 : 6. Ein entsprechendes Verhältnis wurde in der Variation der Zugaktivitätsmengen bei gekäfigten Individuen gefunden. Wurde die Erblichkeit der Zugaktivität von Elternpaaren und ihren Nachkommen aus Volierenbruten ermittelt, ergaben sich Heritabilitätswerte von etwa 0,4, die sowohl hohe genetische Determinierung der Zugaktivität als auch ein hohes Mikroevolutionspotential (für Veränderungen durch Selektion) anzeigen (Berthold u. Pulido 1994, Berthold 1999, Kap. 2 u. 10).

6.14 Steuerung von Zugetappen und Zuggeschwindigkeit während des ersten Wegzugs

Typische Flüchter können bei plötzlichem Auftreten lebensfeindlicher Bedingungen in kurzer Zeit maximal mögliche Strecken zurücklegen, und ähnliche Rekordleistungen werden gelegentlich auch bei mehr regelmäßig wandernden Vögeln beobachtet (5.24). Normalerweise unterliegt der Zugablauf regelmäßiger Zieher jedoch recht festen Regeln. Stresemann (1944) hat für die Kappenammer *(Emberiza melanocephala)* Folgendes postuliert: Für jeweils 1000 km Zugablauf werden 7 Tage benötigt, davon im Mittel 2 Nächte zum Wandern, 5 Nächte zum Schlafen und alle 7 Tage zum Fressen und Rasten. Untersuchungen aus jüngster Zeit zeigen, dass so einfache starre Regeln nicht gelten, dafür aber andere Regeln, die an unterschiedliche Zugzeitabschnitte angepasst sind.

Normal mit Depotfett ausgestattete nachts ziehende Transsaharazieher z.B., die die Wüste in der Zeit ihrer Hauptzugaktivität überqueren (6.9), ziehen die ganze Nacht über, z.T. bis in den Tag hinein, rasten dann tagsüber im Schatten von Felsen, Steinen u.a. und ziehen mit hereinbrechender Dunkelheit weiter. Genauso verhalten sich Vögel, die zufällig auf eine Oase treffen. Nur Individuen mit stark reduzierten Fettdepots verweilen in Oasen länger, z.T. eine Reihe von Tagen, um ihre Fettvorräte wieder zu vergrößern (Lavée u. Safriel 1973, Bairlein et al. 1983, Bairlein 1985c, Biebach 1985). Auf diese Weise wird die gesamte Wüste in der Regel in wenigen Nächten überwunden, auch wenn Nonstopflug keine Rolle spielen sollte (6.9).

Der Zugablauf zu Beginn und in frühen Phasen der Zugperiode verläuft bei nachts ziehenden Kleinvögeln ganz anders. Untersuchungen auf einer Vogelfangstation am Bodensee im Rahmen des MRI-Programms (4.7) z.B. zeigen Folgendes: Aufgrund der noch sehr geringen Fettdepots beträgt die mittlere theoretische Zugstreckenleistung bei Kleinvögeln zu dieser Zeit nur etwa 150 km (6.7). Aufgrund dieser geringen Fettdepots und der aus Ringfunden und vergleichenden Fangergebnissen bekannten sehr geringen Vorrückgeschwindigkeit (5.25) ist zu schließen, dass in Zugnächten in der Regel nur wenige Stunden gewandert wird. Nach Dol-

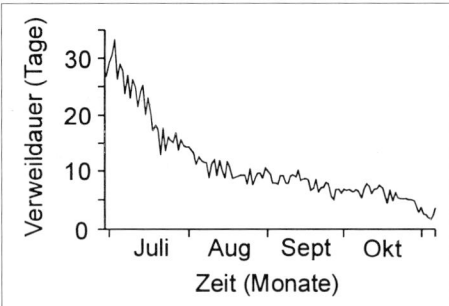

Abb. 43: Jahreszeitliche Änderung der Verweildauer von Singvögeln während der Wegzugperiode auf der Mettnau-Halbinsel, Süddeutschland, Tagesmittelwerte von 37 Arten und über 100 000 Individuen für den Zeitraum 1972–1992, aus dem „Mettnau-Reit-Illmitz-Programm".

nik (1990) landen Nachtzieher z.T. bereits wieder nach etwa zwei Stunden Zugzeit, auch, wenn sie erst nach Einbruch der Dunkelheit aufgebrochen sind. Zudem werden von den meisten ziehenden Kleinvogelarten Wiederfänge im Rastgebiet erzielt, und zwar in Mitteleuropa im Mittel über 10% mit einer mittleren Verweildauer von über 10 Tagen (Abb. 43). Ein beträchtlicher Teil der Durchzügler wandert also längst nicht jede Nacht. Die Rastdauer, die sich mit Hilfe so genannter Fang-Wiederfang-Modelle sehr genau ermitteln lässt (Kaiser 1993), hängt von vielen Faktoren ab, vor allem vom Stadium der Mauser und dem Umfang der Fettdepots, vom Alter und Geschlecht, von der Zugperiode und der Jahreszeit, vom Feinddruck und sicherlich auch von endogenen Programm-Faktoren (Lavée et al. 1991, Berthold 1996). Aus verdauungsphysiologischen (6.6) und vielleicht auch anderen Gründen (Berthold 1996) beginnt bei rastenden Kleinvögeln erneute Fettdeposition erst nach etwa eineinhalb Tagen, so dass vielfach längere Rast für erfolgreiche Fettdeposition nötig ist. Im Laufe der Wegzugperiode sinken dann normalerweise sowohl der Prozentsatz an Wiederfängen als auch deren Verweildauer ab, die Zugintensität nimmt allmählich zu, und sie erreicht dann bei Transsaharaziehern bis zum Mittelmeerraum das oben beschriebene Ausmaß (Berthold et al. 1991). Es ist anzunehmen, dass Zugvögel nach Überqueren der Sahara allgemein wieder in kleineren Etappen wie zu Beginn der Zugzeit ihren Ruhezielen zustreben (5.25); z.T. rasten sie zunächst auch einige Zeit (6.13). Wandern in kleineren Etappen hat den Vorteil, dass es wegen der geringen Transportkosten von kleinen Fettdepots ökonomischer ist als das Wandern in großen Etappen, das auch große Energiedepots erfordert (Berthold 1996). Rechnet man aus, wie lange z.B. Vögel wie der Sumpfrohrsänger auf ihrer langen Wanderung (5.25) tatsächlich ziehen und rasten, so ergibt sich ungefähr ein Verhältnis von 1:8 (rund 400 Flugstunden zu über 3000 Stunden Dauer der Wegzugperiode). Bei durchweg verfügbarer Nahrung während des Zugs und konstanter Fettdepositionsrate ist es nach Modellvoraussagen und Kosten-Nutzen-Analysen (Kap. 12) optimal, in Zugschüben von gleicher Länge zu wandern. Unter den sehr variablen Zugbedingungen haben sich jedoch bei verschiedenen Arten, in unterschiedlichen Regionen und zu unterschiedlichen Zugzeiten auch sehr verschieden lange Zugschübe entwickelt – von vielen kleinen Zugperioden bis hin zu einem einzigen Nonstopflug.

6.15 Beendigung des ersten Wegzugs

Bei unregelmäßig wandernden Arten kann die Beendigung einer Wegzugbewegung sehr variabel sein. Winterflüchter z.B. gelangen oftmals bereits nach einer einzigen Flucht, z.B. einer Vertikalwanderung (Kap. 1),

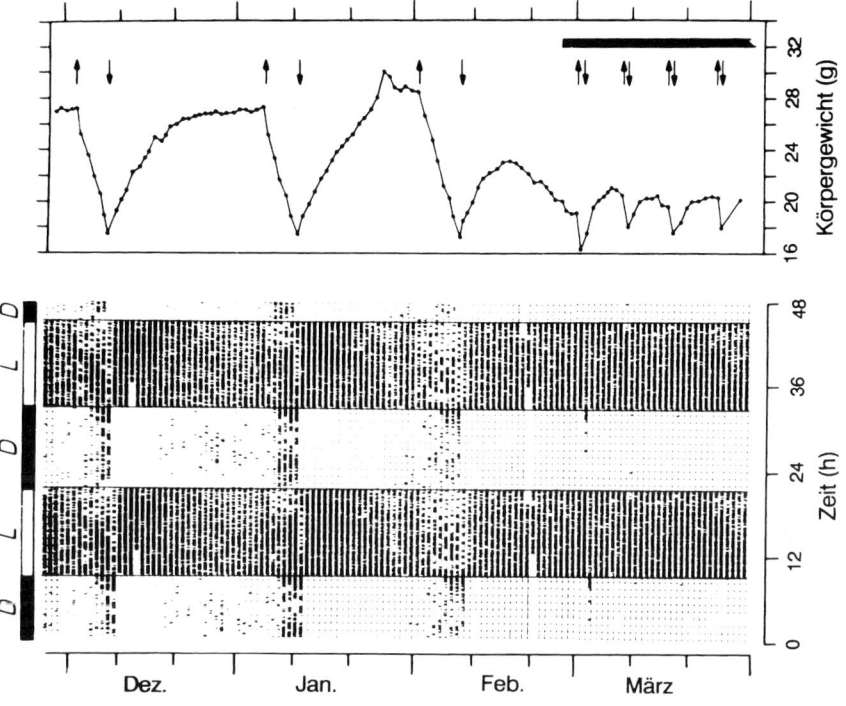

Abb. 44: Tagaktivität (dichte Registrierung während der Hellzeit L) und Nachtunruhe (weniger dichte Registrierung während der Dunkelzeit D) von Gartengrasmücken *(Sylvia borin)*. Zusätzlich dargestellt sind das Körpergewicht und die Wintermauser (schwarzer Balken). Nach oben gerichtete Pfeile: Zeitpunkt der Reduktion des Nahrungsangebots; nach unten gerichtete Pfeile: Nahrungsangebot ad libitum. Bis zur Wintermauser entwickeln die Vögel bei vermindertem Nahrungsangebot und Gewichtsreduktion Nachtunruhe (nach Gwinner et al. 1988).

in so günstige Gebiete, dass sie dort bis zum Heimzug verbleiben können. In strengen Wintern hingegen müssen sie u. U. immer wieder ausweichen und können erst spät in die Brutgebiete zurückkehren.

Für regelmäßig wandernde Arten, die vielfach räumlich gut begrenzte Ruheziele besitzen (5.29), hat man angenommen, dass sie diese Ziele an bestimmten Merkmalen erkennen, z. B. an dem ortstypischen Muster des Sternenhimmels (Sauer 1957 u. 7.4). Erstmals und allein wandernde Arten müssten davon eine genaue angeborene Kenntnis haben. Für diese Mutmaßung fanden sich jedoch keine Hinweise. Wurden z. B. Zugvögel zu Beginn ihrer Wegzugperiode in ihr arttypisches Ruheziel gebracht, so produzierten sie dort im Registrierkäfig genauso lange Zugaktivität wie in der Brutheimat gehaltene Individuen (Gwinner 1971a).

Nachdem die Zugunruhe – wie in den Kapiteln 6.12 und 6.13 beschrieben – angeborene Zug-Zeitprogramme und Zugablauf-Programme darstellt, liegt die Vermutung nahe, dass die Beendigung der endogen programmierten Zugaktivität das Ende des Wegzugs und damit das Ruheziel bestimmen könnte. Das dürfte in vielen Fällen tatsächlich zutreffen – eine Reihe von Versuchen spricht dafür. Wurden z. B. Jungstare während ihres ersten Wegzugs von Ost- nach Westeuropa gefangen und nach Mitteleuropa verfrachtet, so zogen sie in ein etwa entsprechend weit entferntes Ruheziel in Südeuropa (7.1), und während ihres Wegzugs in Nordamerika in einem Rückhalteversuch festgehaltene und später wieder freigelassene Blauflügelenten *(Anas discors)* verkürzten ihre normalerweise zurückgelegte Zugstrecke entsprechend dem Zeitausfall (Berthold 1975). (Näheres zur Beendigung des Wegzugs und zum Erreichen des Ruheziels mit Hilfe endogener Programme siehe 7.6.7: Vektornavigation.)

Die Bestimmung des Ruhezieles aus dem Ablaufen eines endogenen Zug-Zeitprogramms mag sich vielfach da ergeben, wo Vögel auf diese Weise ein günstiges Gebiet erreichen. Führt ein endogenes Zeitprogramm zur Beendigung einer Wanderung in ein ungünstiges Gebiet, so ist offensichtlich das Verhalten von Zugvögeln plastisch genug, um sie durch weiteres Umherwandern in eine bessere Region zu bringen. Aus dem Freiland ist bekannt, dass Zugvögel bei Verschlechterung der normalen Bedingungen im Ruheziel sowohl durch Zugwegverlängerung als auch durch Umsiedlungen ausweichen können (Terrill 1990). Wie die für derartige zusätzliche Zugbewegungen nötige Aktivität zustande kommen kann, haben Versuche an einer Reihe von Arten gezeigt: Werden bei gekäfigten Individuen nach Beendigung der endogen programmierten Zugaktivität die Haltungsbedingungen v. a. durch Nahrungsverminderung reduziert, so können die Vögel bis in die Zeit der Wintermauser mit zusätzlicher so genannter fakultativer Zugaktivität reagieren (Abb. 44, Berthold 1996).

6.16 Das Ruheziel als Ergebnis des Zugverhaltens und der Lebensform

Wie bereits in Kapitel 5.29 dargestellt, kann das Ruheziel von Zugvögeln einerseits sehr klein sein, z. B. ein eng begrenztes Feuchtgebiet, in dem etwa Kraniche überwintern, andererseits aber auch ein großes Gebiet, in dem Überwinterer nomadisieren. Die Art des Ruheziels hängt vor allem von der Stabilität seiner Lebensbedingungen, seinen Ressourcen und vom Verhalten und den ökologischen Ansprüchen der Gäste ab. Seine geographische Breite und insbesondere, wie weit es sich in höhere Breiten erstreckt, hängt maßgeblich davon ab, wie weit Vögel in der Lage sind, sich im Ruheziel ausreichend zu ernähren und ihre Körpertemperatur zu stabilisieren (Berthold 1996).

Kraniche z. B. wählen als Ruheziele oftmals Feuchtgebiete aus, die alljährlich die nötige Nahrung und Ruhe bieten und traditionell über lange Zeiträume beibehalten werden können. Viele insektivore Arten suchen sich im Ruheziel Gebiete aus, die ihnen im Hinblick auf Struktur, Klima, Nahrungsangebot, Konkurrenz, Feinddruck u. a. zusagen, verweilen hier weitgehend ortsfest und kehren, wenn sie mehrere Jahre alt werden, häufig an derartige Orte zurück (Winterquartiertreue, 5.26).

Andere, vor allem mehr frugivore Arten wie z. B. die Mönchsgrasmücke, können ebenfalls winterquartiertreu sein, nomadisieren aber dann stark umher, wenn es das Nahrungsangebot erforderlich macht. Reifen z. B. im Frühwinter an besonders sonnigen Plätzen die ersten Efeubeeren, dann werden solche Stellen von Hunderten von Individuen aus der Umgebung aufgesucht. Ist das Beerenangebot an einem Platz aufgebraucht, bilden sich andernorts neue Konzentrationen. Fruchten in manchen Jahren in größeren Gebieten bestimmte Futterpflanzen schlecht oder gar nicht, kommt es zu großräumigen Verlagerungen größerer Vogelbestände. Ebenso sind viele Arten – einschließlich der Mönchsgrasmücke –, die Oliven verzehren, vielfach gezwungen, nach der Olivenernte in andere Regionen umzusiedeln. (Näheres hierzu siehe Berthold et al. 1990.)

Von den in Afrika Ruheziele aufsuchenden Arten werden viele Vögel von Jahr zu Jahr mit großräumigen Unterschieden in Trockenheit und Feuchtigkeit und damit im Nahrungsangebot konfrontiert. Auch während des z.T. monatelangen Aufenthalts im Ruheziel können starke Veränderungen der Umweltbedingungen auftreten. Daraus resultieren häufig umfangreiche weiträumige fakultative Bewegungen („Mittwinterzug") und variable Ruheziele, die z.B. Weißstörche oftmals erst im Januar in Südafrika eintreffen und für kurze Zeit Rastgebiete beziehen lassen (Curry-Lindahl 1981, Berthold 1988b, Terrill 1990 u. 4.5, 6.15).

6.17 Steuerung des Heimzugs und weiterer Zugperioden

Der Heimzug und jede weitere Zugperiode unterscheiden sich vom ersten Wegzug grundsätzlich dadurch, dass Zugvögel dabei nicht mehr unerfahren zum ersten Mal und nicht mehr in gänzlich unbekannte Gebiete wandern. Das gilt umso mehr, je ausgeprägter eine Art brutgebiets- und winterquartiertreu ist, und für die meisten Zugvogelarten treffen beide Eigenschaften in gewissem Rahmen zu (5.26, 6.16). Während das Ruheziel auf dem ersten Wegzug entweder durch Hinführen (bei wenigen gesellig ziehenden Arten mit traditionellen Ruhezielen) oder mit Hilfe endogener Zugprogramme erreicht wird (7.6), bestehen für den Heimzug und weitere Zugperioden theoretisch andere Möglichkeiten. Im einfachsten Fall könnten Rückkehrer in einer Art Zugumkehr (Wegumkehr) mehr oder weniger den Weg des Wegzugs zurückwandern. Wie Daten der Satelliten-Telemetrie (Berthold et al. 1997) und die vielen Fälle von Schleifenzug (5.19) zeigen, ist das häufig nicht der Fall. Vielmehr sind Vögel offensichtlich in der Lage, im Rahmen ihres physischen Leistungsvermögens prinzipiell von jedem Ort der Erde aus an jeden anderen bekannten Platz zurückzufinden (5.26). Demzufolge sollten Zugvögel theoretisch auch in der Lage sein, vom letzten Aufenthaltsort im Ruheziel aus auf dem kürzesten Weg ihr (bekanntes) Brutgebiet anzusteuern, ungeachtet aller Ortsveränderungen seit ihrer Ankunft im Ruhegebiet und unbeschadet aller Verdriftungen und sonstigen Störungen während des Heimzugs (Kap. 7). Dafür spricht, dass viele Arten für den Heimzug viel weniger Zeit benötigen als für den (ersten) Wegzug (5.25, Cochran 1987), wobei sie auf dem Heimzug allerdings wohl auch vielfach in längeren Etappen wandern (6.19). Für viele Arten gibt es ferner Hinweise, dass ältere Vögel in späteren Jahren weit schneller in ihre (bekannten) Ruheziele wandern als Jungvögel während ihres ersten Wegzugs. Andererseits zeigen gekäfigte Zugvögel programmierte Zugrichtungen und Zug-Zeitprogramme nicht nur für den ersten Wegzug, sondern auch für den Heimzug und zumindest für die nächste Wegzugperiode (Helbig 1989). Der schnellere Heimzug von Altvögeln könnte z.T. auch durch ihre vielfach längeren und spitzeren Flügel bedingt sein (5.32).

Die Frage, ob Zugvögel in weiteren, auf den ersten Wegzug folgenden Zugperioden eher wie beim ersten Wegzug endogenen Zugprogrammen folgen oder bei direkter Navigation (7.1, 7.6) mehr individuelle Zugabläufe gestalten, ist vorläufig weitgehend offen. Die derzeit zur Verfügung stehenden Daten erlauben jedoch folgende vorsichtigen Annahmen: Transkontinentale Langstreckenzieher mit sehr präziser Rückkehr ins Brutgebiet (Kalendervögel, 5.27) dürften zumindest in der frühen Phase ihres Heimzugs nach endogener Zugauslösung (Gwinner 1987, 1988, Piersma et al. 1990) ähnlich wie auf dem Wegzug endogenen Programmen folgen. Bei Kurz- und Mittelstreckenziehern wie unseren im Mittelmeerraum überwinternden Arten spricht vieles dafür, dass zugdisponierte Individuen bei günstigen Bedingungen (vor allem Warmfronten, südlichen Winden) in wenigen Zugnächten rasch bis ins Brutgebiet navigieren und ihre frühe Rückkehr gegebenenfalls durch anschließendes Wetterpendeln (5.22) korrigieren. Die wahrscheinliche Kombination aus endogener und fakultativ exogener Zugsteuerung des Heimzugs und weiterer Zugperioden führt zu einer großen Variationsbreite von kurzen über mittlere und große Zugetappen bis hin zu zahlreichen Kombinationen (O'Reilly u. Wingfield 1995). Neueste Untersuchungen an Gartengrasmücken zeigen, dass die etwa drei Wochen spätere Rückkehr ins Brutgebiet bei alpinen Gebirgs- gegenüber Flachlandpopulationen auf genetischen Unterschieden beruht. Die Gebirgsvögel sind auf späteren Heimzugbeginn im Ruheziel programmiert (Widmer 1999).

6.18 Steuerung von Teilzug und differenziertem Zugverhalten

Für die Steuerung des weit verbreiteten Teilzugs (5.10) sind eine ganze Reihe von Hypothesen aufgestellt worden. Am besten untersucht ist bisher der obligate Teilzug, bei dem alljährlich ein Teil der Individuen aus dem Brutgebiet abwandert wie bei vielen unserer Teilzieher „von A–Z" wie Amsel, Buchfink, Rotkehlchen oder Zaunkönig *(Troglodytes troglodytes).*

Die erste, die versucht hat, das Steuerungssystem von Teilziehern aufzuklären, war die Amerikanerin Margaret Morce Nice (1933). Sie beringte eine teilziehende Population der Singammer und stellte Genealogien im Hinblick auf das Zugverhalten auf. Sie prüfte dabei, inwieweit sesshafte Vögel von sesshaften Eltern, ziehende Individuen von ziehenden Eltern abstammen und wie konsistent einzelne Vögel in ihrem Stand- oder Zugvogelverhalten sind. Nachdem sie nicht durchweg reine Erbgänge, sondern auch individuelle Verhaltensänderungen festgestellt hatte, verwarf sie ihre ursprünglich angesetzte Hypothese genetischer Steuerung. Eine derartige genetische Hypothese wurde später wieder stärker von Lack (1943/1944) vertreten, wie schon 1926 von Landsborough Thomson. Sie besagt, dass bereits bei der Befruchtung durch die Genkombination des elterlichen Erbguts entschieden ist, aus welchen Eiern eines Geleges von Teilziehern bereits determinierte Stand- bzw. Zugvögel schlüpfen werden. Sie geht nach heutiger Vorstellung davon aus, dass es sich beim Teilzieherverhalten um quantitative Merkmale handelt, so dass auch ziehende Eltern in gewissem Umfang nicht ziehende Nachkommen produzieren können und umgekehrt und dass sich Nestgeschwister aus Ziehern und Nichtziehern zusammensetzen können.

Im Gegensatz dazu steht die Verhaltens-Konstitutions-Hypothese, zuerst formuliert von Miller (1931), Kalela (1954), später erweitert von Gauthreaux (1978). Nach ihr werden bei den nachbrutzeitlichen Auseinandersetzungen um Nahrung und Aufenthaltsgebiete schwächere Individuen verdrängt und bei entsprechenden Bedingungen schließlich zum Wegziehen gezwungen, während stärkere Individuen als Gewinner derartiger Streitigkeiten als Standvögel im Brutgebiet verbleiben können. Wenngleich auch die Konstitution ein erhebliches Maß an genetischen Faktoren mit einbezieht, so entscheiden nach dieser Hypothese für das Stand- und Zugvogelverhalten in erster Linie doch unmittelbar exogene Faktoren wie Nahrungsangebot, Populationsdichte und Dominanzverhältnisse sowie Beziehungen dieser Faktoren zueinander. Eine derartige exogene Steuerung des Teilzugs wurde in jüngster Zeit wiederholt postuliert (z. B. Lundberg 1988), ohne dass jedoch entsprechende Befunde vorliegen. Weiterhin wurde vermutet, Teilzug könnte eine ESS (evolutionsstabile Strategie) mit festen Anteilen von Zug- und Standvögeln darstellen, wogegen jedoch u. a. die Veränderlichkeit der Zusammensetzung vieler Teilzieherpopulationen spricht (Übersicht Dingle 1996).

Wir haben von 1977 an die beiden oben dargestellten Hypothesen erstmals experimentell getestet, und zwar an der südfranzösischen teilziehenden Mönchsgrasmückenpopulation (Berthold u. Querner 1982a, Berthold et al. 1990). Wurde mit Vögeln dieser Population, bei der rund drei Viertel der Individuen ziehen und ein Viertel Standvögel sind, ein so genanntes Zweiweg-Selektionsexperiment durchgeführt, so zeigte sich Folgendes: Aus den Zuchten von Nichtziehern mit Nichtziehern ergaben sich proportional mehr Nichtzieher als in der Elterngeneration, und Entsprechendes gilt für die Zuchten von Ziehern. Das Selektionsergebnis ist zudem sehr deutlich: Bereits die proportionale Zusammensetzung der F_1-Generation ist erheblich von der der Parentalgeneration verschieden (Abb. 45), und schon nach 3–6 Generationen sind aus den ursprünglichen Teilziehern (fast) reine Zug- bzw. Standvögel geworden (Abb. 46). Damit ist erwiesen, dass bei den untersuchten Mönchsgrasmücken die beiden Verhaltensweisen Ziehen und Nichtziehen erblich sind. Sie zeigen relativ

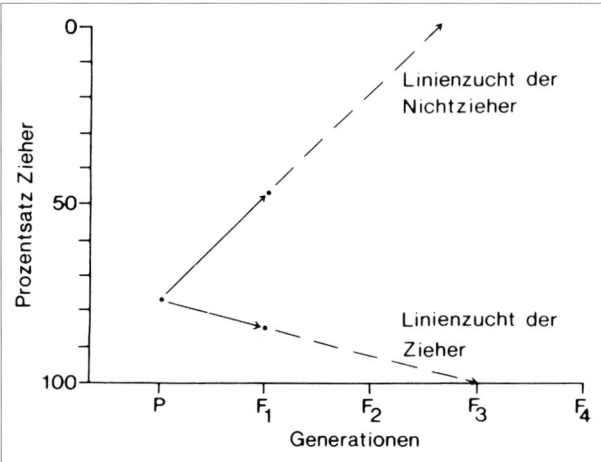

Abb. 45: Ergebnisse eines Zweiweg-Selektionsexperiments mit teilziehenden Mönchsgrasmücken *(Sylvia atricapilla)* aus Südfrankreich. 102 handaufgezogene Vögel der Elterngeneration waren zu rund drei Vierteln zugaktiv, zu einem Viertel inaktiv. Nach selektivem Brüten von zugaktiven und nicht zugaktiven Individuen untereinander in Volieren zeigten die Vögel der F_1-Generation einen deutlich höheren bzw. niedrigeren Anteil an zugaktiven Individuen (durchgezogene Linien). Die gestrichelten Linien geben die theoretisch möglichen Änderungen in der Zusammensetzung von zugaktiven und nicht zugaktiven Individuen bei fortgesetzter Selektion an. Die Ordinate zeigt von oben nach unten den Prozentsatz zugaktiver Vögel an (nach Berthold 1988 d).

hohe Heritabilitätswerte, werden demnach in beträchtlichem Umfang genetisch determiniert und werden wahrscheinlich polygen als Schwellenmerkmale gesteuert. Dabei könnte u. U. die Glycerol-3-Phosphat-Dehydrogenase eine wichtige Rolle spielen (Berthold 1988 d, 1996). Inzwischen liegen ähnliche Befunde für weitere sechs Arten vor. Biebach (1983) fand genetische Determinierung der beiden Verhaltenstypen Ziehen und Nichtziehen in einem entsprechenden Selektionsexperiment beim Rotkehlchen, Schwabl (1983) ermittelte bei handaufgezogenen Amseln von ziehenden und nicht ziehenden Elternpaaren entsprechende Verhältnisse, Dhondt (1983) kam bei belgischen Schwarzkehlchen im Freiland zu dem Schluss, dass genetische Faktoren ihr Teilzugverhalten steuern, Chan (1994) fand beim Mantelbrillenvogel *(Zosterops lateralis)* deutliche Hinweise auf genetische Steuerung der Zugaktivität, und wenn die früher von Nice (1933, 1937, s. o.) an der Singammer ermittelten Daten nach quantitativ-genetischen Gesichtspunkten nachgerechnet werden, ergeben sich auch für den Teilzug dieser Art genetische Steuerungsfaktoren (Berthold 1984 b). Und Adriaensen et al. (1993) fanden beim Haubentaucher *(Podiceps cristatus)* starke Hinweise, dass der derzeitige Populationsanstieg der Teilzieher in Holland auf einer Zunahme der genetisch determinierten Standvögel beruht. Damit spielen offenbar bei mindestens sieben verschiedenen obligaten Teilziehern genetische Steuerungsfaktoren für das Zug- und Standvogelverhalten eine wichtige Rolle, und für keine Art liegen bislang gegenteilige Ergebnisse vor. Für die genetische Steuerung spricht auch, dass sowohl im Freiland als auch unter Versuchsbedingungen nur sehr selten zunächst nicht ziehende Individuen später im Leben Zugaktivität entwickeln. Der häufige umgekehrte Fall, dass ältere Individuen allgemein weniger ziehen (5.9), beruht sehr wahrscheinlich auf einem programmierten Reifungsprozess: Auch in konstanten Bedingungen gehaltene Mönchsgrasmücken aus einer teilziehenden Population, die in der ersten Wegzugperiode Zugaktivität entwickelten, verhielten sich in späteren Zugperioden z. T. wie Nichtzieher (Berthold 1996). Genetische Steuerung ist auch für andere Formen des differenzierten Zugverhaltens wahrscheinlich. Für Junkos, die ein stark

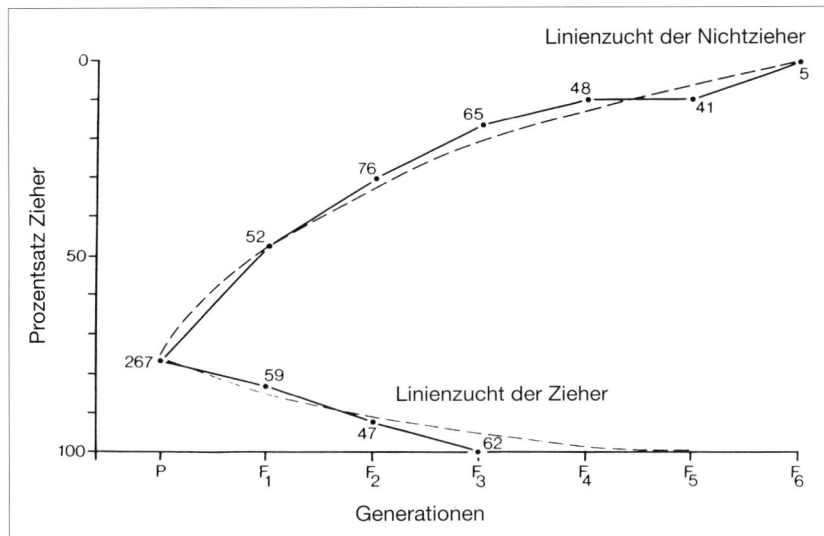

Abb. 46: Ergebnisse eines Zweiweg-Selektionsexperiments mit teilziehenden Mönchsgrasmücken *(Sylvia atricapilla)* aus Südfrankreich, bei den Nichtziehern bis zur F_6-Generation, bei den Ziehern bis zur F_3-Generation, im übrigen wie Abb. 35. Durchgezogene Linien: Darstellung der Selektionsergebnisse, gestrichelt: angepasste mathematische Funktion, 267: Anzahl der handaufgezogenen Vögel der Ausgangspopulation, übrige Zahlen: Anzahl der in den einzelnen Generationen gezüchteten Individuen (nach Berthold et al. 1990).

nach Alter und Geschlecht differenziertes Zugverhalten aufweisen, ist sowohl endogene Jahresperiodik nachgewiesen als auch, dass ihr differenziertes Zugverhalten endogen gesteuert wird (Holberton 1993). Auch bei der oben behandelten südfranzösischen teilziehenden Mönchsgrasmückenpopulation tritt Zugverhalten weit stärker bei Weibchen auf, aber bei ihr wird es entsprechend geschlechtsspezifisch vererbt. Der Teilzug dieser Population ist wahrscheinlich als Ausweichverhalten vor dem starken Zustrom von Überwinterern aus nordischen Populationen entstanden, wobei es vor allem für die schwächeren Weibchen sinnvoll ist, sich der starken Konkurrenz durch Abwandern zu entziehen (in einer Art von programmierter Fluchtbewegung, Berthold 1986, s. auch 5.7). (Über fakultativen Teilzug siehe 6.20.)

Das oben beschriebene Zweiweg-Selektionsexperiment erbrachte ein weiteres, sehr aufschlussreiches Ergebnis: Bei der Selektion auf einen höheren Anteil an Zugvögeln nahm auch deren Zugaktivität zu, und bei der Selektion auf Standvögel nahm die Zugaktivität der verbleibenden, weniger werdenden Zugvögel ab. Daraus ist zu schließen, dass Ziehen und Nichtziehen einerseits und die Menge an Zugaktivität andererseits (die die zu ziehende Zugstrecke bestimmt, 7.6.7) von ein und demselben genetischen System gesteuert und in ihren genetischen Grundlagen gemeinsam – als Zugsyndrom – vererbt werden. Dieses Ergebnis besagt weiter, dass auch in ausschließlich ziehenden Populationen, wenn deren Zugaktivität auf niedrigere Werte selektiert wird, nach einer bestimmten Zeit – ab einer bestimmten Schwelle – „automatisch" Standvögel auftreten sollten, ohne dass es weiterer Faktoren wie z. B. einer Mutation bedarf. Allein Selektion auf niedrigere Zugaktivitätsmengen führt demnach auch zu Teilzug, von dem dann, wie oben gezeigt, relativ schnell auch weiter auf Standvogelverhalten selektiert werden kann. Damit stellt Teil-

zug eine Art evolutionäre Drehscheibe zwischen Zug- und Standvogelverhalten dar und ist für Mikroevolutionsvorgänge eine überaus wichtige
Ausgangsbasis (Pulido et al. 1996). Diese Schlüsselstellung dürfte dem
Teilzug zu seiner weiten, vielleicht generellen Verbreitung bei Vögeln ver-
holfen haben (Berthold 1999) und Vögel in ihrem Stand- und Zugvogelverhalten so anpassungsfähig gemacht haben (Kap. 2 u. 10).

6.19 Einfluss von Wetter und Klima

Da sich Vogelzug ganz überwiegend im Luftraum abspielt, ist er natürlich
in hohem Maße „Wind und Wetter" ausgesetzt und lässt entsprechende
Anpassungen erwarten. Wie in den Kapiteln 2 und 5.2 dargestellt, hat
sich Vogelzug vor allem in Beziehung zu jahreszeitlich wechselndem
Nahrungsangebot entwickelt. Da die Verfügbarkeit von Nahrung wiederum wesentlich von klimatischen Bedingungen abhängt, ist anzunehmen, dass Klima und Wetter das Zuggeschehen zumindest indirekt erheblich beeinflussen. Entsprechende Zusammenhänge zeigt eine Übersicht von Newton und Dale (1996), in der Beziehungen zwischen dem
Zugumfang und der geographischen Breite vergleichend für Europa und
das östliche Nordamerika dargestellt werden. Ganz ähnlich wie in Europa
(Abb. 27), steigt auch in der Avifauna Nordamerikas der Anteil an Zugvögeln mit zunehmender geographischer Breite stark an, nämlich von
12% bei 25° N auf 87% bei 80° N. Aber in Nordamerika ist der Anteil an
Zugvögeln, der zum Überwintern wegzieht, in Gebieten entsprechender
geographischer Breite im Mittel um 17% höher als in Europa – ganz entsprechend den in Amerika niedrigeren Temperaturen (vor allem bedingt
durch den fehlenden Golfstromeinfluss). Umgekehrt ist in Nordamerika
der Anteil an Wintergästen, die im Frühjahr nach Norden abwandern, pro
Breitengrad im Durchschnitt 10% höher als in Europa.
  Obwohl Klima und Wetter sehr komplexe Phänomene sind, hat man
sich lange Zeit damit begnügt, monofaktorielle Beziehungen zwischen
ihnen und dem Vogelzug herzustellen und auf dieser Basis nach Kausal-
zusammenhängen zu suchen. Welchen Schwierigkeiten man dabei rasch
begegnet, hat bereits Thienemann (1931) in seinem Buch „Vom Vogelzuge in Rossitten" beklagt, in dem er vor allem über eigene Sichtbeobachtungen berichtet. Auf ähnliche Schwierigkeiten stießen frühe Versuche, die Heimkehr von Zugvögeln über Linien gleicher Ankunft – so genannte Isepiptesen, Isochronen oder Isophaenen – mit Isothermen oder
einzelnen Klimafaktoren zu korrelieren (Schüz et al. 1971, Creutz 1987).
In neuerer Zeit haben in erster Linie drei günstige Umstände dazu beigetragen, Zusammenhänge zwischen Vogelzug und vor allem lokalen Wetterverhältnissen näher aufzudecken: die laufend verbesserte Erfassung
von Wetterdaten, die Möglichkeit, vor allem mit Radargeräten und neuerdings auch mit Hilfe der Satelliten-Telemetrie das individuelle Verhalten
von Zugvögeln in bestimmten Wettersituationen zu registrieren, sowie

die Verfügbarkeit statistischer Verfahren für multivariate Analysen. Trotzdem liegen eindeutige Erkenntnisse über Ursache-Wirkungs-Beziehungen nach wie vor nur in begrenztem Umfang vor, da auch multivariate Verfahren, in die häufig 15–30 Wetterfaktoren einbezogen wurden, selten Wirkungsgefüge zu einzelnen Faktoren klar aufdecken. Dennoch zeichnen sich nach einer Reihe von Übersichtsarbeiten (Elkins 1988 a, Richardson 1990, Berthold 1996) einige recht allgemein gültige Regeln ab, insbesondere: 1. Es besteht eine deutliche Tendenz, dass Zugvögel in Schlechtwetterbedingungen (ausgedehnte Schlechtwetterfronten, starke Bewölkung, Niederschlag, schlechte Sichtverhältnisse) weniger ausgeprägt ziehen oder den Zug z.T. sogar für Stunden, einen Tag oder einige Tage unterbrechen. 2. Sowohl für den Wegzug als auch für den Heimzug gibt es spezielle Wettersituationen und Großwetterlagen, die in höheren geographischen Breiten die Zugintensität erheblich steigern können. 3. Zugvögel reagieren wahrscheinlich eher direkt auf einzelne lokale Wetterfaktoren wie Wind, Temperatur oder Regen als auf „Schön-" oder „Schlechtwetterlagen" insgesamt. 4. Wind und Niederschlag sind wahrscheinlich die wichtigsten unmittelbaren Einflussgrößen der Zugaktivität, während die Temperatur wohl die Zugdisposition (Fettdeposition) wesentlich beeinflusst. 5. Bei günstigem Rückenwind und klarem Himmel werden größere Höhen zum Wandern bevorzugt als bei Gegenwind, niedriger Bewölkung und Niederschlag. Im Folgenden werden die wichtigsten Wetterlagen und Wetterfaktoren näher charakterisiert.

Primär auslösende und modifizierende Wirkung: Wie bei allen Einflussgrößen auf biologische Prozesse ist von grundlegender Bedeutung, ob sie Vorgänge auslösen oder lediglich im Ablauf beeinflussen. Das ist bei Klima- und Wetterfaktoren bislang kaum sicher zu sagen, da die experimentelle Basis noch unbefriedigend ist (Berthold 1996). Die überwiegende Mehrzahl an Interpretationen spricht eher für modifizierende Einflüsse, aber für eine Reihe von Fluchtbewegungen (Kälte-, Schnee-, Eisflucht usw., 5.7) liegt auch die Annahme direkter Auslösung nahe. Kiebitze z.B., die in England normalerweise im Brutgebiet überwintern, können in Jahren mit extremen Winterbedingungen bis nach Spanien ausweichen und sind dort deshalb als „Avefría" – „Kältevögel" – bekannt (Mead 1983). Aber auch in diesem Fall müssten, wie bei allen ähnlichen Beobachtungen, erst genaue ökophysiologische Untersuchungen oder Versuche zeigen, ob wirklich meteorologische Faktoren oder eher unzureichende Ernährungsbedingungen unmittelbare Zugauslöser sind. Wie in Kapitel 6.12 dargestellt, wurde für eine Reihe von Singvogelarten eine so enge Korrelation zwischen dem Wegzugbeginn und dem Einsetzen der genetisch programmierten Zugaktivität bei gekäfigten Individuen gefunden, dass einer Auslösung des Wegzugs durch Umweltbedingungen wie meteorologischen Faktoren kaum Bedeutung zukommen kann. Aber die Witterung kann natürlich während des Zuges den Zugablauf dieser Arten beeinflussen – beschleunigen, verzögern, unterbrechen, räumlich verän-

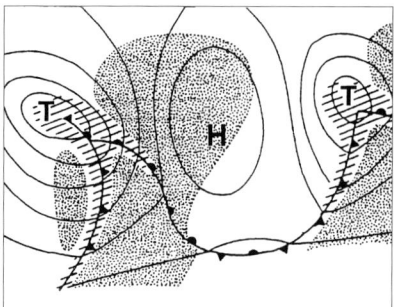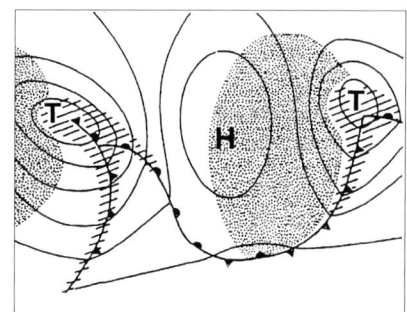

Abb. 47: Typische Wetterlage in der Nordhemisphäre mit Bereichen für ausgeprägten Heimzug im Frühjahr (links) bzw. Wegzug im Herbst (rechts). H: Hochdruck-, T: Tiefdruckgebiet, Linie mit Dreiecken: Kaltfront, Linie mit Halbkreisen: Warmfront, übrige Linien: Isobaren, schraffiert: Niederschlagsgebiete, punktiert: Gebiete mit hoher Dichte heim- bzw. wegziehender Vögel (nach Alerstam 1981).

dern –, und in extremen Wettersituationen können Zugvögel auch in großer Zahl umkommen (7.7).

Günstige Wetterlagen für Weg- und Heimzug: Umfangreiche Untersuchungen in verschiedenen Gebieten der Nordhemisphäre haben gezeigt, dass im Herbst bei folgender Wetterlage mit verstärktem, z.T. massenhaftem Wegzug zu rechnen ist: dem Einsetzen von kalten nördlichen Winden im Gefolge abziehender Tiefdruck- und aufkommender Hochdruckgebiete bei steigendem Luftdruck, fallenden Temperaturen (Abb. 47) sowie zunehmend klarem Himmel, guter Sicht und höchstens geringem Niederschlag. Verstärkter oder gar massenhafter Heimzug findet hingegen statt im Gefolge von warmen Südwinden, wie sie häufig bei Abzug von Hochdruckgebieten und dem Aufkommen von Tiefdruckgebieten auftreten (Warmwetter- oder Warmfrontzug, Abb. 47). Dabei ist der insgesamt schneller ablaufende Heimzug (5.25) weniger wetterabhängig als der Wegzug und findet durchaus auch bei mäßigem Niederschlag statt. Häufig singen dann z. B. bei uns in Mitteleuropa die ersten Singdrosseln *(Turdus philomelos)* nach einer ersten feuchtwarmen Vorfrühlingsnacht, in der sie heimgezogen sind.

Ähnlich den zyklonalen Wetterflügen bei Mauerseglern (5.7) kommt es auch auf dem Wegzug bei manchen Arten zu so genannten „zyklonalen Annäherungen". Schwäne z. B. können bei Einsetzen von Wintereinbrüchen die rund 1200 km lange Strecke von Island bis Irland in etwa 7 Flugstunden bewältigen, indem sie bis etwa 8000 m Höhe aufsteigend den starken Winden unmittelbar hinter abziehenden atlantischen Tiefdruckgebieten folgen (Elkins 1988 a).

Individuelle Wetterfaktoren: Bei Freilandbeobachtungen und auch bei einer ganzen Reihe einschlägiger Versuche (z. B. Czeschlik 1976, Schindler et al. 1981) ergaben sich mehr oder weniger klare Beziehungen des Zugablaufs zu Windrichtung und -stärke, Temperatur, Luftdruck, Niederschlag, Bewölkung, Nebel und den damit verbundenen Sichtverhältnissen sowie zu Luftdruck und Luftfeuchte. Bei Feld- wie Laborstudien zeigten sich, wie schon erwähnt, die klarsten Beziehungen zu Wind, Niederschlag und Temperatur. Das bedeutet aber nicht, dass Zugvögel vor allem nur direkt auf diese Faktoren reagieren – sie könnten sich durchaus auch über Luftdruckänderungen, elektromagnetische Impulsstrahlung

(„Atmospherics", Schüz et al. 1971) usw. auf sich anbahnende Wetterlagen vorab einstellen. Über diese spannende und im Volksglauben vielfach bejahte Möglichkeit fehlen sichere Daten völlig – hier sollte neue
Forschung mit modernsten Methoden ansetzen.

Sehr viel besser sind wir – vor allem durch Radarstudien – darüber informiert, wie sich Zugvögel auf die beiden wichtigsten Wetterfaktoren
während des aktiven Zuges einstellen – auf Wind und Niederschlag.
Hohe Zugintensität wird in der Regel zu Zeiten mit geringem Wind,
Rückenwind in Primärzugrichtung oder mäßigem Seitenwind beobachtet, wobei Zugvögel in gewissem Umfang Höhenbereiche mit derartigen
Bedingungen aufsuchen und bei starkem Rückenwind auch die Eigengeschwindigkeit senken und die Windwirkung teilweise kompensieren können (Bruderer 1971, Elkins 1988 a, Richardson 1991). Neben dem Wandern in ruhiger Luft oder Mitwindflug kommt auch Gegenwindzug vor,
allerdings in weit geringerer Intensität. Er wird am ehesten beobachtet
bei niedrig fliegenden Tagziehern, Seevögeln, im Segelflug wandernden
Arten sowie Luftplanktonjägern (Schwalben, Seglern). Weiterhin könnten
Windverhältnisse und die Auswahl günstiger Windbedingungen eine der
Ursachen für Schleifenzüge sein (5.19). Die Ausnützung planetarer Wind-
systeme ist für die Wanderung vieler Seevögel von Bedeutung und dürfte
es z.B. ermöglichen, dass früh geschlüpfte Küstenseeschwalben zum
Überwintern die Antarktis erreichen, spät geschlüpfte hingegen mehr im
Küstenbereich von Afrika überwintern (Elkins 1988 a). Und schließlich
sind außergewöhnliche Wetterlagen (z.B. Hochdruckgebiete, die von Sibirien bis Mitteleuropa reichen, oder rasche Folgen von Tiefdruckgebieten,
die vom Atlantik nach Mitteleuropa gelangen) typisch für das Auftreten
von Irrgästen aus Asien bzw. Nordamerika, deren Einflug meist mit starken Winden zusammenhängt. Einige weitere Beziehungen von Zugvögeln zu Windverhältnissen werden in Kapitel 7.7 im Zusammenhang
mit ökologischen Aspekten der Orientierung behandelt.

Wegen der bislang nur relativ groben Kenntnis der Beziehungen zwischen Vogelzug, Wetterlagen und einzelnen Wetterfaktoren ist es nicht
überraschend, dass Voraussagemöglichkeiten über die Vogelzuginten-
sität in Verbindung mit Wettervorhersagen bislang nur begrenzt sind
(Berthold 1996). Dasselbe gilt für Voraussagen der künftigen Entwicklung des Vogelzugs in Bezug auf die gegenwärtige globale Klimaerwärmung, auch wenn sich einige zumindest plausible Tendenzen abzeichnen
(Kap. 10).

6.20 Unmittelbare Einflüsse von Populationsdichte, Sozialstatus und Ressourcen

Obwohl bei der Behandlung der Invasionen schon kurz auf die Ursachen
irregulärer Wanderungen eingegangen wurde (5.4, 6.12), sollen hier die
Populationsdichte, der Sozialstatus (die Dominanzverhältnisse) sowie die

Ressourcen als mögliche unmittelbare Zugauslöser noch einmal näher beleuchtet werden, und zwar aus drei Gründen: Zum einen scheinen sie plausible exogene Zugstimuli zu sein, zum anderen ist ihre genaue Wirkungsweise erst unbefriedigend bekannt und möglicherweise kompliziert, und schließlich ist in der Literatur in zahlreichen spekulativen Abhandlungen ihre proximate oder ultimate Bedeutung (4) nicht klar herausgearbeitet worden.

Kalela (1954) hat, wie andere vor ihm, für die Auslösung von Evasionen, die dann zu Invasionen führen (5.4), Nahrungsmangel oder hohe Populationsdichte postuliert und für die Auslösung des Teilzugs – und zwar auch des regulären, obligaten Teilzugs (5.10) – ebenfalls exogene Faktoren: schwache Konstitution, Subdominanz und Abwandern nach dem Unterliegen bei Auseinandersetzungen (Dominanzhypothese – Verdrängung der Schwächeren – und Verhaltens-Konstitutions-Hypothese, 6.18). Darüber hinaus hat Kalela (1954) eine evolutionäre Verbindung zwischen irregulären Wanderungen und dem regelmäßig auftretenden Zug angenommen, die sinnvoll erscheint (Kap. 2), dann aber weiter postuliert, auch regelmäßiger Zug (in höheren Breiten) könne entsprechend dem Teilzug durch aggressive Auseinandersetzungen in der Wegzugperiode ausgelöst werden.

Unterzieht man die bisher vorliegenden Ergebnisse zur Zugauslösung einer kritischen Prüfung, ergibt sich folgender Sachverhalt: Regelmäßiger Zug (Pendel-, Jahreszug, 5.2) beruht, soweit wir wissen, auf endogenen, wahrscheinlich genetischen Programmen (6.12), und Hinweise dafür, dass regelmäßiger Zug rein exogen ausgelöst werden könnte, liegen nicht vor. Es ist lediglich bekannt und auch experimentell erhärtet, dass regelmäßige Zieher nach Ablauf ihrer eigentlichen, endogen gesteuerten Wegzugperiode nach Ankunft im artspezifischen Winterquartier aufgrund von fakultativer Zugaktivität weiterwandern können, wenn äußere Umstände dies erfordern (6.15). Auch für den regelmäßigen obligaten Teilzug sind inzwischen endogene genetische Faktoren nachgewiesen (6.18), und es liegen keine Hinweise dafür vor, dass obligater Teilzug bei irgendeiner Art rein exogen ausgelöst würde. Da obligater Teilzug wohl polygen gesteuert wird und Ziehen und Nichtziehen dabei Schwellenmerkmale darstellen (6.18), ist davon auszugehen, dass es Individuen gibt, die durch relativ viele Gene stark auf Ziehen programmiert sind, andere, die mehr auf Nichtziehen ausgerichtet sind, und schließlich solche, die mit Genen für beide Verhaltensweisen ausgestattet eher im Bereich der Schwelle liegen (Berthold 1999). Es ist denkbar, dass Individuen der dritten Kategorie, die weniger stark auf eine der beiden Verhaltensweisen programmiert sind, in ihrem Zugverhalten mehr unmittelbar von Umweltfaktoren beeinflusst werden können, wie das für Rotkehlchen in Belgien vermutet wurde (Adriaensen et al. 1990, „konditionale Strategie"). Allerdings hat man bislang bei obligaten Teilziehern nur relativ selten beobachtet, dass Individuen fallweise in einem Jahr nicht ziehen, wohl aber in einem darauf folgenden Jahr, was bei konditionaler (umweltabhängiger) Strategie zu erwarten wäre. Und die systematische Reduzierung des Zugumfangs bei vielen obligaten Teilziehern mit zunehmendem Alter wird wohl eher durch Reifungsprozesse im Vogel selbst bedingt als durch exogene Faktoren, da sie auch unter konstanten Versuchsbedingungen auftritt (6.18 u. Berthold 1996). Auch besonders detaillierte und sorgfältige Verhaltensstudien an Meisen, Amseln, Junkos und anderen Arten, z. B. unter Einbeziehung von Hormonspiegeln, konnten bisher nicht klar belegen, dass Dominanzverhältnisse bei der unmittelbaren Steuerung von regelmäßigem Zug, Teilzug oder differenziertem Zugverhalten eine wesentliche, über modifizierende Einflüsse hinausgehende Rolle spielen (Berthold 1996). Bei amerikanischen Geiern konnte sogar gezeigt werden, dass Zuzügler über ortsansässige Individuen dominant waren (Kirk u. Houston 1995). Wie Populationsdichte im Einzelnen am Zustandekommen von Evasionen beteiligt ist, ist ebenfalls noch unklar. Wie kompliziert die Verhältnisse sind, zeigen z. B. Studien an Blaumeisen. Smith u. Nilsson (1987) interpretierten ihre Feststellungen, dass vorwiegend Jungvögel und Weibchen abwandern, im Sinne der Dominanzhypothese. Heldbjerg und Karlsson (1997) fanden bei derselben Art in demselben Gebiet, dass ein Teil der Individuen regelmäßig jährlich zieht, so dass an dem insgesamt stark fakultativen Zugverhalten der Art möglicherweise auch regelmäßig wirkende Steuerungsfaktoren beteiligt sind (Kap. 2 u. Berthold 1999). Außerdem kann vorwiegend bei jungen Weibchen auftretendes Zugverhalten auch geschlechtsspezifisch genetisch programmiert auftreten (6.18).

Verschiedene Autoren, vor allem Lack (1954) und Newton (1975) haben die Frage, ob bei irregulären Wanderungen eher Überbevölkerung (hohe Populationsdichte nach außergewöhnlich erfolgreichen Brutperioden) oder Nahrungsmangel (geringe Frucht- oder Samenproduktion der wichtigsten Futterpflanzen) zugauslösend wirken, mit höchster Genauigkeit vergleichend untersucht, und zwar vor allem beim Fichtenkreuzschnabel. Sie kamen zu dem Schluss, dass keiner der beiden Faktorenkomplexe allein eine vollständige Erklärung bietet. Wie schon in 5.5 beschrieben, traten ausgeprägte lokale Wanderungen in bestimmten Jahren in Gebieten auf, in denen das Angebot von Koniferensamen gering war. Genauere Untersuchungen zeigten jedoch, dass die Kreuzschnäbel nicht in allen Jahren mit relativ niedrigem Samenangebot wanderten. Weiterhin wurde das Abwandern nicht nur im Sommer, sondern z. T. schon ab Mai beobachtet, also lange bevor das nachfolgende Samenangebot feststand. Newton (1975) hat aus den komplizierten Untersuchungsergebnissen gefolgert: Voraussetzung für Kreuzschnabelevasionen ist hohe Populationsdichte, die durch das Koniferensamenangebot modifiziert wird. Bei hoher Populationsdichte löst bereits der erste Abfall im Samenangebot Wegzug aus. Der frühe Abzug eines Teils der Population lässt nicht ausschließen, dass entweder hohe Populationsdichte auch allein zugauslösend wirken könnte (z. B. über Gedrängefaktoren, 6.12) oder dass die Vögel gar in der Lage sind, die heranwachsende Koniferensamenmenge vorab abzuschätzen. Cornwallis und Townsend (1968) hatten aufgrund der beschriebenen Schwierigkeiten, eindeutige Zugauslöser zu finden, als unmittelbaren Stimulus ein „Ungleichgewicht" zwischen Nahrungsangebot und Populationsdichte postuliert. Aber auch bei dieser Hypothese bleibt die Frage offen, wie Vögel ein solches Ungleichgewicht feststellen und welche exogenen und eventuell endogenen Faktoren einen Evasionsvogel letztendlich zum Aufbruch bewegen.

6.21 Die relative Rolle von endogenen Programmen, genetischen Faktoren und Umwelteinflüssen

Die vorangehenden Abschnitte haben gezeigt, dass bei den regelmäßigen saisonalen Pendelzügen wie beim obligaten Teilzug endogene und genetische Faktoren und Programme eine wesentliche Rolle spielen. Das gilt sowohl für die Auslösung zumindest des ersten Wegzugs, seine Beendigung, die Bewältigung der während des ersten Wegzugs unbekannten Zugstrecke, bei obligaten Teilziehern für die Entscheidung, wegzuziehen oder im Brutgebiet zu verbleiben, darüber hinaus für die adaptive Jugendentwicklung und für die Zugdisposition, hier besonders deutlich für Dauer und Umfang der Fettdeposition. Weitere Abschnitte werden Entsprechendes zeigen. Selbst die Rastplatzwahl und charakteristische Verhaltensänderungen von Zugvögeln zur Zugzeit unterliegen endogener Steuerung (6.22, 6.11), und auch das Orientierungsverhalten (Kap. 7) ist ganz wesentlich auf endogene und genetische Grundlagen aufgebaut.

Auch endogene, noch so streng genetisch determinierte Programme für das Zuggeschehen stehen für ihren erfolgreichen Ablauf in ständiger Beziehung zu wichtigen Umweltfaktoren. Das wird besonders deutlich im Fall der endogenen Jahresperiodik, der circannualen Rhythmik. Diese „circa"-Rhythmen weichen z.T. erheblich, häufig um Monate, vom Kalenderjahr ab und werden durch präzise Umweltrhythmen, vor allem die Photoperiodizität (Änderung der Tageslänge im Jahresverlauf) genau auf die Jahreszeiten synchronisiert. Dieses duale System eines genetischen Circa-Programms und einer periodischen Umweltrichtgröße als Synchronisator oder Zeitgeber ermöglicht sowohl größte jahreszeitliche Präzision im Verhalten als auch ein gewisses Maß an Flexibilität. Nur zeitweise, z.B. am Äquator mit kaum veränderlicher Tageslichtdauer, dürften endogene Programme weitgehend unabhängig von Umweltfaktoren ablaufen. Der Einfluss der Photoperiode auf jahresperiodische Vorgänge ist in Hunderten von Versuchen untersucht worden (Berthold 1996).

Allgemeine Gesichtspunkte für das Zusammenwirken endogener und exogener Faktoren einschließlich individueller Erfahrungen bei der Steuerung der Jahresperiodik haben Wingfield und Jacobs (1998) entwickelt. Sie gehen davon aus, dass die Sequenz und zeitliche Ausbildung jahresperiodischer Vorgänge endogen, genetisch gesteuert werden, dass aber in den Übergangsphasen aufeinander folgender Prozesse und in der

Entwicklung untergeordneter Teilvorgänge exogene Faktoren modifizierend eingreifen können. Ein derartiges Steuerungssystem erscheint auch für den Zug plausibel.

Nach heutiger Sicht dürfte ein beträchtlicher Teil der regelmäßig wandernden Arten zumindest auf dem ersten Wegzug durch ererbte Programme weitgehend „automatisch" vom Brutgebiet in das zunächst unbekannte Ruheziel geführt werden (Vektornavigation, 6.13, 7.6.7). Aber auch der Heimzug wird wohl bei vielen Arten stark endogen gesteuert. Dafür spricht z.B. die zeitliche Konstanz, mit der viele Individuen Jahr für Jahr in Durchzugsgebieten erscheinen (Nisbet 1969), die weitgehende Unabhängigkeit präzisen Zugablaufs von Wetter und Energiereserven (Johnson u. Herter 1990), die nur ganz geringfügig variierenden Ankunftszeiten von „Kalendervögeln" (5.27) im Brutgebiet u.a.m. (Berthold 1996). Piersma und Davidson (1992) nehmen für den Knutt an, dass seine Jahresperiodik allgemein im wesentlichen endogen gesteuert wird, und das gilt sicher für viele Arten (Berthold 1996). Ebenso dürften obligate Teilzieher aufgrund der experimentellen Befunde von Selektionsversuchen (6.18) weitgehend gemäß ihres ererbten Verhaltens ziehen oder nicht ziehen, wofür u.a. der geringe Umfang individueller Verhaltensänderung in verschiedenen Jahren spricht (Nice 1937, Berthold 1984b, 1996).

Zug nach ererbten Programmen dürfte vor allem für die im Mittel nur zwei Jahre alt werdenden Kleinvögel (Ricklefs 1973) von großem Vorteil sein. Durch ererbte Programme und durch Selektion können ständig alle wesentlichen Umwelteinflüsse integriert und Zugpläne für ziehende Individuen fortlaufend optimal adaptiert werden. Weitgehend exogene Steuerung des Zugs hätte den großen Nachteil, dass vor allem kurzlebigen Individuen wie bei den meisten Kleinvögeln zum Sammeln und für die Verwertung unmittelbarer Erfahrung kaum Zeit bliebe. Dazu ein Beispiel: Erfährt der sesshafte Teil einer obligaten Teilzieherpopulation eine Reihe schöner Sommer und Herbste, aber sehr strenger Winter mit hohen Verlusten, wird der programmierte Zugvogelanteil der Population rasch ansteigen (6.18), und relativ viele Vögel werden sinnvollerweise rechtzeitig wegziehen. Hätten die Mitglieder einer solchen Population aufgrund der schönen sommerlichen und herbstlichen Bedingungen unmittelbar individuell zu entscheiden, würden viele nicht wegziehen und den nachfolgend harten Wintern in großer Zahl zum Opfer fallen. Langfristig optimal angepasste Programme sind für solche Situationen von großem Vorteil.

So sinnvoll und vorteilhaft endogene und genetische Programme für Zugvögel auch sein mögen, so können sie doch längst nicht alle möglichen Einflüsse der sehr vielfältigen Umweltbedingungen, die auf die Vögel einwirken, berücksichtigen. Alle bisher ermittelten Programme besitzen daher zur Sicherheit für die oftmals in außergewöhnliche Situationen geratenden Zugvögel entweder ein gewisses Maß an Flexibilität, oder es ist fakultatives Zusatz- oder Korrekturverhalten vorhanden. So wird das obligate Teilzieherverhalten nicht nach einem strengen Polymorphismus, sondern offenbar nach einem Schwellenwert-Modell gesteuert. Dabei können neben einem hohen Wirkungsgrad genetischer Faktoren (Heritabilitätswerte, d. h. Erblichkeitswerte, im Bereich von etwa 0,6, Berthold 1999) auch exogene Faktoren auf individuelle Entscheidungen Einfluss nehmen. Fakultatives Zugverhalten im Zusammenhang mit reduzierten Fettdepots und dem Aufsuchen von Ruhezielen wurde bereits behandelt (6.15). Es spricht vieles dafür, dass bei ausgeprägten Zugvögeln der erste, hauptsächliche Zugabschnitt vorwiegend endogen gesteuert wird, dass in einem zweiten Abschnitt nach Bedarf fakultatives Zugverhalten entwickelt werden kann und das Zugende mit häufig einsetzender Mauser wieder mehr endogen bestimmt wird (Berthold 1975, Terrill 1990). Transozeanzieher, vor allem Limikolen, können sich nach Williams und Williams (1990) auch beim Start nach den lokalen Wetterverhältnissen richten, fliegen dann jedoch die Hauptstrecke gemäß ihren endogenen Programmen und richten sich erst gegen Ende ihres Zugs zur Landung wieder nach lokalen Wetterfaktoren und Landmarken. Eine Computersimulation ergab, dass Zugvögel mit endogener Vektornavigation (7.6) die Kette der Hawaii-Inseln von Alaska aus auch dann fänden, wenn sie bei sehr schlechten Wetterbedingungen starten würden. Auch aufgrund einer ganzen Reihe von Feldstudien an anderen Arten wird auf wesentliche endogene Zugsteuerung geschlossen (Gauthreaux 1971, Pearson 1990), in anderen Arbeiten werden mehr exogene Einflüsse behandelt (Ketterson u. Nolan 1985, Zalakevicius et al. 1995).

Interessanterweise besitzen auch unregelmäßig wandernde Arten wie z. B. der Fichtenkreuzschnabel eine endogene Mauser- und Körpergewichtsperiodik mit programmierter Fettdeposition (Berthold 1977 a), so dass auch ihre Jahresperiodik und ihr Zugverhalten nicht rein exogen gesteuert werden. Über die quantitativen Beziehungen zwischen genotypischer und umweltbedingter Steuerung des Zugverhaltens liegen bisher für keine Vogelart befriedigend genaue Ergebnisse vor – auf diesem interessanten Gebiet gibt es noch viel zu erforschen.

Nachdem genetische Faktoren bei der Steuerung des Vogelzugs eine erhebliche Rolle spielen, ist – bei entsprechender genetischer Variabilität – die Basis für evolutionäre Veränderung gegeben, vor allem auch für rezente Vorgänge der Mikroevolution. Interessante Gesichtspunkte hierzu ergab vor allem der in 6.18 behandelte Zweiweg-Selektionsversuch mit teilziehenden Mönchsgrasmücken aus Südfrankreich (Abb. 45, 46), in dem sich in nur 3 bzw. 6 Generationen aus Teilziehern (fast) reine Zieher bzw. Standvögel züchten ließen. Dieses Selektionsergebnis stellt eine der schnellsten bislang bekannt gewordenen Verhaltensänderungen bei Wirbeltieren auf genetischer Basis dar. Überträgt man es auf natürliche Verhältnisse, ergibt sich Folgendes: Entsprechend der im Versuch durchgeführten Selektion könnten auch im Freiland starke Selektionskräfte auftreten und das Teilzugverhalten auf genetischer Basis geradezu blitzschnell anpassen. Angenommen, eine neue Kaltperiode würde mit ihren

Ausläufern rasch bis in den Mittelmeerraum vordringen und würde den dort nicht wegziehenden Mönchsgrasmücken das Überwintern im Brutgebiet unmöglich machen. Dann würden alsbald nur noch die ziehenden, erst zur Brutperiode heimkehrenden Individuen miteinander brüten und nach wenigen Generationen eine rein ziehende Population aufbauen. Würde sich hingegen im Mittelmeerraum eine neue Warmzeit einstellen, könnten mehr und mehr Standvögel im Brutgebiet verbleiben, zunehmend mehr die günstigsten Habitate besetzen, sich durch assortative Verpaarung (Kap. 10) schnell vermehren und ebenfalls nach relativ wenigen Generationen eine nunmehr nicht mehr ziehende Population aufbauen.

Ein kürzlich durchgeführtes Kreuzungsexperiment mit ziehenden Mönchsgrasmücken aus Süddeutschland und nicht ziehenden Artgenossen von den Kapverdischen Inseln (Berthold et al. 1990) hat gezeigt, dass sowohl Zugverhalten als auch Orientierungsvermögen (7.3) in erheblichem Umfang bereits in die F_1-Nachkommen nicht ziehender Elternvögel vererbt werden können. Wenn durch äußere Einwirkungen Brutkontakte zwischen verschiedenen Populationen herbeigeführt werden, dann könnten demnach Zug- und Standvogelverhalten offenbar rasch in den Genpool anderer Populationen übertragen werden und schnell zu neuen evolutionären Prozessen führen. Die hier für Mönchsgrasmücken dargestellten Verhältnisse dürften nach den bislang vorliegenden Daten auch für viele andere Zugvogelarten gelten. Diese Annahme wird unterstrichen durch die Feststellung, dass Kreuzungsversuche mit Rotschwänzen zu ganz entsprechenden Ergebnissen führen (Berthold et al. 1996).

Ein Beispiel für rezente Entstehung neuartigen Zugverhaltens liefern derzeit mitteleuropäische Mönchsgrasmücken, die seit etwa 30 Jahren in zunehmendem Maße nach NW auf die Britischen Inseln als Winterquartier anstatt in den Mittelmeerraum wandern – es wird in Kapitel 10 näher besprochen.

6.22 Habitatwahl in Rastgebieten und Ruhezielen, Konkurrenz und Konkurrenzverminderung

Die meisten Zugvögel entwickeln schon als Jungvögel vor dem Wegzug ganz spezifische Habitatpräferenzen, bedingt durch ihre Bau-, Bewegungs- und Ernährungsweise und gesteuert durch angeborene Präferenzen und Prägungsvorgänge (Leisler 1990). Was geschieht aber auf dem Zug und in den Ruhezielen, wo Vögel häufig völlig neuen Habitaten und enormer potentieller Konkurrenz gegenüberstehen? Die über 5 Milliarden von Eurasien nach Afrika wandernden Individuen z.B. ziehen in einen Kontinent, in dem etwa 70 Milliarden Vogelindividuen leben (Lövei 1989).

Es ist zwar offenkundig, dass ziehende Wasservögel auch unterwegs vorwiegend auf Gewässern rasten, Kraniche in weiten offenen Fluren usw., aber wie verhalten sich die vielen Kleinvogelarten, die zur Brutzeit

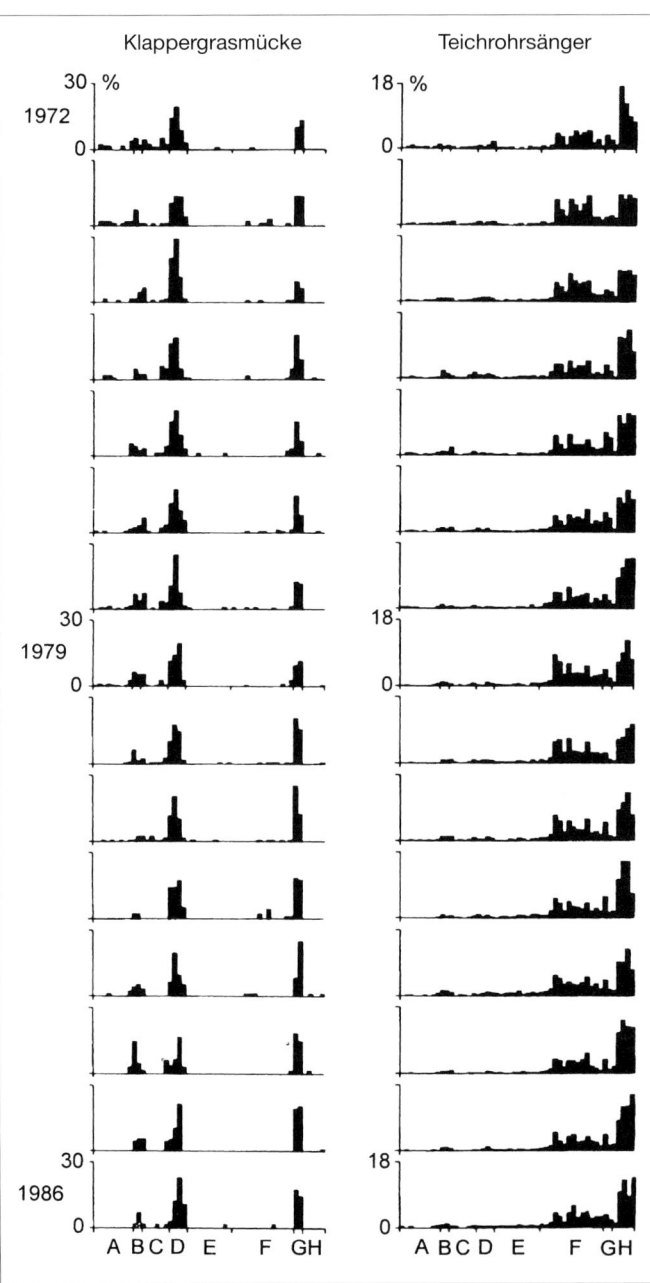

ganz spezielle Habitate besiedeln und auf dem Zug ständig neuartigen Lebensräumen gegenüberstehen?

Fragen der Rastplatzwahl während des Zugs können vor allem im Rahmen von langfristigen Studien wie dem MRI-Programm (4.7) systematisch untersucht werden. Auf der Mettnau-Halbinsel am Bodensee z. B. stehen während der gesamten Wegzugperiode Fangnetze in acht verschiedenen, benachbarten Habitaten. Dabei lässt sich genau registrieren, in welchen Habitaten Vögel der etwa 40 regelmäßig untersuchten Arten rasten. Abb. 48 zeigt Beispiele für die Verteilung gefangener Rastvögel zweier Arten in verschiedenen Habitaten, und zwar jährlich für die Dauer der gesamten Wegzugperiode und für 15 aufeinanderfolgende Untersuchungsjahre.

Die systematische Langzeitstudie auf der Mettnau ergab Folgendes: Alle Arten weisen spezifische Habitatpräferenzen auf, die von Jahr zu Jahr in erstaunlich gleich bleibender Form auftreten. Das wird besonders deutlich, wenn die Präferenzen auf mehreren benachbarten Fangstationen untersucht werden und auch die Habitatwahl von Wiederfängen mit einbezogen wird (Berthold 1996). Die beobachteten konstanten artspezifischen Habitatpräferenzmuster werden weder durch Tradition erreicht noch durch Umhersuchen und Ausprobieren verschiedener Habitate, da die Muster auch für Jungvögel typisch sind und schon frühmorgens nach dem Eintreffen der Nacht-

Abb. 48: Prozentuale Verteilung von Fänglingen der Klappergrasmücke *(Sylvia curruca)* und des Teichrohrsängers *(Acrocephalus scirpaceus)* in acht verschiedenen Habitaten (A–H) auf der Mettnau-Halbinsel, die in einer etwa 500 m langen Fanganlage in Japannetzen in der Wegzugperiode gefangen wurden. Dargestellt sind die Daten für 15 aufeinander folgende Jahre (nach Berthold 1988 a).

zieher ihre typische Form besitzen. Die Habitatwahl vollzieht sich demnach sehr wahrscheinlich folgendermaßen: Die Individuen der überwiegend nachts ziehenden Arten landen entweder während der Nacht auf exponierten Stellen wie Baumwipfeln (7.5) oder treffen in der Morgendämmerung ein, überschauen das Gebiet und treffen rasch ihre artspezifische Habitatwahl. Das kann der Schnelligkeit der Wahl zufolge nur visuell geschehen – über eine Art Gestaltwahrnehmung, wofür auch bei Nebel auftretende Unschärfen in der Habitatwahl sprechen.

Sicher ist für viele Neuankömmlinge eine Habitatzusammensetzung wie auf der Mettnau-Halbinsel neuartig. Wenn dennoch die Angehörigen der einzelnen Arten unabhängig voneinander regelmäßig entsprechende Habitate wählen, kann das nur aufgrund vorgegebener Habitatkonzeptionen geschehen. Solche Konzeptionen sind wahrscheinlich recht abstrakt und wohl vor allem auf Struktur, Dichte und Höhe der Vegetation ausgerichtet. Sie dürften, wie vor allem auch Versuchsergebnisse zeigen, endogen vorgegeben sein (Winker 1995) und durch Lern- und Prägungsvorgänge in der Jugendzeit mitgestaltet werden. Sie befähigen Zugvögel, unterwegs auch in neuartigen Situationen rasch eine artgerechte Habitatwahl zu treffen, die vor allem auf ihre Eigenschaften in Bau- und Bewegungsweise zugeschnitten ist (Berthold 1996). Die sehr unterschiedlichen artspezifischen Habitatpräferenzen trennen „automatisch" viele potenziell konkurrenzfähige Arten mehr oder weniger voneinander, ohne dass es überhaupt zu Begegnungen und Auseinandersetzungen kommt. Konkurrenz zwischen Zugvögeln in gemeinsamen Rastgebieten wird insgesamt vermindert durch 1. unterschiedliche Durchzugszeiten (5.26), 2. Unterschiede in den tageszeitlichen Aktivitätsmustern (6.20), 3. der Nahrungswahl (6.5) und 4. den Habitatpräferenzen. Dazu kommen 5. Unterschiede in der Nutzung der verschiedenen Höhenschichten der Vegetationszonen und möglicherweise weitere Mechanismen der Konkurrenzverminderung oder des -ausschlusses. (Näheres siehe Bairlein 1981, Berthold 1988 a, Spina et al. 1985.) Diese ausgeprägten Trennmechanismen sind sicher wichtige Voraussetzungen für die Fettdeposition und für Ruhephasen während der Rast, da Konkurrenz möglicherweise zu Beginn von Rastperioden Fettdeposition sogar verhindern kann (Hansson u. Pettersson 1989). Schlechte Rastplätze können auch verlassen und gewechselt werden, z.T. sogar von Nachtziehern tagsüber (Rabøl u. Petersen 1973).

Arten wie Limikolen, Kraniche, Gänse u. a., für die geeignete Rastplätze nicht (oder nicht mehr) überall unterwegs zur Verfügung stehen, zeigen z.T. ein hohes Maß an Rastplatztreue (5.27). Bei Kleinvögeln ist Rastplatztreue kaum zu finden. Das geht daraus hervor, dass Wiederfänge von beringten Individuen auf Fangstationen in nachfolgenden Jahren selten sind, selbst wenn Hunderttausende von Individuen untersucht werden (Berthold et al. 1990). Wenige Ausnahmen betreffen z.B. Arten wie das Blaukehlchen *(Luscinia svecica)*, das traditionell bestimmte Feuchtgebiete aufsuchen kann (Ellegren u. Staav 1990).

Habitatwahl, Einnischung und Konkurrenzfragen von Zugvögeln in ihren Ruhezielen haben Lack (1990), Leisler (1992), Greenberg (1995), Berthold (1996) und Erard und Jarry (1996) zusammenfassend dargestellt, und zwar sowohl für das paläarktisch-afrikanische als auch für das nearktisch-neotropische Vogelzugsystem. Für die Verteilung von Zuzüglern in den Habitaten der Ruheziele gibt es nach Lack (1990) drei Haupthypothesen, nach denen die Gäste bevorzugt Habitate beziehen: Lebensräume, die entweder am ehesten ihren Bruthabitaten entsprechen, oder solche, die relativ wenig strukturiert und offen sind, oder aber Habitate, die jahreszeitlich besonders kontrastreiche Ressourcen aufweisen. Aus neueren Freilandstudien zeichnen sich folgende Regelhaftigkeiten ab: Zugvögel besiedeln mehr trockenere, offenere und periphere Habitate in größerer Variationsbreite, nutzen aber dennoch insgesamt die meisten Habitate und sind somit mehr eurytop als die ansässigen Standvögel. In der Nahrungssuche sind Zuzügler mehr sporadisch, opportunistisch, und verfügen über mehr und z.T. günstigere Nahrungserwerbstaktiken und verzehren mehr kleinere Insekten. Das Ausmaß an direkter Konkurrenz, in der die Standvögel zu dominieren scheinen, und an temporären Nischenverschiebungen bei Standvögeln, induziert von Zuzüglern, ist erst wenig untersucht, aber wohl eher gering. Zugvögel scheinen sich in erster Linie als wenig unmittelbare Konkurrenz verursachende Generalisten in ortsansässige Vogelgemeinschaften einzufügen. Der tropische Regenwald, dicht besetzt mit einheimischen Arten, wird vor allem in Afrika und Südamerika weitgehend gemieden und stellt sogar eine erhebliche Barriere für Zugvögel dar. Am Fuße großer Gebirge wie in den Vorbergen des Himalaja in Nordindien kann es im Winter zu sehr großen Konzentrationen an überwinternden Kleinvögeln kommen, die neben den ortsansässigen Vögeln zum einen aus nördlichen Bereichen bis aus Sibirien, zum anderen aus den Höhenlagen des Gebirges stammen. Man ist zunächst erstaunt, dass bei den sommerlichen Temperaturen, die dort während unseres Winters herrschen, und bei der trotz der Trockenheit recht üppigen Vegetation der submontanen Dschungelwälder keine Vögel brüten. Aber wenn man sieht, wie praktisch jeder Baum und Strauch ständig von Vögeln nach Nahrung durchstreift und viele Blätter am Boden mehrmals täglich bei der Nahrungssuche gewendet werden, wird einem rasch klar: Bei dieser enormen Vogeldichte könnten nicht auch noch zusätzlich Jungvögel erfolgreich aufgezogen werden. Das heißt aber auch: Die vielen Zuwanderer könnten hier nicht einfach auf Dauer bleiben, sondern müssen für erfolgreiche Reproduktion diese an und für sich ganzjährig nutzbaren Lebensräume wieder verlassen, um einer übermäßigen Konkurrenz zu entgehen. Ähnliche Verhältnisse finden wir in verschiedenen Gebieten Afrikas und vor allem auch im Mittelmeerraum, wo es in unserem Winterhalbjahr zu starken Konzentrationen aus residenten Populationen und v.a. sehr vielen Zuwanderern kommt. Auch hier muss für erfolgreiche Fortpflanzung die Konkurrenz z.T. erst wieder abgebaut werden durch Abzug der Zuzügler im Spätwinter und Frühjahr (Berthold 1986).

6.23 Zusammenhänge zwischen Zug und anderen jahresperiodischen Vorgängen

Das Leben eines Zugvogels ist charakterisiert durch vier bis fünf lebenswichtige jahresperiodische Abschnitte, nämlich Weg- und Heimzug, die Brutperiode und durch meist zwei Mauserperioden. Jegliche Störungen dieser Prozesse untereinander können lebensbedrohlich sein, und Überlappungen können Fitness und Überlebenschancen verringern (Hemborg u. Lundberg 1998). Um sie zu vermeiden, sind im Laufe der Zeit bei Zugvögeln programmierte Regelvorgänge entstanden, von denen die wichtigsten kurz skizziert werden.

Die Mauservorgänge sind so terminiert, dass normalerweise kein Zugvogel mit lückigem Flügel wandert und für den Zug hohe Federqualität erreicht wird. Je nach dem Jahres-Zeitplan ziehender Formen wird daher die Großgefiedermauser vielfach entweder vor dem Wegzug beendet oder erst nach dem Wegzug im Ruheziel begonnen und manchmal auch in einem Zwischenziel durchlaufen (Übersicht Stresemann u. Stresemann 1966, Kjellen 1994, Berthold 1996, Winkler 1998; die Mauser wird dann bisweilen als post- oder pränuptial bezeichnet). Bei vielen Arten kommt es zu Mauserunterbrechungen: Die Großgefiedermauser wird im Brutgebiet begonnen, während des Zugs eingestellt, und die verbliebenen alten Federn werden im Ruheziel erneuert. Der Umfang des dabei vor dem Wegzug abgewickelten Teils der Mauser kann direkt abhängig sein von der Zeit zwischen Brutperiode und Wegzugbeginn (Berthold u. Querner 1982 b). Großvögel mausern ihr Großgefieder vielfach über Jahre hinweg, Feder nach Feder, aber ebenfalls nicht zur Zugzeit, und Seeschwalben führen z.T. eine Staffelmauser durch, die vor dem Wegzug beginnt und vor dem Heimzug endet. Bei manchen Arten beginnen die Weibchen, die mehr mit der Brut beschäftigt sind, nach den Männchen mit der Großgefiedermauser (Ginn u. Melville 1983), die dann aber aufgrund eines photoperiodischen Kalendereffekts rascher abläuft – ebenso wie bei Jungvögeln später Bruten (6.1). Brutvögel der Subarktis starten z.T. bereits zum Wegzug, während die Armschwingen noch heranwachsen (Ryzhanovskii 1987). Einige Arten mausern Teile ihres Großgefieders während der Brutperiode, und sieben Kleinvogelarten mausern ihr Großgefieder sowohl vor als auch nach dem Wegzug, also zweimal im Jahr (Berthold 1996, Underhill et al. 1992).

Kleingefiedermauser findet meist auch während des Zugs statt; ihr Schwerpunkt liegt jedoch regelmäßig vor der Zugperiode (Berthold et al. 1990, bei Langstreckenziehern bedingt durch beschleunigte Jugendentwicklung, die z.T. bereits im Ei schneller abläuft, 6.1). Die Mauserdauer ist in der Regel insgesamt umso kürzer, je früher eine Art wegzieht, wobei genetische Faktoren eine wichtige Rolle spielen (6.1 u. Berthold 1996).

Vögel haben i.A. einen ausgeprägten jahreszeitlichen Gonadenzyklus, wobei sich Hoden wie Ovarien zur Brutzeit um mehr als das Tausendfache vergrößern können und normalerweise nur in dieser Zeit reife Geschlechtszellen bilden. Da viele Langstreckenzieher wie z. B. der Sumpf-rohrsänger nur wenige Wochen im Brutgebiet anwesend sind (5.25), rei-fen ihre Gonaden teilweise schon während des Heimzugs heran, damit sich die Vögel überhaupt erfolgreich fortpflanzen können. Auch die Brut-flecke bilden sich z.T. schon auf dem Heimzug aus. Ferner ist das Brutver-halten vieler Zugvogelarten so optimal angepasst, dass sie häufig mit einer Brut pro Saison auskommen (5.31), und Herbstbalzverhalten ist bei ihnen kaum entwickelt. Die Hauptgonadenentwicklung vollzieht sich wahrscheinlich meist blitzschnell in wenigen Tagen nach der Ankunft im Brutgebiet (Berthold 1969), wenn eine hormonelle Umstellung von Zug-auf Brutverhalten stattfindet (6.10). Teilweise kommt es schon auf dem Heimzug zu vorübergehender Revierbildung, Gesang und Kopulationen mit Samenübertragung, deren Bedeutung aber noch unsicher ist (Berthold 1996). Warum beim Fitis polygyne Männchen vor monogamen und unverpaarten ins Brutgebiet zurückkehren (Lawn 1998), ist offen.

Auch sehr späte Bruten von Jungvögeln werden, wenn Junge ge-schlüpft sind, in der Regel bis zum Flüggewerden der Jungen betreut, wo-durch sich die Mauser und der Wegzug von Altvögeln verzögern können. Nur in relativ seltenen Notlagen werden unselbständige Jungvögel von ziehenden Eltern zurückgelassen (Berthold 1996).

7. Orientierungsmechanismen

In diesem Kapitel werden die Mechanismen behandelt, die Zugvögel befähigen, auf ihren Wanderungen bestimmte, meist art- und populationsspezifische Richtungen einzuhalten und bestimmte Ziele wie Ruheziele und Brutgebiete zu finden. Die Forschung hat in diesem Bereich in den letzten 50 Jahren seit der Entdeckung eines ersten Kompasses (siehe Sonnenkompass) große Fortschritte gemacht. Dennoch sind noch viele Fragen offen und viele Deutungen spekulativ. Eine der Hauptschwierigkeiten besteht darin, dass wir es bei den Orientierungsmechanismen der Zugvögel z.T. mit Verhaltensweisen zu tun haben, die uns selbst weitgehend fremd sind, die teilweise hoch komplex sind und schwer zu erfassende physiologische Vorgänge und Umweltfaktoren einbeziehen, so dass selbst Ansätze für entsprechende Untersuchungen oft nicht leicht zu finden sind.

Man ist schnell geneigt, Zugvögeln, die riesige Strecken ziehen und kontinentweit wandern, besondere oder zumindest besonders gut ausgeprägte Orientierungsfähigkeiten zuzuschreiben. Die vorliegenden Forschungsergebnisse sprechen jedoch nicht dafür. Vielmehr sind Vögel als sehr mobile Wesen offenbar generell sehr gut mit Orientierungsmechanismen ausgerüstet, und die meisten davon wurden wohl bereits von primitiveren Vorfahren entwickelt (Kap. 2, 7.8). So können auch Standvögel, die normalerweise nicht ziehen, nach Versetzungsversuchen rasch gezielt z.B. an ihren Brutplatz zurückkehren (Terrill 1991), also navigieren (7.1). Geradezu legendär für Orientierungsleistungen sind Brieftauben geworden, obwohl sie von der nicht ziehenden Felsentaube *(Columba livia)* abstammen. Und die Felsentaube selbst, obwohl nicht wandernd, steht in ihren Orientierungsleistungen den gezüchteten Brieftauben nicht nach (Terrill 1991). Versuche mit Arten, die Nahrung verstecken (wie z.B. Häher und Meisen), haben gezeigt, dass selbst zum Wiederauffinden der Nahrungsreserven ein Sonnenkompass (7.4) verwendet werden kann (Sherry u. Duff 1996).

Die Feststellung, dass Zugvögel wohl nicht über grundsätzlich andersartige Orientierungsmechanismen verfügen als nicht ziehende Vogelarten und z.T. auch andere wandernde Tierarten, erleichtert entsprechende Untersuchungen. Aufgrund dieser weitgehend gesicherten Erkenntnis wird ein Großteil der Orientierungsforschung mit Brieftauben betrieben. Die Vorteile dafür liegen auf der Hand: Brieftauben kehren nach Versetzungen regelmäßig und normalerweise mit geringen Verlusten in ihren Heimatschlag zurück, sind den Umgang mit Menschen gewöhnt, lassen sich leicht halten und züchten, brauchen für Versuche nicht der Natur entnommen zu werden und sind somit ideale Versuchspartner (4.9).

Wegen der raschen Entwicklung vielseitiger einschlägiger Forschung, dem relativ großen öffentlichen Interesse und den jeweils mit Spannung erwarteten neuen Ergebnissen gibt es kaum ein Gebiet, in dem so häufig Symposien veranstaltet und Übersichtsreferate publiziert werden wie in der Orientierungsforschung. Die folgenden Ausführungen beziehen sich wesentlich auf die Gesamtübersichten für Vögel in Able (1995), Wiltschko (1995) und Berthold (1991, 1996).

7.1 Einige Definitionen

Die in unserer Vorstellung einfachste Orientierung ist die visuelle Orientierung mit Hilfe bekannter Erscheinungen, so genannter Landmarken, vor allem in vertrauter Umgebung. Orientierung mit Hilfe solcher Landmarken bezeichnet man als Pilotieren, früher auch als Visier- oder Parallaxe-Orientierung (Schüz et al. 1971).

In Bezug auf die Orientierungsleistung lassen sich zwei z.T. grundsätzlich verschiedene Kategorien von Orientierung unterscheiden, nämlich die Richtungs- oder Kompassorientierung und die Zielorientierung oder (echte) Navigation – das Zielfinden. Bei der Kompassorientierung wird zu einer bestimmten äußeren Richtgröße, die als Kompass verwendet wird (wie z.B. das Erdmagnetfeld, 7.4), ein bestimmter Winkel eingehalten, woraus in der Regel eine gerade (Zug-)Richtung resultiert. Diese Richtung ist unabhängig von Landmarken und bestimmt ohne zusätzliche Mechanismen kein genaues Ziel. Bei der Zielorientierung hingegen wird ein ganz bestimmtes, räumlich definiertes und in der Regel bereits bekanntes Ziel angeflogen und unter normalen Umständen auch erreicht, und das Ziel wird bereits am Auflassort mehr oder weniger direkt durch entsprechende Anfangsorientierung angesteuert. Wichtige bekannte Ziele dieser echten Navigation sind die Brutgebiete (die auch der erstmals heimziehende Jungvogel aus seiner Jugendzeit kennt) sowie bereits früher aufgesuchte Ruheziele. Unbekannte Ziele sind die Ruheziele erstmals wegziehender Jungvögel, die jedoch mit Hilfe einer speziellen Form der Navigation, nämlich der Vektornavigation erreicht werden können (7.6).

In der angloamerikanischen Orientierungsliteratur wird das Wort Navigation z.T. für alle Orientierungsleistungen verwendet, was zu Verwirrungen Anlass gibt. Im Folgenden steht es nur für Zielorientierung, schließt aber die Vektornavigation mit ein.

Die beiden Orientierungsweisen – Kompassorientierung und Navigation – wurden in einem einfachen, aber klassischen Versuch deutlich nebeneinander dargestellt. Unter Leitung von Perdeck wurden in den 50er Jahren über 11 000 Stare, die sich auf ihrem Wegzug vor allem aus Nordosteuropa in Ruheziele im nördlichen Westeuropa befanden, in Holland gefangen, in die Schweiz transportiert und dort wieder freigelassen. Die erstmals ziehenden Jungstare wanderten dabei parallel zu ihrer ursprünglichen Zugrichtung und damit in ein für ihre Population anormales Ruheziel, nämlich nach Spanien (Abb. 49). Sie waren einer offensichtlich vorgegebenen Kompassrichtung gefolgt und hatten die Versetzung nicht verwertet. Die Altvögel hingegen, die vor der Versetzung mindestens schon einmal in nordwesteuropäischen Ruhezielen überwintert hatten, tendierten von der Schweiz aus wieder dorthin und haben sie z.T. auch erreicht. Sie haben damit eine Zielorientierung durchgeführt, eine echte Navigation. Da die Vögel vom Auflassort an gerichtet auf ihre ehemaligen Ruheziele zuwanderten, ist offenbar bereits am Auflassort eine Ortsbestimmung relativ zum Zielort durchgeführt worden. Um es gleich an dieser Stelle ganz deutlich zu sagen: Wie derartige Ortsbestimmungen und Zieleinstellungen von Vögeln vorgenommen werden, ist bis heute unbekannt – das ist eigentlich das letzte große Rätsel der Tierwanderungen, für das es noch keine Erklärung und auch noch keine wirklich befriedigende Hypothese gibt (7.6).

Die verfrachtungsbedingt nach Spanien gewanderten Jungstare zogen später nicht einfach durch Zugumkehr (6.17) in ein atypisches Brutgebiet, sondern kehrten in ihr normales Brutgebiet zurück, das sie ja von ihrer Jugendzeit her kannten. Sie waren also in der Lage, ihr Brutgebiet nun ebenfalls mit Hilfe echter Navigation auch von einem anormalen Winterquartier aus zu finden. Und in nachfolgenden Wintern wanderten diese inzwischen erfahrenen Vögel überwiegend wieder in ihr spanisches Winterquartier, auf das sie geprägt worden waren.

Aus diesem Versuch geht auch hervor, dass Kompassorientierung eher typisch für unerfahrene Jungvögel ist, während erfahrene Altvögel mehr zwischen bekannten Orten navigieren.

Die Bindung von Jungvögeln an bestimmte Orte ihrer Bruteimat, zu denen sie später auf dem Heimzug navigieren, erfolgt durch Prägung in der Zeit der Dispersion, also zwischen dem Selbständigwerden und dem Wegzug (Einzelheiten s. Gwinner 1971 b), und eine Art „navigatorische Prägung" dürfte vielfach im Ruheziel erfolgen (5.26).

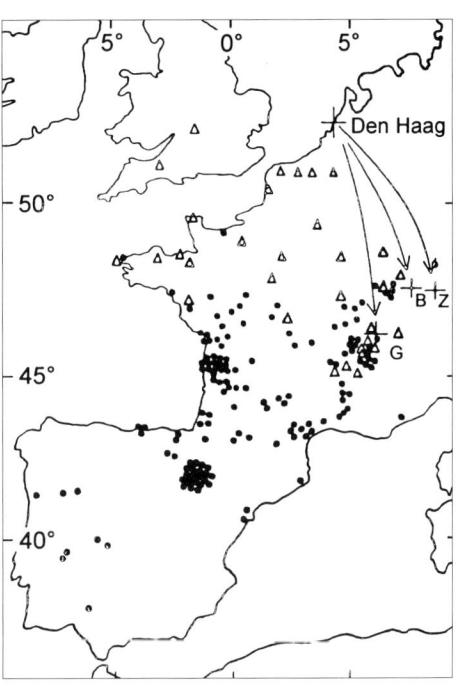

Abb. 49: Wiederfunde von Staren (Sturnus vulgaris), die auf ihrem Wegzug, vor allem aus Nordosteuropa kommend, in Holland gefangen, in die Schweiz transportiert und dort in Basel (B), Genf (G) und Zürich (Z) freigelassen wurden. Die Jungvögel (Punkte) zogen parallel zu ihrer ursprünglichen Zugrichtung weiter und erreichten z.T. ein neues, atypisches Ruheziel auf der Iberischen Halbinsel, die Altvögel (Dreiecke) strebten ihrem bereits bekannten Ruheziel im nördlichen Westeuropa zu (nach Perdeck 1958).

7.2 Einfache und komplizierte Orientierungsmechanismen

Aus unserer Sicht sind wir leicht geneigt, auch für Zugvögel die visuelle Orientierung nach Landmarken als die einfachste und Kompassorientierung z. B. mit Hilfe des Erdmagnetfeldes als kompliziert anzusehen, weil sie für uns selbst theoretisch schwieriger nachzuvollziehen ist. In Wirklichkeit liegen die Verhältnisse sehr wahrscheinlich anders. Nichtvisuelle

Kompassorientierung wurde bereits früh in der Evolution von einfachen Lebewesen entwickelt (Kap. 2, 7.8). Dass Landmarken von wandernden Tierarten einschließlich der Zugvögel verwendet werden, ist außer Zweifel. Neben tags wandernden Arten, die sich z. B. bisweilen von bestimmten Strukturen der Erdoberfläche leiten lassen (5.13), reagieren auch Nachtzieher in gewissem Umfang auf natürliche und vom Menschen erzeugte Landmarken verschiedenster Art wie Gewässer, Sterne, Lichtquellen von Städten, Leuchttürme u. v. a. und wohl auch auf Wellen- und Wolkenmuster (7.4–7.7, Alerstam 1991, Baker 1978). Der genaue Umfang der Orientierung nach Landmarken lässt sich jedoch vorerst nicht abschätzen. Er scheint aber bei Nachtziehern insgesamt relativ gering zu sein, vielleicht mit Ausnahme der Verwendung von Sternen als Landmarken. Auch bei Tagziehern ist die Rolle, die Landmarken bei der Orientierung spielen, vorläufig nicht sicher zu beurteilen. Sowohl für Brieftauben als auch für eine Reihe von Arten, die Nahrung verstecken und später wieder aufsuchen, gibt es Daten, die teils für die Verwendung von Kompassen, teils für die (vorwiegende) Nutzung von Landmarken nach geometrischen Prinzipien sprechen. Ihre relative Rolle ist jedoch vorerst nicht abschätzbar (Bingman u. Strasser 1994, Braithwaite u. Guilford 1994, Sherry u. Duff 1996, Kamil u. Jones 1997). Bei manchen Arten wird für die Nahorientierung auch Echoortung eingesetzt (z. B. bei Seglern, über ausgestoßene Laute, Sonar-Ortung, Fullard et al. 1993, Berthold 1996), die auch für Zugvögel diskutiert wurde (Baker 1984).

Wie immer die Anteile einzelner Orientierungsmechanismen am Zustandekommen von Orientierungsleistungen bei Zugvögeln sein mögen, für uns ist festzuhalten: Für die Beurteilung „einfacher" und mehr „komplizierter, abgeleiteter" Mechanismen dürfen wir sicherlich nicht von unseren menschlichen Fähigkeiten ausgehen, vielmehr müssen wir die phylogenetischen und ökophysiologischen Beziehungen der zu studierenden Lebewesen, hier der Zugvögel, möglichst unvoreingenommen analysieren.

7.3 Programmierte Sollrichtungen: genetische Determinierung und Einfluss von sozialer Bindung und Prägung

Während der jahrzehntelangen Orientierungsforschung mit Zugvögeln zeigte sich durchweg, dass zugunerfahrene gekäfigte Versuchsvögel in der Regel mit Beginn der Zugzeit spontan Richtungen bevorzugen, die den Wegzugrichtungen der freilebenden Artgenossen ihrer Populationen entsprechen (Beispiel Abb. 51). Derartige offenbar programmierte Sollrichtungen (Primär-, Normalrichtungen, „Richtungssinn") sind inzwischen für ungefähr 20 Arten nachgewiesen worden (Berthold 1996). Programmierte Sollrichtungen scheinen bei Zugbewegungen generell vorzuliegen, zumal selbst fakultative Teilzieher (5.10) und Invasionsvögel (5.4) ihre sporadischen Wanderungen regelmäßig in bestimmte Richtungen durchführen. Lediglich sehr unregelmäßig wandernde, z. B. nomadisierende Arten wie etwa Kreuzschnäbel, zeigen sehr variable Wanderrichtungen. Aber selbst für sie sind übergeordnete Pendelbewegungen diskutiert worden (5.5).

Für die Existenz angeborener Zugrichtungen sprechen auch alle diejenigen Fälle, in denen Jungvögel unabhängig von Altvögeln regelmäßig in bestimmte Ruheziele wandern. Musterbeispiele stellen unser Kuckuck dar, der unabhängig von seinen ganz verschiedenartigen Pflegeeltern (die Kurz-, Mittel- oder Langstreckenzieher sowie West-, Süd- oder Ostzieher sein können) in Ruheziele in Zentralafrika wandert, sowie Limikolen, die z. T. Tausende von Kilometern allein nonstop in ihre Winterquartiere ziehen (Marks u. Redmond 1994).

Auf angeborene Zugrichtungen ist auch aus Versetzungsversuchen zu schließen. Einen eindrucksvollen Versuch dieser Art führte Schüz mit jungen Weißstörchen durch. 144 „Ostzieher" wurden aus Ostpreußen über die Zugscheide in das Gebiet der „Westzieher" (5.15) transportiert und dort nach Abzug der ortsansässigen Vögel aufgelassen. Die meisten der Versuchsvögel zogen in der für sie typischen Ostrichtung weg. Ließ man die Oststörche vor Abzug der einheimischen Vögel auf, schlossen sie sich größtenteils den Westziehern an. In diesem Falle wurde ihre angeborene Sollrichtung durch soziale Bindung modifiziert (Gwinner 1971 b). Ein ähnliches Beispiel über die Versetzung von Staren und den Einfluss von Prägung wurde in Kapitel 7.1 behandelt. Aufschluss über den Einfluss von sozialer Bindung und Prägung gibt ein Versuch mit der Zwergblässgans *(Anser erythropus)*. Diese nach Südosteuropa und in den Nahen Osten ziehende Art ist stark bedroht, und deshalb ließ man für Wiederansiedlungsprojekte Küken von Stiefeltern, der Nonnengans *(Branta leucopsis)*, aufziehen. Derartige Zöglinge folgen ihren Stiefeltern in das Winterquartier nach Holland und ziehen später in skandinavische Brutgebiete, auf die sie geprägt worden waren (Alerstam 1991).

Der direkte Nachweis für genetische Determinierung der Zugrichtung gelang durch vier Experimente mit Mönchsgrasmücken. Zum einen wurden Vögel der nach SW wegziehenden süddeutschen Population (Abb. 15 u. 51) mit nicht ziehenden Mönchsgrasmücken der Kapverdischen Inseln gekreuzt. Dabei ließ sich in die von Nichtziehern abstammende F_1-Generation nicht nur Zugaktivität genetisch transmittieren (6.12), sondern auch Orientierungsverhalten. Die Hybriden konzentrierten nämlich ihre Zugaktivität auf einer NO-SW-Achse, auf der freilebende süddeutsche Mönchsgrasmücken zwischen Brutgebiet und Winterquartier hin- und herwandern (Abb. 50). Zum anderen wurden Mönchsgrasmücken gekreuzt, die von beiden Seiten der mitteleuropäischen Zugscheide stammten, und zwar Westzieher aus Süddeutschland und Ostzieher aus Ostösterreich (Abb. 51). Die handaufgezogenen Vögel beider Gebiete zeigten Richtungsbevorzugungen, die den Wegzugrichtungen der Herkunftspopulationen entsprachen, und die Hybriden verhielten sich phänotypisch intermediär. Die Zugrichtung wird offenbar als quantitatives

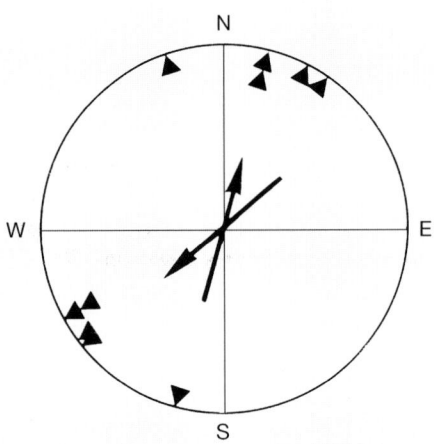

Abb. 50: Orientierungsverhalten von Hybriden ziehender (süddeutscher) und nicht ziehender (kapverdischer) Mönchsgrasmücken *(Sylvia atricapilla)* im Orientierungskäfig. Dreiecke: mittlere Richtungen einzelner Vögel, im oberen Halbkreis während der Heimzugperiode, im unteren Halbkreis während der Wegzugperiode. Pfeile: Mittelrichtungen aller Individuen für beide Perioden (aus Berthold et al. 1990).

Merkmal vererbt, an dessen Ausprägung mehrere oder viele Gene beteiligt sind (Berthold et al. 1990). Seit den 60er Jahren überwintern mitteleuropäische Mönchsgrasmücken zunehmend auch auf den Britischen Inseln. Auch deren neue, durch Selektion entstandene Zugrichtung wird bereits auf ihre Nachkommen vererbt, und Hybriden aus solchen Englandüberwinterern und weiterhin in den Mittelmeerraum wandernden Artgenossen zeigen intermediäre Zugrichtungen (Helbig et al. 1994, Berthold 1996).

Zugrichtungen sind nicht nur für den ersten Wegzug als Sollrichtung programmiert und genetisch determiniert. Auch Mönchsgrasmücken, die während des Heimzugs oder in späteren Wegzugperioden getestet werden, zeigen der Jahreszeit entsprechende Sollrichtungen (Helbig 1989, 1992), obwohl diese Vögel theoretisch in ihre bereits bekannten Ziele navigieren könnten (7.6).

Für vier Arten ist inzwischen nachgewiesen, dass Zugknicks oder Bogenzüge (5.18) ebenfalls vorprogrammiert sein können. Bei Garten- und Mönchsgrasmücken sowie dem Dreistreifen-Honigfresser *(Lichenostomus chrysops)* lassen sie sich ohne weiteres bei Haltung im Brutgebiet nachweisen, beim Trauerschnäpper nur, wenn die Stärke des Erdmagnetfeldes jener der geographischen Breite der Richtungsänderung entspricht (Berthold 1996, Munro et al. 1993). Das Beispiel der endogen programmierten, spontanen Richtungsänderung der Gartengrasmücke ist in Abb. 52 dargestellt. Etwa zu Mitte der Zugzeit, wenn freilebende Individuen im Bereich der Iberischen Halbinsel ihre ursprüngliche Zugrichtung von SW nach SSO ändern, vollführen auch in Süddeutschland gehaltene und im Orientierungskäfig getestete Versuchsvögel eine entsprechende

Abb. 51: Richtungswahl von Mönchsgrasmücken *(Sylvia atricapilla)* im Orientierungskäfig, links im Oktober, rechts im November. Schwarze Dreiecke: Vögel aus Süddeutschland, weiße Dreiecke: Vögel aus Ostösterreich, Punkte: Hybriden der beiden Populationen, lange schwarze Dreiecke: Mittelrichtungen (aus Helbig 1989).

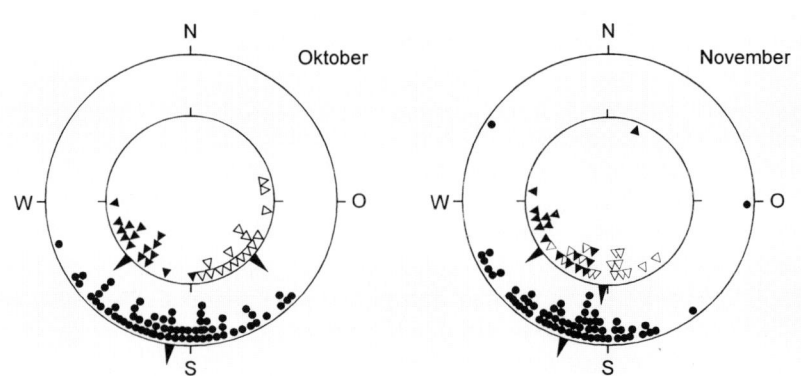

Richtungsänderung. Diese endogen gesteuerte Drehung ist sehr wahrscheinlich an das circannuale Zug-Zeitprogramm (6.12, 6.21) gekoppelt. Helbig (1989) kreuzte in der Vogelwarte Radolfzell mitteleuropäische Mönchsgrasmücken, die nach SW ziehen und ihre Zugrichtung im Verlauf der Wegzugperiode nicht ändern, mit SO-Ziehern, die später während des Wegzugs auf S drehen. Nachkommen dieser Elternpopulationen, die einerseits die Zugrichtung ändern, andererseits nicht, zeigten eine Richtungsänderung, die etwa der Hälfte derjenigen der SO-Zieher entsprach. Demnach sind sowohl die Richtungsänderung als solche als auch ihr Umfang quantitativ genetisch determiniert.

Der Vollständigkeit halber sei hier darauf hingewiesen, dass man im Hinblick auf programmierte Zugrichtungen früher auch von „Artgedächtnis" und „Kennpunktzug" gesprochen hat, wobei man annahm, Sollrichtungen würden über bestimmte Kennpunkte verwirklicht (Creutz 1987).

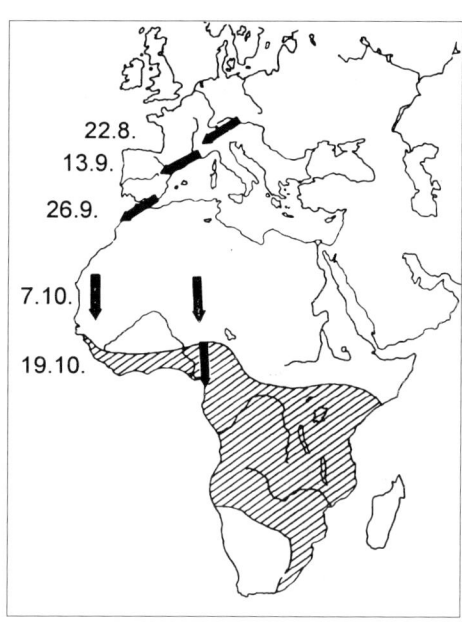

Abb. 52: Orientierungsverhalten von in Süddeutschland im Rundkäfig gehaltenen Gartengrasmücken *(Sylvia borin)*. Pfeile: mittlere Vorzugsrichtungen. Sie sind an denjenigen Orten eingezeichnet, an denen sich freilebende Vögel derselben Population zu den links angegebenen Zeiten im Mittel auf ihrem Wegzug befinden. Schraffiert: Ruheziele in Afrika (nach Gwinner u. Wiltschko 1978).

7.4 Kompasse

Biologische Kompasse sind Mechanismen, die Lebewesen befähigen, mit Hilfe externer Bezugssysteme über sinnesphysiologische Prozesse konstante Richtungen einzuhalten. Sie wurden bereits von ursprünglichen Lebewesen in erdgeschichtlich früher Zeit entwickelt (7.7). Sie haben den Vorteil, dass sie z. T. unabhängig von Landmarken verwendet werden können, also z. B. auch bei schlechter oder fehlender Sicht sowie in unbekannten Gebieten.

Vögel verfügen über mindestens drei Kompasse, die zunächst behandelt werden. Danach werden weitere Faktoren erörtert, die ebenfalls als Kompass dienen könnten, und abschließend werden die Entwicklung der Kompassorientierung während der Jugendzeit der Vögel und das Zusammenspiel verschiedener Kompass-Systeme besprochen.

7.4.1 Sonnenkompass

Um 1950 machte der Biologe und Vogelforscher Gustav Kramer eine sensationelle, bahnbrechende Entdeckung. Er hatte bei in Rundkäfigen gehaltenen Staren während der Zugzeit Folgendes beobachtet: Wenn die Vögel tagsüber zugunruhig waren, tendierten sie bei Sicht der Sonne im Käfig in eine Richtung, die der jeweiligen Zugrichtung freilebender Stare entsprach. War der Himmel vollständig bedeckt, trat die Richtungspräferenz nicht auf (Kramer 1949, 1952, Abb. 53). Damit lag der Verdacht nahe,

Abb. 53: Untersuchung
der Zugunruhe von
Staren *(Sturnus vulga-
ris)* im Orientierungs-
käfig. a: gerichtete
Zugunruhe eines
Vogels unter klarem
Himmel, b: ungerich-
tete Zugunruhe unter
bedecktem Himmel,
c, d: gerichtete Zug-
unruhe in Spiegelver-
suchen, in denen der
Lichteinfall gegenüber
den normalen Verhält-
nissen jeweils um 90°
verändert wurde.
Punkte: Aktivitäts-
schübe von zehn Se-
kunden in einem der
sechs Sektoren, gestri-
chelte Pfeile: Lichtein-
fall, durchgezogene
Pfeile: mittlere bevor-
zugte Richtung des
Versuchsvogels (nach
Kramer 1950, aus
Hoffmann 1960).

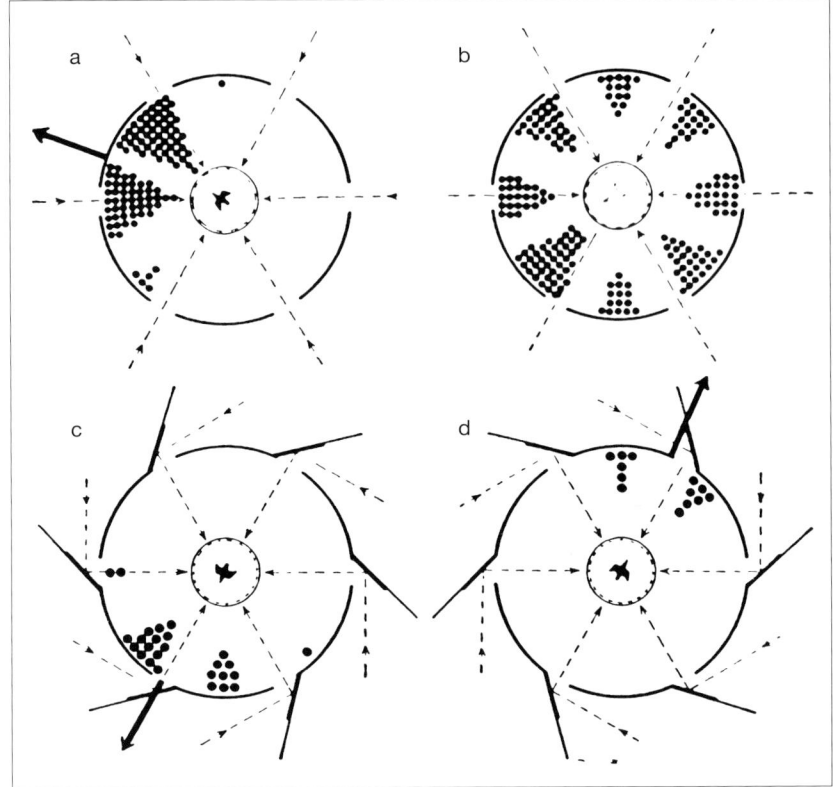

dass die Sonne die Richtgröße dieses Orientierungsverhaltens ist. Der
erste Nachweis dafür gelang durch einen Spiegelversuch (Abb. 53).
Wurde die Einfallsrichtung des Sonnenlichts durch Spiegel an den Käfig-
seiten verändert, so änderten auch die Stare in voraussagbarer Weise ihre
Richtungspräferenzen. Damit war mit der Sonne erstmals eine Richtgröße für das Orientierungsverhalten von Tieren experimentell nachgewiesen – der Sonnenkompass war entdeckt. Etwa zur selben Zeit gelang
bekanntlich dem Biologen von Frisch ein entsprechender Nachweis für
die Orientierung von Bienen.

Kramer und Mitarbeiter vertieften später die Ergebnisse mit Staren,
die auf bestimmte Himmelsrichtungen dressiert waren und damit unabhängig von der Zugzeit in Dressurkäfigen getestet werden konnten.

Wird die Sonne als Richtgröße, als Kompass, verwendet, dann muss ihr
Tagesgang, bedingt durch die Erddrehung, berücksichtigt werden. Dass
Vögel diesen Tagesgang verrechnen („Zeitsinn" besitzen), konnte von
Kramers Mitarbeiter Hoffmann an gekäfigten Staren und von Schmidt-
Koenig an Brieftauben nachgewiesen werden. Verstellt man Versuchs-
vögeln ihre „innere Uhr" (die circadiane Periodik, durch mehrtägige Ver-
schiebung des Hell-Dunkel-Rhythmus), dann schätzen sie den Sonnen-
stand entsprechend falsch ein und orientieren sich abweichend. Die

Verrechnung des Tagesganges der Sonne erfolgt also über die innere Uhr. Brieftauben können dem Sonnengang mit einer Präzision von etwa 20 Min. oder 5° folgen (Ranvaud et al. 1994).

Die entscheidende Größe für die Orientierung der Vögel nach der Sonne ist der Azimut (der Winkel auf dem Horizontkreis zwischen Meridian und Höhenkreis) und nicht die Sonnenstandshöhe; man spricht deshalb korrekt auch von einem Sonnen-Azimut-Kompass (Schmidt-Koenig et al. 1991). Er ist inzwischen bei etwa 10 Vogelarten nachgewiesen.

In welchem Umfang Zugvögel den Sonnenkompass auf ihren Wanderungen verwenden, ist offen; Pinguine benutzen ihn offenbar bei Wanderungen über Eis (Alerstam 1991). Brieftauben verwenden ihn, wie Versuche mit Verstellen der inneren Uhr zeigen, mit Sicherheit, häufig auch in unmittelbarer Nähe des Schlages, ohne dann auf Landmarken zurückzugreifen. Er ist somit nicht nur ein Instrument zur Orientierung bei Langstreckenflügen, sondern auch für „alltägliche Aufgaben" (Schmidt-Koenig et al. 1991). Stare und Brieftauben können den Sonnenkompass selbst unter polaren und äquatorialen Bedingungen verwenden, wenn die Sonne nicht untergeht bzw. fast (bis auf 2,5°) im Zenit steht. Werden Vögel dieser Arten jedoch auf die Südhemisphäre transportiert, orientieren sie sich inkorrekt (sie interpretieren die Sonne wie in der Nordhemisphäre). Ob sich Transäquatorialzieher anders verhalten und die Sonne nach Überqueren des Äquators weiterhin als Kompass verwenden können, ist offen (Schmidt-Koenig et al. 1991).

Die prinzipielle Fähigkeit, einen Sonnenkompass verwenden zu können, ist Vögeln wie vielen anderen Lebewesen sicher angeboren und stammesgeschichtlich betrachtet eine alte Errungenschaft. Um ihn tatsächlich verwenden zu können, sind jedoch offensichtlich Lernvorgänge mit prägungsähnlichem Charakter in einer sensiblen Phase und spätere Anpassungsprozesse hinsichtlich des Tages- und Jahresgangs der Sonne, des Azimuts und der Verrechnung des Tagesganges mit Hilfe der circadianen Uhr erforderlich, bis es schließlich zu befriedigender Realisierung vorgegebener Sollrichtungen kommen kann. Dabei spielen auch Beziehungen zu anderen Mechanismen, vor allem dem Magnetkompass, eine Rolle (Wiltschko u. Wiltschko 1990, Wiltschko 1995, Berthold 1996).

Durch Konditionierungsversuche ließ sich bei Brieftauben eine Genauigkeit ihres Sonnenkompasses von ± 3,4–5,1° ermitteln, die nicht sehr hoch erscheint, aber nach Computersimulationen zum Heimfinden bei Brieftauben und damit wohl auch zur Richtungsorientierung von Zugvögeln ausreicht (Schmidt-Koenig et al. 1991).

7.4.2 Magnetkompass

Vermutungen, dass Vögel das Erdmagnetfeld zur Orientierung verwenden könnten, liegen schon lange vor (von Middendorff 1859, Viguier 1882). Aber erst seit den 50er Jahren unseres Jahrhunderts hat die Ar-

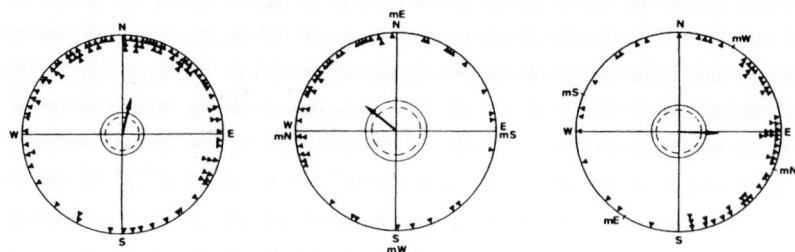

Abb. 54: Orientierungsverhalten von Rotkehlchen *(Erithacus rubecula)* in Rundkäfigen während des Heimzugs. Links: im normalen Magnetfeld von Frankfurt a. M., Mitte: in einem künstlichen Magnetfeld, in dem magnetisch N auf W verschoben wurde, rechts: in einem künstlichen Magnetfeld, in dem magnetisch N auf OSO verschoben wurde. Dreiecke: mittlere Richtungsbevorzugung eines Vogels in einer Versuchsnacht, Pfeile: mittlere Richtungspräferenz aller Versuchsvögel, innere Kreise: Signifikanzwert (nach Wiltschko 1968).

beitsgruppe von Merkel, Fromme, Wiltschko u. a. in Frankfurt a. M. zunehmend experimentelle Daten für die Existenz eines Magnetkompasses bei Vögeln geliefert, der inzwischen außer bei Brieftauben für etwa 20 Zugvogelarten, und zwar bei Nacht- und Tagziehern, nachgewiesen ist (Able 1994, Wiltschko u. Wiltschko 1996, Sandberg u. Moore 1996 b). Dabei erwies sich dieser Kompass als der einfachste aller bisher bekannten Mechanismen zur Richtungsorientierung (s. u.). Dass er uns bisweilen erstaunt, ja „unglaublich" vorkommt, beruht vor allem auf der Tatsache, dass wir das Erdmagnetfeld selbst nicht bewusst wahrnehmen können.

Hinweise auf Magnetfeldorientierung gab es seit längerer Zeit eine ganze Reihe: Nachts ziehende Vögel erwiesen sich häufig auch bei bedecktem Himmel als orientiert, und gekäfigte Vögel zeigten im Freien Richtungspräferenzen ohne Sternensicht und sogar ohne Himmelssicht in Holzgebäuden, weit weniger jedoch hinter Stahlbetonwänden. Der entscheidende Nachweis gelang Wiltschko (1968), indem er mit Hilfe von Helmholtzspulen die Nordrichtung des Erdmagnetfeldes änderte und dabei auch die Richtungsbevorzugung von Rotkehlchen in voraussagbarer Weise verändern konnte (Abb. 54).

Unsere Erde ist ein riesiger Magnet mit einem magnetischen Süd- und Nordpol, die in der Nähe der geographischen Pole liegen. Die Feldlinien, die die Erde in der Südhalbkugel verlassen und in der Nordhalbkugel wieder erreichen, zeigen charakteristische, sich mit der geographischen Breite systematisch ändernde Inklinationswinkel, die an den Polen 90° und am Äquator 0° betragen. Vögel verwenden zur Orientierung diese Neigungswinkel der Feldlinien, weshalb man auch von einem Inklinationskompass spricht. Für die Verwendung der anderen beiden Größen des Erdmagnetfeldes, nämlich der Totalintensität (60 000 nT an den Polen, 30 000 nT am Äquator) und der Polarität, gibt es keine gesicherten Befunde (siehe aber 7.6).

Die Polarität des Feldes hat im Verlaufe der Erdgeschichte mehrfach gewechselt und war somit keine ständig verlässliche Bezugsgröße. Mit Hilfe des Inklinationskompasses unterscheiden Vögel nicht zwischen Nord und Süd, sondern zwischen polwärts und äquatorwärts. Sie können den Kompass sowohl in der Nord- als auch in der Südhemisphäre verwenden, und zwar mit umgekehrter Reaktion auf die Feldlinienwinkel. Arten, die auf dem Zug den Äquator überqueren, erleben kurzfristig horizontale Feldlinien und orientieren sich dann wohl hauptsächlich visuell (z. B. am Sternenhimmel) und kehren nach der Überquerung ihre Reaktion auf die Feldlinienwinkel um (Beason 1992, Wiltschko u. Wiltschko 1992).

Tiere, die in der Lage sind, das Erdmagnetfeld zu perzipieren, besitzen damit (abgesehen von gewissen regionalen Anomalien des Feldes) eine recht konstante, weltweit und ständig verfügbare Referenzgröße zur Richtungsorientierung. Das Erdmagnetfeld stellt im Vergleich zur Sonne (s. o.) und zu Sternen (s. u.) einen einfachen Kompass dar, für dessen Verwendung keine tages- und jahreszeitlichen Bewegungen der Referenzgröße erlernt oder verrechnet werden müssen. Der Magnetkompass scheint daher besonders gut geeignet zu sein für die unmittelbare Realisierung angeborener Sollrichtungen des Wegzugs wie des Heimzugs sowie für Interaktionen mit und die Eichung von anderen Kompassen (s. u. und 7.8). Er funktioniert in Versuchen nur innerhalb enger Bereiche der normalen Intensität, aber Vögel können sich in etwa drei Tagen an neue Feldstärken anpassen, wodurch auch Orientierungsfähigkeit bei schnellem Durchwandern unterschiedlicher Feldstärken auf der Erdoberfläche verständlich wird. (Nähere Einzelheiten siehe Wiltschko u. Wiltschko 1996.)

Kiepenheuer (1984) hat einen magnetoklinen Kompass postuliert, der als „navigatorischer Algorithmus" (Schmidt-Koenig 1985) theoretisch erklären kann, wie viele Arten kontinentweit ihre Ruheziele in Bogenzügen erreichen könnten, wobei sie aus der Nordhemisphäre kommend in südlicheren Breiten zunehmend südlich wandern (Abb. 1). Die Vögel sollen einen subjektiven Inklinationswinkel einhalten können, der zwangsläufig eine Kursänderung herbeiführt, wenn sich der Inklinationswinkel des Erdfeldes ändert. Da die Inklinationswinkel nach Süden kleiner werden, wandern Vögel dort zunehmend südlicher, ähnlich einem Wanderer, der bestrebt ist, beim Aufstieg an einem flacher werdenden Hang seinen Steigungswinkel konstant zu halten. Mit Unterstützung eines Zeitprogramms könnte dieser Kompass über Vektornavigation (7.6) das Erreichen von Ruhezielen ermöglichen. Art und Funktion des implizierten „Magnetfühlers" sind jedoch völlig offen. Viele Tests dieser interessanten Hypothese werden nötig sein, zumal sie wohl auch viele Zugrouten theoretisch nicht erklären kann (Alerstam 1991).

7.4.3 Sternkompass

Wenn auch viele Beobachtungen zeigen, dass Nachtzieher auch bei bedecktem Himmel gerichtet ziehen (s. o.), so weisen andere Beobachtungen darauf hin, dass das Orientierungsvermögen bei bedecktem Himmel deutlich geringer ist (z. B. Gwinner 1971 b u. 7.7). Man hat daraus geschlossen, dass Sterne für die Orientierung wichtig sein könnten. Eine Vielzahl von Tests mit Vögeln in Rundkäfigen unter freiem Himmel von

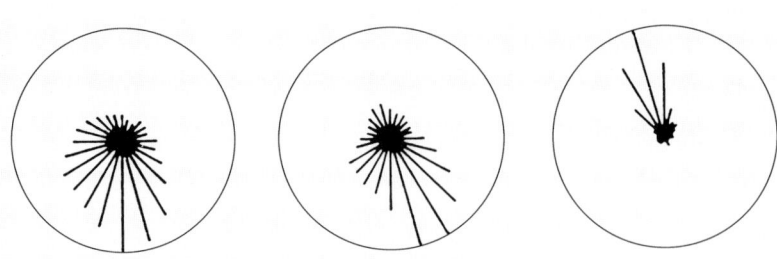

Abb. 55: Orientie-
rungsverhalten von
drei Indigofinken
(Passerina cyanea)
während des Weg-
zugs. Links: unter
natürlichem Nacht-
himmel mit Sternen-
sicht, Mitte: unter Pla-
netariumshimmel, der
den natürlichen Ster-
nenhimmel imitiert,
rechts: unter Planeta-
riumshimmel, dessen
Nord-Süd-Achse um
180° gedreht wurde
(nach Emlen 1967).

Kramer und einer ganzen Reihe anderer Untersucher erbrachte mehr
oder weniger gute Hinweise dafür. Die entscheidenden Nachweise gelangen, als Vögel unter künstlichem Sternenhimmel im Planetarium untersucht wurden, zuerst Grasmücken von Sauer ab 1957 und später Indigofinken (*Passerina cyanea*) von Emlen ab 1967 (Gwinner 1971 b). Heute liegen Nachweise für fünf Arten vor (Wiltschko 1990).

Die schlüssigsten Experimente hat Emlen an Indigofinken durchgeführt. Wurden Vögel während des Wegzugs unter dem natürlichen Sternenhimmel getestet, präferierten sie südliche Richtungen, die sie auch
beibehielten, wenn sie unter einem Sternenhimmel im Planetarium gehalten wurden, der den natürlichen Himmel imitierte. Wurde dieser Pla-
netariumshimmel in seiner Achse um 180° gedreht, tendierten die Versuchsvögel entsprechend abweichend nach Norden (Abb. 55). Wurden im
Planetarium einzelne Sterne einschließlich des Polarsterns oder Sternbilder ausgeschaltet, behielten die Finken ihr Orientierungsvermögen. Wurden hingegen alle Sterne in einem Bereich von 35° um den Polarstern
ausgeschaltet, waren die meisten Vögel desorientiert. Folglich schien dieser Himmelsbereich die für die Orientierung wesentliche Sternengruppe
zu enthalten. Außerdem sprach der Versuch dafür, dass Vögel ähnlich wie
wir ein Sternmuster für die Orientierung verwenden, das im Norden liegt
und um das sich das Himmelsgewölbe scheinbar dreht. Den entscheidenden Nachweis dafür erbrachte Emlen, als er das Planetarium nicht um
Polaris, sondern um Beteigeuze im Orion rotieren ließ. Vögel, die unter
diesen Bedingungen im Planetarium aufgewachsen waren, bezogen später ihre Wegzugrichtung auf dieses künstliche Rotationszentrum.

Emlens Versuche zeigten weiter, dass Vögel den Sternkompass nur verwenden können, wenn sie während ihrer Jugendentwicklung den Sternenhimmel und seine Bewegung beobachten können. Das eigentliche
Referenzsystem für die Orientierung mit Hilfe dieses Kompasses ist
somit die scheinbare Rotation des Himmelsgewölbes um seinen Nordpol
mit dem polnahen Sternmuster. Nach dieser Jugenderfahrung reicht später die statische Konfiguration der Sterne zur Orientierung aus; Rota-
tionserfahrung ist nicht mehr erforderlich.

Emlens Ergebnisse wurden später von Wiltschko et al. (1987) an Gartengrasmücken bestätigt, die in einem einfachen künstlichen Sternenhimmel getestet wurden. Dieser Kunsthimmel bestand lediglich aus

16 Lichtquellen, die sich einmal pro Tag um ein Zentrum bewegten. Auch hier war für die spätere Orientierungsleistung die Rotation des Kunsthimmels entscheidend, während das Fehlen normaler Sternbilder völlig unbedeutend war.

Die Verfügbarkeit über einen Sternkompass ist somit nicht unmittelbar angeboren, sondern – wie beim Sonnenkompass – zunächst nur die prinzipielle Fähigkeit, ihn entwickeln zu können. Für seine Entwicklung sind in einer sensiblen Phase während der Jugendentwicklung und vor der Zugzeit prägungsartige Lernvorgänge (endogen programmiertes Lernen) erforderlich, die das Referenzsystem bekannt machen, damit es später verwendet werden kann. Das Bezugssystem zur Richtungsorientierung kann später noch modifiziert werden (Wiltschko u. Wiltschko 1990, s. u.).

Sterne können nicht nur zur Kompassorientierung, sondern möglicherweise zusätzlich auch als optische Himmelsmarken im Sinne von Landmarken verwendet werden. Radarstudien haben gezeigt, dass Nachtzieher zwar auch unter bedecktem Himmel und selbst zwischen Wolken gerichtet wandern können, aber im Mittel sind ihre Flugwege dabei weniger geradlinig und streuen stärker als bei Sternensicht. Ebenso ist die Zugunruhe gekäfigter Vögel bei Sternensicht z.T. stärker auf bestimmte Richtungen konzentriert als bei bedecktem Himmel. Es ist möglich, dass eine bereits durch den Magnetkompass gegebene Richtung durch die Benutzung von auch nur wenigen Sternen als Landmarken genauer realisiert werden kann (Wiltschko 1990, Wiltschko u. Wiltschko 1991).

7.4.4 Weitere mögliche Richtgrößen

Mond: Vögel haben vielleicht als einzige Organismen einen Sternkompass entwickelt (Berthold 1996), aber im Gegensatz zu manchen Krebstieren und Insekten verwenden sie den Mond offensichtlich kaum zur Orientierung. Der Mond mag eine gewisse Richtwirkung bei der von Matthews beschriebenen „Nonsense"-Orientierung bei Enten haben (bei der bestimmte konstante Richtungen eingehalten werden, deren biologische Bedeutung unklar ist – siehe Schüz et al. 1971 –, die aber möglicherweise auf unzureichende Trennung von Versuchsvögeln mit unterschiedlichem Orientierungsverhalten zurückgeht). Bei Versuchen mit Käfigvögeln erwies sich der Mond z.T. als Störquelle, indem er, wie andere Lichtquellen auch, positiv-phototaktisches Verhalten hervorrief, bei Jungvögeln möglicherweise stärker als bei Altvögeln (Martin 1990). Fernerhin steigerte Mondhelligkeit zum Teil die Zugaktivität von Versuchsvögeln (Gwinner 1971b).

Polarisiertes Licht, Sonnenuntergangspunkt: Die meisten Nachtzieher starten bereits in der Abenddämmerung zu ihrer nächsten Zugetappe oder bereiten sich in dieser Zeit zumindest für den Start vor (6.11). Zu dieser Zeit stellt die untergehende Sonne oft eine deutliche Markierung am westlichen Himmel dar, begleitet von einem Band polarisierten Lichts quer zum Sonnenuntergangspunkt. Für Vögel ist wahrscheinlich dieses Polarisationsmuster für die Orientierung bedeutsam (über die Wahrnehmung polarisierten Lichtes siehe Kap. 7.5), auch, wenn es nur kurzfristig wahrgenommen wird. Nach Versuchen mit Polarisationsfiltern zu schließen, ermöglicht der so genannte e-Vektor des Musters theoretisch sowohl direkte Orientierung, die Position der nicht mehr sichtbaren Sonne zur Sonnenkompassorientierung zu bestimmen sowie die Eichung anderer Kompasse. Vorläufig ist jedoch offen, ob Richtungsfaktoren des Sonnenuntergangs neben dem Azimut Komponenten des Sonnenkompasses sind, ein unabhängiges (sekundäres) Orientierungssystem (Polarisationskompass) darstellen oder einfach nur als prominente Markierung die Orientierung manifestieren helfen. Ebenso ist vorerst offen, ob die bisherigen Versuche mit Polarisationsfiltern schlüssig sind im Hinblick auf die Verwendung des e-Vektors. Für die Richtungswahl scheint der Information, die Zugvögel um die Zeit des Sonnenunterganges beziehen, jedoch große Bedeutung zuzukommen, auf die als Erster Vleugel (1954) hingewiesen hat. Der gesamte Komplex Sonnenuntergangsfaktoren bedarf eingehender weiterer Untersuchungen (Helbig u. Wiltschko 1989, Able u. Able 1997; Ergebnisse liegen bisher für sieben Arten vor, Wiltschko 1990).

Wind: Eine Reihe von Untersuchern kam zu dem Schluss, dass Zugvögel Wind als direkte Richtgröße für Zugetappen verwenden; auch positive Anemotaxis kommt vor (Wanderung auf den Wind zu, Gegenwindzug; Schüz et al. 1971). Die Windrichtung könnte sowohl vor dem Start als auch auf noch nicht geklärte Weise (7.5) während des Fluges bestimmt und entsprechend verwendet werden. Übersichten (Richardson 1991, Terrill 1991) zeigen, dass Wind wohl nicht häufig als direkte Richtgröße verwendet wird. Eine weit größere Rolle spielt er in der Evolution des Zugverhaltens und bei der unmittelbaren Gestaltung einzelner Zugetappen (7.7).

Infraschall: Vögel können Infraschall wahrnehmen (Kreithen 1978). Zugvögel könnten damit theoretisch die von Meeren, Gebirgen usw. ausgehenden Infraschallmuster zur Orientierung verwenden. Ob das tatsächlich der Fall ist, ist offen (s. auch 7.5).

Duftfelder: Nach Papi und Mitarbeitern sind zumindest Brieftauben zu olfaktorischer Navigation befähigt, die auf dem Vorhandensein bestimmter Duftfelder in der Atmosphäre aufbauen soll (Papi et al. 1972, Papi 1991). Theoretisch könnten derartige Felder auch zu olfaktorischer Richtungsorientierung verwendet werden (olfaktorischer, Geruchs- oder Duftkompass; Näheres s. 7.6).

7.5 Sensorische Basis

Für eine ganze Reihe von nachgewiesenen oder diskutierten Orientierungsleistungen bei Vögeln sind spezielle oder besonders gut ausgeprägte Sinnesfähigkeiten erforderlich. In anderen Fällen ist zumindest von Interesse, in welcher Beziehung Sinnesleistungen und Orientierungsvermögen zueinander stehen. Im Folgenden wird kurz umrissen, was zurzeit über derartige Beziehungen bekannt ist.

Sehvermögen: Außerhalb der Zugzeiten tagaktive Vögel können als Nachtzieher offenbar ausreichend gut sehen, um hoch im Luftraum zu fliegen, ohne dabei mit anderen ziehenden Individuen zusammenzustoßen. Sie können sicher – vermutlich ungefähr wie das menschliche Auge – auch Landschaftsstrukturen erkennen, da von ihnen Leitlinienwirkung ausgehen kann und da sie wohl auch dunkle Gebirgsketten erkennen und meiden (Bruderer u. Jenni 1990). Außerhalb der Zugperioden tagaktive Arten sehen jedoch wohl allgemein nicht gut genug, um nachts in mehr oder weniger dichter Vegetation zu fliegen. Werden sie dazu gezwungen, fliegen sie z. B. im Gegensatz zu Eulen und anderen nachtaktiven Arten gegen das Geäst und versuchen, möglichst rasch im Steigflug über die Vegetation hinauszukommen. Nachtzieher, die Zugetappen während der Nacht beginnen oder beenden, starten und landen vielfach in den obersten Bereichen der Vegetation. Ob normalerweise tagaktive Nachtzieher während der Zugperioden ihr Sehvermögen in der Dunkelheit verbessern können, ist unbekannt (Martin 1990).

Vögel, die mehr verschiedene Sehpigmente als Menschen besitzen (Berthold 1996), können auch ultraviolettes Licht sowie die Schwingungsebene von polarisiertem Licht wahrnehmen (7.4). Die Wahrnehmung des polarisierten Lichts erfolgt wahrscheinlich im UV-Bereich, ist aber für Brieftauben wieder in Frage gestellt worden (Coemans u. Vos 1992). Die rezeptorischen Grundlagen dafür sind möglicherweise Doppelzapfen, die spezielle Photorezeptoren mit transparenten Öltröpfchen enthalten. Infrarotlicht wird – zumindest in natürlichen Intensitäten – nicht wahrgenommen; es kann daher sehr gut zur Video-Registrierung von Zugunruhe verwendet werden (4.8). Vögel besitzen auch extraretinale (also außerhalb der Retina – Netzhaut – des Auges liegende) Photorezeptoren im Gehirn, z. B. in der Epiphyse. Sie dürften jedoch für die räumliche Orientierung keine Rolle spielen, sind aber an der Steuerung der Jahresperiodik beteiligt (Gwinner 1986).

Geruchsvermögen: Das Geruchsvermögen von Vögeln ist bisher nur relativ wenig untersucht worden (Näheres siehe Papi 1991). Nach den vorliegenden Ergebnissen ist es nicht herausragend stark ausgeprägt, aber einige Artengruppen wie Geier oder Röhrennasen sind in der Lage, Nahrungsquellen osmotaktisch zu orten (Berthold 1996). Laboratoriumsversuche, vor allem mit Tauben, haben Empfindlichkeiten im Bereich von 0,1–40 ppm ergeben. Völlig offen ist im Hinblick auf die Hypothese über olfaktorische Navigation (7.6), wie empfindlich Vögel auf natürliche Duftstoffe ihrer Umgebung reagieren und wie viele solcher Duftstoffe sie unterscheiden können.

Hörvermögen, Luftdruckperzeption: Das Hörvermögen von Vögeln ist durchweg gut ausgebildet, so dass auch Nachtzieher sowohl Flugrufe von Artgenossen als auch Laute und Geräusche aus der Umgebung aufnehmen können, die zur Orientierung verwendet werden könnten (7.7). Zumindest Brieftauben können auch Infraschall wahrnehmen, also Schwingungen unter 10 Hz, wahrscheinlich wie normalen Schall mit dem Ohr. Ob Infraschall (über Dopplereffekte) zur Orientierung verwendet wird, ist vorläufig offen (7.4). Tauben können (wahrscheinlich mit dem Innenohr) geringe Luftdruckunterschiede wahrnehmen, die einem Höhenunterschied von nur zehn Metern oder weniger entsprechen (Kreithen u. Keeton 1974). Dass Luftdruckunterschiede das Zugverhalten direkt beeinflussen, ist sehr wahrscheinlich (5.7, 6.19).

Magnetfeldperzeption: Wie in Abschnitt 7.4.2 dargestellt, ist inzwischen die Verwendung des Erdmagnetfeldes zur Orientierung bei über 20 Vogelarten nachgewiesen worden, und als Richtgröße wird der Einfallswinkel der Feldlinien verwendet. Für die Perzeption des Magnetfeldes müssen spezielle oder speziell ausgerüstete Sinnesorgane vorhanden sein. Die Suche danach ist schwierig, da ein einfaches, leicht lokalisierbares „Magnetsinnesorgan" bei Vögeln offenbar nicht existiert. Bei magnetischen Bakterien hingegen sind die Verhältnisse einfach: Sie enthalten Partikel aus Magnetit (einer Form des Fe_3O_4), die so in der Zelle angeordnet sind, dass sie sie in bestimmter Weise zum Erdmagnetfeld ausrichten und somit wie kleine Kompassnadeln wirken. Haie und Rochen perzipieren das Magnetfeld möglicherweise über Elektrorezeptoren. Für Vögel sind im Hinblick auf den magnetischen Sinn vier verschiedene Übermittlersubstanzen in der Diskussion: Magnetit, Melanin, biologische Radikale und Photopigmente. Neurophysiologische Untersuchungen deuten darauf hin, dass Magnetfeldperzeption in bestimmten Bereichen des visuellen Systems stattfindet, nämlich in den Kernen der basalen Wurzeln der optischen Nerven sowie im optischen Tectum oder in der Retina. Erregungen von Neuronen bei neurophysiologischen Versuchen mit magnetischen Reizungen werden nur bei Licht und bei intakter Retina erzielt. Außerdem funktioniert der Magnetkompass bei Versuchsvögeln offenbar nur bei Aufenthalt in normalem, blauem und grünem, nicht aber in rotem Licht (Wiltschko u. Wiltschko 1998). Es ist deshalb nicht unwahrscheinlich, dass Photorezeptoren gleichzeitig Magnetfeldrezeptoren sind, wobei die Weiterleitung von Informationen über biologische Radikale (Bio-Radikal-Hypothese) erfolgen könnte (Beason u. Semm 1991, Beason et al. 1995, Wiltschko et al. 1993). Aber auch für die Magnetit-Hypothese sprechen immer wieder Befunde. Möglicherweise spielen beide eine Rolle – Photopigmente mehr für die Kompassorientierung, Magnetit mehr für die Bildung einer Orientierungskarte (Able 1994, Wiltschko u. Wiltschko 1995). Neuerdings werden auch noch Mechanorezeptoren im Oberschnabel von Tauben für die Magnetperzeption in Betracht gezogen (Holtkamp-Rötzler et al. 1997).

Trotz des derzeit bescheidenen Kenntnisstandes gibt es einige Hinweise darauf, dass Vögel möglicherweise zwei, vielleicht sogar voneinander unabhängige Systeme zur Magnetfeldperzeption besitzen. Damit wäre es theoretisch möglich, dass sie das Magnetfeld nicht nur als Kompass, sondern sogar zur Navigation verwenden könnten (7.6). Andererseits weisen viele Beobachtungen über Desorientierung von Zugvögeln, vor allem bei Nebel und starker Bewölkung, die bisweilen viele Todesopfer fordert (7.7), darauf hin, dass der Magnetfeldperzeption als Richtgröße wohl Grenzen gesetzt sind. Gänzlich unbekannt bleibt vorläufig auch, wo und wie die verschiedenen Sinneswahrnehmungen für Orientierungszwecke zentral verarbeitet werden, so dass sie für die Realisierung von Sollrichtungen wirksam werden können. Abschließend sei auf die interessante Beobachtung von Saali u. Juutilainen (1988) hingewiesen, nach der sich Hühnerembryonen in ihren Eiern im Magnetfeld in bestimmter Weise ausrichten und möglicherweise wie Dipole verhalten.

Windwahrnehmung: Es gibt starke Hinweise dafür, dass Vögel Windrichtung und -stärke während des Fluges auch dann wahrnehmen können, wenn ihnen keinerlei sichtbare Landmarken, weder am Boden noch am Himmel, als Referenzpunkte zur Verfügung stehen. Richardson (1991) führt dafür vier Kriterien an: 1. teilweise Kompensation von seitlicher Windverdriftung von Vögeln, die nachts in Wolken fliegen, 2. die Auswahl bestimmter Flughöhen mit günstigen Winden im Bereich von Wolken, 3. Fliegen mit dem Wind von Vögeln, die sich nachts in Wolken befinden oder deren Sicht durch trübe Kontaktlinsen beeinträchtigt war, und 4. die Beobachtung, dass die Eigengeschwindigkeit von Nachtziehern häufig negativ mit der Rückenwindkomponente korreliert ist, auch, wenn die Vögel über dem Meer ziehen.

Wie Vögel ohne visuelle Referenzpunkte (Landmarken, Wolkenfelder) Windeigenschaften im Fliegen wahrnehmen können, ist unbekannt, aber es gibt drei Hypothesen für die Windbestimmung: die akustische Landmarken-, die Turbulenz- und die Mechanorezeptoren-Hypothese. Beim Fehlen visueller Referenzpunkte könnten lokalisierbare Geräusche als akustische Landmarken verwendet werden, z. B. von der Brandung an Küsten oder auch Flugrufe anderer Zugvögel. Windrichtung und -geschwindigkeit könnten auch aus anisotropen Mustern von Luftturbulenzen bestimmt werden, die um den im Wind fliegenden Vogel in Abhängigkeit von der Windrichtung und seinem Kurs entstehen. Die dabei auftretende Anisotropie – in Luftwirbeln nach verschiedenen Richtungen unterschiedlich ausgebildete physikalische Eigenschaften – könnte z. B. mit Hilfe von Mechanorezeptoren an Flügelfederfollikeln, die als Beschleunigungsmesser Windströmungsverhältnisse über die Flügel hinweg registrieren, perzipiert werden (Elkins 1988 b, Richardson 1991, Berthold 1996).

7.6   Navigationshypothesen

Nach den Ergebnissen Tausender von Versetzungsversuchen, die an über 50 verschiedenen Vogelarten, vor allem jedoch an Brieftauben, durchgeführt wurden (Wiltschko 1990), müssen wir theoretisch oder als Arbeitshypothese von Folgendem ausgehen: Jeder Vogel kann, wenn er in gesundem Zustand und im Rahmen seines körperlichen Leistungsvermögens getestet wird, bei Versetzung an unbekannte Orte 1. am Auflassort eine Standortsbestimmung in Bezug auf seinen Herkunftsort durchführen und 2. an seinen Herkunftsort zurückkehren. Wenn in der Praxis Rückkehrquoten vielfach unter 100% bleiben, mag das viele Ursachen von physischer Beeinträchtigung bis zu mangelnder Motivation zur Rückkehr haben (Baldaccini u. a. 1994), aber nicht notwendigerweise auf Unzulänglichkeiten im Orientierungsvermögen beruhen. Dass Vögel vom Auflassort an navigieren können und ihr Zielgebiet nicht etwa nur durch Umhersuchen und Zufall wiederfinden, ergibt sich vor allem aus folgenden beiden Kriterien: Vielfach weist bereits die am Auflassort spontan und rasch vorgenommene Anfangsorientierung (Initialorientierung) auf das Zielgebiet, und Direktbeobachtungen, Ringfunde, Berechnungen der Flugzeiten sowie Telemetriestudien belegen häufig weitgehend geradlinige Rückflüge auf dem kürzesten Weg, wobei offenbar nicht einmal gewisse Asymmetrien im Körperbau hinderlich sind (Matessi 1997). Im Extremfall sind Schwarzschnabel-Sturmtaucher *(Puffinus puffinus)* bei Versetzung von England nach den USA über eine Distanz von über 4000 km in gut 12 Tagen zurückgekehrt (Gwinner 1971b). Das Navigationsvermögen ist, wie schon oben angesprochen, weder auf Zugvögel noch auf Zugperioden beschränkt.

Das generelle Navigationsvermögen von Vögeln ist faszinierend, aber bis heute, wie bereits oben ausgeführt, nicht befriedigend aufgeklärt. Diese Unklarheit hat Forscher immer wieder dazu veranlasst, neue Hypothesen zu entwickeln. Alle wesentlichen etwa zehn gegenwärtig in der Diskussion stehenden Hypothesen werden im Folgenden kurz behandelt.

7.6.1 Trägheitsnavigation

Wie bereits Darwin vermutet hat, könnten Vögel theoretisch bei Versetzungsversuchen während ihrer Verfrachtung jede Körperdrehung und Linear- und Winkelbeschleunigung in Beziehung zu den lokalen Schwerkraftverhältnissen registrieren und aus diesen Messdaten durch entsprechende doppelte Integration später am Auflassort ihre Position relativ zum Herkunftsort bestimmen (Alerstam 1991). Derartige Drehungen und Beschleunigungen könnten bei Vögeln vom Vestibularapparat im Innenohr gemessen und dann entsprechend verarbeitet werden. Um diese Möglichkeit zu testen, wurden Brieftauben während der Verfrachtung in Käfigen rotiert oder in Narkose gehalten. Weiterhin wurden bei

Versuchsvögeln die horizontalen Bogengänge des Vestibularapparates (die die für die Orientierung wesentlichen Horizontalbeschleunigungen registrieren) ausgeschaltet. Alle diese Maßnahmen und Eingriffe blieben ohne wesentliche Beeinträchtigung der Navigationsleistungen (Gwinner 1971 b, Schmidt-Koenig 1985). Demnach ist Trägheitsnavigation oder Wegeverrechnung sicher nicht der primäre und wohl auch kein wesentlicher Navigationsmechanismus bei Brieftauben. Wegeverrechnung kommt jedoch bei vielen Tierarten vor, vor allem bei Arthropoden und Säugetieren. Sie dient bei ihnen im Rahmen der Nahorientierung in erster Linie dazu, selbst nach relativ langen und komplizierten Bewegungsabläufen auf dem kürzesten Weg zum Aufenthaltsort zurückzukehren. Es ist deshalb nicht auszuschließen, dass auch Vögel und selbst Brieftauben über entsprechendes Navigationsvermögen verfügen, wenngleich sie auch anders navigieren können (Wallraff 1991). Neue Daten der Satelliten-Telemetrie sprechen jedoch dafür, dass Zugvögel mit anderen Navigationsmechanismen als der Wegeverrechnung oder zumindest einfacher Wegumkehr aus dem Winterquartier zurückwandern (Berthold et al. 1997). Außerdem ist inzwischen bekannt, dass Wegeverrechnungsprozesse leicht zu Fehlern führen (Etienne et al. 1996). Für kürzere Entfernungen wurde auch propriozeptive (kinästhetische) Orientierung diskutiert: Orientierung über automatische Wiederholung von Bewegungsabläufen, die über eine Art „motorisches Gedächtnis" oder Bewegungsempfindung (Kinästhetik, Kinästhesie) funktioniert, und zwar mit Hilfe von Sinneszellen (Entero-, Intero- oder Propriorezeptoren), die auf Zustände oder Zustandsänderungen innerhalb des eigenen Körpers ansprechen (Creutz 1987.) (Über geodätische Orientierung, Winkelsinn u. ä. siehe Merkel 1978.)

7.6.2 Magnetfeldnavigation

Es ist mehrfach postuliert worden, Vögel könnten mit Hilfe geophysikalischer Netze Bi- oder Zweikoordinaten-Orientierung durchführen und damit navigieren. Ein geophysikalisches Netz oder eine Gradientenkarte entsteht, wenn sich mindestens zwei physikalische Größen über die Erdoberfläche in verschiedenen Richtungen quantitativ ändern. Damit ist jeder Punkt der Erdoberfläche durch bestimmte Größen der beiden Gradienten definiert, und Vögel könnten ein derartiges Gradientennetz als Navigationskarte verwenden (Gwinner 1971 b, Wallraff 1991).

Eine erste Hypothese für derartige Gradientennavigation hat Viguier bereits 1882 formuliert. Seiner Meinung nach sollten Vögel mit Hilfe der drei Komponenten des Erdmagnetfeldes, also Inklination, Intensität und Polarität, navigieren können. Die bisherigen Untersuchungen über den Magnetkompass (7.4) belegen jedoch sicher nur die Verwendung der Inklination. Da aber das Navigationsprinzip von Vögeln bisher nicht geklärt ist und das Verständnis der Magnetfeldperzeption erst in den Anfängen steckt (7.5), ist die Viguier'sche Hypothese gegenwärtig theoretisch nicht zu widerlegen. Bei Salamandern und Meeresschildkröten ist inzwischen Magnetfeldnavigation mit Hilfe der Inklination sowie der Polarität bzw. der Intensität nachgewiesen (Phillips 1986, Lohmann u. Lohmann 1996), und bei Brillenvögeln gibt es Hinweise dafür (Munro et al. 1997). Auf Grund dieser Beobachtungen wird Bikoordinatennavigation auf Magnetfeldbasis auch bei Vögeln wieder stärker diskutiert (Gould 1998).

7.6.3 Magnetfeld-Coriolisbeschleunigungs-Navigation

Eine komplizierte Hypothese hat Yeagley (1947) konstruiert. Danach sollen Vögel für die Navigation sowohl das Erdmagnetfeld verwenden als auch die so genannte Coriolisbeschleunigung. Unter Coriolisbeschleunigung versteht man Ablenkungen auf der rotierenden Erde, die aus Rotations- und Trägheitskräften resultieren. Da die Coriolisbeschleunigungen auf die geographischen, die Magnetfeldkräfte hingegen auf die magnetischen Pole der Erde bezogen sind, ergeben beide ein geophysikalisches Netz, das Vögel theoretisch zum Navigieren verwenden könnten. Yeagley postulierte, Vögel würden im Fluge die Magnetfeldstärke indirekt messen, indem sie sich wie elektrische Leiter verhalten. Nach der Übersicht in Gwinner (1971 b) müssten Vögel für derartige Navigation die an ihrem Körper entstehende Spannung auf ungefähr ein Einmillionstel Volt genau messen und ihre Fluggeschwindigkeit auf etwa 0,3 km/h abschätzen können. Weiterhin müssten Vögel die Coriolisbeschleunigung direkt als seitwärts gerichtete Kraft messen können. Dazu wäre erforderlich, die Fluggeschwindigkeit ebenfalls auf etwa 0,3 km/h abzuschätzen, zudem die Masse auf etwa 2 g genau, und schließlich müsste die seitwärts gerichtete Corioliskraft von weniger als ein Sechstausendstel der Erdgravitation registriert werden, auch bei Wind. Die aufgrund dieser Hypothese von Vögeln geforderten Leistungen sind höchst unwahrscheinlich. Deshalb wurde die Yeagley'sche Hypothese bereits nach theoretischen Erwägungen verworfen, und entsprechende Versuche von Yeagley an Brieftauben, die er im Sinne seiner Hypothese interpretierte, wurden als nicht schlüssig kritisiert (Gwinner 1971 b, Schmidt-Koenig 1985).

7.6.4 Sonnennavigation

Die erste umfassende Sonnennavigationshypothese wurde von Matthews ab 1951 formuliert (Matthews 1968) und 1960 von Pennycuick erweitert. Seitdem ist sie unter dem Namen Matthews-Pennycuick'sche Sonnennavigations-Hypothese bekannt (Gwinner 1971 b). Sie geht davon aus, dass Vögel Sonnenbögen (die Wanderungen der Sonne am Himmel) beobachten und lernen oder sogar kurzfristige Sonnenhöhenveränderungen abschätzen können. Nach Versetzungen sollen Sonnenbögen oder

Sonnenhöhenveränderungen am Auflassort ermittelt und zu denen des Heimatortes genau in Beziehung gesetzt werden. Je nachdem, ob die Sonne am Auflassort einen höheren oder niedrigeren, früheren oder späteren Bogen beschreibt bzw. ob sie schneller oder langsamer steigt oder sinkt, könnten Vögel theoretisch bestimmen, ob sie nach S oder N bzw. O oder W versetzt wurden, und entsprechend zurückkehren.

Auch diese komplizierte Hypothese wurde schon aufgrund theoretischer Überlegungen weitgehend abgelehnt. Es ist unwahrscheinlich, dass Vögel aus dem Vergleich der erinnerten mit den am Auflassort wahrgenommenen Sonnenbahndaten entsprechend extrapolieren können. Da Brieftauben bereits 20 Sekunden nach dem Auflassen heimorientiert sein können, müssten entsprechende Vergleiche so schnell erfolgen, wie sie Sonnenbahndaten praktisch gar nicht ermöglichen. Ferner müsste die circadiane Uhr der Vögel auch bei längerer Versetzung auf die Zeit des Heimatortes synchronisiert bleiben, was jedoch nicht der Fall ist. Schließlich müssten Vögel noch einen sehr genauen Kurzzeitmesser und eine sehr präzise jahresperiodische Uhr für die Messung der Wandergeschwindigkeit der Sonne sowie die Verrechnung der jahreszeitlichen Sonnenbahnänderungen besitzen, wofür es keine Anhaltspunkte gibt. Versuche (Warte-, Umstimmungs-, Zeitverstellungsversuche u. a.), in großer Zahl mit Brieftauben durchgeführt, brachten ebenfalls keine sicheren Stützen für diese Hypothese. Vor allem zeigte sich bei allen einschlägigen Untersuchungen des Sonnenkompasses, dass Vögel den Azimut verwenden, nicht aber die Höhe des Sonnenstandes (7.4).

7.6.5 Sternnavigation

Sauer (1957) hat angenommen, dass Sterne von Vögeln nicht nur als Kompass, sondern auch zur Navigation verwendet werden könnten. Planetariums- und Versetzungsversuche mit Grasmücken veranlassten ihn zu dem Schluss, zugunerfahrene Jungvögel hätten eine angeborene Kenntnis des Sternenhimmels ihres Ruhezieles, und sie würden ihren Wegzug beenden, wenn sie sich unter der erwarteten Sternkonfiguration befänden. Vögel sollten zudem ähnlich wie früher die Navigatoren von Schiffen aus den Messungen von Stundenwinkel und Deklination von Sternen ihre Position bestimmen. Alle späteren Untersuchungen über den Sternkompass haben jedoch gezeigt, dass für Vögel lediglich die scheinbare Rotation des Sternenhimmels und das Sternbild um den Polarstern von Bedeutung sind (7.4); alle übrigen Sternbilder sind in ihrer spezifischen Konfiguration unerheblich. Außerdem haben Versetzungsversuche mit Laubsängern in ihre afrikanischen Ruheziele erbracht, dass die Vögel dort auch bei Sicht des Sternenhimmels genauso lange zugunruhig waren wie in der Brutheimat gehaltene Kontrollvögel (Gwinner 1968), und andere nach Afrika versetzte Arten bevorzugten während ihrer Zugunruhe auch weiterhin südliche Richtungen (Rabøl 1989). Es gibt derzeit keinerlei Daten, die für die Sternnavigationshypothese sprechen; sehr wahrscheinlich ist sie endgültig widerlegt.

7.6.6 Olfaktorische Navigation

Mit einer Veröffentlichung im Jahre 1972 leiteten Papi und Mitarbeiter eine ununterbrochene Folge von Experimenten in Bezug auf eine neue Hypothese ein, nach der zumindest Brieftauben in der Lage sein sollen, aufgrund von windtransportierten Duftstoffen in der Luft olfaktorische Navigation durchzuführen (Papi 1991). Diese Hypothese der Geruchsnavigation ist nach wie vor Gegenstand heftiger Diskussionen und Kontroversen. In einer kritischen Gesamtübersicht über Navigationssysteme bei Vögeln (Wallraff 1991) wird sie zwar akzeptiert und vielseitig diskutiert, aber viele Fragen bleiben offen.

Olfaktorische Orientierung kommt bei vielen Tieren vor, z. B. bei Insekten, Fischen, Säugern, wobei sowohl körpereigene Pheromone als auch Duftstoffe der Umgebung verwendet werden. Sie spielt auch bei manchen Vogelarten für die Orientierung in näherer Umgebung eine Rolle, z. B. bei Kiwis, Neuweltgeiern, Krähenvögeln, Honiganzeigern und Röhrennasen bei der Nahrungssuche, bei höhlenbrütenden Röhrennasen zum Auffinden der Bruthöhlen, bei Staren zur Auswahl von Pflanzen zum Nestbau usw. (Papi 1991). Insgesamt sind Ausprägung und Verwendung des Geruchssinns bei Vögeln jedoch wenig genau untersucht (7.5).

Ab 1959 machten Kramer und Mitarbeiter eine interessante Entdeckung: Wurden Brieftauben hinter durchsichtigen Palisaden gehalten, die ihnen zwar Sicht erlaubten, nicht aber, die natürlichen Luftbewegungen zu erfahren, dann waren sie in ihrem Heimkehrvermögen beeinträchtigt. Das sprach dafür, dass mit der Luftbewegung einhergehende Informationen wesentliche Grundlagen der Navigation sind (Papi 1991).

Papi und Mitarbeiter schalteten bei Brieftauben das Geruchsvermögen aus (mittels Durchtrennung beider Geruchsnerven, Lokalanästhesie der Nasenschleimhäute, Verschluss der Nasenlöcher), hielten Tauben so, dass sie die normalen Luftbewegungen um ihren Schlag nicht erfahren konnten, leiteten die normalen Luftströmungen so um, dass sie von ungewohnten Richtungen auf die Vögel zukamen, kehrten den Luftstrom durch Propeller um, hielten Tauben in künstlichen Luftströmen, die mit Duftstoffen angereichert waren, ließen Tauben nur Luftbewegungen in einer Richtung außerhalb des Schlages erfahren und transportierten schließlich Tauben auf Umwegen zum Auflassort. Diese Maßnahmen führten bei Versetzungs- und Auflassversuchen zu deutlicher Beeinträchtigung sowohl der Anfangsorientierung als auch der Heimkehrleistung. Demnach war, wie Papi (1991) schließt, Erfahrung der normalen Luftbewegungen am Heimatschlag mit intaktem Geruchssinn eine Voraussetzung für normale Navigationsleistung bei seinen Brieftauben. Er nahm weiter an, dass die entscheidende Information in Duftstoffen besteht, die auf regional unterschiedliche Duftfelder zurückgehen, die ihrerseits auf gebietsweise verschiedenartiger Vegetation und Bodenzusammensetzung beruhen.

Gegen die Hypothese oder zumindest gegen generelle Navigation von Brieftauben auf olfaktorischer Basis spricht die Beobachtung, dass teilweise auch anosmische Tauben (mit blockiertem Geruchssinn) heimgefunden haben, so dass Papi (1991) selbst einen Hilfsmechanismus postuliert. Dieser Zusatzmechanismus soll zeitweilig wirksam werden, befähigt damit ebenfalls zumindest in gewissem Umfang zur Navigation, ist jedoch seinem Wesen nach gänzlich unbekannt. Weiterhin wird die Hypothese eingeschränkt durch den Befund, dass anosmische Brieftauben an der Cornell Universität in den USA nur wenig in ihrer Orientierungsleistung beeinträchtigt waren. Aus diesen und anderen Versuchen wurde geschlossen, olfaktorische Navigation spiele vor allem in Italien eine wesentliche oder dominierende Rolle (Papi 1991).

Die schwächste Stelle in der Hypothese über olfaktorische Navigation liegt zweifellos in der völligen Unkenntnis der eigentlichen Richtgröße. Papi und Mitarbeiter vermuten aufgrund von Versuchen, in denen Luftströmungen gefiltert wurden, dass es sich dabei um in der Atmosphäre fein verteilte Duftstoffe, z. B. Spurengase in molekularer Form, handelt. Bei den regelmäßig starken Bewegungen der Atmosphäre durch Wind ist kaum vorstellbar, dass sich eine Art Duftfelder-Mosaikkarte über der Landschaft stabilisieren und von Vögeln über größere Entfernung perzipiert und zur Orientierung verwendet werden kann. Theoretisch eher wahrscheinlich ist bei immer wieder erfolgender Durchmischung und Verwirbelung von Luftmassen die Bildung von regional quantitativ verschiedenen Duftkomponenten. Ob derartige Duftgradientenverhältnisse in der Atmosphäre in einer Art und Weise entstehen, dass sie von Vögeln auch über Hunderte von Kilometern zur Navigation verwendet werden können, ist vorläufig offen. Wallraff (1991) kommt in seiner kritischen Übersicht zu folgendem Schluss: Gegenwärtig muss notwendigerweise jeder Erklärungsversuch der Mechanismen der olfaktorischen Navigation spekulativ bleiben, und auch ihr heuristischer Wert ist nicht abschätzbar. Andererseits ist es derzeit sicherlich wenig konstruktiv, olfaktorische Navigation einfach als unausführbar abzulehnen. Wiltschko (1996) fasst eine Übersicht über alle einschlägigen Untersuchungen mit Brieftauben sinngemäß zusammen: Es ist verfrüht, olfaktorische Faktoren als Navigationshilfe zu akzeptieren. Für eine kritische Diskussion siehe auch Berthold (1996).

Abschließend bleibt die Frage: Könnte olfaktorische Navigation auch bei Zugvögeln eine Rolle spielen, z. B. auch bei Langstreckenziehern, bei denen Duftkarten oder Duftgradienten sogar über Tausende von Kilometern verfügbar sein sollten? Einige wenige Versetzungsversuche mit anosmisch gemachten Mauerseglern und Staren führten im Vergleich zu Kontrollen zu reduzierten Rückkehrquoten. Von den Staren kamen jedoch trotz beiderseitiger Durchtrennung der Geruchsnerven aus 130 km Entfernung immerhin halb so viele Vögel zurück wie bei den Kontrollen (Papi 1991). Das spricht dafür, dass diese Vögel in beträchtlichem Maße über einen anderen als den postulierten olfaktorischen Navigationsmechanismus verfügen. Die Suche nach anderen Navigationsmechanismen bleibt demnach nach wie vor dringend erforderlich. Wallraff et al. (1995) fanden bei Versetzungsversuchen mit Staren über Entfernungen von etwa 100–250 km bei anosmischen Versuchsvögeln deutlich reduzierte Rückkehrleistungen gegenüber Kontrollvögeln und schließen daraus, dass Stare für erfolgreiche Orientierung olfaktorische Signale benötigen. Aber was für Brieftauben zutrifft, gilt für Zugvögel erst recht: Ob olfaktorische Orientierung bei ihnen eine Rolle spielt, ist vorerst ungewiss.

7.6.7 Vektornavigation

Die bei einer Reihe von Zugvogelarten nachgewiesenen endogenen, genetisch determinierten Zug-Zeitprogramme (6.12–6.21) und die durch Vererbung vorgegebenen Wegzugrichtungen (7.3) haben zu einer so genannten Vektornavigationshypothese geführt. Ich verwende diesen Begriff hier in der von Schmidt-Koenig (1973) vorgeschlagenen Form für das Auffinden der Ruheziele durch unerfahrene Jungvögel, also für eine besondere Form der Navigation, obwohl er von anderen Autoren (Wehner 1982, Lednor 1982) auch für kompassgestützte Wegumkehr bei Insekten bzw. Vögeln verwendet wird.

Bereits von Lucanus (1923) und Stresemann (1934) waren der Meinung, dass zugunerfahrene Jungvögel durch die Menge ihrer Zugaktivität in ihre art- und populationsspezifischen Winterquartiere geführt werden (Berthold 1988 a). Genaue Untersuchungen der Zugunruhe, vor allem an Laubsängern und Grasmücken von Gwinner und Berthold, haben diese Annahme zunehmend bestätigt und schließlich zur Formulierung einer umfassenden Vektornavigationshypothese geführt.

Nach heutiger Vorstellung können theoretisch die allein, ohne ihre Eltern erstmals wandernden Jungvögel zumindest vieler regelmäßig ziehender Arten ihr Ruheziel auf einem ererbten Vektor erreichen, der aus einem angeborenen Zug-Zeitprogramm und einer angeborenen Sollrichtung besteht und somit eine Art Erbkoordination im Sinne von Lorenz (1950) darstellt. Die Vögel wandern auf diesem vorgegebenen Vektor so lange, wie ihr Zug-Zeitprogramm Ziehen bewirkt, und befinden sich nach seinem Ablauf „automatisch" im art- oder populationsspezifischen Winterquartier.

Diese Vektornavigationshypothese – auch (endogene) Zeit- und Richtungsprogramm- oder Entfernungs- und Zeit-Hypothese genannt – ist heute allgemein akzeptiert (z. B. Terrill 1991, Wallraff 1991, Wiltschko 1990), und sie ist von allen Navigationshypothesen am besten mit Befunden verschiedenster Art belegt. Sie erklärt allerdings nur einen recht einfachen Fall von Navigation, nämlich das einmalige Auffinden eines unbekannten Zieles von einem bekannten Heimatort aus. In diesem Spezialfall ist nicht wie bei Versetzungsversuchen zunächst eine Ortsbestimmung (am Auflassort) relativ zum Zielort erforderlich. Dass diese Ortsbestimmung mit den Mechanismen der Vektornavigation nicht geleistet werden kann, hat der in 7.1 beschriebene Versetzungsversuch mit Staren gezeigt. Die von Holland nach der Schweiz verfrachteten unerfahrenen Jungvögel sind ihrem Zugvektor folgend vom Auflassort aus parallel verschoben abgewandert und haben die Versetzung nicht verrechnet. Dass sie nach der Versetzung im Wesentlichen in die Sollrichtung und -entfernung ihrer normalerweise durchzuführenden Wanderung gezogen sind, stellt eine starke Stütze der Vektornavigationshypothese durch dieses Freilandexperiment dar.

Mit der Formulierung der Vektornavigationshypothese stellt sich die Frage, wie weit Vögel in der Lage sind, einen vorgegebenen Vektor in der freien Natur zu verwirklichen und ob nicht Umweltfaktoren die Realisierung erschweren oder gar unmöglich machen. Theoretisch könnten Wind, Schlechtwetterperioden, unzureichende Fettdepots aufgrund zeitweilig schlechter Ernährungsbedingungen und anderes mehr die vorgegebenen Zeit- und Richtungsprogramme so stark beeinflussen, dass mit einem vorgegebenen Vektor ein unbekanntes Ziel praktisch gar nicht erreicht werden kann. Die genaue Betrachtung der Verhältnisse lässt jedoch Folgendes erkennen: Dass die Richtungsprogramme regelmäßig eingehalten werden können, belegen für viele Arten Ringfunde in großer Zahl und neuerdings Befunde der Satelliten-Telemetrie (4.5). Zwar zeigen erstmals wandernde Individuen einer Reihe von Arten eine größere Streuung der Wegzugrichtung als erfahrene Altvögel (Alerstam 1991, 7.7), aber die populationsspezifischen Wegzugrichtungen werden in aller Regel eingehalten (Abb. 17). Für die Frage, wie weit Zeitprogramme Vögel in ihre Ruheziele führen können, ist Folgendes relevant: Der Wegzug zugunerfahrener allein ziehender Vögel läuft allgemein sehr langsam ab und erstreckt sich bekanntlich etwa bei Kleinvögeln mit durchschnittlichen täglichen Vorrückgeschwindigkeiten von nur etwa 50–100 km (5.25) über Monate. Genaue Untersuchungen der Durchzugs- und Rastgewohnheiten von Kleinvögeln in Durchzugsgebieten in Mitteleuropa (Berthold et al. 1991) sowie in der Sahara (6.9) und anderswo zeigen, dass die meisten Kleinvögel zunächst alle paar Tage in kleinen, später dann auch täglich und in größeren Etappen wandern. Sie ziehen damit recht kontinuierlich und sind, den geringen mittleren Vorrückgeschwindigkeiten nach, pro Zugtag oder Zugnacht im Mittel nur relativ kurze Zeit unterwegs (für die Überwindung von Barrieren wie der Sahara siehe 6.9). Diese häufig kleinen Zugetappen lassen sich, vielen Sicht- und Radarbeobachtungen nach zu schließen (5.25, 7.7), auch bei ungünstigem Wetter meist so einpassen, dass annehmbare Zugbedingungen im Hinblick auf Regen, Wind und andere Faktoren erreicht werden können. Schlechtwetterbedingungen, die selbst kleinere Zugetappen über längere Zeit beeinträchtigen könnten, sind selten (Schindler et al. 1981). Und wenn sie gebietsweise auftreten, beeinflussen sie meist nur einen relativ kurzen Abschnitt eines ausgedehnten Zug-Zeitprogramms. Schließlich sind die Ruheziele der Arten, die nach unserer Vorstellung Vektornavigation durchführen, in der Regel so groß, dass Zugvögel selbst bei beträchtlicher umweltbedingter Variation ihrer Zeitprogramme in den meisten Fällen wenigstens noch Randbereiche ihrer Ruhezielgebiete erreichen dürften. Zudem ist nicht auszuschließen, dass es Kompensationsmechanismen für zeitweilige Störungen endogener Zeitprogramme gibt, die deren Realisierung erleichtern könnten. Bisherige Versuche zum Nachweis solcher Kompensationsmechanismen erbrachten allerdings negative Ergebnisse (Schindler et al. 1981). Im Hinblick auf Windeinwirkungen hat Bruderer (1971) u. a. festgestellt, dass Zugvögel nicht nur bei Gegenwind ihre Eigengeschwindigkeit steigern, sondern auch bei Rückenwind senken und damit die Wirkungen von Windgeschwindigkeiten teilweise kompensieren können. Im Ruhezielgebiet selbst oder in dessen Nähe kann, wenn erforderlich, mit Hilfe von fakultativer Zugaktivität (6.15) die Suche nach einem geeigneten Aufenthaltsgebiet aufgenommen werden. Damit wird das Erreichen unbekannter Ruheziele mit Hilfe der Vektornavigation sehr gut verständlich.

Inwieweit Vektornavigation auch für spätere, auf den ersten Wegzug folgende Wanderungen verwendet wird, ist offen. Nach dem ersten Wegzug sind beide wesentlichen Ziele, Brutheimat und Ruheziel, bekannt, so dass theoretisch andere Navigationsmechanismen für die Pendelzüge zwischen beiden Gebieten verwendet werden könnten. Bei Vögeln, die im Ruhezielgebiet weit umherstreifen, ist anzunehmen, dass sie vom letzten Aufenthaltsort direkt ins Brutgebiet navigieren. Bei im Ruheziel sehr ortsfesten Vögeln wäre denkbar, dass der Heimzug eine Art Zugumkehr (Wegumkehr) des Wegzugs ist und Vektornavigation vor allem für die ungefähre Rückkehr in die weitere Brutregion eine Rolle spielt. Gegen Wegumkehr sprechen jedoch die neueren Befunde der Satelliten-Telemetrie (6.17 u. Berthold et al. 1997).

Rabøl (1989, 1995, 1998) hat in seiner Zielgebiets- und Kreuzachsenhypothese postuliert, dass auch unerfahrene Jungvögel auf ihrem Wegzug nicht einfach einer Kompassrichtung folgen, sondern Versetzungen (Verdriftungen) zielgerichtet kompensieren und damit navigieren. Beobachtungsdaten sprechen jedoch dagegen (Richardson 1991), und Mouritsen (1998) konnte derartige Befunde weder in einer kritischen Analyse der veröffentlichten Daten noch in eigenen Untersuchungen an Trauerschnäppern bestätigen.

7.6.8 Das Karte-Kompass-Konzept

Ein Karte-Kompass-Konzept als hypothetisches Modell für die Navigation vor allem von Brieftauben wurde zuerst von Kramer ab 1953 entwickelt (Gwinner 1971b). Nach diesem Konzept führen Brieftauben nach ihrer

Versetzung am Auflassort zunächst auf noch unbekannte Weise eine Ortsbestimmung relativ zum Heimatort durch. Nach dieser Ortsbestimmung und Anfangsorientierung ist für verfrachtete Vögel in der Regel klar, in welche Richtung sie wandern müssen. Die Realisierung dieser eingestellten Sollrichtung erfolgt mit Hilfe der bekannten, in Kapitel 7.4 im Einzelnen besprochenen Kompasse (Kramers Konzept bezog sich seinerzeit nur auf den damals als einzigen bekannten Sonnenkompass). Das genaue Zielgebiet – im Falle der Brieftauben der Heimatschlag – kann dann nur über eine Art Karte ausfindig gemacht werden, von der die Vögel durch Erfahrung Kenntnis erlangt haben.

Bei dieser Karte kann es sich zum einen um eine so genannte Mosaikkarte oder Heimatgebietskarte handeln. Darunter ist eine Art topographische Karte zu verstehen, in die Vögel, ähnlich wie wir in unserem Gedächtnis, Landschaftsstrukturen einordnen, die einen räumlichen Orientierungsrahmen geben. Diese Strukturen können sichtbare Erscheinungen sein, also Landmarken, aber auch Duftfelder (7.6), theoretisch auch Schallquellen (7.4, 7.5) und sonstige Charakteristika. Zum anderen kann es sich um eine Gradientenkarte handeln, bei der mindestens zwei sich über die Erdoberfläche systematisch ändernde geophysikalische Größen die Richtwerte liefern (7.6). Da nicht nur Brieftauben aus großen Entfernungen, sondern auch andere Vogelarten z. T. aus riesigen, mehrere tausend Kilometer betragenden Entfernungen heimkehren können (7.6), ist die Verwendung von Gradientenkarten höchst wahrscheinlich. Es ist auch gut vorstellbar, dass bei Navigation aus großen Entfernungen zunächst in unbekannten Gebieten Gradientenkarten und später in bekannten Bereichen topographische Karten verwendet werden. Beide Kartentypen können theoretisch am Heimatort erfahren oder erlernt werden; für eine Gradientenkarte könnten auch in hohem Maße unmittelbar angeborene Kenntnisse vorliegen. Beobachtungen an Brieftauben zeigen, dass Lernprozesse während der Jugendentwicklung schon für die Verfügbarkeit eines einfachen Sonnenkompasses zur Richtungsorientierung erforderlich sind (7.4). Aufgrund der Heimkehrleistungen (4.9) ist zu schließen, dass die Möglichkeit, im Heimatschlagbereich Erfahrungen zu sammeln, auch eine wichtige Voraussetzung für erfolgreiche Navigation ist. Dabei dürfte Vögeln ein sehr gutes Langzeit-Ortsgedächtnis zugute kommen, das bei Tauben nachgewiesen ist (Balda u. Wiltschko 1995).

Wie der Name schon sagt, ist die hier skizzierte Karte-Kompass-Verbindung ein Konzept, also ein hypothetischer Ansatz, um dem immer noch ungeklärten Navigationsprinzip von Vögeln näher zu kommen. Deshalb sind auch die Verbindungen zwischen anfänglicher Ortsbestimmung, Anfangsorientierung, anschließender Kompassorientierung und nachfolgender Kartenbenutzung zur Zielorientierung weitgehend unbekannt. Versetzungsversuche mit Brieftauben, deren innere Uhr verstellt wurde, zeigten, dass die Vögel eine falsche Anfangsorientierung hatten (Fehlweisung, 7.4). Daraus ist zu schließen, dass sie am Auflassort nicht unmittel-

bar über eine Gradientenkarte eine gerichtete Einstellung zum Heimatort vornehmen, sondern dass zunächst eine Sonnenkompasseinstellung
erfolgt, die später mit den theoretisch zu fordernden Karten verbunden
wird. Weiteres über die auch vom theoretischen Ansatz her komplizierten
Verhältnisse ist in den ausführlichen Erörterungen von Wallraff (1991),
Able (1995) und Wiltschko (1995) zu finden. Köhler (1994) hat ein M-A-L-
Zielfindeverfahren-Modell vorgestellt, das auf dem *Magnetfeld* der Erde,
der *Azimut-* und *Lot*richtung basiert, aber wegen zu vieler unbewiesener
Annahmen unrealistisch erscheint.

7.7 Ökologische und evolutionsbiologische Aspekte

Das Orientierungsverhalten von Vögeln, vor allem von Langstreckenziehern, muss entsprechend angepasst werden an die topographischen Verhältnisse der Durchzugsgebiete, ganz besonders im Hinblick auf Barrieren wie Gebirge, Meere und Wüsten, sowie an Witterung und Wetter, hier
vor allem an Windverhältnisse. Diese ökologischen Aspekte der Orientierung wurden eingehend von Alerstam (1991) und Richardson (1990,
1991) behandelt.

Anpassungen an die topographischen Verhältnisse erfolgen vielfach
bereits in der Evolution von Zugformen und resultieren dann in adaptiven Zugrichtungsprogrammen. Die bei europäischen Vogelarten weit
verbreiteten Zugscheiden im mitteleuropäischen Bereich (5.16) und die
programmierten Bogenzüge oder Zugknicks (5.18) sind Anpassungen, die
bei Afrikaziehern der mindestens teilweisen Umgehung der dreifachen
Barriere von Alpen, Mittelmeer und Sahara dienen. Zugrichtungspro-
gramme führen heute wandernde Individuen zum Teil „automatisch" an
diesen Barrieren entlang, ohne dass die Vögel unmittelbar darauf reagieren müssten. Vertreter vieler Arten sind jedoch so programmiert und entsprechend ausgerüstet, dass sie zumindest einen Teil der Barrieren auch
im Breitfrontzug überqueren können (5.13, 6.9). Je nach ökologischer
Situation können dabei bald engere, bald weitere Fächer von Wegzugrichtungen entwickelt werden. Für eine Reihe von Arten gilt, dass Jungvögel in breiterem Fächer wegziehen als Altvögel. Die Ursache für diesen
Weitwinkelzug mag neben der größeren Streuung der relativ häufigeren
Jungvögel sowohl in unterschiedlicher Orientierungsleistung als auch in
verschiedenartigem Orientierungsverhalten liegen (z. B. Kompassorientierung bzw. Navigation).

Theoretisch wäre es für Zugvögel von Vorteil, zumindest große
Strecken eher auf Orthodromen (Großkreisen auf der Erdkugel, „Gerad-
laufenden") als auf Loxodromen („Schieflaufenden", Kurslinien, die Meri-
diane unter gleichem Winkel schneiden) zu fliegen, da sie die kürzeste
Verbindung zwischen zwei Punkten auf der Erdoberfläche und damit
auch zwischen Aufbruch- und Zielort darstellen. Für einige Arten gibt es
Hinweise für derartiges Orientierungsverhalten, aber für genauere Aus-

sagen sind weitere Untersuchungen, v.a. über lange Strecken, z.B. mit Hilfe der Satelliten-Telemetrie erforderlich (Alerstam 1996).

In vielen Fällen können Vögel ihre Orientierung auch unmittelbar nach Landschaftsstrukturen ausrichten, die dann als Leitlinien wirken (5.13). Das geschieht häufig in Abhängigkeit von besonderen Wettersituationen, z.B. bei starkem Wind; die Vögel ziehen dann in Sekundär- oder Mittelrichtungen (Schüz et al. 1971). Folgen Zugvögel in solchen Fällen Küsten in niedriger Höhe (Küstenzug, Küstenwanderer), können sie Gegen- und Seitenwindeffekte reduzieren und sparen Energie und Zeit selbst dann, wenn die Leitlinienwanderung einen gewissen Umwegzug bedeutet. Außer im Hinblick auf Wind können Leitlinien- und Umwegzug Schutz vor Feinden (z.B. vor Möwen über See) und bei Nebel vor Desorientierung bieten (Alerstam 1991). In vielen Fällen von sehr schlechten Wetterbedingungen mag Leitlinienwirkung vor allem von Küsten und Rückorientierung von See zum Land Zugvögeln das Leben retten (s.u.).

Obwohl immer wieder beobachtet wird, dass sich Zugvögel auch innerhalb von Wolken und Nebel orientieren können, was u.a. zu Überlegungen hinsichtlich der Magnetfeldorientierung geführt hat (7.4), so ist ihre Orientierung in derartigen Bedingungen jedoch im Mittel eindeutig schlechter als bei offenem Himmel und ohne Nebel. Bei Bewölkung und Nebel kommt es regelmäßig zu gewisser Desorientierung, z.B. zu Zickzack- und Kreisflügen und zu Unglücksfällen, bisweilen auch in größerem Umfang. So sind im Frühjahr 1985 und im Herbst 1988 in der Ostsee bei dichtem Nebel mindestens je 20000 Zugvögel ertrunken und z.T. an Land gespült worden (Alerstam 1991); Schüz et al. (1971) und Berthold (1996) berichten von Massenunfällen von 200000–750000 Individuen. Häufig verunglücken Zugvögel bei Nebel an Leuchttürmen, Gewächshäusern und anderen Lichtquellen. In diesen Fällen scheinen tatsächlich der Orientierung mit Hilfe des Erdmagnetfeldes Grenzen gesetzt zu sein. Insgesamt spielen bei Zugvögeln jedoch Massenunfälle nur eine geringe Rolle (5.31). In den meisten Fällen bringen sie sich durch rechtzeitiges Landen, Ausweichen, notfalls Umkehrzug (5.22), verlängertes Rasten usw. in Sicherheit. Massenlandungen in Notsituationen können Millionenhöhe erreichen, wie z.B. früher auf Helgoland, als der alte Leuchtturm noch Vögel in Notsituationen anlockte, oder wie in England und anderswo beobachtet (Schüz et al. 1971, Elkins 1988a). Manche Arten, vor allem Invasionsvögel wie Häher und Meisen, die nur mit sehr geringen Fettdepots ausgerüstet sind, scheuen sich vielfach, über See zu fliegen – bei Goldhähnchen v.a. die Weibchen. Sie kehren z.T. eher um und brechen wohl Evasionen sogar ab. Auch regelmäßig wandernde Zugvögel kehren vor Seeüberquerungen häufig um – bei manchen Arten besonders Jungvögel – und wandern bis zu 500 km zurück, v.a., um ihre Fettdepots weiter aufzufüllen (Akesson et al. 1996).

Für einige Arten ist regelmäßige Missorientierung beschrieben worden, die auf Kompass-Defekten in Verbindung mit Umweltanomalien beruhen soll und zu Fehlern bei der Realisierung von Sollrichtungen führt.

Abb. 56: Orientierung
und Missorientierung
beim Goldhähnchen-
laubsänger *(Phyllosco-
pus proregulus)*. Ein
Teil der westlichen
Brutpopulation wan-
dert nicht in der nor-
malen südöstlichen
Wegzugrichtung in
das typische Ruheziel
(schwarz), sondern
entgegengesetzt vor
allem nach Nordwest-
europa (nach Mead
1983).

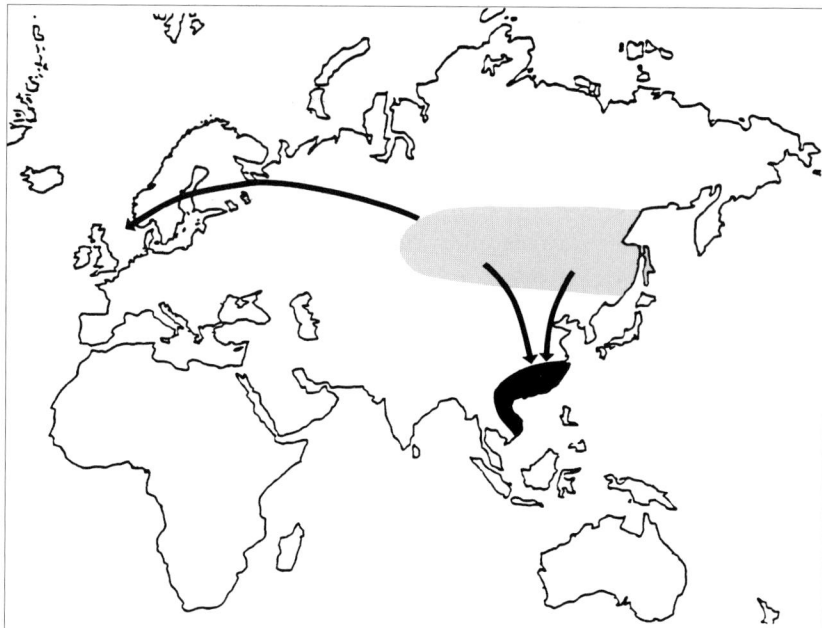

Man nimmt an, dass wenigstens ein Teil der Irrgäste, die regelmäßig besonders auf Inseln wie Helgoland, den Britischen Inseln, den Aleuten usw.
angetroffen werden, nicht einfach durch Sturm verfrachtet wurden, sondern dass sie wochenlang fehlorientiert in falsche Richtungen gewandert
sind. Der interessanteste Fall ist die spiegelbildliche Missorientierung, die
von De Sante (1983) vorgeschlagen wurde. Goldhähnchenlaubsänger z. B.
brüten in Zentral- und Ostasien und überwintern normalerweise in Süd-
ostasien. Jungvögel dieser Art werden in den letzten Jahrzehnten regelmäßig in Europa, vor allem im Bereich der Nordsee, festgestellt. Man
nimmt an, dass ein Teil der Vögel dieser Art einen „defekten Kompass"
besitzt, durch den ihre Ost-West-Orientierung beeinträchtigt ist, so dass
sie z.T. spiegelbildlich fehlorientiert nach Westen wandern (Abb. 56). Die
Defekte liegen jedoch möglicherweise weniger im Kompass der Vögel
selbst, sondern beruhen vielmehr auf Magnetfeldanomalien in verschiedenen Gebieten Asiens, die die Ausbildung der normalen Sollrichtung bei
einem Teil der Vögel beeinträchtigen. Versuche mit Fliegenschnäppern
sprechen z.T. für diese Annahme (Alerstam 1991). Auch auf das Orientierungsverhalten von Brieftauben haben Magnetfeldanomalien und normale Feldfluktuationen gewissen Einfluss (K-Effekt, wobei K ein Index für
Fluktuationen ist, Keeton et al. 1974, Kowalski et al. 1988).

Die meisten unmittelbaren Verhaltensanpassungen von Zugvögeln
werden durch die häufig stark wechselnden Windbedingungen bewirkt.
Vor allem die vielen kleineren Arten können theoretisch durch Wind erheblich im Zugverhalten beeinträchtigt werden, sei es, dass sie z. B. bei
Gegenwind zu viel Energie verbrauchen oder dass sie durch Seitenwind

verfrachtet werden. Bei sehr starkem Wind kann sogar Rückwärtszug, Rückwärtsdriften, vorkommen (wenn Zugvögel gegen ihren Kurs zurückgeweht werden). Auch in weniger extremen Situationen wird der fliegende Zugvogel in jeder windbedingten Luftmassenbewegung relativ zur Erde bewegt, so dass er je nach Windrichtung und -geschwindigkeit in seinem durch Muskelkraft erzeugten Flug bald mehr gebremst oder beschleunigt oder seitwärts verfrachtet, also verdriftet wird. Wind nimmt daher eine zentrale Stellung unter den ökologischen Faktoren ein, die für das Zug- und Orientierungsverhalten von Vögeln relevant sind.

Über die Beziehungen zwischen der Orientierung von Vögeln und Windverhältnissen während des Fluges liegt inzwischen eine riesige Zahl von Veröffentlichungen mit z.T. sehr widersprüchlichen Ergebnissen vor. Gründe dafür sind, dass viele Studien 15–40 Jahre zurückliegen, die meisten Radarstudien keinen Aufschluss über die untersuchten Arten geben, fast nur Feldstudien und kaum Experimente (Auflassungen, Telemetriestudien) vorliegen und viele Beziehungen zwischen Wind und Orientierung nach Arten, Gebieten, Abschnitten der Zugperiode u. a. wechseln können. Richardson (1991) hat versucht, soweit möglich, allgemeine Prinzipien abzuleiten, und Alerstam (1991) hat Modellvorstellungen für optimales Zugverhalten entwickelt. Danach zeichnet sich kurz zusammengefasst Folgendes ab: Um Probleme mit Gegen- und Seitenwind zu vermeiden, tendieren viele Zugvögel dazu, mehr oder weniger mit Rückenwind zu fliegen (Mitwindflug). Zum einen können sie Luftschichten ausfindig machen, in denen günstige Winde herrschen, die ihren Sollrichtungen am ehesten entsprechen (7.5, Elkins 1988 b), zum anderen können sie in gewissem Umfang mit Rückenwind in von den Sollrichtungen abweichende Richtungen wandern, und die Abweichungen können z.T. später korrigiert werden (Helbig et al. 1986, s. u.). In vielen Fällen lassen sich jedoch Seitenwinde und Windverdriftungen nicht vermeiden.

Während man früher annahm, die meisten Kleinvögel würden Windverdriftungen nahezu vollständig kompensieren, sieht es heute so aus, als würde bei Windverdriftung optimales Verhalten von vollständiger Kompensation bis zu völliger Drifttoleranz reichen, je nach Situation. Kompensation, vollständig oder partiell, ist ausgeprägt oder überwiegt allgemein bei Tagzug, hier besonders in geringer Höhe. Zu fortgeschrittener Tageszeit kann es vermehrt zu Driftkorrektur (Überkompensation, Einstellung des Kurses gegen die Verdriftung über die Sollrichtung hinaus) kommen. Kompensation ist weniger ausgeprägt bei Zug über dem Meer, bei Nachtzug, bei Zug über Land in größeren Höhen und zu Beginn der Zugperiode. Nach Modellvorstellungen über Optimierung des Zugablaufs im Hinblick auf Energie- und Zeitaufwand (Alerstam 1991) erscheint es sinnvoll, wenn Windverdriftung zu Beginn von Wanderungen eher toleriert wird – sie kann sich ja durch spätere Verdriftung in Gegenrichtung sogar aufheben – und erst gegen Ende von Zugperioden mehr kompensiert wird, damit dann ein vorgegebenes Zielgebiet sicher erreicht werden kann.

Das Kompensationsverhalten von Nachtziehern und bei Zug über dem Meer ist noch wenig untersucht. In beiden Fällen kann jedoch Winddrift kompensiert werden, besonders, wenn Landmarken zur Verfügung stehen, wahrscheinlich auch mit Hilfe von Wellenmustern. Welche Regeln dabei für Kompensation gelten, ist noch weitgehend offen. Auch in Thermik aufsteigende und dann gleitende Zugvögel können Winddrift kompensieren, und zwar auf verschiedene Weise sowohl beim Aufsteigen in Thermikgebieten als auch beim Abwärtsgleiten. So genannter Seitengleitflug (aktives Seitwärtsgleiten) dürfte bei Zugvögeln eine untergeordnete Rolle spielen (Schüz et al. 1971).

Lässt sich Verdriftung während eines Teiles einer Zugflugetappe nicht kompensieren, besteht theoretisch die Möglichkeit der Driftkorrektur zu späterer Zeit der Etappe. Erfolgt eine solche Korrektur bei Nachtziehern erst am nächsten Tag, z. B. von auf See verdrifteten Vögeln zurück zum Land (Berthold 1996), spricht man von Rückorientierung. Eine Korrektur kann auch nach einer Landung in einer weiteren Zugetappe erfolgen, nämlich durch Nachkorrektur der Zugrichtung. Wie weit Rückorientierung und Nachkorrektur vorgenommen werden, ist offen. Einige wenige Versetzungsversuche von Jungvögeln während des Zugs quer zur Zugrichtung sprechen für derartige Kompensation, andere nicht.

Die ohnehin schwierigen Untersuchungen über Verdriftungen und Kompensationsverhalten von Vögeln, von denen man in den meisten Fällen ja gar nicht weiß, wohin sie genau wollen, werden zusätzlich erschwert durch so genannte Pseudodrift. Darunter versteht man mehr oder weniger bevorzugtes Ziehen in relativ günstigen Windbedingungen, das partielle Winddrift vortäuschen kann. Das gilt v. a. auch im Hinblick auf die Präzision der verfügbaren Orientierungsmechanismen. Bei vielen Arten zeigen Jungvögel stärkere Streuung ihrer Zugrichtungen als Altvögel. Da Jungvögel meist viel häufiger als Altvögel sind, sagt das zunächst wenig über eventuelle Präzisionsunterschiede aus. Die Satelliten-Telemetrie zeigt z. B. bei Störchen sowohl bei Jung- wie Altvögeln erstaunliche Gerichtetheit der Wanderwege (4.5), was bei beiden für hohe Präzision spricht. Andererseits könnten unterschiedliche Orientierungsmechanismen – Kompassorientierung bzw. Navigation – bei Jung- und Altvögeln unterschiedliche Präzision bewirken, wofür Beobachtungen an Tauben sprechen, deren Präzision sich durch Erfahrung verbessert (Berthold 1996). Um die ungemein vielseitigen und variablen Beziehungen zwischen Orientierungsverhalten und Windverhältnissen bei Zugvögeln verstehen zu können, sind sicher noch sehr viele Untersuchungen notwendig.

Es spricht vieles dafür, dass Vögel zumindest einen Großteil ihrer Orientierungs- und Navigationsmechanismen bereits von Vogelvorfahren übernommen haben. Terrill (1991) führt in seiner Übersicht zu diesem Thema Folgendes aus: Der relativ einfache Magnetkompass könnte bei Vögeln eine Art Primärkompass sein mit hohem phylogenetischen Alter, da Magnetfeldperzeption von ursprünglichen Lebewesen (Proto-

bakterien) wohl bereits vor ihrer starken Aufspaltung in Stämme im späten Präkambrium entwickelt wurde. Auch der Sonnenkompass und olfaktorische Orientierung sind phylogenetisch frühe Errungenschaften, die
bereits bei Insekten u. a. verbreitet sind (Perez et al. 1997); lediglich die
Orientierung nach Sternen in Form eines Sternkompasses könnte vielleicht eine Neuentwicklung der Vögel sein. Vergleichende Untersuchungen haben ferner gezeigt, dass Vögel durchweg identische Orientierungsmechanismen besitzen, gleichgültig, ob sie mehr oder weniger ausgeprägt ziehen, welcher systematischen Gruppe sie angehören oder wo sie
leben (Munro et al. 1993). Weiterhin erscheint es sinnvoll, hypothetisch
davon auszugehen, dass die meisten Vogelarten ererbtermaßen die
Fähigkeit besitzen, mehrere Orientierungsmechanismen anzuwenden.
Diese Redundanz des Orientierungssystems dürfte zum einen erhöhte
Sicherheit in Situationen verleihen, in denen bestimmte Mechanismen
nur beschränkt funktionieren, zum anderen könnte sie die Präzision der
Orientierung durch Zusammenwirken verschiedener Mechanismen verbessern.

Was die Navigation anbelangt, könnten Vögel zunächst einfache Mosaikkarten mit Hilfe von Landmarken entwickelt haben, aus denen dann
im Laufe der Zeit komplizierte Gradientenkarten und Bi- oder Multikoor-
dinatennavigation entstanden sind. Vögel könnten aber auch durchaus
von vornherein kompliziertere Navigationsmechanismen von Vogelvorfahren übernommen haben. Untersuchungen an amerikanischen Salamandern (Phillips 1986) machen wahrscheinlich, dass bereits Amphibien
ein Navigationssystem entwickelt haben, bei dem die Inklination des Erdmagnetfeldes zur Richtungsorientierung verwendet wird und die zusätzliche Perzeption der Polarität des Feldes (über ein eigenes Rezeptor-
system) zur Zielorientierung. Solche oder ähnliche Systeme könnten auch
Vögel zur Navigation verwenden (7.6), ohne dass zunächst eine Entwicklung von ursprünglichen Mosaik- zu komplizierten Gradientenkarten erforderlich war. Es ist auch möglich, dass einfache Mosaikkarten mehr zur
Nahorientierung und Gradientenkarten mehr zur Fernorientierung nebeneinander verwendet werden (Wallraff 1991). Bis sich diese schwierigen Fragen einigermaßen befriedigend beantworten lassen werden,
gehen sicher noch viele Jahre intensiver Forschung ins Land.

7.8 Entwicklung und Zusammenspiel verschiedener Orientierungsmechanismen

Beim Studium der verschiedenen Orientierungsmechanismen ist im
Laufe der Zeit klar geworden, dass offenbar nicht die eine Zugvogelart
diesen, die andere jenen Kompass besitzt, sondern dass einzelne Arten
über mehrere Orientierungsmechanismen verfügen. Es handelt sich
somit um komplexe redundante Orientierungssysteme, die auf angeborenen Komponenten, programmiertem Lernen und Erfahrung basieren.

Die Ontogenese der einzelnen Mechanismen, ihre gegenseitige Beein-
flussung und ihr späteres Zusammenspiel sind erst ansatzweise an wenigen Arten untersucht worden, vor allem an der amerikanischen Gras-
ammer (*Passerculus sandwichensis*, Able 1991) sowie an Grasmücken und
Brieftauben (Wiltschko u. Wiltschko 1991, 1998). Danach zeichnet sich
Folgendes ab: Magnet- und Sternkompass scheinen sich weitgehend
unabhängig voneinander zu entwickeln. Der Magnetkompass als „ein-
fachster" Mechanismus (s. o.) steht auch Vögeln zur Verfügung, die in
Versuchskammern mit einem Minimum an Umwelterfahrung gehalten
werden, nämlich im natürlichen Erdmagnetfeld, aber im Übrigen in konstanten Lichtbedingungen und ohne Himmelssicht. Able und Bingman
(Able 1991) sprechen daher vom „primären Magnetkompass". Solchermaßen erfahrungsarm aufgezogene Individuen zeigen später jedoch
schlechtere (mehr bimodal-axiale anstatt unimodale) Orientierungsleistungen als im Freien aufgezogene Vögel. Möglicherweise können alle
bekannten Kompassmechanismen von Zugvögeln während der Jugendentwicklung durch Erfahrung modifiziert und in ihrer Leistungsfähigkeit
verbessert werden.

Magnet- und Sternkompass könnten für Nachtzieher jeweils allein zur
Richtungsorientierung ausreichen; normalerweise sind jedoch beide offenbar in ein komplexes System integriert. Eine ganze Reihe von Versuchen hat gezeigt, dass sich dabei beide in ihrer Entwicklung gegenseitig beeinflussen. Vorläufig ist offen, ob der Sternkompass mehr als der
Magnetkompass für die genauere Bestimmung der einzuhaltenden Kompassrichtung sowie für klare unimodale Richtungswahl verantwortlich
ist (Able u. Able 1995) oder ob der Sternkompass eher die grobe Wegzugrichtung („Süd") vorgibt und der Magnetkompass mehr die genaue,
populationsspezifische Richtung (Weindler et al. 1996). Die mit dem
Sonnenuntergang zusammenhängenden Faktoren der Richtungsorientierung (Sonnenuntergangspunkt, Polarisationsmuster) sind wahrscheinlich sekundäre Richtgrößen, die während der Jugendentwicklung über
den Magnetkompass Bedeutung erlangen.

Die Redundanz der Orientierungsmechanismen der Zugvögel macht es
äußerst schwierig, Versuche durchzuführen, die ohne erhebliche Störungen des Systems schlüssige Ergebnisse liefern. Noch viele Untersuchungen werden erforderlich sein, bis das System wirklich verständlich wird,
v. a. auch in Bezug auf die eher hierarchische oder paritätische Funktion
einzelner Komponenten.

8. Synopsis: Ablauf und Steuerung der Wanderung eines typischen Zugvogels – Singvogel, Langstreckenzieher – aus heutiger Sicht

Nach den vorliegenden, in den vorangehenden Abschnitten im Einzelnen dargestellten Erkenntnissen über die verschiedenen Bereiche des Vogelzugs zeichnet sich für Ablauf und Steuerung der Wanderung eines typischen Zugvogels gegenwärtig kurz zusammengefasst folgendes Bild ab. Dargestellt sind die Verhältnisse für einen regelmäßig wandernden Langstreckenzieher, und zwar exemplarisch für eine von Mitteleuropa ins zentrale bis südliche Afrika ziehende Grasmücke.

Der flügge gewordene Vogel wird nach wenigen Wochen von seinen Eltern verlassen und trennt sich um diese Zeit auch von seinen Geschwistern. Er ist inzwischen selbständig und wird nur wenig mit Artgenossen Kontakt haben, bis er sich knapp nach Jahresfrist in der näheren Umgebung seines derzeitigen Aufenthaltsortes in der Brutheimat mit einem Brutpartner verpaaren wird. Das setzt voraus, dass er bis dahin bei einer Wahrscheinlichkeit von etwa 30% am Leben bleibt.

Alle Vorbereitungen für den Wegzug sowie den Wegzug selbst und auch den nachfolgenden Heimzug muss er gänzlich auf sich allein gestellt bestreiten. Dabei helfen ihm zunächst in erster Linie eine Reihe von ererbten Programmen und angeborenen Verhaltensweisen sowie Lernvorgänge. Sie sind im Laufe der Zeit so gut entwickelt und angepasst worden, dass der Zug in der Regel ein wenig riskantes Unternehmen darstellt (5.31).

Als Langstreckenzieher mit frühem Wegzugtermin läuft bei ihm die gesamte Jugendentwicklung bereits seit der Embryonalzeit im Ei relativ beschleunigt ab, ganz besonders die Jugendmauser. Nach einem ererbten Programm vollzieht sie sich schnell, und Federwechsel und Federwachstum liegen schwerpunktmäßig zu Beginn der Mauserperiode, so dass in der späteren Mauserzeit schon Vorbereitungen für den Zug getroffen werden können (6.1). Entstammt der Jungvogel einer späteren (Ersatz- oder Zweit-)Brut, wird seine Jugendentwicklung zusätzlich durch die abnehmende Tageslichtdauer erheblich beschleunigt (Kalendereffekt, 6.1).

Noch während der Jugendmauser setzen, wiederum durch endogene Programme gesteuert, eine Reihe von wichtigen physiologischen und Verhaltensumstellungen als Vorbereitung für den nahen Wegzug ein. Die wichtigsten sind Hyperphagie, also verstärkte Nahrungsaufnahme (6.2, 6.5), Hyperlipogenese – verstärkte Fettbildung (6.3) – sowie starke Reduktion des Kohlehydratstoffwechsels und weitgehende Umstellung auf Fettstoffwechsel einschließlich der Aktivierung von Enzymsystemen für Bildung, Transport, Speicherung und direkte Verbrennung von Fett in den

Brustmuskeln (6.4). Damit setzt die Bildung von viszeralen und subkutanen Fettdepots als Treibstoffvorrat für die lange Wanderung ein, die im
Laufe der Zeit zusammen mit Proteinspeicherung (zur Muskel- und En-
zymbildung) in etwa zur Verdoppelung des Körpergewichtes führen kann
(6.3, 6.7). Die Depotfettbildung wird begünstigt durch ebenfalls programmierte Umstellung in der Ernährung, v. a. durch den zunehmenden Verzehr kohlehydratreicher Früchte und Beeren (6.5). Für die weite Wanderung können auch die großen Flugmuskeln als Hauptantriebsorgane anwachsen (5.32, 6.6). Die enorme Gewichtszunahme durch Fettdepots und
Muskelwachstum kann etwas durch Reduktion des Glykogen- und Was-
sergehaltes und des Gewichts des restlichen Körpers ausgeglichen werden (6.6). All diese programmierten Vorgänge bringen den Vogel in die so
genannte Zugdisposition – einen Zustand des Vorbereitetseins für den
Zug. An ihrer Steuerung sind wahrscheinlich eine ganze Reihe von Hormonen in spezifischer Weise beteiligt (6.10), wobei wohl vor allem
Testosteron, Prolaktin und Corticosteron eine wichtige Rolle spielen. Der
solchermaßen für die Reise vorbereitete Zugvogel ändert mit dem Aufbau der Fettdepots schließlich noch programmgemäß seine Tagesperiodik: Er reduziert die Aktivität am Nachmittag, ruht zu dieser Zeit häufig – bisweilen in einer kurzen „Einschlafpause" – und bereitet sich als
bisher rein tagaktives Lebewesen darauf vor, in den kommenden Monaten jeweils fast ausschließlich nachts in vielen Etappen in sein Winterquartier zu wandern (6.11). Das nächtliche Wandern bringt möglicherweise eine Reihe von Vorteilen in Bezug auf die Sicherheit, v. a. aber hilft
es, Zeit zu sparen und Energie zu gewinnen (6.11).

Auch der Aufbruch zum Wegzug wird endogen und wohl vielfach unmittelbar genetisch gesteuert. Der zugdisponierte Vogel erhält eines
Tages von seinem inneren Jahreskalender ein entsprechendes Signal für
den Start am kommenden Abend (6.12). Er setzt sich dann für den meist
einige Zeit nach Sonnenuntergang erfolgenden Abflug gegen Abend relativ hoch in die Vegetation und registriert den Sonnenuntergangspunkt,
der ihm wohl wichtige Hinweise für die einzuschlagende Richtung liefert
(7.4). Wohin er sich nach dem Start wenden soll, ist ihm durch ein ange-
borenes Richtungsprogramm für die gesamte Reise vorgegeben (7.3).
Aber er muss diese ererbte Sollrichtung mit Hilfe von Orientierungsmechanismen (Kompassen) realisieren, und die muss er nach z.T. programmierten Lernvorgängen funktionsfähig machen (Kap. 7) und je nach Umweltsituation unterschiedlich einsetzen (7.4, 7.8).

Als primäre Orientierungshilfe hat er einen Magnetkompass geerbt,
indem er die Inklination der Feldlinien des Erdmagnetfeldes zur Richtungsorientierung benutzen kann (Inklinationskompass, 7.4, 7.5). Durch
Beobachtung des Sternenhimmels während seiner Jugendentwicklung
hat er die scheinbare Rotation des Firmaments sowie die feste Position
des Polarsterns und seiner benachbarten Sterne erkannt und kann diese
Sterngruppe nun aufgrund einer angeborenen Disposition ebenfalls als
Kompass benutzen (7.4). Zusätzliche Richtungsinformation erhält er

möglicherweise aus dem für ihn im UV-Bereich ersichtlichen Polarisationsmuster des Himmels im Bereich des Sonnenuntergangspunktes (u.U. als Komponente eines Sonnenkompasses, 7.4, 7.5). Als Grasmücke verwendet er jedoch keine speziellen Zugrufe als Orientierungshilfe (4.3).

So wird der Vogel am programmierten Aufbruchstag schließlich erstmals zum Wegzug starten, und zwar in der Regel etwa eine halbe bis eine Dreiviertelstunde nach Sonnenuntergang (6.11). Sollte um diese Zeit gerade ein starker Regenschauer niedergehen, wird sich seine Abreise wahrscheinlich verschieben, bis der starke Regen zumindest nachlässt (6.19). Die erste Reise ist wie viele nachfolgende nächtliche Flüge meist eine kurze Etappe (5.25, 6.14). Spätestens nach wenigen Stunden wird der Vogel in der Regel bereits in der Nacht wieder landen, und zwar, da er in der bodennahen Vegetation nachts schlecht sieht, zunächst in den oberen Bereichen der auch im Dunkeln erkennbaren Vegetation (7.5). In der Morgendämmerung sucht sich der Vogel dann rasch und zielstrebig ein geeignetes Rastgebiet in der Nähe seines Landeplatzes. Dabei hilft ihm ein artspezifisches Auswahlprogramm, das wohl vor allem auf die Strukturverhältnisse der Vegetation ausgerichtet ist. Es beruht wahrscheinlich auf visueller Gestaltwahrnehmung, wobei endogene Komponenten eine wichtige Rolle spielen (6.22). Die artspezifische Habitatwahl im Rastgebiet bewahrt ihn vor kräfteverzehrender interspezifischer Konkurrenz (6.22). Im Rastgebiet wird er nach beerentragenden Sträuchern Ausschau halten, sich in der Nähe solcher Sträucher aufhalten, Insekten fangen, vor allem aber viele Beeren verzehren und viel ruhen (6.5, 6.11). Da seine Fettdepots noch gering sind, ein Teil des Fettes während des ersten Nachtfluges verbraucht wurde und die Jugendmauser noch nicht abgeschlossen ist, wird er an seinem ersten Rastplatz wahrscheinlich einige Tage bleiben, bevor er zur nächsten kleineren Etappe aufbricht (6.14). Sollte sich der Rastplatz als sehr ungünstig erweisen, wird er tagsüber in der näheren Umgebung nach einem besser geeigneten Gebiet Ausschau halten (6.22). Sollten die Fettdepots außergewöhnlich reduziert worden sein, wird er die Nahrungssuche gegebenenfalls sowohl in benachbarte Habitate als auch weit in den Nachmittag hinein ausdehnen (6.22). Normalerweise wird er in einem eng begrenzten Gebiet rasten, ohne dort jedoch ein festes Territorium zu gründen (6.22). Die Weiterreise und nachfolgende Rastperioden werden wiederum v. a. von seinem endogenen populationsspezifischen Zeitprogramm bestimmt (6.14).

Mit Beendigung der Jugendmauser und Zunahme der Fettdepots werden die Zugetappen länger, die Rastperioden kürzer. Dennoch sind die Etappen zunächst auf nur wenige Flugstunden beschränkt, da die mittlere Vorrückgeschwindigkeit in Richtung Winterquartier nur etwa 50–75 km pro Tag beträgt (5.25). Mit Erreichen der großen Barrieren Mittelmeer und Sahara sind, wenn alles nach Programm vonstatten ging, die Fettdepots optimal aufgebaut, und die Barrieren können nun rasch bei Wanderung während der ganzen Nacht in wenigen Tagen oder auch im Nonstopflug überflogen werden (6.9). Die dem jeweiligen Zeitabschnitt der

Zugperiode entsprechende Menge an Zugaktivität und an Fettdeposition wird durch programmierte Sollwerte erreicht, an deren Steuerung die endogene Jahres- und Tagesperiodik im Vogel und aus der Umwelt v. a. die Photoperiodizität beteiligt sind. Dabei spielen der Hypothalamus und die Hypophyse eine wesentliche Rolle (6.10).

Inzwischen hat der Zugvogel während etwa zweimonatiger Wanderung viele Erfahrungen gesammelt. Er hat bei den häufig wechselnden Windverhältnissen programmgemäß Luftschichten mit günstigen Rückenwinden gesucht, hat bei Seitenwind eventuell Windverdriftung kompensiert, indem er zunächst vielleicht mit Hilfe optischer oder akustischer Landmarken, z. B. Rufen anderer Zugvögel, oder mit Hilfe von Turbulenzen um seinen Körper Windrichtung und Windstärke bestimmt hat. Bei überwiegend ungünstigen Winden hat er sich u. U. anfänglich auch verdriften lassen und später auf seine Sollrichtung rückorientiert. Bei derartigen Manövern sind ihm seine relativ langen, spitzen Flügel sehr dienlich, die günstige Flugeigenschaften bewirken (7.5, 7.7, 5.32). Zur Orientierung hat er vielleicht anfangs mehr den Sternkompass eingesetzt, später, als die Sternbilder stärker wechselten, mehr den Magnetkompass und, wenn erkennbar, eventuell Landschaftsstrukturen, Sterne, Wolken und Geräusche als Landmarken und vielleicht z. T. sogar den Wind als Richtgröße benutzt (7.4). Bei sehr schlechtem Wetter, vor allem bei Sturm, Regen und Nebel, musste u. U. die eine oder andere Etappe vorzeitig abgebrochen werden, weil gegen den Sturm nicht anzukommen war, vielleicht auch wegen Desorientierung. Beim Flug über Wasser mag dabei eine Küste als Leitlinie sehr geholfen haben, rasch einen Landeplatz zu finden. Bei raschem Durchzug eines Unwetters konnte eine unterbrochene Etappe möglicherweise noch in derselben Nacht fortgesetzt werden (6.19, 7.7). Die Fluggeschwindigkeit wurde möglicherweise meist so an die Windverhältnisse angepasst, dass die vorhandenen Fettdepots eine maximale Zugstrecke ohne „Auftanken" ermöglichen (5.30). Musste der Äquator überquert werden, hat der Vogel zur weiteren Orientierung seine Reaktion auf die Feldlinien des Erdmagnetfeldes umgekehrt (7.4.2).

Von den Alpen hat der Zugvogel im frühen Teil seiner Reise möglicherweise, wenn er nicht vom Wind nach Süden verdriftet wurde, gar nichts bemerkt, da ihn seine angeborene Zugrichtung als Westzieher eher durch das Schweizer Mittelland oder durch Frankreich als über das Gebirge geführt hat (Abb. 52, 6.9, 7.7). Vielleicht hat er die Bergkette aufgrund ihres Infraschallmusters jedoch akustisch wahrgenommen und zu seiner Linken als akustische Leitlinie zur Orientierung mit verwendet (7.4) oder aber als dunkles Gebilde links liegen lassen (6.9). Im Bereich der Iberischen Halbinsel oder der nordwestafrikanischen Küste führt er eine programmierte Richtungsänderung nach Süd bis Südost durch, damit er nach Afrika und nicht auf den offenen Atlantik hinaus gelangt (5.18, 7.3). Dieser Bogenzug führt ihn je nach bisherigem Ablauf seines Wanderprogramms entweder schon so frühzeitig nach Süden, dass er den Atlantik gar nicht erreicht, dafür aber das Mittelmeer und vor allem die Sahara mehr im zentralen Bereich überqueren muss, oder aber er vollführt den Zugbogen erst im Atlantikbereich bis zu den Kanaren und erreicht dann in Nordwestafrika wieder Land (5.18). Als Ostzieher umfliegt er die Alpen und das Mittelmeer entsprechend östlich und vollführt danach programmiert eine Richtungsänderung nach Süd bis Südwest. Gehört er einer Population an, die mehr auf direkte Südrichtung programmiert ist (5.13), quert er Alpen, Mittelmeer und Sahara in ihren zentralen Teilen (5.13, 6.9). Die Sahara wird er entweder im Nonstopflug queren oder in mehreren Nachtzugetappen, wenn möglich wohl stets in Höhen mit günstigen Rückenwinden und niedriger Temperatur, die ihn vor Überhitzung und Dehydratation schützt (6.8). Wenn nötig, kann er dabei schnell in große Höhen aufsteigen, da ihn eine Reihe von Anpassungen des Herz-Kreislauf-Systems vor der Höhenkrankheit schützt (6.9). Bei Zugunterbrechung wird tagsüber in der Wüste gerastet, wobei Schattenplätze hinter Steinen usw. ausgenützt werden (6.9).

Sollten unzureichende Ernährungbedingungen in Rastgebieten, z.B. infolge von Insektenbekämpfungsmaßnahmen in landwirtschaftlich intensiv genutzten Gebieten, oder außergewöhnlich ungünstige Wetterverhältnisse während des Zugs die Fettdepots beeinträchtigt haben (6.3, 6.7, 9.3), kann er bei der Überquerung der Sahara eventuell eine Oase ansteuern. Bietet sie Nahrung, dehnt er seine Rast über den für die Wüste üblichen einen Tag u.U. etwas aus, und während der nächsten paar Tage Rast können die Fettdepots aufgefüllt werden (6.9).

Sind Mittelmeer und Sahara überwunden – und bei Zug bis ins südliche Afrika auch noch unwirtliche Regenwaldgebiete –, geht die Wanderung programmgemäß in immer kleineren Zugetappen weiter, bis eines Tages der innere Kalender die Entwicklung von Zugaktivität beendet (6.15). Das angeborene Richtungs- und Zeitprogramm ist dann „abgewandert", und die endogen gesteuerte Vektornavigation hat den Zugvogel „automatisch" in sein Ruheziel geführt (7.6.7). Wurde der Programmablauf nicht durch genetische oder sonstige Defekte im Vogel oder durch außergewöhnliche Umstände wie Naturkatastrophen gestört, befindet sich der Zugvogel nun in dem art- oder populationsspezifischen Winterquartier, in dem seine Artgenossen seit langer Zeit überwintern (6.16, 7.6). Dort wird er sich je nach Artzugehörigkeit meist außerhalb des Regenwaldes in verschiedenen, relativ offenen und trockeneren Habitaten oder Bergwäldern aufhalten, und er wird sich opportunistisch ernähren und auf diese Weise wenig mit einheimischen Arten in Konkurrenz geraten (6.22).

Sollte das endogene Zugprogramm den Zugvogel in ein unwirtliches Ruheziel geführt haben, kann er fakultative Zugaktivität entwickeln, mit deren Hilfe er sich tagsüber oder nachts ein zusagendes Quartier in der näheren oder weiteren Umgebung suchen kann – meist wohl unter Beibehaltung der vorherigen Zugrichtung. Diese Plastizität bleibt ihm bis in die Periode der Wintermauser erhalten, so dass er gegebenenfalls, z.B. bei Nahrungsverknappung durch eine Dürreperiode, erneut neue Habitate aufsuchen und eventuell sogar im Ruheziel nomadisierend umherziehen kann (6.15). Die Wintermauser, die je nach Art- und Populationszugehörigkeit eine Voll- oder Teilmauser und u.U. die Fortsetzung einer zugbedingten Mauserunterbrechung ist (6.23), wird er an einem festen Aufenthaltsort durchlaufen, da er in dieser Zeit in seiner Beweglichkeit eingeschränkt ist. Gegen Ende der Mauserperiode beginnt bereits die Gonadenentwicklung, die auch während des Heimzuges langsam fortschreitet, so dass sich die Geschlechtsorgane bis zur Brutzeit dann spätestens im Brutgebiet schnell bis zur Fortpflanzungsreife entwickeln können.

Der erste Wegzug hat insgesamt etwa drei bis fünf Monate gedauert (5.25). Diese lange Zeitspanne hat dem zugunerfahrenen Vogel ein hohes Maß an Sicherheit sowohl für einen reibungslosen Ablauf der endogenen Zugprogramme als auch für die physische Bewältigung der Strecke sowie von vielerlei Hindernissen gewährt.

Der Heimzug läuft um etwa ein Drittel schneller ab als der Wegzug (5.25). Der heimziehende Vogel ist nicht mehr zugunerfahren, und er kennt vor allem sein Zielgebiet, nämlich seine ehemalige Brutheimat, in deren Nähe er sich in der Regel ansiedeln wird (5.3, 5.26). Er kann sein Brutgebiet mit noch unbekannten Navigationsmechanismen nach Ortsbestimmung am letzten Aufenthalt im Winterquartier relativ zum Zielgebiet direkt ansteuern und anfliegen (6.17). Für diesen Rückflug in ein bereits bekanntes Gebiet ist ein endogenes Zeitprogramm, das auf vielen kleinen Etappen über lange Zeit beruht, wohl nicht mehr unbedingt oder zumindest nicht für die ganze Reise erforderlich. Vor allem bei Näherung an das bekannte Brutgebiet können bald längere, bald kürzere Etappen in Anpassung an die im Frühjahr oft sehr wechselhaften Umweltbedingungen sinnvoll sein (6.17). Besonders die letzten paar hundert Kilometer kann der Vogel im Zuge einer Warmfront mit südlichen Winden wohl besonders rasch zurücklegen (6.19).

Auch alle folgenden Wegzugperioden führen bei den meisten Langstreckenziehern in bekannte, bereits früher aufgesuchte und häufig eng begrenzte Ruheziele, die theoretisch mehr direkt und variabel angeflogen werden können als mit spezifisch programmierter Vektornavigation (6.17, 7.6.7). Wenn unser Zugvogel mehrere Jahre alt wird und nicht verspätete Bruten seinen Wegzug ungewöhnlich hinauszögern, wird er auch in späteren Zugzeiten etwa zur selben Zeit aufbrechen und zu entsprechenden Zeiten in Rastgebieten auftauchen (6.21). Über den genauen Ablauf und die Steuerung späterer Zugperioden sind wir jedoch nur unzureichend unterrichtet; hier muss die Synopsis daher vorerst enden.

9. Gefährdung, Schutz und Zukunft unserer Zugvögel

9.1 Allgemeine Aspekte

Zugvögel sind unter normalen, vom Menschen nicht beeinträchtigten Umweltbedingungen grundsätzlich nicht stärker gefährdet als Standvögel, zumindest nicht mehr als Jahresvögel in höheren geographischen Breiten, im Gegenteil. Viele unserer Jahresvögel müssen, um ihre Populationen stabil zu erhalten, mehrere Jahresbruten aufziehen, während viele Langstreckenzieher mit im Wesentlichen nur einer Jahresbrut und verhältnismäßig wenig Nachwuchs auskommen oder zumindest auskamen (5.31). Langstreckenzieher verbleiben durch ihr periodisches Wandern vielfach das ganze Jahr über in günstigen Umweltbedingungen, während Standvögel in höheren Breiten zeitweise den Gefahren winterlicher Bedingungen ausgesetzt sind, die besonders hohe Verluste bedingen können.

Mit der Ausbreitung des Menschen in nahezu alle Regionen der Erde, seiner starken Vermehrung und seiner ständig wachsenden Inanspruchnahme der Natur nehmen Tier- und Pflanzenarten allgemein immer mehr und immer schneller ab (Klausewitz et al. 1971). Von den rund 10 000 Vogelarten der Erde sind seit 1600 etwa 140 ausgerottet und gut 12 % in ihrem Fortbestand bedroht (1958 waren es 1 %, 1979 3 %, Baillie u. Groombridge 1966, Luther 1986, Collar u. Andrew 1988, Rands 1989). Die neueste so genannte „Rote Liste" der in der Bundesrepublik Deutschland gefährdeten Vogelarten (Bundesamt f. Naturschutz 1998) führt 55 % der Arten als bedroht auf, die reine Standvögel zu 68 % und Zugvögel zu 84 % betreffen. Demnach sind unsere Zugvögel heutzutage gegenüber früheren Verhältnissen (s. o.) besonders stark gefährdet. Wesentliche Ursache dafür ist, dass sie in steigendem Maß Gefahren in z.T. drei verschiedenen Lebensräumen ausgesetzt sind, nämlich im Brutgebiet, in den Durchzugsgebieten und in ihren Ruhezielen, wodurch ihre Gefährdung besonders krass werden kann. Will man Zugvögel erfolgreich schützen, muss man u.U. in allen drei genannten Lebensräumen ausreichende Lebensbedingungen garantieren, bei Standvögeln kann man sich dagegen auf das Brutgebiet beschränken. Wie z.B. die oben genannte „Rote Liste" zeigt, schaffen wir es derzeit nicht einmal, die in unserem Land bedrohten reinen Standvogelarten ausreichend zu schützen wie z.B. in unseren Wäldern Auerhuhn *(Tetrao urogallus)* und Haselhuhn *(Tetrastes bonasia)* oder in unseren Feldfluren das Rebhuhn *(Perdix perdix)* und andere Arten. Zugvögel müssten vielfach zudem in ihren Durchzugsgebieten, z.B. im Mittelmeerraum und in ihren Ruhezielen in Afrika umfassend geschützt werden. Dem stehen oft politische und wirtschaftliche Verhältnisse entgegen, und häufig sind auch die Ursachen, die Bestandsrückgänge bedingen, gar nicht so genau bekannt, als dass Schutzmaßnahmen gezielt vorgeschlagen oder durchgeführt werden könnten.

In den folgenden Abschnitten werden zunächst einige Beispiele von rezenten Bestandsrückgängen bei Zugvogelarten dargestellt, danach werden die hauptsächlichen Gefährdungsursachen behandelt, und abschließend werden Schutzmaßnahmen und Zukunftsaussichten für unsere Zugvögel besprochen.

9.2 Beispiele für den Bestandsrückgang von Zugvögeln

Eines der eindrucksvollsten und zugleich erschütterndsten Beispiele für Bestandsrückgang ist der Weißstorch, unser ehemaliger „Freund Adebar", der der Legende nach früher den Müttern als Glücksbringer ihre Kinder in die Wiege legte. Noch zur letzten Jahrhundertwende brütete er in dem seinerzeit weiträumigen deutschen Staatsgebiet von der Rheinebene bis nach Ostpreußen überall da, wo ihm feuchte Niederungen Lebensraum und Nahrung boten. Als ausgesprochener Kulturfolger kam er lange Zeit mit den sich allmählich ausdehnenden menschlichen Siedlungen zurecht, bezog Hausdächer, Türme, Fabrikschornsteine u. a. als Nistplatz und bewegte sich neben den Landwirten in den Wiesen- und Feldfluren auf Nahrungssuche. Da er außerdem in weit entfernte Ruheziele wanderte (Abb. 20), wurde er zur wichtigsten Pionierart der 1903 von Rossitten aus institutionell begonnenen wissenschaftlichen Vogelberingung (4.6).

Bereits um die letzte Jahrhundertwende wurde in manchen Gebieten Europas deutlich, dass die Storchenpopulationen zurückgehen. Die größten Verluste wurden bei den „Westziehern" (5.16) beobachtet, wie z. B. in Dänemark (Abb. 57). Schon um die Jahrhundertwende begann man, sich Sorgen um den Weißstorch in größeren Gebieten Europas zu machen. Erste Aufrufe zur Rettung des Weißstorchs wurden bald nach dem Zweiten Weltkrieg veröffentlicht (z. B. „Hilfe für Freund Adebar"). Seit den 50er Jahren setzte nahezu im gesamten Gebiet der „Weststörche" ein starker, anhaltender Bestandsrückgang ein, und bald wurden auch von den „Oststörchen" Bestandsabnahmen bekannt. Sorgfältige europaweite Brutbestandszählungen des Weißstorchs brachten zutage: Zwischen 1974 und 1984 haben die „Weststörche" im Durchschnitt um 20% abgenommen, dabei um fast 40% im nördlichen Teil der Brutverbreitung und um etwa 17% in Spanien und Portugal, und die „Oststörche" waren in diesen zehn Jahren um etwa 12% zurückgegangen, und zwar im Süden stärker als im Norden. Die Bundesrepublik Deutschland hatte 1984 noch einen Brutbestand von 649 Paaren gegenüber 1057 Paaren 1974, was einem Rückgang von fast 40% entspricht (Rheinwald et al. 1989). Eine Übersicht von Schulz (1995 a) zeigte in 22 Ländern Europas und Nordafrikas Rückgang

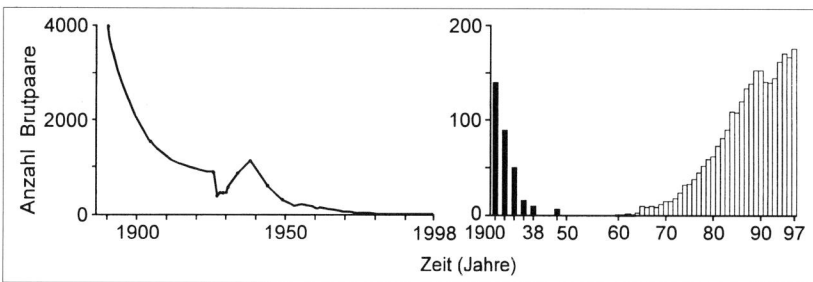

Abb. 57, links: Die Entwicklung des Weißstorchbestandes *(Ciconia ciconia)* in Dänemark seit der letzten Jahrhundertwende. Mit 3 Brutpaaren 1997 steht die Population kurz vor dem Aussterben (aus Skov 1989, 1999 u. H. Skov briefl.), rechts: Abnahme der Weißstorchpopulation der Schweiz bis zum Aussterben 1950 und Zunahme einer wieder eingebürgerten Population ab 1960 (nach Boettcher-Streim 1990–1997).

des Weißstorchs, in einem Land gleich bleibenden Bestand und nur in vier Ländern Zunahme.

„Die Besorgnis um das Überleben der Art in vielen Teilen Europas rief die Organisation eines internationalen Treffens, das dem Weißstorch gewidmet ist, ins Leben" (Rheinwald et al. 1989), und im Oktober 1985 versammelten sich 80 Vertreter aus 23 Ländern in Walsrode zum ersten Internationalen Storchenschutz-Symposium. Ein fast 500-seitiger Symposiumsband zeigt die vielfältigen Dokumentations- und Diskussionsergebnisse (Rheinwald et al. 1989). Nur ein Jahr später erschien die nächste bedeutsame Übersicht: „Weißstorchzug – Ökologie, Gefährdung und Schutz des Weißstorchs in Afrika und Nahost" (Schulz 1988). Und bereits 1986 wurde als Beiheft 43 zu den Veröffentlichungen für Naturschutz und Landschaftspflege in Baden-Württemberg ein umfangreicher Bericht über ein „Artenschutzsymposium Weißstorch" veröffentlicht, das der Deutsche Bund für Vogelschutz 1983 in Bad Buchau veranstaltet hatte. Inzwischen sind weitere größere und mehr regionale Arbeitstreffen durchgeführt worden (z. B. Biber et al. 1995, Leshem et al. 1998).

Dennoch ging das Weißstorchsterben weiter. Von den im gesamten Verbreitungsgebiet noch existierenden rund 120 000 Brutpaaren gehörten den „Weststörchen" bald weniger als 20 000 Paare an, und der Bestand freilebender, nicht ausgesetzter oder angesiedelter Vögel (s. u.) war in Westdeutschland auf etwa 600 Brutpaare abgesunken. Im einstigen Storchenparadies am Neusiedler See, in dem man noch in den 50er und 60er Jahren der vielen Störche wegen von „Storchenorten" sprach, betreibt der *World Wide Fund for Nature* (WWF) für die Erhaltung der Art u. a. Werbung mit speziellen Weinflaschen, und die Bewohner haben inzwischen z. T. ersatzweise Storchattrappen aus Holz und Plastik auf ihre verwaisten Hausdächer gesetzt (Kirchberger 1989). Nach Schulz (1988) „scheinen lediglich in einigen Kerngebieten der Weißstorchverbreitung, z. B. in Ostpolen, lokal die Populationen relativ stabil zu sein".

Schulz (1988, 1997) hat bisher die beste Faktorenanalyse des Storchenrückgangs geliefert. Er führt aufgrund umfangreicher eigener Studien und unter Bezug auf viele Untersuchungen anderer Autoren zusammengefasst Folgendes aus: Ausgelöst wurde die negative Bestandsentwicklung des Weißstorchs aller Wahrscheinlichkeit nach durch Faktoren in den Brutgebieten. Hier steht an erster Stelle die massive Zerstörung von

Lebensräumen, vor allem die Trockenlegung von Feuchtgebieten und die Umwandlung von Wiesen in Ackerland, wodurch dem Storch die erforderliche Nahrungsgrundlage entzogen wird (vor allem Regenwürmer, Großinsekten, Amphibien, Mäuse). Habitatverluste und Nahrungsverknappung schlagen sich besonders stark in geringerem Bruterfolg nieder. Die Lebensraumzerstörung setzt sich trotz vieler Bemühungen (9.4) auch in unserem Land nach wie vor weiter fort, vor allem verursacht durch Überbauung, Flurbereinigungsmaßnahmen u. a. Dass Einflüsse in den Brutgebieten für den Rückgang des Storches sehr bedeutsam sind, zeigen folgende Beobachtungen: Von ost- und mitteleuropäischen Storchpopulationen, die dieselben Ruheziele aufsuchen, nahmen die mitteleuropäischen schneller ab, weil sie in ihren Brutgebieten stärkere Beeinträchtigung erfahren. Aus demselben Grund nahmen bei den „Weststörchen" die mitteleuropäischen Populationen stärker ab als die der Iberischen Halbinsel, obwohl auch sie z. T. gemeinsame Ruheziele aufsuchen. Kennzeichen des Rückgangs sind geringere Lebenserwartung von Alt- und Jungvögeln, höheres Brutreifealter, niedrigere Gelegegröße, höhere Nestlingsmortalität und damit geringerer Bruterfolg (Kanyamibwa et al. 1990, Bairlein 1991).

Auf die ursprünglich primär in den Brutgebieten geschwächten Storchpopulationen wirken zunehmend mehr ungünstige Entwicklungen in den Durchzugsgebieten und Ruhezielen ein. Vor allem Schulz (1997) hat sie in fünf Kategorien zusammengefasst und z. T. quantifiziert. Die erste Gruppe betrifft klimatische und damit zusammenhängende Faktoren. Besonders die große Dürre, die von 1968–1984 v. a. in Westafrika herrschte (9.3), hat auch die dort überwinternden Weißstörche stark beeinträchtigt. Sie erlitten direkte Verluste durch Habitatverschlechterungen und Nahrungsverknappung, die durch Überbeweidung mit den inzwischen stark angewachsenen Viehherden noch verstärkt wurden, sie kehrten zudem verspätet in ihre Brutgebiete zurück und hatten geringeren Bruterfolg. Sorgfältige Analysen zeigten, dass die Entwicklung des mitteleuropäischen Weißstorchbestands deutlich von den Niederschlagsmengen und der Verfügbarkeit von Heuschrecken in Afrika abhängt (Dallinga u. Schoenmakers 1989).

Eine bedeutende Verlustursache stellen v. a. auf dem Zug Anflug an Freileitungen und Stromtod dar. Davon sind wiederum „Weststörche" stark betroffen, besonders in Deutschland im Rheingebiet sowie in Frankreich und Spanien, aber auch „Oststörche" von Mitteleuropa über Bulgarien und den Sudan bis nach Südafrika. Am 23. August 1989 z. B. wurden in Frankreich bei Labastide-en-Val (Aude) aus einem Schwarm von 130 Weißstörchen 10 beringte Jungvögel durch Stromschlag getötet, 9 davon mit Ringen der Vogelwarte Sempach, Schweiz, einer mit Ring der Vogelwarte Radolfzell (Ligue Française pour la Protection des Oiseaux 1989).

Die dritte Kategorie von Beeinträchtigungen stellt die fortschreitende Zerstörung von für Weißstörche wichtigen Lebensräumen dar, die vielerorts in den Durchzugs- und Überwinterungsgebieten zu beobachten ist. Sie reicht von der Schaffung neuer landwirtschaftlicher Nutzflächen (v. a. der Anlage von Maisfeldern und Baumwollplantagen) über die Umgestaltung und Trockenlegung von Feuchtgebieten bis hin zum Bau von großen Staudämmen, die wiederum die „Weststörche" am stärksten treffen. Den Verlusten stehen nur in geringem Umfang Verbesserungen gegenüber wie z. B. in verstärktem Luzerneanbau in Südafrika, der den Störchen z. T. massenhaft Luzerneschmetterlingsraupen als Nahrung bietet, oder wie durch die Anlage von Fischteichen oder großen Müllplätzen als Nahrungsquellen v. a. in Israel.

Nach wie vor ungeklärt ist der allgemeine Einfluss von Bioziden auf Weißstörche, aber eine große Anzahl negativer Fallbeispiele lässt auf insgesamt beträchtliche Schäden v. a. in Durchzugsgebieten und Winterquartieren schließen. Die – sicher in vielen Fällen unverzichtbare – Bekämpfung von Wanderheuschrecken, „Schadvögeln" wie dem Blutschnabelweber oder dem Heerwurm (einer Schmetterlingsraupe) in Afrika sowie von Schadinsekten und Feldmäusen in verschiedenen Gebieten führen sowohl zu direkten Vergiftungen von Störchen als auch zu indirektem Schaden durch Nahrungsmangel. Offen ist, inwieweit auch Chemikalien aus Industrieabfällen wie z. B. PCB eine Rolle spielen, von denen hohe Konzentrationen in Weißstorcheiern festgestellt wurden. Sie könnten zu erhöhter Embryonensterblichkeit führen und damit eine der Ursachen für den häufig festgestellten geringen Bruterfolg darstellen.

Störche werden auch noch regelmäßig gejagt, sowohl durch Abschuss als auch durch Fang. In Afrika dienen erbeutete Störche meist der Ernährung, während im Nahen Osten und in Frankreich und Spanien, wo Weißstörche erstaunlicherweise trotz aller Verbote immer noch geschossen werden, der Abschuss eher der Trophäenjagd oder dem Jagdsport dient. Die Jahressumme der derzeit gejagten Weißstörche wird insgesamt etwa auf 15 000 Individuen geschätzt und dürfte bei den Ostziehern nur etwa 2–3 % der Gesamtpopulation ausmachen, was zumindest bei ihnen die Populationsentwicklung wohl nicht beeinträchtigt.

1994/1995 wurde der 5. Internationale Weißstorchzensus in Europa durchgeführt (Schulz 1995 a). Er deckte erfreulicherweise in einer Reihe von Ländern deutliche Bestandszunahmen auf, in Spanien sogar ein Anwachsen des Bestandes auf mehr als das Doppelte. In Deutschland stieg die Anzahl der Brutpaare bis 1996 wieder auf 4370 an, ging aber in den alten Bundesländern relativ zurück, nämlich von 26 % 1974 auf 17 % 1994 (Kaatz 1998). Ursachen für den Bestandsanstieg sind zum einen verbesserte Bedingungen v. a. in den westafrikanischen Winterquartieren (Abklingen der Dürreperiode seit 1985), zunehmende Überwinterung in Europa (wohl zumindest mitbedingt durch fortwährende Einbürgerung von weniger zugaktiven Weißstörchen), durch veränderte Landnutzungspraktiken in den osteuropäischen Ländern sowie v. a. durch die enorme und ständig steigende Ansiedlung semidomestizierter Störche besonders in der Schweiz (Abb. 57) sowie in Deutschland, Frankreich und Holland

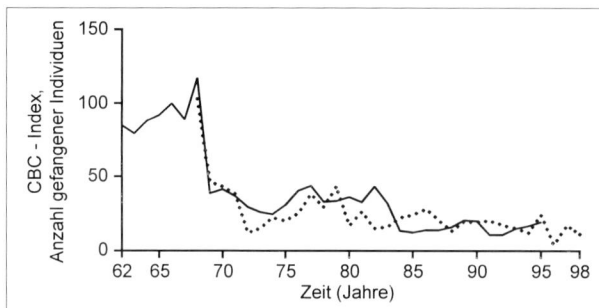

Abb. 58: Die Bestands-
entwicklung der Dorn-
grasmücke *(Sylvia
communis)* seit den
60er Jahren in Eng-
land (durchgezogene
Linie, nach Bestands-
erfassung der Brut-
vögel durch den
British Trust for
Ornithology, CBC-
Index) und in Mittel-
europa (punktierte
Linie, nach Fangdaten
aus dem „Mettnau-
Reit-Illmitz-Pro-
gramm") (nach
Berthold et al. 1993,
Peach et al. 1998).

(s. u.). Die derzeitige Bestandsstabilisie-
rung – auf gegenüber früher sehr niedrigem Niveau – ist vielleicht nur von
kurzer Dauer, betrifft ohnehin nur teilweise die ursprünglichen freilebenden
Populationen, so dass „vor jeder Eupho-
rie gewarnt" wird (Kaatz 1998) und der
Weißstorch nach wie vor zu den „hoch-
gradig gefährdeten Vogelarten" gehört
(Schulz 1995 b).

Das Beispiel Weißstorch zeigt, wie
vielfältig die Faktoren sein können, die den Rückgang einer Art verursachen und wie sie in allen Lebensbereichen, vom Embryo in seinem Ei über
den Wegzug und das Ruheziel bis in die Fortpflanzungsperiode, nahezu
lückenlos eingreifen können. Diese komplexe Wirkung lässt ahnen, welche Schwierigkeiten sich ergeben, wenn ein umfassendes Artenschutz-
konzept erarbeitet werden und erst recht, wenn es wirkungsvoll in die Tat
umgesetzt werden soll.

Als Nächstes werden einige Kleinvogelarten behandelt, bei denen starke Bestandsrückgänge erst in neuerer Zeit einsetzten, z.T. plötzlich auf-
traten und auf ihre Ursachen hin erst wenig untersucht sind.

Im Frühjahr 1969 wurde in weiten Teilen vor allem West- und Mitteleuropas festgestellt, dass auffallend wenige Dorngrasmücken *(Sylvia
communis)* in ihre Bruthabitate zurückgekehrt waren, obwohl 1968 die
Populationen in normaler Stärke weggezogen waren. Genaue Bestands-
erfassungen, die zu dieser Zeit durchgeführt wurden, deckten einen regelrechten, teilweise vollständigen Zusammenbruch der betroffenen
Populationen auf, der im Mittel zwischen 50 und 100 % betrug und bis
zum Erlöschen lokaler Populationen führte (Abb. 58). Von ähnlichem,
wenn auch nicht generell so starkem Rückgang waren gleichzeitig auch
eine ganze Reihe anderer Arten betroffen wie vor allem Uferschwalbe, Rauchschwalbe, Gartenrotschwanz, Schilfrohrsänger *(Acrocephalus
schoenobaenus)* und Grauschnäpper *(Muscicapa striata)*. Da alle die genannten Arten 1968 ihre Brutgebiete in normaler Populationsstärke verlassen hatten, musste ihnen Schlimmes entweder auf dem Zuge oder in
ihren Ruhezielen widerfahren sein. Eine Reihe von systematischen Untersuchungen deckte alsbald die Hauptursache dieser Bestandsrückgänge
auf: die seit 1968/1969 besonders stark einsetzende Dürre in der Sahelzone nach einem starken Abfall der jährlichen Niederschlagsmenge in
Westafrika seit 1966 (Winstanley et al. 1974, Berthold 1977 b). Alle betroffenen Arten haben in der Sahelzone entweder ihre Ruheziele oder
wichtige Rastgebiete. Bei der dramatischen Entwicklung im Sahel handelt es sich jedoch nicht nur um eine Naturkatastrophe, vielmehr sind anthropogene Veränderungen wesentlich mit beteiligt (9.3).

Inzwischen zeigt eine ganze Reihe weiterer Langstreckenzieher erhebliche oder starke Bestandsabnahmen, die einen deutlichen Rückgang von

Singvögeln in Mitteleuropa bewirken, der gegenwärtig etwa 1% pro Jahr beträgt (Abb. 59). Dazu gehören nicht nur Arten, die in Westafrika überwintern, sondern auch solche, die nach Osten wandern wie Sumpfrohrsänger und Klappergrasmücke. Die Ursachen für ihren Rückgang scheinen z.T. ähnlich komplex zu sein wie beim Weißstorch und sind bisher leider für keine Art vollständig aufgeklärt (Bauer u. Berthold 1997). Für manche Arten wie z.B. die Rauchschwalbe ist jedoch offensichtlich, dass wesentliche Verluste im Ruheziel oder in Durchzugsgebieten eintreten (Møller 1989).

9.3 Hauptsächliche Gefährdungsursachen

In weiten Kreisen unserer Bevölkerung hält sich hartnäckig die Vorstellung, die Italiener seien, weil sie intensive Vogeljagd betreiben, allgemein schuld am Rückgang unserer Zugvögel. Zu dieser Ansicht haben vor allem sowohl beschränkte Reiseeindrücke in Italien als auch organisierte Kampagnen mit entsprechenden Parolen geführt (wie z.B. „Kein Urlaubsort wo Vogelmord"). Schon 1977 hat eine Übersicht gezeigt, dass nur etwa 22% unserer Zugvogelarten nach oder durch Italien wandern (Deutsche Sektion des Internationalen Rates für Vogelschutz), so dass sich die weit verbreiteten Bestandsabnahmen sicher

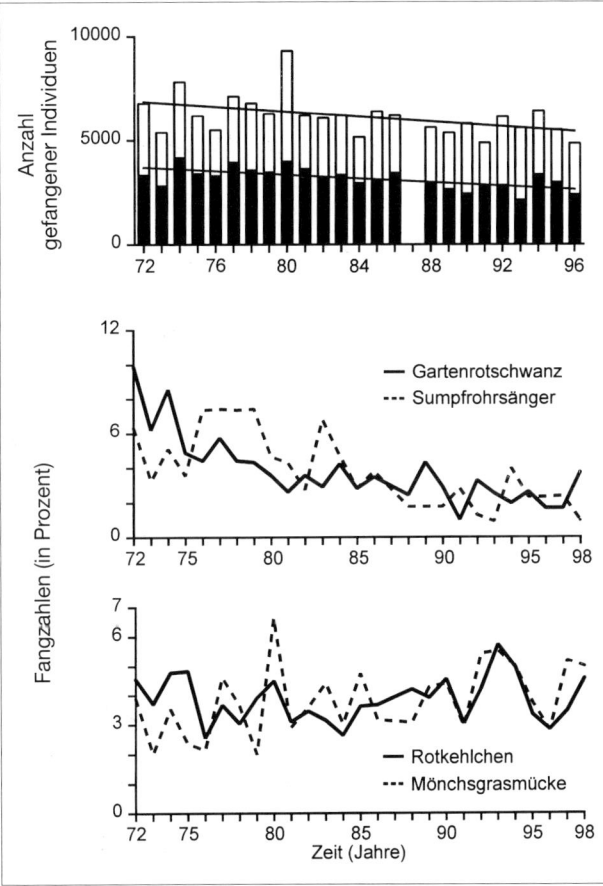

Abb. 59, oben: Jahresfangsummen von 35 Kleinvogelarten, die im Rahmen des „Mettnau-Reit-Illmitz-Programms" von 1972–1996 auf der Mettnau-Halbinsel gefangen wurden (insgesamt rund 150 000 Fänglinge). Schwarze Balken: Langstreckenzieher, weiße Balken: Mittel- und Kurzstreckenzieher, untere Regressionsgerade: für Langstreckenzieher, obere: für die Fänglinge insgesamt (nach Berthold et al. 1998), unten: die Bestandsentwicklung von vier Arten nach Fangergebnissen auf der Mettnau-Halbinsel.

nicht allein mit der Vogeljagd in Italien abtun lassen. Ebenso hartnäckig hält sich in gewissen Kreisen, v. a. von Jägern und bestimmten Naturschützern die Meinung, die Rabenvögel – und insbesondere deren Zunahme nach reduzierter Bejagung – seien generell oder ausschließlich am Rückgang unserer Zugvögel durch Verluste im Brutgebiet schuld. Dabei wird schlichtweg übersehen oder ignoriert, dass in den Bruthabitaten von vielen Arten wie z.B. Rohrsängern, Fitis, Dorn-, Klappergrasmücken oder Sumpfrohrsängern, deren Rückgang wir feststellen (9.2), Rabenvögel als Beutegreifer zumindest für die genannten Arten so gut wie gar nicht in Frage kommen.

Inzwischen liegen eine Reihe von Situationsberichten über die Verhältnisse in den Durchzugsgebieten und Ruhezielen unserer Zugvögel vor, und zwar vor allem von Woldhek (1980) für den Mittelmeerraum, von Magnin (1986, 1987) speziell für Malta und Zypern, von Grimmett (1987) für ganz Afrika und von Schulz (1988, 1997) speziell für den Weißstorch (9.2). Nach diesen Übersichten sind es vier Faktorenkomplexe, die nachteilig auf unsere Zugvogelpopulationen einwirken, nämlich 1. allgemeine Einengung des Lebensraumes mit Verlust sowohl an Aufenthaltsgebieten als auch an Nahrungsgrundlagen, 2. direkte menschliche Verfolgung durch Abschuss und Fang, 3. Beunruhigung, z. B. durch wachsenden Tourismus an Meeresküsten und Binnengewässern, und 4. unmittelbare und (über Nahrungsverknappung) indirekte Einwirkung von Bioziden, angewandt in der Land- und Forstwirtschaft und in der Bekämpfung von für den Menschen gefährlichen Parasiten sowie Schadwirkung von Industrieabfällen.

Die Gefährdungsursachen, die unterwegs auf unsere Zugvögel einwirken, entsprechen damit weitgehend denen, die Vögel in ihren Brutgebieten in unserem Land beeinträchtigen, aber ihre Auswirkungen sind z. T. sehr verschieden. So spielt direkte menschliche Verfolgung bei uns kaum noch eine Rolle, in manchen Gebieten im Mittelmeerraum und vor allem Afrikas ist sie von größerer Bedeutung. Durch das Anwachsen der Bevölkerung und den leichteren Zugang zu besseren Jagd- und Fanggeräten nimmt die Bejagung von Vögeln regional stark zu. Weiterhin ist zu vermuten, dass vor allem in Afrika durch die ständige Ausdehnung der landwirtschaftlich genutzten Flächen und dabei steigendem Bizideinsatz und durch zunehmende Umweltverseuchung mit Industrieabfällen direkte toxische Einflüsse auf unsere Zugvögel ansteigen, während derartige Einflüsse in unserem Land z. Z. eher eingedämmt werden.

Die Gefährdungsursachen sind sowohl im Mittelmeerraum als auch in Afrika gebietsweise sehr verschiedenartig ausgeprägt. Lebensraumverluste kommen zwar in allen Ländern vor, sind aber besonders häufig und folgenreich in Gebieten mit hoher Bevölkerungsdichte wie im Mittelmeerraum in Italien oder im Libanon und Israel, in Afrika in Nigeria oder Malawi sowie in Ländern, in denen Großprojekte ganze Naturräume stark verändern. So hat beispielsweise in Spanien die Kultivierung des Ebro-Deltas, vor allem für den Reisanbau, über 90% des früher riesigen Feuchtgebiets für Zugvögel weitgehend wertlos gemacht. In Gambia würde, um ein weiteres Beispiel zu nennen, der geplante Stau des Gambia-Flusses etwa 12% des Mangroven-Gebiets und 37% der Sumpfwälder in diesem Land vernichten.

Wohl die größte Bedeutung kommt derzeit der übermäßigen landwirtschaftlichen Nutzung in Trockengebieten zu. In der Sahelzone z. B. wurde die ökologische Tragfähigkeit des Gebiets bereits in den 30 relativ feuchten Jahren vor der Dürre seit den späteren 60er Jahren (s. o.) sowohl durch das Anwachsen der menschlichen Bevölkerung als auch der Viehbestände weit überschritten. Überbeweidung führte zur völligen Zerstörung der Baum- und Strauchvegetation in weiten Gebieten und damit zur Desertifizierung. Zugvögel verloren Aufenthaltsgebiete und Ernährungsgrundlagen – z.B. die wichtigen beerentragenden *Salvadora*-Büsche, und diejenigen, die weiter nach Süden ausweichen konnten, gerieten in suboptimale Habitate mit z.T. hoher Konkurrenz durch andere Arten, an die sie schlecht angepasst sind. Nur in relativ wenigen Fällen dürften Habitatveränderungen im Ruheziel positive Wirkungen auf Zugvögel haben. Günstig erwiesen haben sich z.B. Vegetationssukzessionen nach Waldzerstörungen (Hutto 1989) für manche amerikanische oder in Afrika überwinternde Arten aus Eurasien sowie z.B. Luzernefelder für Weißstörche (9.2). Die in vieler Hinsicht nachteilige Zerstörung der tropischen Regenwälder, die für viele Zugvögel kaum Aufenthaltsgebiete, sondern eher Barrieren sind, könnte für eine ganze Reihe von Arten günstigere Ersatzhabitate schaffen (6.22). In Südamerika hat sich der Anbau neuer Kaffeesorten, die in offener Sonnenlage gepflanzt werden, für überwinternde Singvögel als nachteilig erwiesen (Greenberg et al. 1996).

Nach wie vor spielen Jagd und Fang von Zugvögeln in Rastgebieten und Ruhezielen sowie in (arktischen) Brutgebieten eine große Rolle, teils legal, teils illegal, z.T. im Steigen begriffen. So hat das französische Parlament erst 1998 beschlossen, die ohnehin seit langem umstrittenen Jagdzeiten auf Wasservögel und Limikolen zu verlängern (Krumenacker 1998). Nach den Übersichten von Woldhek (1980) und McCulloch et al. (1992) werden allein im Mittelmeerraum alljährlich mehrere hundert Millionen Zugvögel geschossen oder gefangen und getötet oder gehandelt. In Italien sind es nach vorsichtigen, seriösen Schätzungen etwa 175 Millionen. Italien weist in Europa die höchste Dichte (über 5 pro km^2) und zusammen mit Frankreich den höchsten Prozentsatz (etwa 4% der Gesamtbevölkerung) an Jägern auf (Spina 1986). Die stärkste Dezimierung von Zugvögeln, bezogen auf die Bevölkerungsdichte, erfolgte jedoch bis vor kurzem auf Zypern. Dort wurden bis 1984 jährlich etwa 25 Millionen Zugvögel erbeutet, und zwar überwiegend durch Fang mit Leimruten und Netzen, weniger durch Abschuss. Nach entsprechender Gesetzgebung kam es ab 1986 zwar zu drastischer Einschränkung dieser enormen Vogeljagd, aber wie eine spezielle Untersuchung von Magnin (1987) ergab, wurden 1986 immer noch etwa 2,2 Millionen Zugvögel auf Zypern getötet.

In Afrika spielen Jagd und Fang von Zugvögeln eine bedeutende Rolle vor allem in den Ländern Ägypten, dort besonders von Enten, Limikolen und Wachteln, Elfenbeinküste, dort vor allem von Seeschwalben, Liberia, u.a. von Wespenbussard *(Pernis apivorus)*, Malawi, von vielen Arten, Marokko, ebenfalls von vielen Arten, Nigeria, u.a. von Weißstorch und Fischadler, Senegal, besonders von Küstenvögeln, Sudan, von vielen Arten einschließlich Weißstorch und Kranich, und Sambia, von verschiedenen Arten. Welche Mengen von Zugvögeln insgesamt in den mediterranen und afrikanischen Durchzugsgebieten und Ruhezielen getötet werden, lässt sich schwer abschätzen; eine Größenordnung von etwa 300 Millionen erscheint jedoch nicht unrealistisch. Das wären einige Prozent der insgesamt von Eurasien nach Afrika und in den Mittelmeerraum ziehenden Vögel (Kap. 2). Um ein weiteres Beispiel zu nennen: Die Zahl der jährlich in Ostasien erbeuteten Limikolen wird auf 500000–1500000 geschätzt (Ao-Pasicolan 1990).

Schwere Störungen von Zugvögeln in Rastgebieten wie Ruhezielen treten vor allem in Ballungsgebieten des Tourismus auf sowie in Regionen mit intensiver Jagdausübung. Das gilt für viele Rastgebiete in höheren Breiten wie z. B. den Bodensee als Sammelbecken für Wasservögel, für viele mediterrane Küstenbereiche als auch für bestimmte Regionen in Afrika, z. B. Feuchtgebiete und Küsten. Das Ausmaß der Schäden, die Zugvögeln durch Beunruhigung entstehen, lässt sich gegenwärtig nicht beziffern.

Der Einsatz von Bioziden nimmt bekanntlich in vielen Entwicklungsländern immer noch weiter zu, so auch in vielen afrikanischen Ländern. Damit dürften auch die Schadwirkungen auf Zugvögel weiter anwachsen. Gesicherte Nachweise liegen nur in geringem Umfang vor (Tanabe et al. 1998), was nicht verwunderlich ist, wenn man bedenkt, wie schwierig verlässliche Rückstandsanalysen an tot aufgefundenen Individuen schon in unserem hoch technisierten Land durchzuführen sind. In Israel und Syrien sind viele Greifvögel einer ganzen Reihe von Arten durch Biozide umgekommen und der Ohrengeier *(Torgos tracheliotus)* wurde dabei ausgerottet (Mendelssohn 1972). Für Ägypten z. B. besteht der Verdacht, dass 12 dort überwinternde Greifvogelarten erhebliche Bestandseinbußen durch Biozidanwendung erlitten haben. Negative Biozideinflüsse werden ferner für Kenia, Namibia, den Sudan und Simbabwe angenommen. In Nigeria sind vermutlich die Küstenlagunen extrem mit Schadstoffen verseucht. Ein alarmierendes Beispiel wurde kürzlich vom Präriebussard aus Amerika bekannt. Nachdem die Brutpopulation in Kanada etwa um die Hälfte geschrumpft war, verfolgte man einzelne Individuen mittels Satelliten-Telemetrie in ihr Winterquartier in Argentinien, wo man über 20000 durch Biozide umgekommene Vögel fand (Übersicht Berthold et al. 1997). Aus Afrika nach Südeuropa heimziehende Kleinvögel waren jedoch weniger durch Biozide belastet als später während ihres Aufenthalts in Europa (Persson 1972). In Bezug auf die Wirkung von Bioziden auf unsere Zugvögel sind umfangreiche Untersuchungen nach wie vor dringend erforderlich. Inzwischen mehren sich Hinweise darauf, dass intensive Habitatzerstörungen und Biozidanwendungen in den Brut- und Durchzugsgebieten sowie in den Ruhezielen vielerorts die Nahrungsbasis für Zugvögel derart reduziert haben, dass ausreichende Vorbereitungen für den Zug, vor allem die Depotfettbildung, beeinträchtigt sind (z. B. 9.2, Weißstorch).

Eine neue Gefahrenquelle für Zugvögel stellen die derzeit wie Pilze aus dem Boden wachsenden Windkraftanlagen dar. Nach den wenigen bisher vorliegenden befriedigenden Untersuchungen zu schließen weichen ihnen jedoch Tagzieher wohl meistens rechtzeitig aus und Nachtzieher wandern vermutlich regelmäßig über sie hinweg (F. Bergen briefl.). Aber systematische Untersuchungen sind dringend erforderlich und in mehreren Instituten im Gang (z. B. in der Vogelwarte Radolfzell).

9.4 Schutzmaßnahmen

Die potentielle Gefährdung unserer Vogelwelt im Allgemeinen und der Zugvögel im Speziellen wurde im Zuge der einsetzenden Bedrohung der gesamten Natur durch den Menschen mit als Erste erkannt (Naumann 1849). So kam es im ornithologischen Bereich schon früh zu ersten Schutzbestrebungen: Bereits 1888 wurde für ganz Deutschland das erste Reichsgesetz zum Schutze von Vögeln erlassen, und 1899 wurde der Bund für Vogelschutz in Deutschland (heute NABU: Naturschutzbund Deutschland) gegründet (Berthold et al. 1986). 1904 regte Conwentz in einer Denkschrift die „Erhaltung der Naturdenkmäler" an, und dieses Conwentz'sche Modell leitete die Ära der Einrichtung von Naturschutzgebieten ein, die inzwischen in den meisten Ländern der Welt in unterschiedlicher Anzahl, Größe und Güte existieren.

Mit der immer mehr um sich greifenden allgemeinen Gefährdung wandernder Tierarten (die neben Zugvögeln vor allem Wale, Robben, Fledermäuse, Meeresschildkröten, Fische und Schmetterlinge betrifft, Kap. 1) wurde allmählich klar, dass ziehende Arten auf Dauer nur durch ein globales Verbundsystem geschützter Habitate erhalten werden können. 1972 wurde auf der Stockholmer Konferenz der Vereinten Nationen über die Umwelt des Menschen eine entsprechende Empfehlung (Nr. 32) gegeben: „Es wird empfohlen, dass die Regierungen ihre Aufmerksamkeit der Notwendigkeit widmen, internationale Abkommen und Verträge zum Schutze der internationale Gewässer bewohnenden oder von einem Land zum anderen wandernden Arten zu schließen ... Es sollte eine auf breiter Grundlage basierende Konvention ins Auge gefasst werden, die den Rahmen für die Vereinbarung von Kriterien für Vorschriften über wildlebende Tiere und für eine Begrenzung der übermäßigen Ausbeutung der Ressourcen durch die Signatarstaaten bilden würde ..."

Nach dieser Empfehlung kam es zu vielfältigen Aktivitäten. Der bereits 1930 gegründete Internationale Jagdrat (CIC, Conceil International de la Chasse et de la Conservation du Gibier) schlug vor, in Europa und Afrika „Ketten grüner Trittsteine" durch Schutzgebiete auf den Wegen der Zugvögel einzurichten, und gründete 1984 in der Zugvogelkommission die „Arbeitsgruppe Zugvögel der westlichen Paläarktis". Das von Biologen gestartete „Project MAR" appellierte an alle Staaten, Feuchtgebiete als Schutzzonen für Wasservögel auszuweisen. UN-Fachorganisationen, vor allem UNESCO und UNEP, wurden tätig, daneben WWF (World Wide Fund for Nature), ICBP (International Council for Bird Preservation), IWRB (International Waterfowl Research Bureau), IUCN (International Union for Conservation of Nature and Natural Resources), ECE (Economic Commission of Europe, eine UN-Fachorganisation), in Nordamerika die Organisationen „Ducks Unlimited", „North American Waterfowl Management Plan", „Partners in Flight" u. a. (Patterson 1989) und in jüngerer Zeit „BirdLife International" mit nationalen Partnerorganisationen, „Wetland International" sowie „Euroducks" (Schulz u. Mayr 1997). BirdLife International veranstaltet alle zwei Jahre ein „European BirdWatch"-Wochenende, das besonders dem Zugvogelschutz dient (Mayr 1998).

Unter dem Begriff „Biosphären-Reservate" (BR) wird unter der Schirmherrschaft der UNESCO durch die Organisation des MAB-(Man and Biosphere-)Programms versucht, ein weltweites Netz von großflächigen Naturschutzgebieten einzurichten. Bisher sind mehr als 350 solcher Gebiete in etwa 90 Ländern geschaffen worden. Das Netz dieser BR wird in das GEMS-Programm (Global Environmental Monitoring System) der UNEP integriert, wodurch auch Möglichkeiten zur Überwachung von Tierwanderungen in den BR gegeben sind.

Die „Ramsar Konvention", 1971 in Ramsar, Iran, verabschiedet, ist ein Übereinkommen über die Sicherstellung von Feuchtgebieten von internationaler Bedeutung, vor allem als Lebensraum für Wasser- und Watvögel. Sie geht auf das „Project MAR" zurück und wurde hauptsächlich durch das IWRB/WI und die IUCN verwirklicht. Gegenwärtig sind etwa 120 Staaten Mitglied dieser Konvention, und sie haben fast 1000 Feuchtgebiete mit über 70 Mio. ha Fläche unter Schutz gestellt.

Am 2. April 1979 wurde vom Rat der Europäischen Gemeinschaft einstimmig die „EG-Vogelschutzrichtlinie" (Richtlinie des Rates über die Erhaltung der wildlebenden Vogelarten) beschlossen. Sie gilt für alle Mitgliedstaaten der EU und schreibt für die nationale Gesetzgebung zwingend vor allem den Schutz der gefährdeten Zugvogelarten vor sowie die Einrichtung, Pflege, Wiederherstellung und Neuschaffung von Schutzgebieten und Lebensstätten für Vögel. Als Folge dieser Richtlinie wurden in den Staaten der Union Hunderte von neuen Vogelschutzgebieten eingerichtet (Important Bird Areas, IBA), und in Italien wurde die Vogeljagd stark eingeschränkt (Thielcke 1998).

1982 trat die „Berner Konvention" oder Europäische Naturschutzkonvention (Übereinkommen über die Erhaltung wildwachsender Pflanzen und wildlebender Tiere sowie natürlicher Lebensstätten in Europa) in Kraft, die auf Empfehlungen des Europarates zurückgeht. Ihr gehören z. Z. die Länder der EU und 16 weitere Staaten an, und ihre Ziele sind ein generell hoher Naturschutzstandard der Mitgliedstaaten. Im Rahmen der „Natura 2000" schlug der Europarat 1993 ein EECONET-(European Ecological Network-)Programm vor für die Schaffung eines gesamteuropäischen Biotopverbundsystems, dem sich inzwischen 46 Staaten anschlossen.

Im Anschluss an die oben zitierte Stockholmer UN-Konferenz wurde im Juni 1979 in Bonn während einer Regierungskonferenz ein „Übereinkommen zur Erhaltung der wandernden wildlebenden Tierarten" erarbeitet, das 1983 völkerrechtlich als „Bonner Konvention" in Kraft trat und das heute etwa 60 Mitgliedstaaten hat. 1986 fand, ebenfalls in Bonn, die Erste Vertragsstaatenkonferenz dieser Konvention statt, und seit 1985 gibt es ein UNEP/CMS-Sekretariat der Konvention in Bonn. Die Bonner Konvention befasst sich mit der gesamten Vielfalt von Schutzmaßnahmen, z. B. auch mit dem Forschungsbedarf. Sie ist zudem ein Rahmenabkommen, nach dem die einzelnen anstehenden Probleme durch regionale Vereinbarungen geregelt werden sollen. Was Zugvögel angeht, sind bisher drei solche Vereinbarungen ausgearbeitet worden. Sie betreffen den Nonnenkranich, den Dünnschnabel-Brachvogel *(Numenius tenuirostris)* sowie im AEWA („Afrikanisch-Eurasisches Regionalabkommen zur Erhaltung der Wasservögel") Feuchtgebietbewohner einschließlich des Weißstorchs.

1983 begann der ICBP zusammen mit dem IWRB das „Migratory Birds Programme" zu entwickeln. Dieses ICBP-MBP hat inzwischen etwa 150 Projekte in Europa und Afrika durchgeführt, vor allem Untersuchungen über Gefährdungsursachen und Schutzmaßnahmen für Zugvögel im Mittelmeerraum und in Afrika (9.2, 9.3). Die bereits 1968 abgeschlossene „Algier Konvention" zur Erhaltung der Natur in Afrika hat wenig Aktivitäten entwickelt. Die 1992 in Rio de Janeiro gegründete „Biodiversitätskonvention", der rund 170 Staaten angehören, hat u. a. auch den Erhalt der Vielfalt von Zugvögeln zum Ziel.

Die obige Zusammenstellung zeigt, dass es erstaunlich viele Organisationen und Abkommen gibt, die sich mit den Problemen der Zugvögel beschäftigen und ihren Schutz regeln sollen. Im folgenden Abschnitt soll kurz erörtert werden, wie es in der Praxis mit den genannten Schutzkonzepten aussieht und wie es um die Zukunft unserer Zugvögel auf der Grundlage der derzeitigen Schutzmaßnahmen und -konzepte bestellt ist.

9.5 Zukunftsaussichten für unsere Zugvögel

In seiner Übersicht „Internationaler Biotopverbund für wandernde Tierarten" schrieb Nowak (1988): „Zusammenfassend muss gesagt werden, dass es um den politischen Willen zum Ausbau eines weltweiten Biotopverbundes für wandernde Tierarten schlecht bestellt ist." Inzwischen wurden zwar viele neue Initiativen ergriffen, aber ein Durchbruch zu wirklich effektivem Zugvogelschutz wurde nicht erzielt. Aus Nowaks Ausführungen und den Situationsberichten vieler anderer Biologen gehen folgende Hauptmängel für den Zugvogelschutz hervor: Sowohl Politiker als auch die Öffentlichkeit sind über den derzeitigen Rückgang wandernder Tierarten (und des Tier- und Pflanzenlebens allgemein) sowie über die generelle Bedrohung der Lebewesen der Erde noch immer unzureichend informiert. Zeitmangel, Bagatellisierung, Verdrängung, Desinteresse, Hilflosigkeit und Egoismus sind wesentliche Gründe dafür. Die bisherigen Schutzkonzepte sind in vieler Hinsicht noch immer unzureichend und können daher wandernden Tierarten nur bedingt helfen. So fehlt es bei der Vielzahl von Konzepten an effektiver internationaler Koordinierung. Die meisten bestehenden internationalen Konventionen leiden ferner darunter, dass die Mitgliedschaft freiwillig ist und ihnen oft zu wenige Länder angehören, so dass Schutzvorhaben und Schutzgebietsnetze lückenhaft bleiben. Weiter ist zu bemängeln, dass viele Maßnahmen den Vereinbarungen nicht gerecht werden und dass viele eingerichtete Schutzgebiete durch Eingriffe laufend an Wert verlieren. Damit verschlechtert sich der Zustand der meisten bedrohten wandernden Tierarten (wie der vieler anderer Lebewesen) trotz zunehmender, aber nach wie vor unzureichender Anstrengungen zu ihrem Erhalt. Studien über „Biodiversity", also die Vielfalt des Lebens auf der Erde und ihren Erhalt (Wilson 1986) und der „OTA Report" (Bericht des U.S. Office of Technology Assessment 1986) gehen davon aus, dass in den nächsten hundert Jahren *auf alle Fälle* zwischen 50 und 90 % der heute auf der Erde lebenden Pflanzen- und Tierarten verschwinden werden, und zwar durch unmittelbaren und indirekten Einfluss des Menschen. Wenn wirkliche Hilfsmaßnahmen zum Tragen kommen, wird die Extinktionsrate näher bei 50 % liegen, sonst eher bei 90 %. Nach diesen Einschätzungen sieht auch die Zukunft für Zugvögel düster aus, was auch für unser Gebiet gilt (Berthold 1998, Berthold et al. 1998).

Berthold et al. haben 1988 ein umfassendes nationales Konzept für die Sanierung unserer Tier- und Pflanzenwelt vorgeschlagen, das vor allem auf der Renaturierung von etwa 10–15 % der Landesfläche der Bundesrepublik Deutschland, verteilt auf alle politischen Gemeinden, beruht. Ein solches Konzept ließe sich theoretisch sowohl in unserem Land als auch in anderen Ländern mit weitgehend stabiler Bevölkerung und teilweiser Überschussproduktion in der Landwirtschaft gut durchführen. Für Entwicklungsländer mit stark anwachsender Bevölkerung und unzureichender landwirtschaftlicher Nahrungsmittelproduktion erscheint es hingegen aussichtslos und damit für wandernde Tierarten nur von begrenzter Wirksamkeit.

Für eine der bekanntesten und beliebtesten Zugvogelarten – den Weißstorch – sind inzwischen in einer ganzen Reihe von Ländern verschiedene Hilfsaktionen angelaufen. Eine besteht in der Einrichtung von Storchenzuchtstationen, in denen Störche in Gefangenschaft oder freifliegend, aber meist ganzjährig an Futterstellen gebunden, gehalten werden und sich fortpflanzen. Die erste und größte ihrer Art wurde 1948 in der Schweiz von Max Bloesch gegründet, nachdem die Schweizer Storchpopulation von etwa 140 Brutpaaren um 1900 auf nur noch wenige Paare in den 40er Jahren zurückgegangen und 1950 erloschen war (Bloesch 1989). Jetzt gibt es ähnliche Stationen in der Bundesrepublik Deutschland, in Holland, Frankreich und Schweden. In der Schweiz konnten inzwischen über 150 Brutpaare in der oben beschriebenen, semidomestizierten Weise wieder angesiedelt werden (Abb. 57). Allerdings kommen von den erbrüteten Jungvögeln nach dem Wegzug relativ wenige zurück, so dass die Wiederansiedlung ganz überwiegend mit Vögeln geschieht, bei denen durch Volierenhaltung in den ersten zwei bis drei Jahren der Zugtrieb unterdrückt wurde. Diese Semidomestikation als Schutzmaßnahme für eine stark bedrohte Art ist unter Naturschützern sehr umstritten und führt immer wieder zu heftigen Kontroversen (z. B. Rheinwald et al. 1989). Die Storchenansiedler argumentieren etwa folgendermaßen: „Da die Gründe für das regionale Aussterben des Weißstorchs im Durchzugs- und/oder Überwinterungsgebiet liegen und diese Art nicht durch Naturschutzmaßnahmen wie Lebensraumschutz u. Ä. im Inland allein erhalten werden kann, gibt es nur die Alternative: Aussterben lassen oder durch dauerhaften Eingriff wie Zuchtprogramme, Aussetzung und Winterfütterung diese prächtige Vogelart zu erhalten" (Rheinwald et al. 1989). Die Gegner halten diese Rechtfertigung für unzureichend und befürchten durch derartige Programme Schaden für den gesamten Natur- und Artenschutz. Politiker z. B. könnten der Meinung verfallen, bedrohte Arten könne man zur Not immer noch züchten und der generelle Schutz ganzer Lebensräume sei gar nicht unbedingt erforderlich. Weiterhin könnten durch die Ausbürgerung von Störchen verschiedenster Herkunft die noch stabilen freilebenden Populationen in ihren genetischen Grundlagen verändert und damit im Fortbestand bedroht werden. Das NABU-Institut für Wiesen und Feuchtgebiete in Bergenhusen (unter Leitung von H. Schulz) versucht daher in erster Linie, die natürlichen Lebensgrundlagen für die verbliebenen Weißstörche wiederherzustellen, wofür im Anschluss an eine weitere Fachtagung 1996 eine „Internationale Arbeitsgruppe Weißstorch" gebildet wurde. Für Deutschland bedeutet diese Art von Weißstorchschutz nach dem regionalen Aussterben von Populationen vorrangig Wiesenschutz (Westermann et al. 1996).

Dieses Storchbeispiel zeigt das ganze Dilemma heutigen Zugvogelschutzes auf: Ohne menschliche Hilfe kann die Art zumindest im westlichen Europa nicht mehr überleben. Angemessene Hilfe für normales Überleben unter wiederhergestellten natürlichen Bedingungen ist kaum mehr möglich, und die derzeit durchführbare Überlebenshilfe durch Zucht und Wiederansiedlung ist umstritten. Es bleibt zu hoffen, dass anderen Zugvogelarten eher und besser geholfen werden kann als dem Weißstorch; zu befürchten ist jedoch eher das Gegenteil. Vor allem auch globale Klimaveränderungen und Verschiebungen der Avifauna zugunsten der Standvögel lassen für die Zukunft der Zugvögel nichts Gutes erwarten (Kap. 10).

10. Die Evolution rezenten Zugverhaltens und Aspekte des künftigen Vogelzugs

In den Kapiteln 6–8 wurde ausführlich dargestellt, dass die Steuerung des regelmäßigen Vogelzugs, vor allem der saisonalen Pendelzüge, in hohem Maße auf unmittelbaren genetischen Grundlagen beruht. Zugaktivität und Orientierungsleistungen sind wohl weitgehend populationsspezifische quantitative genetische Merkmale, die rasch auch in Nachkommen nicht ziehender Individuen vererbt werden können. Das obligate Teilzugverhalten wird ebenfalls vererbt, besitzt beträchtliche genetische Variabilität und eine sehr große potenzielle Evolutionsgeschwindigkeit. Und Teilzug kann wiederum durch Selektion auf geringere Zugaktivität aus reinem Zugverhalten entstehen (Kap. 2). Damit sind die genetischen Voraussetzungen für vielfältige und rasch ablaufende mikroevolutionäre Prozesse im Hinblick auf künftige Vogelzugphänomene bei entsprechenden Umweltveränderungen gegeben. Und in der Tat sind gegenwärtig – offenbar in Verbindung mit der globalen Klimaerwärmung – folgende systematischen Veränderungen im Zugverhalten bei vielen Arten zu beobachten: 1. Abnahme des Zugumfangs, d. h. vermehrte Überwinterung im Brutgebiet bei Teil- und Langstreckenziehern, 2. die Verkürzung von Zugstrecken ins Winterquartier, 3. zunehmende Verspätung des Wegzugs, 4. Verfrühung des Heimzugs, und 5. die Änderung von Zugrichtungen und die Wahl neuer, näher gelegener Winterquartiere (Berthold 1998). Dazu werden im Folgenden Beispiele genannt.

Eine besonders interessante und, weil gut untersucht, aufschlussreiche Neubildung im Zugverhalten ist z. Z. bei mitteleuropäischen Mönchsgrasmücken im Gange (Berthold 1988 d, Berthold u. Terrill 1988). Bis vor etwa 30 Jahren zogen diese Vögel ausschließlich in mediterrane, z.T. auch afrikanische Ruheziele und durchweg in südliche Richtungen. Dann wiesen – ab 1961 – zuerst wenige, bald mehr und mehr Ringfunde nach NW, und gegenwärtig überwintern bereits Tausende von mitteleuropäischen Mönchsgrasmücken auf den Britischen Inseln, während die britischen Brutvögel nach wie vor nach Süden wandern. Westlich der mitteleuropäischen Zugscheide wegziehende Mönchsgrasmücken (Abb. 15) brauchen ihre Primärzugrichtung nicht sehr stark zu ändern, um wenigstens den Süden der Britischen Inseln zu erreichen, und einige dieser mitteleuropäischen Vögel mögen im Rahmen ihrer normalen Zugrichtungsstreuung auch früher schon ohne spezielle Selektion der Richtung bisweilen die Britischen Inseln erreicht haben (Berthold 1996). Während solche Vögel früher kaum eine Chance gehabt haben dürften, dort auch erfolgreich zu überwintern, hat sich die Situation nach dem Zweiten Weltkrieg grundlegend verändert. Auf den Britischen Inseln hat inzwi-

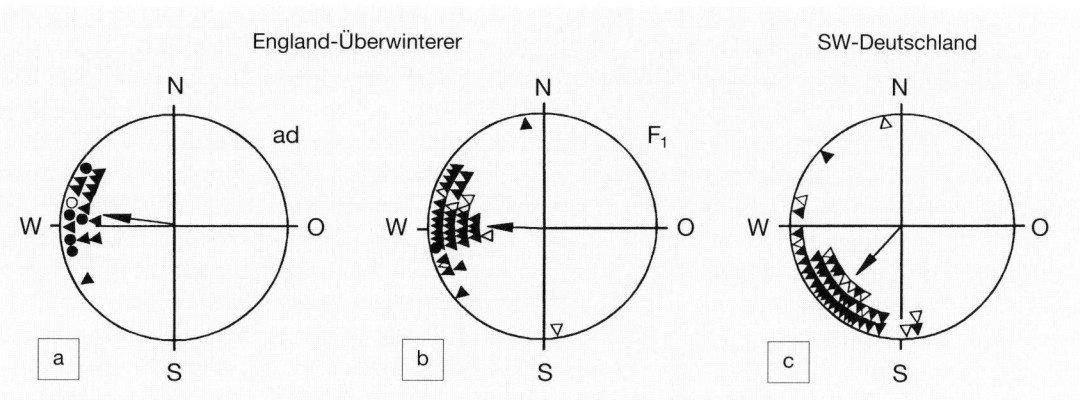

schen die Winterfütterung für Vögel wie auch andernorts ein derartiges Ausmaß angenommen, dass Mönchsgrasmücken heute offenbar mühelos bei einem allgegenwärtigen und reichhaltigen Nahrungsangebot überwintern können, das sie auch geschickt nutzen, vor allem im Spätwinter, wenn natürliche Nahrung knapp wird (z. B. Leach 1981). Auch die inzwischen noch milderen Winter auf den Britischen Inseln mögen das Überwintern von Grasmücken begünstigt haben.

Wir haben 40 Mönchsgrasmücken im Winter in England gefangen und in Süddeutschland in Orientierungskäfigen getestet. Sie zeigten eine nordwestliche Richtungspräferenz auf das ihnen bekannte Winterquartier zu, wie erwartet (Abb. 60 u. Kap. 7). Mit diesen Vögeln gezüchtete Nachkommen bevorzugten eine identische nordwestliche Richtung (Abb. 60), die somit trotz ihrer erst jüngsten Entstehung bereits genetisch determiniert ist. Sie ist demnach durch Mikroevolution aus dem breiten Fächer an Zugrichtungen der Mönchsgrasmücke in erstaunlich kurzer Zeit entstanden. Selektionskräfte sind vermutlich etwa sieben, z. T. miteinander verknüpfte Faktoren wie geringere innerartliche Konkurrenz im Winterquartier gegenüber dem Mittelmeerraum (Berthold 1986, 6.22) sowie eine um ein Drittel kürzere Zugstrecke. Weiterhin leben auf den Britischen Inseln überwinternde Mönchsgrasmücken im Winter in kürzerer Tageslichtdauer als in den Mittelmeerraum ziehende Artgenossen. Das dürfte ihre so genannte Photorefraktärperiode (Zeit der Unempfindlichkeit gegenüber der stimulierenden oder synchronisierenden Wirkung länger werdender Tageslichtdauer) eher beenden und damit ihren Heimzug und ihre Fortpflanzungsbereitschaft früher stimulieren (Berthold u. Terrill 1988). Bei kürzerem Zugweg als aus dem Mittelmeerraum sollten Mönchsgrasmücken von den Britischen Inseln früher im Brutgebiet eintreffen, die günstigsten Habitate besetzen und früher brüten können. Brüten in optimalen Habitaten und früh im Jahr bringt erhebliche Fitness-Vorteile (Bairlein et al. 1980). Zudem könnten Vögel, die erfolgreich auf den Britischen Inseln überwintert haben, aufgrund ihrer guten Synchronisation bevorzugt miteinander brüten und dabei ihre neue Zugrich-

Abb. 60: Richtungswahl von Mönchsgrasmücken *(Sylvia atricapilla)* im Orientierungskäfig.
a: mitteleuropäische Vögel, die während der Überwinterung in England gefangen wurden,
b: deren Nachkommen,
c: Kontrollvögel aus Südwestdeutschland. Dreiecke und Kreise: Richtungspräferenzen von Einzelvögeln, Pfeile: Mittelrichtungen (nach Berthold et al. 1992).

tung auf ihre Nachkommen in vollem Umfang vererben (Terrill u. Berthold 1990, Berthold 1996).

Das beschriebene Mönchsgrasmückenbeispiel zeigt, wie rasch und tiefgreifend Vogelzugverhalten und damit zusammenhängende Vorgänge durch Mikroevolution abgewandelt werden können. Mit ähnlichen Änderungen ist jederzeit auch bei vielen anderen Arten und in anderen Regionen zu rechnen. Von den in Kapitel 5.17 behandelten Arten mit historisch bedingten Umwegen könnten z. B. theoretisch jederzeit Pioniere neue Ruheziele ausfindig machen und bei entsprechenden Anpassungen neuartiges Zugverhalten einleiten. Dabei sind nicht alle neuen Entwicklungen auf Selektion angewiesen. Auch Zufall und Traditionsbildung können eine Rolle spielen wie möglicherweise bei der Ausbildung von Winterquartieren bei Flamingos in Abhängigkeit von Winterverhältnissen oder dem Vorhandensein von Flachwasserzonen (Sutherland 1996).

Für die anderen oben aufgelisteten systematischen Änderungen im Zugverhalten gibt es inzwischen viele Beobachtungen. Beispiele für abnehmenden Zugumfang wurden bereits in den Kapiteln 2 und 5.10 genannt, weitere werden unten aufgeführt. Verspätung des Wegzugs und/ oder Verfrühung des Heimzugs sind inzwischen allein in Mitteleuropa für über 30 Arten nachgewiesen, und zwar sowohl für Kurz- als auch für Langstreckenzieher, wobei die Verschiebungen bis zu mehr als einem Monat betragen (Berthold 1998). Rezente Änderungen und vor allem auch Verkürzungen von Zugstrecken sind ebenfalls für eine Reihe von Arten beschrieben worden, vor allem für den Kormoran *(Phalacrocorax carbo)*, für Schwäne, Gänse, Kraniche u. a. (von Sanden 1989, Johnson u. Herter 1990, Berthold 1998).

Außergewöhnlich umfangreiche Änderungen des Vogelzugs sind jedoch vor allem dann zu erwarten, wenn es zu weiteren markanten globalen Klimaveränderungen kommen sollte, wie sie von vielen Meteorologen postuliert werden. Im Folgenden soll kurz hypothetisch skizziert werden, was für das eurasisch-afrikanische Vogelzugsystem und vor allem für die in Europa brütenden Zugvögel zu erwarten ist, wenn sich die Atmosphäre in unserem Raum in den nächsten Jahrzehnten infolge des „Treibhauseffekts" um mehrere Grad Celsius Jahrestemperatur weiter erhöhen würde.

Mildere Winter bedeuten zunächst für Standvögel in höheren geographischen Breiten geringere Verluste, bei günstigem Verlauf von Frühjahr und Sommer frühere und bessere Brutmöglichkeiten und damit insgesamt erhebliches Ansteigen der Populationsdichte. Entsprechendes gilt für die Standvogelfraktionen obligat teilziehender Arten. Sie erleiden ebenfalls weniger Winterverluste und verstärken sehr wahrscheinlich zusätzlich durch assortative Verpaarung ihre Zunahme. Bei der Mönchsgrasmücke spricht die Verteilung von ziehenden und nicht ziehenden Individuen unter Nestgeschwistern dafür, dass Standvögel bevorzugt untereinander brüten (Berthold 1986), und bei der Amsel brüten nach den Untersuchungen von Schwabl (1983) die Standvögel bevorzugt miteinander in den ortsnahen, günstigeren Habitaten („Stadtamseln"), die ziehenden Individuen mehr in den weniger günstigen ortsferneren Waldgebieten („Waldamseln") – ebenfalls mehr miteinander.

Auch die Standvogelanteile der obligat teilziehenden Arten vermehren sich bei Klimaerwärmung wahrscheinlich im Laufe der Zeit so stark, dass viele Arten, die heute Teilzieher sind, nahezu ausschließlich oder gänzlich zu Standvögeln werden wie z. B. Amsel, Buchfink, Feldlerche *(Alauda arvensis)*, Gimpel *(Pyrrhula pyrrhula)*, Heckenbraunelle, Rotkehlchen, Zaunkönig u. a. Bemerkenswerterweise sind diese Arten heute schon zumindest im südlichen Teil der Britischen Inseln weitgehend Standvögel aufgrund der dort klimatisch günstigen Überwinterungsbedingungen.

Fakultative Teilzieher erreichen aufgrund anhaltend guter Fortpflanzungsbedingungen ständig hohe Populationsdichten, und in der Folge kommt es zu gehäuften Evasionen bei immer geringer werdenden Ansiedlungschancen für Rückwanderer. Das könnte zu verstärkten Ausbreitungsbewegungen und Neuansiedlungen, vielleicht zu neuartiger Dichteregulierung über verminderte Gelegegröße und schließlich zum Aufhören der Evasionen und damit ebenfalls zur Beendigung des Teilzugs führen. Bei einer Reihe von Arten, z. B. Meisen, haben die Evasionen bereits deutlich abgenommen (Winkel 1993).

Bei vielen Kurz- und Mittelstreckenziehern wie z. B. Bachstelze, Hausrotschwanz, Mönchsgrasmücke, Singdrossel, Star, Wiesenpieper *(Anthus pratensis)*, Zilpzalp u. a. versuchen bereits heute regelmäßig kleinere aber zunehmende Anteile der Populationen in ihren Brutgebieten in höheren geographischen Breiten zu überwintern. Bei anderen Arten wie z. B. dem Weißstorch oder Sichler *(Plegadis falcinellus)* setzt z. Z. entsprechendes Überwinterungsverhalten in höheren Breiten ein (Berthold 1998). Viele dieser Arten werden sich schnell zu typischen Teilziehern entwickeln. Bei relativ rascher Erwärmung könnte dabei auch ihr Standvogelanteil alsbald ansteigen.

Wärmeres Klima würde also in unserem Raum allgemein die Standvogelpopulationen stark anwachsen lassen, einmal bei den Jahresvögeln, dann bei den obligaten und fakultativen Teilziehern und schließlich auch in gewissem Umfang bei bisher fast ausschließlich ziehenden Arten. Ein Treibhauseffekt auf unser Klima ließe wahrscheinlich auch, zumindest eine Zeit lang, die Primärproduktion ansteigen, d. h. für Vögel wie für andere Tiere stünden mehr Nahrungspflanzen zur Verfügung, vor allem auch im Winterhalbjahr. Zeitweiliger Nahrungsentzug z. B. durch Schneebedeckung wäre reduziert, viele Pflanzengesellschaften, die gegenwärtig durch Frost und Schneedruck geschädigt werden, wären mehr ganzjährig verfügbar, und neue Pflanzengesellschaften mit zunehmend mehr südlichen Arten würden entstehen. Damit stünden auch in ungünstigen Jahreszeiten mehr Habitate mit ausreichender Nahrungsgrundlage zur Verfügung als bisher, und die große Zahl von Standvögeln könnte sich zusätzliche neue ökologische Nischen erschließen und sich weit mehr flächendeckend ansiedeln als gegenwärtig.

Umfangreiche Untersuchungen in England (vom British Trust for Ornithology, O'Connor 1981, 1990) haben gezeigt, dass Zugvögel in ihrer Siedlungsdichte und ihrer Populationsentwicklung direkt von der Populationsstärke der in ihrem Brutgebiet lebenden Standvögel abhängig sind. Besonders die spät heimkehrenden Langstreckenzieher können nur die Lebensräume besetzen, die ihnen Standvögel und früher heimkehrende Arten frei lassen. Für Garten- und Mönchsgrasmücke ist dieser Zusammenhang nicht nur rechnerisch, sondern direkt experimentell nachgewiesen (Garcia 1983). Beide Arten überschneiden sich stark in ihren Bruthabitaten (Bairlein et al. 1980). Lässt man die wesentlich früher heimkehrenden Mönchsgrasmücken ein bestimmtes Brutgebiet, in dem sich auch Gartengrasmücken ansiedeln, ungehindert besetzen, dann bleiben normalerweise nur wenige Brutplätze für Gartengrasmücken übrig. Gartengrasmücken werden von den sehr aggressiven Mönchsgrasmücken z.T. direkt aus Konfliktgebieten vertrieben. Wenn Garcia (1983) in einem Versuchsgebiet Mönchsgrasmücken zur Zeit der Ankunft der Gartengrasmücken wegfing, dann siedelten sich dort weit mehr Gartengrasmücken an als normalerweise. Sie wurden jedoch nach Freilassen der Mönchsgrasmücken größtenteils wieder vertrieben.

Aus den letzten Abschnitten ist abzuleiten, dass das Anwachsen unserer Standvogelpopulationen und die Abhängigkeit der Zugvögel von ihnen bei starker Klimaerwärmung große Probleme für unsere Zugvögel mit sich brächte. Den teilziehenden und wenig ausgeprägt ziehenden Arten dürfte es, wie beschrieben, rasch gelingen, Standvogelanteile zu entwickeln und sich zu behaupten. Kritisch dürfte es vor allem für Langstreckenzieher werden. Eine ganze Reihe von Arten würde dann zusätzlich zu den Verlusten an günstigen Rastgebieten und Ruhezielen, wie sie z.B. Arten wie Dorngrasmücke, Grauschnäpper und Gartenrotschwanz durch die Dürre in der Sahelzone erfahren (9.2), auch noch zunehmend Brutplätze verlieren. Klimaerwärmung könnte somit Langstreckenzieher allmählich aus unserer Avifauna verdrängen und, da Teilzieher sich zu Standvögeln entwickeln, generell den Vogelzug in unseren Breiten stark reduzieren. Je nach Ausmaß von Klimaänderungen könnten wir damit Verhältnisse bekommen, wie sie heutzutage etwa im Mittelmeerraum herrschen.

Es ist offen, wie schnell es Langstreckenziehern, die gegenwärtig aus unseren Breiten in afrikanische Ruheziele wandern, gelingen könnte, ihr Zugverhalten so stark abzubauen, dass sie im Falle starker klimatischer Veränderungen ebenfalls ganzjährig im Brutgebiet bleiben könnten. Selbst hohe Selektionsdrucke dürften nicht in der Lage sein, die ausgeprägten endogenen Zugprogramme in kurzer Zeit so drastisch zu ändern. Nach Modellrechnungen dürfte die Umwandlung einer Zugvogel- in eine Standvogelpopulation bei streng gerichteter Selektion mindestens 40 Jahre in Anspruch nehmen (Kap. 1 u. Berthold 1999). Für Langstreckenzieher bliebe eventuell noch eine weitere Chance: Wenn viele unserer heutigen Teilzieher, Kurz- und Mittelstreckenzieher künftig nicht mehr in den Mittelmeerraum ziehen, sondern im Brutgebiet überwintern würden, blieben theoretisch im Winterhalbjahr viele mediterrane Lebensräume ungenutzt und verfügbar, vorausgesetzt, dass die sich z. Z. im Saharabereich ausweitende Desertifizierung nicht auch den Mittelmeerraum erfassen würde. Blieben diese Lebensräume erhalten, könnten sie im Prinzip künftig von vielen Langstreckenziehern genutzt werden. Die betreffenden Arten müssten dazu ihre ererbten Zugprogramme „nur" umfangmäßig abändern. Ansätze dazu gibt es bereits – so überwintern z. B. schon Weißstörche, Schafstelzen, Mehlschwalben *(Delichon urbica)*, Drosselrohrsänger und andere Langstreckenzieher in zwar kleiner, aber steigender Anzahl auf der Iberischen Halbinsel (Berthold 1998). Gelänge es Langstreckenziehern, im Zuge einer Klimaerwärmung zunehmend im Mittelmeerraum statt z. B. in Zentral- oder Südafrika zu überwintern, würde das ihre Zugwege erheblich verkürzen, und sie könnten infolgedessen bei entsprechend späterem Wegzug und früherem Heimzug weit besser mit den mehr sesshaften Populationen um Lebensräume im Brutgebiet konkurrieren. Immerhin brüten heutzutage nicht nur Standvögel und Kurzstreckenzieher deutlich zeitiger als früher, sondern auch Langstreckenzieher, die somit auch in der Fortpflanzung nicht einseitig benachteiligt sind (Berthold 1998).

Die in diesem Abschnitt skizzierten evolutionsbiologischen Aspekte des künftigen Vogelzugs lassen sich, sehr vereinfacht, kurz so zusammenfassen: Würde globale Klimaerwärmung in weiten Teilen der Erde und, wie postuliert, vor allem in den höheren Breiten der Nordhemisphäre, anstelle von ausgeprägten Jahreszeiten mit kalten, nahrungsarmen Winterhalbjahren zumindest zunächst mehr „paradiesische Verhältnisse" bringen, d. h. längere Vegetationsperioden, höhere Primärproduktion, mehr ganzjährig günstiges Nahrungsangebot, dann sollte in der Vogelwelt dieser Breiten eine generelle Entwicklung vom Zugverhalten zu ganzjähriger Sesshaftigkeit einsetzen bei besonders starker Reduktion der Langstreckenwanderungen. Im Bereich der auf lokale ökologische Situationen ausgerichteten Kurz- und Mittelstreckenwanderungen ist mit einer Fülle mikroevolutionärer Neubildungen zu rechnen, etwa wie im oben dargestellten Beispiel der jetzt auf die Britischen Inseln ziehenden mitteleuropäischen Mönchsgrasmücken oder wie in vielen tropischen Bereichen, in denen ein reichhaltiges Muster an verschiedenartigen Wanderungen entstanden ist (5.6). Auch die Arealausweitung von subtropischen Populationen in höhere Breiten (Berthold 1998) könnte neuartigen Genfluss und damit vielfältige Mikroevolutionsvorgänge mit sich bringen. Für die Subtropen ist bei vorausgesagter ansteigender Trockenheit mit einer Zunahme von Trockenzeitbewegungen, Mangelfluchten (5.5–5.7) u. a. zu rechnen. Sollte im Verlauf der postulierten Klimaänderungen die Desertifizierung großer Gebiete wie etwa der Sahelzone oder großer Teile des Mittelmeerraumes erfolgen, dann würden sicher gravierende Änderungen ganzer Vogelzugsysteme wie des eurasisch-afrikanischen Pendelzugsystems eintreten, für die sich vorerst kaum Voraussagen machen lassen.

Dasselbe gilt im Hinblick auf einen möglichen starken Meeresspiegelanstieg (bedingt durch Eisschmelze und Meereswasserausdehnung), der riesige Brutgebiete wie große Teile der Tundra vernichten könnte, sowie in Bezug auf die zu erwartende Arealausdehnung südlicher und den Rückzug mehr polnaher Arten (Berthold 1998).

11. Bedeutung des Vogelzugs
für den Menschen

Der Mensch gehört von alters her zu den „wandernden Arten", wie z. B. die früheren Völkerwanderungen, die heutigen Flüchtlingsströme oder die weltweiten Tourismusbewegungen zeigen (Markl 1995). Es ist deshalb nicht verwunderlich, dass Vogelzug stets sein besonderes Interesse fand. Vogelzug war und ist für den Menschen mindestens in siebenfacher Hinsicht von Bedeutung, nämlich in mystisch-religiöser, ästhetischer, wissenschaftlicher, ökonomischer, jagdlicher, verkehrstechnischer und hygienischer Hinsicht.

Zugvögel haben den früher stark naturverbundenen Menschen in vielfacher Weise in seinen mystischen und religiösen Vorstellungen beeinflusst. Die römischen Auguren, die in so genannten Auspizien (Vogelschauen) sogar Chancen für die Kriegsführung aus Vogelflügen abzulesen versuchten, sind ein beredtes Beispiel dafür. Und abergläubische Vorstellungen für die Voraussage etwa von strengen Wintern, zeitigen Frühjahren usw. aufgrund des vermeintlich früheren, schnelleren oder sonst wie abweichenden Wanderns von Zugvögeln halten sich bekanntlich auch heute noch nicht nur hartnäckig in Kreisen der Landbevölkerung, sondern bis in die Redaktionen angesehener Journale.

Vogelzug bereitet vielen Menschen hohen ästhetischen Genuss, und die Zahl von Reisenden, die privat oder speziellen Angeboten von Reiseunternehmen folgend Brennpunkte des Vogelzugs in aller Welt aufsucht, wächst ständig, z. B. in Israel (4.1).

Im Rahmen der biologischen sowie der interdisziplinären Forschung besitzt Vogelzug seit Aristoteles einen hohen Rang. Durch ihre Faszination haben Vogelwanderungen viele Forscher angezogen, ihre Reichhaltigkeit an Phänomenen und Steuerungsmechanismen hat zu außergewöhnlich vielen Entdeckungen geführt, so dass Vogelzugforschung vielfach Schrittmacherfunktion erreicht hat, z. B. bei der Entdeckung genetisch determinierter Zug-Raum-Zeit-Programme oder von Kompasssystemen sowie der Analyse der Jahresperiodik und von neuartigen Umwelteinflüssen (Kap. 6, 7 u. 9).

Zugvögel stellen zweifellos gebietsweise einen wichtigen ökonomischen Faktor dar. Früher waren sie häufig eine willkommene Proteinquelle, zum einen in vielen entlegenen Gebieten wie Gebirgen, Inseln (z. B. für die Helgoländer „Vogelsuppe", Vauk 1977), zum anderen allgemein für die ärmere Bevölkerung wie z. B. in Italien, Spanien, aber auch für die Bauern und Waldarbeiter Mitteleuropas, die z. B. Meisen kiloweise erbeuteten und verzehrten oder Kreuzschnäbel mit Kloben fingen und mittags am Feuer brieten (Naumann 1849). Heute spielt vor allem die Jagd auf ziehende Entenvögel eine große Rolle, von denen z. B. in Nordamerika sowie in Europa und im westlichen Asien alljährlich jeweils über 20 Millionen Individuen erlegt werden, und zwar bei im Wesentlichen stabilen Beständen (Kalchreuter 1987). Dabei spielen als Wirtschaftsfaktor neben dem Fleisch vor allem auch Finanzen für Jagdpachten, Abschusslizenzen, Ausrüstungen usw. eine große Rolle. Leider ist inzwischen die Jagd auf Zugvögel, die früher der Versorgung von Teilen der Bevölkerung mit Grundnahrungsmitteln diente, in einer Reihe von Gebieten wie vor allem Italiens, anderer Gebiete des Mittelmeerraumes und Afrikas zu einer fragwürdigen jagdsportlichen Praxis degeneriert, die große Probleme bereitet (9.3).

In vielen Gebieten, besonders solchen mit zeitweilig hoher Zugvogeldichte und starkem Flugzeugverkehr, bereiten Zugvögel Gefahren des „Vogelschlags", also von Zusammenstößen, die immer wieder zum Absturz von Flugzeugen, vor allem Militärflugzeugen, führen. Bedingt durch die hohen Geschwindigkeiten vor allem von Düsenflugzeugen können aufprallende Vögel die Wirkung von Geschossen mit einem Aufpralldruck von mehreren hundert kg/cm^2 haben. Nach einer Übersicht von Richardson (1998) für 22 Länder kamen dort in den letzten (je nach Land) 15–46 Jahren insgesamt 227 Militärflugzeuge durch Vogelschlag zu Schaden, wobei 118 Menschen getötet wurden. Die besonders prekäre Situation in Israel als einem kleinen Land mit einerseits großer Zugdichte von Vögeln und andererseits einer Vielzahl von Militärflügen auf engem Raum hat zu überaus genauer Erforschung des lokalen Vogelzugs geführt (Leshem 1989). Die Vogelschlagproblematik ist so bedeutungsvoll, dass sich damit eigene Gesellschaften befassen (in Deutschland vor allem der Deutsche Ausschuss zur Verhütung von Vogelschlägen im Luftverkehr e. V., DAVVL 1989).

Zugvögel wie Stare, Gänse, Krähen u. a. können in großen Schwärmen vor dem Wegzug, in Rast- und Winterquartieren Schäden in Weinbergen, Olivenpflanzungen, aber auch in Getreidefeldern u. a. verursachen, die regional bedeutsame ökonomische Faktoren darstellen können und vielfach Abwehrmaßnahmen oder ein spezielles Management erfordern (Wallin u. Milberg 1995).

Vögel können Reservoir und Verbreiter von Krankheitserregern für den Menschen, seine Haustiere und Nutzpflanzen sein, und als Verbreiter sind vor allem wandernde Arten von Interesse. Gerlach (1979) führt in einer Übersicht Viren, Rickettsien, Chlamydien, Bakterien und Pilze auf, die über direkte Infektketten oder über von Vögeln transportierte Ektoparasiten übertragen werden können. Aspöck u. Hermentin (1987) und Valkjunas (1989) berichten über Toxoplasmose bzw. Haemosporidien, also Protozoen. Eingehend untersucht wird der weiträumige Transport vieler Arboviren, die, wie z. B. Untersuchungen an über 5000 Vögeln in Ostösterreich ergaben, regelmäßig von Zugvögeln eingeschleppt werden (Wojta u. Aspöck 1982). Von den mehr bedeutsamen Infektionen steht u. a. die Verbreitung der aviären A-Virus-Influenza, des Q-Fiebers, des

Fleckfiebers, der Pseudotuberkulose, der Newcastle-Krankheit des Geflügels, neuerdings auch von Zecken und Borrelien sowie von Insekten, die Nutzpflanzen schädigen, in der Diskussion (Burgess 1990). Salmonellen z. B. können von afrikanischen Ruhezielen bis in mitteleuropäische Brutgebiete verschleppt werden. Insgesamt kommt jedoch der aviären Krankheitsverbreitung durch Zugvögel für den Menschen relativ geringe Bedeutung zu, im Falle der Salmonellen erfolgt die Hauptinfektion über infizierte Nahrungs- und Futtermittel.

12. Ausblick

Was Zugvögel und Vogelzugforschung anbelangt, befinden wir uns, ähnlich wie in vielen anderen Bereichen der Natur und ihrer Erforschung, gegenwärtig in einer paradoxen Situation. Noch nie konnten in wenigen Jahrzehnten wie den letzten so viele neue Erkenntnisse über Zugvögel gewonnen werden, sowohl über den Ablauf ihrer Wanderungen mit Hilfe moderner technischer Geräte, durch weltweite Reisen, Beringung u. a., als auch im Hinblick auf die Steuerung des Zugverhaltens und die Orientierungsmechanismen durch Versuche und verfeinerte Untersuchungsmethoden. Aber auch noch nie sind Zugvögel während unserer Menschheitsgeschichte so stark global in Gefährdung geraten. Viele Zugvogelarten mussten inzwischen in die „Roten Listen" bestandsgefährdeter Tierarten aufgenommen werden, und selbst bei einer ganzen Reihe ehedem häufiger Arten macht man sich inzwischen Sorgen um ihr Überleben in freier Natur (9.2). Sollte die von vielen Meteorologen prophezeite globale, letztlich durch die Überbevölkerung des Menschen verursachte Klimaerwärmung eintreten, könnte das zu weltweiter Reduktion des Zugverhaltens und zum Verschwinden vieler Zugvogelarten schon in naher Zukunft führen (Kap. 10). In dem enorm anwachsenden Wissen über Zugvögel einerseits und in ihrer rapide zunehmenden Gefährdung andererseits liegt eine eigenartige Diskrepanz. Sie lässt sich gegenwärtig nicht überwinden. Selbst wenn sich alle derzeit auf Zugvogeluntersuchungen ausgerichtete Forschungskapazität in Zugvogelschutzvorhaben umlenken ließe, könnte diese vergleichsweise immer noch äußerst bescheidene Anstrengung die global wirkenden, in der Überbevölkerung des Menschen und fortschreitender Technisierung wurzelnden negativen Einflüsse keinesfalls abwenden. Effektiver, auf lange Sicht ausgerichteter Zugvogelschutz, den es bisher trotz vieler Bemühungen praktisch nicht gegeben hat (9.4), kann nur ein integrierter Teil einer weltweiten, riesigen Anstrengung zur generellen Verhütung weiterer Umweltschäden durch den Menschen und zur Sanierung von bereits erfolgten Schädigungen der Natur sein. Ob die Menschheit eine solche wirksame Gegensteuerung zur jetzigen Entwicklung wird einleiten können, erscheint zunehmend fraglich. Vielleicht werden Zugvogelpopulationen, die möglicherweise die derzeitigen und kommende Krisenzeiten überdauern, eher von katastrophalen Veränderungen der Biosphäre als von Schutzmaßnahmen profitieren.

In vielen Fällen hat sich gezeigt, dass selbst der gegenwärtig mögliche, meist sehr bescheidene und in engem Rahmen erfolgende Schutz von Zugvögeln nicht ohne solide und neuartige Forschungsergebnisse auskommt. Das mag uns die Legitimation geben, auch angesichts der zunehmenden globalen Bedrohung wandernder Tierarten neben Schutzmaßnahmen auch künftig Zugforschung mit Augenmaß weiter zu betreiben – für unseren Gewinn an Erkenntnis und vielleicht auch in gewissem Umfang zum Wohl der Zugvögel.

In der Zugforschung ist man wie in anderen biologischen Bereichen dazu übergegangen, aus einem gewissen Datensatz Modelle zu entwickeln, die zu Voraussagen über zu erwartende Ereignisse benutzt und dann wiederum durch weitere Beobachtungen überprüft werden. Wichtige Beispiele sind etwa das Explorationsverhalten-Zugmodell über die Entstehung des Zugs, das Initiierungsfaktormodell über die Zugauslösung und das Modell über kalkulierten und nicht kalkulierten Zugbeginn von Baker (1978) oder die auf der Optimierungs-Theorie basierenden Modelle zur Zeit-Minimierung, Energie- oder Sicherheits-Optimierung oder Kostenstaffelung, die Voraussagen machen, ob Zugvögel eher so schnell wie möglich, mit optimalen Energiereserven oder mit maximaler Sicherheit in Bezug auf Feindeinwirkungen wandern (Hedenström u. Alerstam 1995). Andere Modelle beziehen sich z. B. auf die optimale Fettdeposition beim Wegzugbeginn (die nicht zu groß sein sollte, um die Beweglichkeit nicht zu behindern, aber auch nicht zu gering, um Zugetappen nicht zu gefährden, Weber et al. 1998), auf optimale Fluggeschwindigkeit und Anpassung an Windverhältnisse (Liechti 1995), aber auch auf die optimale jagdliche Nutzung von durchziehenden und überwinternden Wasservögeln u. a. m. (Berthold 1996). Solche Modelle können sehr nützlich sein. Aber wenn sie, wie nicht selten festzustellen, nur wenige Faktoren berücksichtigen oder auf dürftigem Datenmaterial aufbauen, dann sind sie oft eher nutzlos und überschwemmen die Literatur mit kaum weiterführenden Arbeiten. Vogelzug wird durch Selektion sicherlich in seiner Gesamtheit auf sicheren Ablauf abgestimmt und nicht nur in Bezug auf einzelne Faktoren optimiert. Die dabei entwickelten unterschiedlichen Zugformen gilt es weiterhin im Freiland sorgfältig zu ermitteln, damit anschließend ihre Steuerungsgrundlagen durch geeignete Versuche analysiert werden können. Nur so und nicht etwa überwiegend am Computer wird das vielgestaltige und sich immer wieder verändernde Vogelzuggeschehen mehr und mehr verständlich werden.

Glossar

Im Folgenden werden einige Grundbegriffe des Vogelzugs und seiner Erforschung kurz definiert. Definitionen aller weiteren Begriffe können leicht über das Register und Hinweise auf Textstellen mit entsprechenden Erläuterungen gefunden werden.

Differenziertes Zugverhalten: eine in vielen Zugvogelpopulationen auftretende Variation der Zugstrecken, Zugzeiten und Ruheziele bei Männchen und Weibchen und/oder Alt- und Jungvögeln, die genetisch bedingt sein und wohl auch andere Ursachen haben kann.

Heimzug: das Zurückwandern aus dem Ruheziel (Winterquartier) in die Brutheimat (der jeweiligen Population), hauptsächlich verwendet für das regelmäßige Zurückwandern von jährlich ziehenden Arten (Jahresziehern, s.u. Zugvogel), vielfach auch Frühjahrszug genannt, was jedoch für bereits im Winter zurückkehrende Formen ungenau ist.

Jahresvogel: Standvogel, der spätestens nach der Jugendstreuung ganzjährig in seinem Brutgebiet (Territorium oder Heimatgebiet) verbleibt.

Karte-Kompass-Konzept: hypothetische Annahme für das Zielfinden von Vögeln mittels Ortsbestimmung beim Start, Realisierung der Sollrichtung mit Hilfe von Kompassen (s.u.) und Erreichen des Ziels über Mosaik- oder Heimatgebietskarten (eine Art topographische Karte, die sich der Vogel mit Hilfe von individuellen Erfahrungswerten aufbaut) und/oder geophysikalische Gradientenkarten (für die mindestens zwei sich über die Erdoberfläche systematisch ändernde geophysikalische Größen die Richtwerte liefern; hypothetisch z.B. zwei Kenngrößen des Erdmagnetfelds).

Kompass: Mechanismus, der Lebewesen befähigt, mit Hilfe externer Bezugssysteme und ihrer entsprechenden Wahrnehmung konstante Richtungen einzuhalten. Vögel verfügen über mindestens drei voneinander weitgehend unabhängige Kompasse: Magnet-, Sonnen- und Sternkompass.

Navigation (oder echte Navigation, Zielorientierung, Zielfinden): direktes, im Wesentlichen geradliniges Aufsuchen eines bestimmten Zielorts, mit Zieleinstellung dorthin vom Start an. Im angloamerikanischen Sprachgebrauch wird „navigation" auch im erweiterten Sinn von Orientierung allgemein (s.u.) verwendet.

Orientierung: hier speziell für Vögel der gesamte Verhaltenskomplex, der Zug- und Standvögel befähigt, gezielte, nicht zufällige (z. B. durch Verdriftung bedingte) meist gerichtete Ortsveränderungen durchzuführen; die Grundlage dafür bilden verschiedene Orientierungsmechanismen, v. a. Kompasse (s. o.). Man unterscheidet zwei Kategorien von Orientierung – die Richtungs- oder Kompassorientierung (s. u.) sowie die Zielorientierung oder Navigation (s. o.).

Richtungsorientierung (oder Kompassorientierung): zu einer bestimmten äußeren Richtgröße, die als Kompass verwendet wird (z. B. die Sonne), wird ein bestimmter Winkel eingehalten, woraus eine gerade (Zug-)Richtung resultiert, die aber ohne Zusatzmechanismen kein genaues Ziel bestimmt.

Ruheziel: der (oder die) Hauptaufenthaltsort(e) zwischen dem Weg- und Heimzug, meist als Winterquartier bezeichnet, was jedoch bei (dem häufigen) Aufenthalt von Brutvögeln gemäßigter Breiten während des dortigen Winters in tropischen Ruhezielen wenig zutreffend ist.

Sommervogel: auch Sommergast – der im Gegensatz zum Jahresvogel nur das Sommerhalbjahr in einem bestimmten Brutgebiet verbringt.

Teilzieher: eine Population oder Art, die Teilzug aufweist (s. u., und nicht etwa ein Individuum, das teils – in manchen Jahren – wandert und teils als Standvogel im Brutgebiet verbleibt).

Teilzug: Zugweise, bei der ein Teil der Individuen einer Art oder Population wandert und ein anderer Teil im Brutgebiet verbleibt. Obligater T.: ein Teil einer Population (meist dieselben Individuen) wandert alljährlich, fakultativer T.: teilweises Wandern tritt in einer Population nicht alljährlich, sondern fallweise in unregelmäßigen Abständen auf. Teilzug ist die am weitesten verbreitete Form des Vogelzugs.

Vektornavigation: Zielfinden mit Hilfe eines ererbten Vektors, der aus einem genetisch determinierten Zug-Zeitprogramm und einer erblich vorgegebenen Zugrichtung besteht; damit erreichen sehr wahrscheinlich viele zugunerfahrene, erstmals und allein wandernde Zugvögel „automatisch" ihr typisches populationsspezifisches, aber ihnen zunächst unbekanntes Ruheziel.

Wegzug: das Abwandern aus dem Brutgebiet in Ruheziele (Winterquartiere), hauptsächlich verwendet für das regelmäßige Abwandern von jährlich ziehenden Arten (Jahresziehern, s. u. Zugvogel), vielfach auch Herbstzug genannt, was jedoch für schon im Sommer oder erst im Winter abwandernde Vögel ungenau ist.

Winterquartier: s. Ruheziel.

Zug: nach eng gefasster Definition die regelmäßigen saisonalen Pendelbewegungen von Zugvögeln zwischen Brutgebiet und Ruheziel (Winterquartier); weiter gefasste Definitionen schließen auch unregelmäßige Wanderungen wie Evasionen, Folge-, Fluchtbewegungen u. a., z.T. auch die Jugendstreuung (Dispersion) bis hin zu Bewegungen aller Art von einem Aufenthaltsort (im Sinne von Wohnort) zu einem anderen mit ein.

Zugdisposition: ein komplexer verhaltensphysiologischer Zustand, der Zugvögel in Zugbereitschaft bringt. Hauptmerkmale sind Umstellung auf stark ausgeprägten Fettstoffwechsel, Fettdeposition und die Fähigkeit, meist zusätzlich zur normalen lokomotorischen Aktivität Zugaktivität (bei Nachtziehern Nachtaktivität) zu entwickeln.

Zuggeschwindigkeit: die Vorrückgeschwindigkeit vom Brutgebiet zum Ruheziel und umgekehrt, die abhängt von der Schnelligkeit der Fortbewegung – in der Regel der Fluggeschwindigkeit – sowie von der Anzahl und Länge der Rastperioden.

Zugprogramme: erblich vorgegebene Zeitprogramme zumindest für den Ablauf des ersten Wegzugs und genetisch determinierte Richtungsprogramme, die die Sollrichtung zumindest des ersten Wegzugs vorgeben. Zeit- und Richtungsprogramme bilden die Grundlage der Vektornavigation (s. o.).

Zugtrieb (früher Zuginstinkt): bei regelmäßig ziehenden Formen der angeborene Antrieb, zu bestimmten Zeiten – genetisch determinierten Zugperioden – Wanderungen durchzuführen; bei fakultativen Ziehern (z. B. Invasionsvögeln, fakultativen Teilziehern) ist noch ungeklärt, inwieweit Nahrungsangebot, Populationsdichte oder ein Ungleichgewicht verschiedener Faktoren den Zugtrieb formieren und Wegzug auslösen.

Zugunruhe: ausschließlich die Zugaktivität gekäfigter Vögel, überwiegend in Form von Flügelschwirren – einer Art „Ziehen im Sitzen"; besonders auffällig bei normalerweise tagaktiven Nachtziehern; nicht zu verwechseln mit einer gewissen Unruhe mancher freilebender Zugvögel vor dem Aufbruch zu einer Zugetappe.

Zugvogel: nach eng gefasster Definition Jahreszieher oder Zweiwegewanderer, der jährlich zwischen seinem Brutgebiet und (einem) Ruheziel(en) pendelt, nach weit gefasster Definition alle Individuen, die das Brutterritorium ihrer Eltern im Laufe ihres Lebens verlassen.

Literatur

Able, K. P. (1991): The development of migratory orientation mechanisms. In: P. Berthold (Hrsg.), Orientation in Birds, Basel–Boston–Berlin, 166–179.

Able, K. P. (1994): Magnetic orientation and magnetoreception in birds. Progress Neurobiol. 42: 449–473.

Able, K. P. (1995): Orientation and navigation: a perspective on fifty years of research. Condor 97: 592–604.

Able, K. P. u. M. A. Able (1995): Interactions in the flexible orientation system of a migratory bird. Nature 375: 230–231.

Able, K. P. u. M. A. Able (1997): Development of sunset orientation in a migratory bird: no calibration by the magnetic field. Anim. Behav. 53: 363–368.

Able, K. P. u. J. R. Belthoff (1998): Rapid 'evolution' of migratory behaviour in the introduced house finch of eastern North America. Proc. R. Soc. Lond. B 265: 2063–2071.

Aborn, D. (1994): Correlation between raptor and songbird numbers at a migratory stopover site. Wilson Bull. 106: 150–154.

Adriaensen, F., A. A. Dhondt u. E. Matthysen (1990): Bird migration. Nature 347: 23.

Adriaensen, F., P. Ulenaers u. A. A. Dhondt (1993): Ringing recoveries and the increase in numbers of European great crested grebes (Podiceps cristatus). Ardea 81: 59–70.

Akesson, S., L. Karlsson, G. Walinder u. T. Alerstam (1996): Bimodal orientation and the occurrence of temporary reverse bird migration during autumn in south Scandinavia. Behav. Ecol. Sociobiol. 38: 293–302.

Alatalo, R. V., L. Gustafsson u. A. Lundberg (1984): Why do young passerine birds have shorter wings than older birds? Ibis 126: 410–415.

Alerstam, T. (1981): The course and timing of bird migration. In: D. J. Aidley (Hrsg.), Animal Migration, Cambridge–London–New York–New Rochelle–Melbourne–Sydney, 9–54.

Alerstam, T. (1990): Bird migration, Cambridge–New York–Melbourne.

Alerstam, T. (1991): Ecological causes and consequences of bird orientation. In: P. Berthold (Hrsg.), Orientation in Birds, Basel–Boston–Berlin, 202–225.

Alerstam, T. (1996): The geographical scale factor in orientation of migrating birds. J. Exper. Biol. 199: 9–19.

Alerstam, T. u. A. Lindström (1990): Optimal bird migration: the relative importance of time, energy and safety. In: E. Gwinner (Hrsg.), Bird Migration: The Physiology and Ecophysiology, Berlin–Heidelberg–New York, 331–351.

Alexander, W. B. u. D. Lack (1944): Changes in status among British breeding birds. Brit. Birds 38: 42–45, 62–69, 82–88.

Ao-Pasicolan, S. (1990): Bird migration: struggle for existence. Canopy Internat. 6: 6–11.

Aschoff, J. (1955): Jahresperiodik der Fortpflanzung bei Warmblütern. Stud. Gen. 8: 742–776.

Aspöck, H. u. K. Hermentin (1987): Übertragung, Verbreitung und Ausbreitung von Toxoplasma gondii: Stand der Kenntnisse und aktuelle Probleme. Heidelberger geogr. Arb. H. 83: 167–191.

Austin, O. L. (1963): Die Vögel der Welt, München–Zürich.

Baillie, J. u. B. Groombridge (Hrsg.) (1966): IUCN Red List of Threatened Animals, Gland.

Bairlein, F. (1981): Ökosystemanalyse der Rastplätze von Zugvögeln: Beschreibung und Deutung der Verteilungsmuster von ziehenden Kleinvögeln in verschiedenen Biotopen der Stationen des „Mettnau-Reit-Illmitz-Programmes". Ökol. Vögel 3: 7–137.

Bairlein, F. (1985 a): Offene Fragen der Erforschung des Zuges paläarktischer Vogelarten in Afrika. Vogelwarte 33: 144–155.

Bairlein, F. (1985 b): Dismigration und Sterblichkeit in Süddeutschland beringter Schleiereulen (Tyto alba). Vogelwarte 33: 81–108.

Bairlein, F. (1985 c): Body weights and fat deposition of Palaearctic passerine migrants in the central Sahara. Oecologia 68: 141–146.

Bairlein, F. (1986): Spontaneous, approximately semimonthly rhythmic variations of body weight in the migratory garden warbler (Sylvia borin Boddaert). J. Comp. Physiol. B 156: 859–865.

Bairlein, F. (1988): How do migratory songbirds cross the Sahara? TREE 3: 191–194.

Bairlein, F. (1990 a): Nutrition and food selection in migratory birds. In: E. Gwinner (Hrsg.), Bird Migration: The Physiology and Ecophysiology, Berlin–Heidelberg–New York, 198–213.

Bairlein, F. (1990 b): Physiology of trans-desert migration. Rep. 4. ornithol. expedition study: Physiology of trans-Sahara flights in passerine migrants, Köln.

Bairlein, F. (1991): Population studies of White Storks (Ciconia ciconia) in Europe. In: C. M. Perrins, J.-D. Lebreton u. G. J. M. Hirons (Hrsg.), Bird Population Studies, Oxford–New York–Tokyo, 227–229.

Bairlein, F. (1995): Ökologie der Vögel, Stuttgart.

Bairlein, F., P. Beck, W. Feiler u. U. Querner (1983): Autumn weights of some Palaearctic passerine migrants in the Sahara. Ibis 125: 404–407.

Bairlein, F., P. Berthold, U. Querner u. R. Schlenker (1980): Die Brutbiologie der Grasmücken Sylvia atricapilla, borin, communis und curruca in Mittel- und N-Europa. J. Ornithol. 121: 325–369.

Bairlein, F. u. A. Hampe (1998): Von Vögeln und Früchten – Neues zu einem alten Thema. Ornithol. Mitt. 50: 205–217.

Bairlein, F. u. O. Hüppop (1997): Heinrich Gätke – sein ornithologisches Werk heute. Vogelwarte 39: 3–13.

Baker, R. R. (1978): The Evolutionary Ecology of Animal Migration, London–Sydney–Auckland–Toronto.

Baker, R. R. (1984): Bird Navigation: the Solution of a Mystery? London–Sydney–Auckland–Toronto.

Baker, R. R. (Hrsg.) (1991): Fantastic Journeys, London.

Baker, R. R. (1993): The function of post-fledging exploration: a pilot study of three species of passerines ringed in Britain. Ornis Scand. 24: 71–79.

Balda, R. P. u. W. Wiltschko (1995): Spatial memory of homing pigeons, Columba livia, tested in an outdoor aviary. Ethology 100: 253–258.

Baldaccini, N. E., D. Giunchi, E. Mongini u. L. Ragioneri (1994): Homing in Sand Martin (Riparia riparia): factors that influence initial orientation. J. Ornithol. 135: 370.

Barter, M. (1992): Distribution, abundance, migration and moult of the Red Knot Calidris canutus rogersi. Wader Study Group Bull. 64 Suppl.: 64–70.

Bastian, A. u. P. Berthold (1991): Wandern nachts ziehende Kleinvögel während ihrer Tagesrast in Mitteleuropa langsam in Zugrichtung weiter oder sind sie stationär? J. Ornithol. 132: 325–327.

Bauer, H.-G. (1987): Geburtsortstreue und Streuungsverhalten junger Singvögel. Vogelwarte 34: 15–32.

Bauer, H.-G. u. P. Berthold (1997): Die Brutvögel Mitteleuropas. Bestand und Gefährdung, 2. Aufl., Wiesbaden.

Beason, R. C. (1992): You can get there from here: responses to simulated magnetic equator crossing by the bobolink *(Dolichonyx oryzivorus)*. Ethology 91: 75–80.

Beason, R. C., N. Dussourd u. M. E. Deutschlander (1995): Behavioural evidence for the use of magnetic material in magnetoreception by a migratory bird. J. Exper. Biol. 198: 141–146.

Beason, R. C. u. P. Semm (1991): Neuroethological aspects of avian orientation. In: P. Berthold (Hrsg.), Orientation in Birds, Basel–Boston–Berlin, 106–127.

Beldhuis, H. J. A, J. P. Dittami u. E. Gwinner (1988): Melatonin and the circadian rhythms of feeding and perch-hopping in the European starling, *Sturnus vulgaris*. J. Comp. Physiol. A 164: 7–14.

Belthoff, J. R. u. A. M. Dufty, Jr. (1998): Corticosterone, body condition and locomotor activity: a model for dispersal in screech-owls. Anim. Behav. 55: 405–415.

Bergman, G. (1941): Der Frühlingszug von *Clangula hyemalis (L.)* und *Oidemia nigra (L.)* bei Helsingfors. Ornis Fennica 18: 1–26.

Berndt, R. u. M. Henß (1967): Die Kohlmeise, *Parus major*, als Invasionsvogel. Vogelwarte 24: 17–37.

Berndt, R. u. H. Sternberg (1968): Terms, studies and experiments on the problems of bird dispersion. Ibis 110: 256–269.

Berndt, R. u. W. Winkel (1977): Glossar für Ornitho-Ökologie. Vogelwelt 98: 161–192.

Berthold, P. (1969): Über Populationsunterschiede im Gonadenzyklus europäischer *Sturnus vulgaris, Fringilla coelebs, Erithacus rubecula* und *Phylloscopus collybita* und deren Ursachen. Zool. Jb. Syst. Ökol. Geogr. Tiere 96: 491–557.

Berthold, P. (1971): Physiologie des Vogelzugs. In: E. Schüz (Hrsg.), Grundriß der Vogelzugskunde, Berlin–Hamburg, 257–299.

Berthold, P. (1973): Relationships between migratory restlessness and migration distance in six *Sylvia* species. Ibis 115: 594–599.

Berthold, P. (1975): Migration: Control and metabolic physiology. In: D. S. Farner u. J. R. King (Hrsg.), Avian Biol. 5, New York–London, 77–128.

Berthold, P. (1976 a): Der Seidenschwanz *Bombycilla garrulus* als frugivorer Ernährungsspezialist. Experientia 32: 1445.

Berthold, P. (1976 b): Animalische und vegetabilische Ernährung omnivorer Singvogelarten: Nahrungsbevorzugung, Jahresperiodik der Nahrungswahl, physiologische und ökologische Bedeutung. J. Ornithol. 117: 145–209.

Berthold, P. (1976 c): Über den Einfluß der Fettdeposition auf die Zugunruhe bei der Gartengrasmücke *Sylvia borin*. Vogelwarte 28: 263–266.

Berthold, P. (1976 d): Endogenous factors involved in bird migration. In: E. Kumari (Hrsg.), Bird Migration, Tallinn, 45–58.

Berthold, P. (1977 a): Über eine mögliche endogene Steuerung der Zugdisposition beim Fichtenkreuzschnabel *Loxia curvirostra*. J. Ornithol. 118: 203–204.

Berthold, P. (1977 b): Über die Bestandsentwicklung von Kleinvogelpopulationen: Fünfjährige Untersuchungen in SW-Deutschland. Vogelwelt 98: 193–197.

Berthold, P. (1978): Die quantitative Erfassung der Zugunruhe bei Tagziehern: Eine Pilotstudie an Ammern *(Emberiza)*. J. Ornithol. 119: 334–336.

Berthold, P. (1984 a): The endogenous control of bird migration: a survey of experimental evidence. Bird Study 31: 19–27.

Berthold, P. (1984 b): The control of partial migration in birds: a review. Ring 10: 253–265.

Berthold, P. (1986): Wintering in a Mediterranean blackcap *(Sylvia atricapilla)* population: strategy, control, and unanswered questions. Proc. First Conf. Birds Wintering Mediterranean Region, Aulla 1985, 261–272.

Berthold, P. (1988a): The control of migration in European warblers. Acta XIX. Congr. Internat. Ornithol., Ottawa 1986, 215–249.

Berthold, P. (1988b): The biology of the genus *Sylvia* – a model and a challenge for Afro-European co-operation. Tauraco 1: 3–28.

Berthold, P. (1988c): Unruhe-Aktivität bei Vögeln: eine Übersicht. Vogelwarte 34: 249–259.

Berthold, P. (1988d): Evolutionary aspects of migratory behavior in European warblers. J. evol. Biol. 1: 195–209.

Berthold, P. (1990a): Wegzugbeginn und Einsetzen der Zugunruhe bei 19 Vogel-populationen – eine vergleichende Untersuchung. Proc. Internat. 100. DO-G Meeting, Current Topics Avian Biol., Bonn, 1988. J. Ornithol. 131, Sonderh.: 217–222.

Berthold, P. (1990b): Genetics of migration. In: E. Gwinner (Hrsg.), Bird Migration: The Physiology and Ecophysiology, Berlin–Heidelberg–New York, 269–280.

Berthold, P. (Hrsg.) (1991): Orientation in Birds, Basel.

Berthold, P. (1996): Control of Bird Migration, London.

Berthold, P. (1998): Vogelwelt und Klima: Gegenwärtige Veränderungen. Natur-wiss. Rundschau 51: 337–346.

Berthold, P. (1999): A comprehensive theory of the evolution, control and adapta-bility of avian migration. In: Adams, N. u. R. Slotow (Hrsg.), Proc. 22 Int. Ornithol. Congr. Durban, University of Natal: Ostrich 70: 1–11.

Berthold, P., W. v. d. Bossche, Y. Leshem, C. Kaatz, M. Kaatz, E. Nowak u. U. Querner (1997): Satelliten-Telemetrie der Jahreswanderungen eines Weißstorchs *Ciconia ciconia* und Diskussion der Orientierungsmechanismen des Heimzugs. J. Ornithol. 138: 229–233.

Berthold, P., W. Fiedler, R. Schlenker u. U. Querner (1998): 25-year study of the population development of Central European songbirds: A general decline, most evident in long-distance migrants. Naturwiss. 85: 350–353.

Berthold, P., G. Fliege, G. Heine, U. Querner u. R. Schlenker (1991): Wegzug, Rastver-halten, Biometrie und Mauser von Kleinvögeln in Mitteleuropa. Vogelwarte 36, Sonderh.: 1–221.

Berthold, P., G. Fliege, U. Querner u. H. Winkler (1986): Die Bestandsentwicklung von Kleinvögeln in Mitteleuropa: Analyse von Fangzahlen. J. Ornithol. 127: 397–437.

Berthold, P. u. E. Gwinner (1972): Frühe Geschlechtsreife beim Fichtenkreuzschna-bel *(Loxia curvirostra)*. Vogelwarte 26: 356–357.

Berthold, P. u. E. Gwinner (1978): Jahresperiodik der Gonadengröße beim Fichten-kreuzschnabel *(Loxia curvirostra)*. J. Ornithol. 119: 338–339.

Berthold, P., E. Gwinner u. H. Klein (1970): Vergleichende Untersuchung der Ju-gendentwicklung eines ausgeprägten Zugvogels, *Sylvia borin*, und eines weni-ger ausgeprägten Zugvogels, *S. atricapilla*. Vogelwarte 25: 297–331.

Berthold, P., E. Gwinner u. H. Klein (1971): Circannuale Periodik bei Grasmücken *(Sylvia)*. Experientia 27: 399.

Berthold, P., A. Helbig, G. Mohr, F. Pulido u. U. Querner (1996): Aktueller For-schungsschwerpunkt: Vogelzug – moderne Phänomenologie und experimen-telle Analyse der Steuerungssysteme und Evolutionsvorgänge. Jahrb. Max-Planck-Ges., 346–354.

Berthold, P., A. J. Helbig, G. Mohr u. U. Querner (1992): Rapid microevolution of mi-gratory behaviour in a wild bird species. Nature 360: 668–669.

Berthold, P., A. Kaiser, U. Querner u. R. Schlenker (1993): Analyse von Fangzahlen im Hinblick auf die Bestandsentwicklung von Kleinvögeln nach 20jährigem Betrieb der Station Mettnau, Süddeutschland. J. Ornithol. 134: 283–299.

Berthold, P. u. B. Leisler (1980): Migratory restlessness of the marsh warbler *Acrocephalus palustris*. Naturwiss. 67: 472.

Berthold, P., G. Mohr u. U. Querner (1990): Steuerung und potentielle Evolutionsgeschwindigkeit des obligaten Teilzieherverhaltens: Ergebnisse eines Zweiweg-Selektionsexperiments mit der Mönchsgrasmücke *(Sylvia atricapilla)*. J. Ornithol. 131: 33–45.

Berthold, P., E. Nowak u. U. Querner (1997): Eine neue Dimension der Vogelforschung: Die Satelliten-Telemetrie. Falke 44: 134–140.

Berthold, P. u. F. Pulido (1994): Heritability of migratory activity in a natural bird population. Proc. R. Soc. Lond. B 257: 311–315.

Berthold, P. u. U. Querner (1981): Genetic basis of migratory behavior in European warblers. Science 212: 77–79.

Berthold, P. u. U. Querner (1982 a): Partial migration in birds: experimental proof of polymorphism as a controlling system. Experientia 38: 805.

Berthold, P. u. U. Querner (1982 b): On the control of suspended moult in an European trans-Sahara migrant, the Orphean warbler. J. Yamashina Inst. Ornithol. 14: 157–165.

Berthold, P. u. U. Querner (1982 c): Genetic basis of moult, wing length, and body weight in a migratory bird species, *Sylvia atricapilla*. Experientia 38: 801–802.

Berthold, P. u. U. Querner (1988): Was Zugunruhe wirklich ist – eine quantitative Bestimmung mit Hilfe von Video-Aufnahmen bei Infrarotlichtbeleuchtung. J. Ornithol. 129: 372–375.

Berthold, P., U. Querner u. R. Schlenker (1990): Die Mönchsgrasmücke, Wittenberg Lutherstadt.

Berthold, P., U. Querner u. H. Winkler (1988): Vogelschutz: 100 Jahre lang bis in die „roten Zahlen" – ein neues Konzept ist unerläßlich. Natur Landsch. 63: 5–8.

Berthold, P. u. S. B. Terrill (1988): Migratory behaviour and population growth of blackcaps wintering in Britain and Ireland: some hypotheses. Ringing Migration 9: 153–159.

Berthold, P., W. Wiltschko, H. Miltenberger u. U. Querner (1990): Genetic transmission of migratory behavior into a nonmigratory bird population. Experientia 46: 107–108.

Beuchat, C. A. u. C. R. Chong (1997): Hyperglycemia in hummingbirds: implications for hummingbird ecology and human health. Faseb J. 11: 91.

Biber, O., P. Enggist, C. Marti u. T. Salathé (Hrsg.) (1995): Proc. Internat. Sympos. White Stork (Western Population), Basel 1994.

Biebach, H. (1983): Genetic determination of partial migration in the European robin, *Erithacus rubecula*. Auk 100: 601–606.

Biebach, H. (1985): Sahara stopover in migratory flycatchers: fat and food affect the time program. Experientia 41: 695–697.

Biebach, H. (1990): Strategies of trans-Sahara migrants. In: E. Gwinner (Hrsg.), Bird Migration: The Physiology and Ecophysiology, Berlin–Heidelberg–New York, 352–367.

Biebach, H. (1992): Flight-range estimates for small trans-Sahara migrants. Ibis 134, Suppl. 1: 47–54.

Biebach, H. (1995): Stopover of migrants flying across the Mediterranean Sea and the Sahara. Israel J. Zool. 41: 387–392.

Biebach, H., M. Dallmann, W. Schuy u. K.-H. Siebenrock (1983): Die Herbstzugrichtung von Neuntötern *(Lanius collurio)* auf Karpathos (Griechenland). J. Ornithol. 124: 251–257.

Biebach, H., W. Friedrich, G. Heine, L. Jenni, S. Jenni-Eiermann u. D. Schmidl (1991): Daily pattern of bird migration in the Sahara. Ibis 133: 414–422.

Biebach, H. u. M. Klaassen (1994): Is flight range limited by water or energy? J. Ornithol. 135: 399.

Bingman, V. P. (1998): Spatial representations and homing pigeon navigation. In: S. Healy (Hrsg.), Spatial Representation in Animals, Oxford–New York–Tokyo, 69–85.

Bingman, V. P. u. R. Strasser (1994): Stimulus control and hippocampal regulation of home loft recognition in the homing pigeon. J. Ornithol. 135: 97.

Black, J. M. (1988): Preflight signalling in swans: A mechanism for group cohesion and flock formation. Ethology 79: 143–157.

Blem, C. R. (1990): Avian energy storage. In: M. Power (Hrsg.), Current Ornithology, New York–London, 59–113.

Bloesch, M. (1989): Der Storchenansiedlungsversuch in Altreu (Schweiz). In: Rheinwald, G., J. Ogden u. H. Schulz (Hrsg.), Weißstorch. Schriftenr. Dachverb. Dt. Avifaunisten 10: 437–444.

Boddy, M. (1991): Some aspects of frugivory by bird populations using coastal dune scrub in Lincolnshire. Bird Study 38: 188–199.

Boettcher-Streim, W. (1990–1997): Jahresbull. Ges. Förderung Storchenansiedlungsversuches Altreu 20–27, Willisau.

Braithwaite, V. A. u. T. Guilford (1994): The effects of raising homing pigeons in different visual environments. J. Ornithol. 135: 373.

Brensing, D. (1977): Nahrungsökologische Untersuchungen an Zugvögeln in einem südwestdeutschen Durchzugsgebiet während des Wegzuges. Vogelwarte 29: 44–56.

Brensing, D. (1989): Ökophysiologische Untersuchungen der Tagesperiodik von Kleinvögeln. Ökol. Vögel 11: 1–148.

Brodkorb, P. (1971): Origin and evolution of birds. In: D. S. Farner, J. R. King u. K. C. Parkes (Hrsg.), Avian Biol.1, New York–London, 19–55.

Bruderer, B. (1971): Radarbeobachtungen über den Frühlingszug im Schweizerischen Mittelland. Ornithol. Beob. 68: 89–158.

Bruderer, B. (1997): The study of bird migration by radar. Naturwiss. 84: 1–8 u. 45–54.

Bruderer, B., S. Blitzblau u. D. Peter (1994): Migration and flight behaviour of honey buzzards *Pernis apivorus* in southern Israel observed by radar. Ardea 82: 111–122.

Bruderer, B. u. A. Boldt (1994): Homing pigeons under radio influence. Naturwiss. 81: 316–317.

Bruderer, B. u. L. Jenni (1990): Migration across the Alps. In: E. Gwinner (Hrsg.), Bird Migration: The Physiology and Ecophysiology, Berlin–Heidelberg–New York, 60–77.

Bruderer, B., L. G. Underhill u. F. Liechti (1995): Altitude choice by night migrants in a desert area predicted by meteorological factors. Ibis 137: 44–55.

Brugger, K. E., L. N. Arkin u. J. M. Gramlich (1964): Migration patterns of cedar waxwings in the eastern United States. J. Field Ornithol. 65: 381–387.

Bub, H. (1977): Vogelfang und Vogelberingung. Teil II. Fang mit großen Reusen, Fangkäfigen, Stellnetzen und Decknetzen, Wittenberg Lutherstadt.

Bub, H. (1991): Bird Trapping and Bird Banding: A Handbook for Trapping Methods all over the World, Ithaca, N.Y.

Bub, H. u. H. Oelke (1989): The history of bird marking till the inception of scientific bird ringing. Ring 12: 141–163.

Bundesamt f. Naturschutz (1998): Rote Liste gefährdeter Tiere Deutschlands, Bonn-Bad Godesberg.

Burgess, E. C. (1990): The role of wild birds in the transmission of *Borrelia burgdorferi*: lyme disease. Proc. XX. Congr. Internat. Ornithol., Christchurch 1990, 325.

Busse, P. u. W. Kania (1970): Operation Baltic 1961–1967 – working methods. Acta Ornithol. 12: 231–267.

Butler, P. J. u. A. J. Woakes (1990): The physiology of bird flight. In: E. Gwinner (Hrsg.), Bird Migration: The Physiology and Ecophysiology, Berlin–Heidelberg–New York, 300–318.

Cadée, N., T. Piersma u. S. Daan (1996): Endogenous circannual rhythmicity in a non-passerine migrant, the Knot *Calidris canutus*. Ardea 84: 75–84.

Carpenter, F. L. u. M. A. Hixon (1988): A new function for torpor: fat conservation in a wild migrant hummingbird. Condor 90: 373–378.

Castro, G. u. J. P. Myers (1989): Flight range estimates for shorebirds. Auk 106: 474–476.

Chan, K. (1994): Nocturnal activity of caged resident and migrant silvereyes *(Zosteropidae: Aves)*. Ethology 96: 313–321.

Chesser, R. T. u. D. J. Levey (1998): Austral migrants and the evolution of migration in New World birds: Diet, habitat, and migration revisited. Am. Nat. 152: 311–319.

Child, G. I. u. S. G. Marshall (1970): A method of estimating carcass fat and fat-free weights in migrant birds from water content of specimens. Condor 72: 116–119.

Clarke, A. L., B.-E. Sæther u. E. Røskaft (1997): Sex biases in avian dispersal: a reappraisal. Oikos 79: 429–438.

Cochran, W. W. (1987): Orientation and other migratory behaviours of a Swainson's thrush followed for 1500 km. Animal Behav. 35: 927–929.

Cochran, W. W., G. G. Montgomery u. R. R. Graber (1967): Migratory flights of *Hylocichla*-thrushes in spring: a radiotelemetry study. Living Bird 6: 213–225.

Coemans, M. u. J. Vos (1992): On the Perception of Polarized Light by the Homing Pigeon, Den Haag.

Collar, N. J. u. P. Andrew (1988): Birds to watch. Internat. Council Bird Preservation Techn. Publ. 8, Cambridge.

Conway, C. J., W. R. Eddleman u. K. L. Simpson (1994): Seasonal changes in fatty acid composition of the wood thrush. Condor 96: 791–794.

Conwentz, H. (1904): Die Gefährdung der Naturdenkmäler und Vorschläge zu ihrer Erhaltung, Berlin.

Cornwallis, R. K. u. A. D. Townsend (1968): Waxwings in Britain and Europe during 1965/66. Brit. Birds 61: 97–118.

Crawford, R. J. M., B. M. Dyer u. R. K. Brooke (1994): Breeding nomadism in southern African seabirds – constraints, causes and conservation. Ostrich 65: 231–246.

Creutz, G. (1987): Geheimnisse des Vogelzuges, Wittenberg Lutherstadt.

Cuadrado, M. (1992): Year to year recurrence and site-fidelity of Blackcaps *Sylvia atricapilla* and Robins *Erithacus rubecula* in a Mediterranean wintering area. Ringing Migration 13: 36–42.

Cuadrado, M., J. C. Senar u. J. L. Copete (1995): Do all Blackcaps *Sylvia atricapilla* show winter site fidelity? Ibis 137: 70–75.

Curry-Lindahl, K. (1981): Bird Migration in Africa Bd. 1 und 2, London–New York.

Curry-Lindahl, K. (1982): Das große Buch vom Vogelzug, Berlin–Hamburg.

Czeschlik, D. (1976): Der Einfluß des Wetters auf die Zugunruhe von Garten- und Mönchsgrasmücke (*Sylvia borin* und *S. atricapilla*), Diss. Univ. Innsbruck.

Dallinga, J. H. u. S. Schoenemakers (1989): Population changes of the white stork *Ciconia ciconia* since the 1850s in relation to food resources. In: G. Rheinwald, J. Ogden u. H. Schulz (Hrsg.), Weißstorch. Schriftenr. Dachverb. Dt. Avifaunisten Nr. 10: 231–262.

Damuth, J. (1991): Of size and abundance. Nature 351: 268–269.

Debussche, M. u. P. Isenmann (1984): Origine et nomadisme des Fauvettes à tête noire *(Sylvia atricapilla)* hivernant en zone méditerranéenne française. Oiseau Rev. Franç. Ornithol. 54: 101–107.

DeSante, D. F. (1983): Vagrants: when orientation or navigation goes wrong. Point Reyes Bird Observ. Newsletter 61: 12–16.

Deutscher Ausschuß zur Verhütung von Vogelschlägen im Luftverkehr (Hrsg.) (1989): Informationen zum Vogelschlagproblem. Vogel Luftverkehr 9: 139–238.

Deutsche Sektion des Internationalen Rates für Vogelschutz (1977): Vogeljagd in Italien und Vogelschutz bei uns. Ber. Dt. Sekt. Internat. Rat Vogelschutz 17: 131–132.

Deviche, P. (1995): Androgen regulation of avian premigratory hyperphagia and fattening: from eco-physiology to neuroendocrinology. Amer. Zool. 35: 234–245.

Dhondt, A. A. (1983): Variations in the number of overwintering stonechats possibly caused by natural selection. Ringing Migration 4: 155–158.

Dierschke, V. (1989): Automatisch-akustische Erfassung des nächtlichen Vogelzuges bei Helgoland im Sommer 1987. Vogelwarte 35: 115–131.

Dingle, H. (1996): Migration. The biology of life on the move, New York–Oxford.

Dolnik, V. R. (1975): Migracionnoe sostojanie Ptic, Moskau.

Dolnik, V. R. (1990): Bird migration across arid and mountainous regions of middle Asia and Kazakhstan. In: E. Gwinner (Hrsg.), Bird Migration: The Physiology and Ecophysiology, Berlin–Heidelberg–New York, 368–386.

Dorka, V. (1966): Das jahres- und tageszeitliche Zugmuster von Kurz- und Langstreckenziehern nach Beobachtungen auf den Alpenpässen Cou/Bretolet. Ornithol. Beob. 63: 165–223.

Dowsett-Lemaire, F. (1989): Ecological and biogeographical aspects of forest bird communities in Malawi. Scopus 13: 1–80.

Dowsett-Lemaire, F., R. J. Dowsett (1987): European reed and marsh warblers in Africa: migration patterns, moult and habitat. Ostrich 58: 65–85.

Drent, R. u. T. Piersma (1990): An exploration of the energetics of leap-frog migration in arctic breeding waders. In: E. Gwinner (Hrsg.), Bird Migration: The Physiology and Ecophysiology, Berlin–Heidelberg–New York, 399–412.

Dyachenko, V. P. (1996): Sex differences in the mechanism of photoperiodic control of migratory fat deposition in Chaffinches *(Fringilla coelebs)*. Zool. Zh. 75: 391–398.

Eastwood, E. (1967): Radar ornithology, London.

Edelstam, C. (Hrsg.) (1972): The Visible Migration of Birds at Ottenby, Sweden. Var Fagelvärld Sonderh.

Eerden, M. R. van u. M. J. Munsterman (1995): Sex and age dependent distribution in wintering cormorants *Phalacrocorax carbo sinensis* in Western Europe. Ardea 83: 285–297.

Elkins, N. (1988a): Weather and Bird Behaviour, Calton.

Elkins, N. (1988b): Can high-altitude migrants recognize optimum flight levels? Ibis 130: 562–563.

Ellegren, H. (1993): Speed of migration and migratory flight lengths of passerine birds ringed during autumn migration in Sweden. Ornis Scand. 24: 220–228.

Ellegren, H. u. R. Staav (1990): Ruggningsflyttning hos blåhaken *Luscinia s. svecica*. Var Fagelvärld 49: 80–86.

Emlen, S. T. (1967): Migratory orientation in the Indigo bunting, *Passerina cyanea.* Auk 84: 309–342, 463–489.

Emlen, S. T. u. J. T. Emlen (1966): A technique for recording migratory orientation of captive birds. Auk 83: 361–367.

Erard, C. u. G. Jarry (1996): Transitions écologiques chez les oiseaux: l'exemple du passage des migrateurs paléarctiques dans leurs quartiers d'hiver afrotropicaux. Bull. Soc. zool. Fr. 121: 199–208.

Ericksson, M. O. G. (Hrsg.) (1987): Proceedings of the Fifth Nordic Ornithological Congress, 1985. Acta Regiae Soc. Sci. et Litt. Gothoburgensis: Zoologia 14, Göteborg.

Etienne, A. S., R. Maurer u. V. Séguinot (1996): Path integration in mammals and its interaction with visual landmarks. J. Exper. Biol. 199: 201–209.

Evans, P. R. u. N. C. Davidson (1990): Migration strategies and tactics of waders breeding in arctic and north temperate latitudes. In: E. Gwinner (Hrsg.), Bird Migration: The Physiology and Ecophysiology, Berlin–Heidelberg–New York, 387–398.

Farner, D. S. (1955): The annual stimulus for migration. Experimental and physiologic aspects. In: A. Wolfson (Hrsg.), Recent Studies of Avian Biology, Urbana, 198–237.

Ferns, P. N. (1975): Feeding behaviour of autumn passage migrants in north east Portugal. Ringing Migration 1: 3–11.

Fiedler, W. (1998): Der Flugapparat der Mönchsgrasmücke *(Sylvia atricapilla):* Erfassungsmethoden, intraspezifische Variabilität, phäno- und genotypische Varianz, Selektionsgründe und ökophysiologische Bedeutung, Diss. Univ. Tübingen.

Fliege, G. (1984): Das Zugverhalten des Stars *(Sturnus vulgaris)* in Europa: Eine Analyse der Ringfunde. J. Ornithol. 125: 393–446.

Fouarge, J. (1981): La fauvette à tête noire *(Sylvia atricapilla).* Exploitation des données belges de baguage. Gerfaut 71: 677–716.

Fransson, T. (1997): Time and energy in long-distance bird migration, Stockholm.

Freuchen, P. u. E. Salomonsen (1958): The Arctic Year, New York.

Fry, C. H. (1967): Lipid levels in an intratropical migrant. Ibis 109: 118–120.

Fullard, J. H., R. M. R. Barclay u. D. W. Thomas (1993): Echolocation in free-flying Atin Swiftlets *(Aerodramus sawtelli).* Biotropica 25: 334–339.

Funk, G. D., G. N. Sholomenko, I. J. Valenzuela, J. D. Steeves u. W. K. Milsom (1993): Coordination of wing beat and respiration in Canada geese during free flight. J. Exper. Biol. 175: 317–323.

Ganzhorn, J. U. (1990): Konditionierung verfrachteter Brieftauben: eine „neue" Methode zur Analyse der Karte von Brieftauben. J. Ornithol. 131: 21–31.

Garcia, E. F. J. (1983): An experimental test of competition for space between blackcaps *Sylvia atricapilla* and garden warblers *Sylvia borin* in the breeding season. J. Animal Ecol. 52: 795–805.

Gatter, W. (1973): Rückgang von Durchzugszahlen bei Singvögeln. Vogelwelt 94: 60–64.

Gatter, W. (1974): Analyse einer Invasion des Eichelhähers *(Garrulus glandarius)* 1972/73 am Randecker Maar (Schwäbische Alb). Vogelwarte 27: 278–289.

Gatter, W. u. M. Behrndt (1985): Unterschiedliche tageszeitliche Zugmuster alter und junger Vögel am Beispiel der Rauchschwalbe *(Hirundo rustica).* Vogelwarte 33: 115–120.

Gatter, W., G. Klump u. R. Schütt (1979): Ausgeprägte Fälle von Zugumkehr bei Eichelhäher *(Garrulus glandarius)* und Tannenhäher *(Nucifraga caryocatactes).* Vogelwarte 30: 101–107.

Gauthreaux, S. A. (1969): A portable ceilometer technique for studying low-level nocturnal migration. Bird Banding 40: 309–320.

Gauthreaux, S. A. (1971): A radar and direct visual study of passerine spring migration in southern Louisiana. Auk 88: 343–365.

Gauthreaux, S. A. (1978): The ecological significance of behavioural dominance. In: P. P. G. Bateson u. P. H. Klopfer (Hrsg.), Perspectives in Ethology, New York, 17–54.

Gauthreaux, S. A. (1982): The ecology and evolution of avian migration systems. In: D. S. Farner, J. R. King u. K. C. Parkes (Hrsg.), Avian Biology 6, New York–London, 93–168.

Gauthreaux, S. A. (1994): Long-term radar surveillance of bird migration. J. Ornithol. 135: 504.

Gauthreaux, S. A. (1996): Historical perspectives: Bird migration: methodologies and major research trajectories (1945–1995). Condor 98: 442–453.

Gavrilov, V. V. (1994): Date of the spring arrival of waders to the north-east Yakutia: link with ecology and distance of migration of species. Bird Ringing and Marking in Russia and Surrounding Territories 1986–1987, Akad. Nauk, 161–165.

Gerlach, H. (1979): Vögel als Reservoire und Verbreiter von Krankheitserregern. Berlin–München Tierärztl. Wschr. 92: 169–173.

Gill, J. A., J. Clark, N. Clark u. W. J. Sutherland (1995): Sex differences in the migration, moult and wintering areas of British-ringed Ruff. Ringing Migration 16: 159–167.

Ginn, H. B. u. D. S. Melville (1983): Moult in Birds. Brit. Trust Ornithol. Guide 19, Tring.

Glutz v. Blotzheim, U. N. u. K. M. Bauer (1980): Handbuch der Vögel Mitteleuropas Bd. 9, Wiesbaden.

Glutz v. Blotzheim, U. N. u. K. M. Bauer (1985): Handbuch der Vögel Mitteleuropas Bd. 10 II *Passeriformes* (1. Teil), Wiesbaden.

Gorney, E. u. Y. Yom-Tov (1994): Fat, hydration condition, and moult of Steppe Buzzards *Buteo buteo vulpinus* on spring migration. Ibis 136: 185–192.

Gould, J. L. (1998): Sensory bases of navigation. Current Biol. 8: 731–738.

Greenberg, R. (1995): Insectivorous migratory birds in tropical ecosystems: the breeding currency hypothesis. J. Avian Biol. 26: 260–264.

Greenberg, R., R. Reitsma u. A. Cruz Angon (1996): Interspecific aggression by yellow warblers in a sun coffee plantation. Condor 98: 640–642.

Grimmett, R. (1987): A review of the problems affecting palaearctic migratory birds in Africa. Internat. Council Bird Preservation Migratory Birds Programme, Cambridge.

Grote, H. (1941): Ueber Zugerscheinungen bei sogenannten Standvögeln. Schr. Physik.-ökonom. Ges. Königsberg 72: 119–129.

Gudmundsson, G. A. (1992): Flight and Migration Strategies of Birds at Polar Latitudes, Lund.

Guglielmo, C. G., N. H. Haunerland u. T. D. Williams (1998): Fatty acid binding protein, a major protein in the flight muscle of migrating Western Sandpipers. Comp. Biochem. Physiol. B 119: 549–555.

Gwinner, E. (1967): Circannuale Periodik der Mauser und der Zugunruhe bei einem Vogel. Naturwiss. 54: 447.

Gwinner, E. (1968): Circannuale Periodik als Grundlage des jahreszeitlichen Funktionswandels bei Zugvögeln. Untersuchungen am Fitis *(Phylloscopus trochilus)* und am Waldlaubsänger *(P. sibilatrix).* J. Ornithol. 109: 70–95.

Gwinner, E. (1971a): A comparative study of circannual rhythms in warblers. In: M. Menaker (Hrsg.), Biochronometry, Washington, 405–427.

Gwinner, E. (1971 b): Orientierung. In: E. Schüz (Hrsg): Grundriß der Vogelzugskunde, Berlin–Hamburg, 299–348.

Gwinner, E. (1974): Testosterone induces „splitting" of circadian locomotor activity rhythms in birds. Science 185: 72–74.

Gwinner, E. (1975): Effects of season and external testosterone on the free-running circadian activity rhythm of European starlings *(Sturnus vulgaris)*. J. Comp. Physiol. 103: 315–328.

Gwinner, E. (1986): Circannual Rhythms, Berlin–Heidelberg.

Gwinner, E. (1987): Annual rhythms of gonadal size, migratory disposition and molt in garden warblers *Sylvia borin* exposed in winter to an equatorial or a southern hemisphere photoperiod. Ornis Scand. 18: 251–256.

Gwinner, E. (1988): Photorefractoriness in equatorial migrants. Acta XIX. Congr. Internat. Ornithol., Ottawa 1986, 626–658.

Gwinner, E. (1996): Circadian and circannual programmes in avian migration. J. Exp. Biol. 199: 39–48.

Gwinner, E. u. V. Neusser (1985): Die Jugendmauser europäischer und afrikanischer Schwarzkehlchen *(Saxicola torquata rubicula* und *axillaris)* sowie von F_1-Hybriden. J. Ornithol. 126: 219–220.

Gwinner, E., H. Schwabl u. I. Schwabl-Benzinger (1988): Effects of food-deprivation on migratory restlessness and diurnal activity in the garden warbler *(Sylvia borin)*. Oecologia 77: 321–326.

Gwinner, E. u. W. Wiltschko (1978): Endogenously controlled changes in migratory direction of the garden warbler, *Sylvia borin*. J. Comp. Physiol. 125: 267–273.

Haemig, P. D. (1989): Brown jays as army ant followers. Condor 91: 1008–1009.

Hamilton, W. J. (1962): Evidence concerning the function of nocturnal call notes of migratory birds. Condor 64: 390–401.

Hanowski, J. M., G. G. Niemi u. J. G. Blake (1996): Response of breeding and migrating birds to extremely low frequency electromagnetic fields. Ecol. Appl. 6: 910–919.

Hansson, M. u. J. Pettersson (1989): Competition and fat deposition in goldcrests *(Regulus regulus)* at a migration stop-over site. Vogelwarte 35: 21–31.

Harris, M. P. (1970): Abnormal migration and hybridization of *Larus argentatus* and *L. fuscus* after interspecies fostering experiments. Ibis 112: 488–498.

Healy, S. D., E. Gwinner u. J. R. Krebs (1996): Hippocampal volume in migratory and non-migratory warblers: effects of age and experience. Behav. Brain Res. 81: 61–68.

Hedenström, A. (1993): Migration by soaring or flapping flight in birds: the relative importance of energy cost and speed. Phil. Trans. R. Soc. Lond. B 342: 353–361.

Hedenström, A. u. T. Alerstam (1995): Optimal flight speed of birds. Phil. Trans. R. Soc. Lond. B 348: 471–487.

Hegelbach, J. u. B. Koch (1994): In der Schweiz als Nestling beringte Wasseramsel *Cinclus cinclus aquaticus* zieht 1055 km weit und brütet in Polen mit *C. c. cinclus*. Ornithol. Beob. 91: 295–299.

Helbig, A. J. (1989): Angeborene Zugrichtungen nachts ziehender Singvögel: Orientierungsmechanismen, geographische Variation und Vererbung, Diss. Univ. Frankfurt a. M.

Helbig, A. J. (1991): Experimental and analytical techniques used in bird orientation research. In: P. Berthold (Hrsg.), Orientation in Birds, Basel–Boston–Berlin, 270–306.

Helbig, A. J. (1992): Ontogenetic stability of inherited migratory directions in a nocturnal bird migrant: comparison between the first and second year of life. Ethol. Ecol. Evol. 4: 375–388.

Helbig, A. J., P. Berthold, G. Mohr u. U. Querner (1994): Inheritance of a novel migratory direction in central European blackcaps. Naturwiss. 81: 184–186.

Helbig, A. J. u. W. Wiltschko (1989): The skylight polarization patterns at dusk affect the orientation behavior of blackcaps, *Sylvia atricapilla*. Naturwiss. 76: 227–229.

Helbig, A. J., W. Wiltschko u. V. Laske (1986): Optimal use of the wind by Mediterranean migrants. Proc. First Conf. Birds Wintering Mediterranean Region, Aulla 1985, 169–187.

Heldbjerg, H. u. L. Karlsson (1997): Autumn migration of Blue Tit *Parus caeruleus* at Falsterbo, Sweden 1980–94: population changes, migration patterns and recovery analysis. Ornis Svecica 7: 149–167.

Hemborg, C. u. A. Lundberg (1998): Costs of overlapping reproduction and moult in passerine birds: an experiment with the pied flycatcher. Behav. Ecol. Sociobiol. 43: 19–23.

Hengeveld, R. (1993): De invasieliteratuur rukt op. Limosa 66: 53–60.

Herrera, C. M. u. P. Jordano (1981): *Prunus mahaleb* and birds: the high-efficiency seed dispersal system of a temperate fruiting tree. Ecol. Monogr. 51: 203–218.

Hiebl, I. u. G. Braunitzer (1988): Anpassungen der Hämoglobine von Streifengans *(Anser indicus),* Andengans *(Chloephaga melanoptera)* und Sperbergeier *(Gyps rueppellii)* an hypoxische Bedingungen. J. Ornithol. 129: 217–226.

Hildén, O. (1979): The timing of arrival and departure of the spotted redshank *Tringa erythropus* in Finland. Ornis Fennica 56: 18–23.

Hildén, O. u. P. Saurola (1982): Speed of autumn migration of birds ringed in Finland. Ornis Fennica 59: 140–143.

Hilgerloh, G. (1989): Der Singvogelzug über die Iberische Halbinsel ins afrikanische Winterquartier. Naturwiss. 76: 541–546.

Hoffmann, K. (1960): Experimental manipulation of the orientational clock in birds. Cold Spring Harbour Symp. Quant. Biol. 25: 379–387.

Holberton, R. L. (1993): An endogenous basis for differential migration in the dark-eyed junco. Condor 95: 580–587.

Holberton, R. L., J. D. Parrish u. J. C. Wingfield (1996): Modulation of the adrenocortical stress response in neotropical migrants during autumn migration. Auk 113: 558–564.

Holmgreen, N. u. S. Lundberg (1993): Despotic behaviour and the evolution of migration patterns in birds. Ornis Scand. 24: 103–109.

Holtkamp-Rötzler, E., G. Fleissner, M. Hanzlik, W. Wiltschko u. N. Petersen (1997): Mechanoreceptors in the upper beak of homing pigeons *(Columba livia)* as putative structural candidates for magnetoperception. Verh. Deutsche Zool. Ges. 90: 290.

Homberger, D. G. u. K. N. de Silva (1998): The role of cutaneous and subcutaneous fat in the mechanism of feather movement. In: N. J. Adams u. R. H. Slotow (Hrsg.), Proc. 22 Internat. Ornithol. Congr., Durban. Ostrich 69: 390.

Hudde, H. (1995): Zur Jugendstreuung der Kohlmeise *(Parus major).* Vogelwarte 38: 1–9.

Hudde, H. u. R. Vohwinkel (1997): Zur Phänologie des Herbstzuges der Heckenbraunelle *(Prunella modularis).* Vogelwarte 39: 48–60.

Hume, I. D. u. H. Biebach (1996): Digestive tract function in the long-distance migratory garden warbler, *Sylvia borin.* J. Comp. Physiol. B 166: 388–395.

Hummel, D. (1973): Die Leistungsersparnis beim Verbandsflug. J. Ornithol. 114: 259–282.

Hummel, D. u. M. Beukenberg (1989): Aerodynamische Interferenzeffekte beim Formationsflug von Vögeln. J. Ornithol. 130: 15–24.

Hutto, R. L. (1989): The effect of habitat alteration on migratory land birds in a west Mexican tropical deciduous forest: a conservation perspective. Conserv. Biol. 3: 138–148.

Immelmann, K. (1962): Beiträge zu einer vergleichenden Biologie australischer Prachtfinken. Zool. Jb. Syst. 90: 1–196.

Ioalè, P., P. Dall'Antonia, L. Dall'Antonia u. S. Benvenuti (1994): Flight paths of homing pigeons studied by means of a direction recorder. Ethol. Ecol. Evol. 6: 519–527.

Jehl, J. R. (1990): Aspects of the molt migration. In: E. Gwinner (Hrsg.), Bird Migration: The Physiology and Ecophysiology, Berlin–Heidelberg–New York, 102–113.

Jehl, J. R. (1997): Cyclical changes in body composition in the annual cycle and migration of the Eared Grebe *Podiceps nigricollis*. J. Avian Biol. 28: 132–142.

Jellmann, J. (1989): Radarmessungen zur Höhe des nächtlichen Vogelzuges über Nordwestdeutschland im Frühjahr und im Hochsommer. Vogelwarte 35: 59–63.

Jenni, L. (1984): Herbstzugmuster von Vögeln auf dem Col de Bretolet unter besonderer Berücksichtigung nachbrutzeitlicher Bewegungen. Ornithol. Beob. 81: 183–213.

Jenni, L. (1996): Ecophysiology of energy storage and energy utilization in birds during migration, Habil.schr. Univ. Zürich.

Jenni-Eiermann, S. u. L. Jenni (1991): Metabolic responses to flight and fasting in night migrating passerines. J. Comp. Physiol. B 161: 465–474.

Johnson, S. R. u. D. R. Herter (1990): Bird migration in the arctic: a review. In: E. Gwinner (Hrsg.), Bird Migration: The Physiology and Ecophysiology, Berlin–Heidelberg–New York, 22–43.

Jones, P. J. (1995): Migration strategies of Palearctic passerines in Africa. Israel J. Zool. 41: 393–406.

Jordano, P. (1985): El ciclo anual de los paseriformes frugívoros en el matorral mediterráneo del sur de España: importancia de su invernada y variaciones interanuales. Ardeola 32: 69–94.

Kaatz, C. (1998): Die Bestandssituation des Weißstorchs in Deutschland. Abstr. Poster 130. Jahresvers. DO-G. J. Ornithol. 139: 226.

Kaatz, M. (1995): Bearbeitung, Auswertung und Dokumentation der über das Migrationsverhalten des Weißstorches gewonnenen Flugzeug- und Satellitendaten, Diplomarb. Univ. Rostock.

Kaiser, A. (1989): Körpergewicht, Fettdepots und theoretische Zugstreckenleistung wegziehender Kleinvögel am Bodensee (SW-Deutschland), Diplomarb. Univ. Mainz.

Kaiser, A. (1993): Rast- und Durchzugsstrategien mitteleuropäischer Singvögel. Analysen von Fang- und Wiederfangdaten von Fanganlagen zur Beschreibung der Ökophysiologie und des Verhaltens rastender Populationen, Diss. Univ. Konstanz.

Kalchreuter, H. (1987): Wasserwild im Visier, München–Wien–Zürich.

Kalela, O. (1954): Populationsökologische Gesichtspunkte zur Entstehung des Vogelzuges. Ann. Zool. Soc. Zool. Bot. Fennicae Vanamo 16: 1–30.

Kamil, A. C. u. J. E. Jones (1997): The seed-storing corvid Clark's nutcracker learns geometric relationships among landmarks. Nature 390: 276–279.

Kanyamibwa, S., A. Schierer, R. Pradel u. J. D. Lebreton (1990): Changes in adult annual survival rates in a western European population of the white stork *Ciconia ciconia*. Ibis 132: 27–35.

Karasov, W. H. u. B. Pinshow (1998): Changes in lean mass and in organs of nutrient assimilation in a long-distance passerine migrant at a springtime stopover site. Physiol. Zool. 71: 435–448.

Kasparek, M. (1996): Dismigration und Brutarealexpansion der Türkentaube *Streptopelia decaocto*. J. Ornithol. 137: 1–33.

Kasparek, M. (1998): Vorkommen und Ausbreitung der Türkentaube *Streptopelia decaocto* im Nahen und Mittleren Osten. Ornithol. Verh. 25: 241–279.

Keast, A. (1960): Bird adaptations to aridity on the Australian continent. Proc. XII. Internat. Ornithol. Congr., Helsinki 1958: 373–375.

Keeton, W. T., T. S. Larkin u. D. M. Windsor (1974): Normal fluctuations in the earth's magnetic field influence pigeon orientation. J. Comp. Physiol. 95: 95–103.

Kelly, J. F. u. D. M. Finch (1998): Tracking migrant songbirds with stable isotopes. TREE 13: 48–49.

Kenward, R. (1987): Wildlife Radio Tagging, London.

Kerlinger, P. (1989): Flight strategies of migrating hawks, Chicago–London.

Kerlinger, P. u. F. R. Moore (1989): Atmospheric structure and avian migration. In: D. M. Power (Hrsg.), Current Ornithology 6, New York, 109–142.

Ketterson, E. D. u. V. Nolan (1985): Intraspecific variation in avian migration: evolutionary and regulatory aspects. In: M. A. Rankin (Hrsg.), Migration: Mechanisms and Adaptive Significance. Contr. Marine Sci., Suppl. 27: 553–579.

Ketterson, E. D. u. V. Nolan (1990): Site attachment and site fidelity: experimental evidence from the field and analogies from neurobiology. In: E. Gwinner (Hrsg.), Bird Migration: The Physiology and Ecophysiology, Berlin–Heidelberg–New York, 117–129.

Kiepenheuer, J. (1984): The magnetic compass mechanism of birds and its possible association with the shifting course directions of migrants. Behav. Ecol. Sociobiol. 14: 81–99.

King, J. R. (1961): On the regulation of vernal premigratory fattening in the white-crowned sparrow. Physiol. Zool. 34: 145–157.

King, J. R. u. D. S. Farner (1965): Studies of fat deposition in migratory birds. Ann. New York Acad. Sci. 131: 422–440.

Kinzelbach, R. (1995): Der Seidenschwanz, *Bombycilla garrulus* (Linnaeus 1758), in Mittel- und Südeuropa vor dem Jahr 1758. Kaupia. Darmstädter Beitr. Naturgesch. 5: 1–62.

Kipp, F. (1943): Beziehungen zwischen dem Zug und der Brutbiologie der Vögel. J. Ornithol. 91: 144–153.

Kirchberger, K. (1989): WWF-Weißstorch-Schutzprojekt Rust. Vogelschutz Österr. 4: 33–37.

Kirk, D. A. u. D. C. Houston (1995): Social dominance in migrant and resident turkey vultures at carcasses: evidence for a despotic distribution? Behav. Ecol. Sociobiol. 36: 323–332.

Kjellén, N. (1994): Moult in relation to migration in birds – a review. Ornis Svecica 4: 1–24.

Klaassen, M. (1996): Metabolic constraints on long-distance migration in birds. J. Exper. Biol. 199: 57–64.

Klausewitz, W., W. Schäfer u. W. Tobias (1971): Umwelt 2000, Frankfurt a. M.

Klein, H., P. Berthold u. E. Gwinner (1973): Der Zug europäischer Garten- und Mönchsgrasmücken (*Sylvia borin* und *S. atricapilla*). Vogelwarte 27: 73–134.

Köhler, K.-L. (1994): M-A-L, ein Zielfindeverfahren für Tiere mit Erdmagnetfeldrichtung, Azimutrichtung und Lotrichtung als Steuergrößen. Vogelwelt 115: 243–251.

Koepcke, H.-W. (1963): Probleme des Vogelzuges in Peru. Proc. XIII. Internat. Or-
    nithol. Congr., Ithaca 1962, 396–411.
Kowalski, U., R. Wiltschko u. E. Füller (1988): Normal fluctuations of the geo-
    magnetic field may affect initial orientation in pigeons. J. Comp. Physiol. A 163:
    593–600.
Kramer, G. (1949): Über Richtungstendenzen bei der nächtlichen Zugunruhe ge-
    käfigter Vögel. In: E. Mayr u. E. Schüz: Ornithologie als biologische Wissen-
    schaft, Heidelberg, 269–283.
Kramer, G. (1952): Experiments on bird orientation. Ibis 94: 265–285.
Kreithen, M. L. (1978): Sensory mechanisms for animal orientation – can any new
    ones be discovered? In: K. Schmidt-Koenig u. W. T. Keeton (Hrsg.), Animal Migra-
    tion, Navigation, and Homing, Berlin–Heidelberg–New York, 25–34.
Kreithen, M. L. u. W. T. Keeton (1974): Detection of changes in atmospheric pres-
    sure by the homing pigeon, Columba livia. J. Comp. Physiol. 89: 73–82.
Krumenacker, T. (1998): Frankreichs Jäger: Gegen Zugvögel und europäisches
    Recht. Limicola 12: 268–271.
Kuenzel, W. J. (1998): A neural system proposed to regulate the annual cycle of
    migratory birds. In: N. J. Adams u. R. H. Slotow (Hrsg.), Proc. 22 Internat. Or-
    nithol. Congr., Durban. Ostrich 69: 47.
Kumar, V. (1988): Investigations of photoperiodically induced fattening in migra-
    tory blackheaded bunting (Emberiza melanocephala) (Aves). J. Zool. London
    216: 253–263.
Kuroda, N. (1964): Analysis of variations by sex, age, and season of body weight,
    fat and some body parts in the dusky thrush, wintering in Japan: A preliminary
    study. Misc. Rep. Yamashina Inst. Ornithol. 4: 91–104.
Lack, D. (1943/44): The problem of partial migration. Brit. Birds 37: 122–130,
    143–150.
Lack, D. (1954): The natural regulation of animal numbers, Oxford.
Lack, P. C. (1990): Palaearctic-African Systems. In: A. Keast (Hrsg.), Biogeography
    and Ecology of Forest Bird Communities, The Hague, 345–356.
Landsborough Thomson, A. (1926): Problems of bird-migration, London.
Lank, D. B. (1989): Why fly by night? Inferences from tidally-induced migratory de-
    partures of sandpipers. J. Field Ornithol. 60: 154–161.
Larkin, R. P. (1991): Flight speeds observed with radar, a correction: slow ‚birds‘ are
    insects. Behav. Ecol. Sociobiol. 29: 221–224.
Lavée, D. u. U. N. Safriel (1973): Utilization of an oasis by desert-crossing migrant
    birds. Israel J. Zool. 23: 219.
Lavée, D., U. N. Safriel u. I. Meilijson (1991): For how long do trans-Saharan
    migrants stop over at an oasis? Ornis Scand. 22: 33–44.
Lawn, M. R. (1998): Arrival patterns of male Willow Warblers Phylloscopus trochilus
    in relation to age, territory density and pairing success. Ringing Migration 19:
    31–38.
Laymon, S. A. (1989): Altitudinal migration movements of Spotted Owls in the
    Sierra Nevada, California. Condor 91: 837–841.
Leach, I. H. (1981): Wintering blackcaps in Britain and Ireland. Bird Study 28: 5–14.
Leberg, P. L., T. J. Spengler u. W. C. Barrow Jr (1996): Lipid and water depletion in
    migrating passerines following passage over the Gulf of Mexico. Oecologia
    106: 1–7.
Lednor, A. J. (1982): Magnetic navigation in pigeons: possibilities and problems. In:
    F. Papi u. H. G. Wallraff (Hrsg.), Avian Navigation, Berlin–Heidelberg–New York,
    109–119.
Leisler, B. (1990): Selection and use of habitat of wintering migrants. In: E. Gwin-

ner (Hrsg.), Bird Migration: The Physiology and Ecophysiology, Berlin–Heidel-berg–New York, 156–174.

Leisler, B. (1992): Habitat selection and coexistence of migrants and Afrotropical residents. Ibis 134 Suppl.: 77–82.

Leshem, Y. (1989): Following raptor migration from the ground, motorized glider and radar at a junction of three continents. In: B.-U. Meyburg u. R. D. Chancellor (Hrsg.), Raptors in the Modern World, Berlin–London–Paris, 43–52.

Leshem, Y. (1994): Combining radar, visual observation, motorised-glider, light aircraft and drones for an integrated view of soaring-bird migration. J. Ornithol. 135: 507.

Leshem, Y., E. Lachman u. P. Berthold (Hrsg.) (1998): Migrating Birds Know No Boundaries. Proc. Internat. Seminar, Torgos 28.

Leshem, Y. u. Y. Yom-Tov (1996 a): The magnitude and timing of migration by soar-ing raptors, pelicans and storks over Israel. Ibis 138: 188–203.

Leshem, Y. u. Y. Yom-Tov (1996 b): The use of thermals by soaring migrants. Ibis 138: 667–674.

Levey, D. J. u. F. G. Stiles (1992): Evolutionary precursors of long-distance migration: Resource availability and movement patterns in neotropical landbirds. Amer. Nat. 140: 447–476.

Liechti, F. (1995): Modelling optimal heading and airspeed of migrating birds in relation to energy expenditure and wind influence. J. Avian Biol. 26: 330–336.

Liechti, F., B. Bruderer u. H. Paproth (1995): Quantification of nocturnal bird migra-tion by moonwatching: comparison with radar and infrared observations. J. Field Ornithol. 66: 457–468.

Liechti, F., D. Peter, R. Lardelli u. B. Bruderer (1996): Herbstlicher Vogelzug im Alpen-raum nach Mondbeobachtungen – Topographie und Wind beeinflussen den Zugverlauf. Ornithol. Beob. 93: 131–152.

Lindström, A. (1989): Finch flock size and risk of hawk predation at a migratory stopover site. Auk 106: 225–232.

Lindström, A. u. A. Kvist (1995): Maximum energy intake rate is proportional to basal metabolic rate in passerine birds. Proc. R. Soc. Lond. B 261: 337–343.

Lockwood, R., J. P. Swaddle u. J. M. V. Rayner (1998): Avian wingtip shape recon-sidered: Wingtip shape indices and morphological adaptations to migration. J. Avian Biol. 29: 273–292.

Lohmann, K. J. u. C. M. F. Lohmann (1996): Detection of magnetic field intensity by sea turtles. Nature 380: 59–61.

Lorenz, K. (1950): The comparative method in studying innate behaviour patterns. Symp. Soc. Exp. Biol. 4, Oxford: 221–268.

Lövei, G. L. (1989): Passerine migration between the Palaearctic and Africa. In: D. M. Power (Hrsg.), Current Ornithology 6, New York–London, 143–174.

Lucanus, F. v. (1923): Die Rätsel des Vogelzuges, Langensalza.

Lundberg, P. (1988) : The evolution of partial migration in birds. TREE 3: 172–175.

Lundgren, B.-O. u. K.-H. Kiessling (1988): Comparative aspects of fibre types, areas, and capillary supply in the pectoralis muscle of some passerine birds with dif-fering migratory behaviour. J. Comp. Physiol. B 158: 165–173.

Luther, D. (1986): Die ausgestorbenen Vögel der Welt, Wittenberg Lutherstadt.

Maddock, M. u. D. Geering (1994): Range expansion and migration of the Cattle Egret. Ostrich 65: 191–203.

Magnin, G. (1986): An assessment of illegal shooting and catching of birds in Malta. Internat. Council Bird Preservation, Cambridge.

Magnin, G. (1987): An account of the illegal catching and shooting of birds in

Cyprus during 1986. Internat. Council Bird Preservation Migratory Birds Programme, Cambridge.

Markl, H. (1995): Wanderungen: Die evolutionsbiologische Perspektive. Ber. Abh. Berlin-Brandenb. Akad. Wiss. 1: 121–143.

Marks, J. S. u. R. L. Redmond (1994): Migration of bristle-thighed curlews on Laysan Island: timing, behavior and estimated flight range. Condor 96: 316–330.

Marra, P. P., K. A. Hobson u. R. T. Holmes (1998): Linking winter and summer events in a migratory bird by using stable-carbon isotopes. Science 282: 1884–1886.

Martin, G. R. (1990): The visual problems of nocturnal migration. In: E. Gwinner (Hrsg.), Bird Migration: The Physiology and Ecophysiology, Berlin–Heidelberg–New York, 185–197.

Matessi, G. (1997): Is variation in orientation related to fluctuating asymmetry in migratory passerines? Ethol. Ecol. Evol. 9: 209–221.

Mathiasson, S. (1976): Studies on mute swans in Sweden – aims and problems. In: E. Kumari (Hrsg.), Bird Migration, Tallinn, 190–196.

Matthews, G. V. T. (1968): Bird Navigation, London.

Mayr, C. (1998): European BirdWatch, 3./4. Oktober 1998. Falke 45: 374–375.

Mayr, E. (1926): Die Ausbreitung des Girlitz (Serinus canaria serinus L.). J. Ornithol. 74: 571–671.

Mayr, E. (1967): Artbegriff und Evolution, Hamburg–Berlin.

Mayr, E. u. W. Meise (1930): Theoretisches zur Geschichte des Vogelzuges. Vogelzug 1: 149–172.

McCulloch, M. N., G. M. Tucke u. S. R. Baillie (1992): The hunting of migratory birds in Europe: a ringing recovery analysis. Ibis 134 Suppl.: 55–65.

McMillan, J. P., S. A. Gauthreaux u. C. W. Helms (1970): Spring migratory restlessness in caged birds: a circadian rhythm. BioScience 20: 1259–1260.

McNeil, R. (1969): La détermination du contenu lipidique et la capacité de vol chez quelques espèces d'oiseaux de rivage (Charadriidae et Scolopacidae). Canad. J. Zool. 47: 525–536.

Mead, C. J. (1983): Bird Migration, Feltham.

Mead, C. J. u. J. A. Clark (1988): Report on bird ringing in Britain and Ireland for 1987. Ringing Migration 9: 169–204.

Meier, A. H., B. R. Ferrell u. L. J. Miller (1980): Circadian components of the circannual mechanisms in the white-throated sparrow. XVII. Congr. Internat. Ornithol., Berlin 1978, 458–462.

Mendelssohn, H. (1972): Effect of toxic chemicals on bird life. Internat. Council Bird Preserv. 11: 75–104.

Merkel, F. W. (1966): The sequence of events leading to migratory restlessness. Ostrich Suppl. 6: 239–248.

Merkel, F. W. (1978): Angle sense in painted quails: a parameter of geodetic orientation. In: K. Schmidt-Koenig u. W. T. Keeton (Hrsg.), Animal Migration, Navigation, and Homing, Berlin–Heidelberg–New York, 269–274.

Merkel, I. u. F. W. Merkel (1983): Zum Wandertrieb der Stare. Luscinia 45: 63–74.

Meyburg, B.-U. u. C. Meyburg (1997): Satelliten-Telemetrie – ein neues Hilfsmittel in der Erforschung von Vogelwanderungen. Ornithol. Kalender 10: 165–176.

Michard, D., A. Ancel, J.-P. Gendner u. a. (1995): Non-invasive bird tagging. Nature 376: 649.

Middendorff, A. v. (1859): Die Isepiptesen Rußlands. Mem. Acad. Sci. St. Petersburg VI. Ser. 8: 1–143.

Miller, A. H. (1931): Systematic revision and natural history of the American shrikes. Univ. California Publ. Zool. 38: 11–242.

Møller, A. P. (1989): Population dynamics of a declining swallow *Hirundo rustica* population. J. Animal Ecol. 58: 1051–1063.

Mönkkönen, M. (1992): Life history traits of palaearctic and nearctic migrant passerines. Ornis Fennica 69: 161–172.

Mönkkönen, M. (1995): Do migrant birds have more pointed wings?: a comparative study. Evol. Ecol. 9: 520–528.

Moore, F. R. (1991): Ecophysiological and behavioral response to energy demand during migration. Acta XX Congr. Internat. Ornithol., Christchurch 1990, 753–760.

Moreau, R. E. (1954): The main vicissitudes of the European avifauna since the Pliocene. Ibis 96: 411–431.

Moreau, R. E. (1961): Problems of Mediterranean-Sahara migration. Ibis 103a: 373–427, 580–623.

Moreau, R. E. (1972): The Palaearctic-African Bird Migration Systems, London–New York.

Morel, G. (1973): The Sahel Zone as an environment for Palaearctic migrants. Ibis 115: 413–417.

Morton, M. L. (1992): Effects of sex and birth date on premigration biology, migration schedules, return rates and natal dispersal in the mountain white-crowned sparrow. Condor 94: 117–133.

Mouritsen, H. (1998): How do young night migrating passerines use their compasses for orientation during migration? In: N. J. Adams u. R. H. Slotow (Hrsg.), Proc. 22 Internat. Ornithol. Congr., Durban. Ostrich 69: 54.

Munro, U. (1998): Adaptations to a migratory lifestyle: An Australian perspective. In: N. J. Adams u. R. H. Slotow (Hrsg.), Proc. 22 Internat. Ornithol. Congr., Durban. Ostrich 69: 55.

Munro, U. u. J. A. Munro (1998): Migratory restlessness in the Yellow-faced Honeyeater *Lichenostomus chrysops (Meliphagidae)*, an Australien diurnal migrant. Ibis 140: 599–604.

Munro, U., J. A. Munro, J. B. Phillips, R. Wiltschko u. W. Wiltschko (1997): Evidence for a magnetic-based navigational „map" in birds. Naturwiss. 84: 26–28.

Munro, U., R. Wiltschko u. W. Wiltschko (1993): A comparison of migratory orientation of birds living in the northern and the southern hemisphere. Ring 16: 5–15.

Munro, U., W. Wiltschko u. H. A. Ford (1993): Changes in the migratory direction of Yellow-faced Honeyeaters *Lichenostomus chrysops (Meliphagidae)* during autumn migration. Emu 93: 59–62.

Myers, J. P., M. Sallaberry, E. Ortiz, G. Castro, L. M. Gordon, J. L. Maron, C. T. Schick, E. Tabilo, P. Antas u. T. Below (1990): Migration routes of new world sanderlings *Calidris alba*. Auk 107: 172–180.

Nachtigall, W. (1987): Vogelflug und Vogelzug, Hamburg–Zürich.

Nachtigall, W. (1995): Calorimetry in flying birds, using the wind tunnel technique. Thermochim. Acta 250: 329–336.

Naik, D. V. u. J. C. George (1964): Certain cyclic histological changes in the testis of the migratory starling, *Sturnus roseus (Linnaeus)*. Pavo 2: 48–54.

Naumann, J. A. (1791): Der philosophische Bauer, Leipzig.

Naumann, J. A. (1795–1817): Naturgeschichte der Land- und Wasser-Vögel des nördlichen Deutschlands und angränzender Länder, Köthen.

Naumann, J. F. (1849): Beleuchtung der Klage: Über Verminderung der Vögel in der Mitte von Deutschland. Rhea 2: 131–144.

Newton, I. (1975): Finches, London.

Newton, I. (1995): The contribution of some recent research on birds to ecological understanding. J. Animal Ecol. 64: 675–696.

Newton, I. u. L. C. Dale (1996): Bird migration at different latitudes in eastern North America. Auk 113: 626–635.

Nice, M. M. (1933): Zur Naturgeschichte des Singammers. J. Ornithol. 81: 552–595.

Nice, M. M. (1937): Studies in the life history of the song sparrow. I. Trans. Linnaean Soc. New York 4: 1–247.

Nisbet, I. C. T. (1969): Returns of transients: results of an inquiry. Ebba News 32: 269–274.

Nowak, E. (Hrsg.) (1988): Internationaler Biotopverbund für wandernde Tierarten. In: Akademie für Naturschutz und Landschaftspflege, Biotopverbund in der Landschaft. Laufener Seminarbeitr. 10/86: 116–128.

Nowak, E. (1989): Ausbreitung der Türkentaube *(Streptopelia decaocto)* in der UdSSR: Umfrage 1988. J. Ornithol. 130: 513–527.

O'Connor, R. J. (1981): Comparisons between migrant and non-migrant birds in Britain. In: D. J. Aidley (Hrsg.), Animal migration, Cambridge, 167–195.

O'Connor, R. J. (1990): Some ecological aspects of migrants and residents. In: E. Gwinner (Hrsg.), Bird Migration: The Physiology and Ecophysiology, Berlin–Heidelberg–New York, 175–182.

O'Reilly, K. M. u. J. C. Wingfield (1995): Spring and autumn migration in Arctic shorebirds: same distance, different strategies. Amer. Zool. 35: 222–233.

Ortiz-Crespo, F. I. (1986): Consideraciones sobre las migraciones de dos picaflores neotropicales. Hornero 12: 298–300.

Palmén, J. A. (1876): Über die Zugstrassen der Vögel, Leipzig.

Palmgren, P. (1944): Studien über die Tagesrhythmik gekäfigter Zugvögel. Z. Tierpsychol. 6: 44–86.

Papi, F. (1991): Olfactory navigation. In: P. Berthold (Hrsg.), Orientation in Birds, Basel–Boston–Berlin, 52–85.

Papi, F., L. Fiore, V. Fiaschi u. S. Benvenuti (1972): Olfaction and homing in pigeons. Monit. zool. Ital. (N. S.) 6: 85–95.

Paradis, E., S. R. Baillie, W. J. Sutherland u. R. D. Gregory (1998): Patterns of natal and breeding dispersal in birds. J. Animal Ecol. 67: 518–536.

Patterson, J. H. (1989): Atlas of south American shorebirds. Internat. Waterfowl Wetlands Res. Bureau News 2: 8–9.

Paulsen, T. R. (1998): *Turdus spp.* and *Sorbus aucuparia* seeds: Effects of ingestion on seed mass, germination and growth. In: N. J. Adams u. R. H. Slotow (Hrsg.), Proc. 22 Internat. Ornithol. Congr., Durban. Ostrich 69: 301.

Payne, R. B. (1991): Natal dispersal and population structure in a migratory songbird, the indigo bunting. Evolution 45: 49–62.

Peach, W. J., S. R. Baillie u. D. E. Balmer (1998): Long-term changes in the abundance of passerines in Britain and Ireland as measured by constant effort mistnetting. Bird Study 45: 257–275.

Pearce, J. (1995): Radiocesium in migratory bird species in Northern Ireland following the Chernobyl accident. Bull. Environ. Contam. Toxicol. 54: 805–811.

Pearson, D. J. (1990): Palaearctic passerine migrants in Kenya and Uganda: temporal and spatial patterns of their movements. In: E. Gwinner (Hrsg.), Bird Migration: The Physiology and Ecophysiology, Berlin–Heidelberg–New York, 44–59.

Pennycuick, C. J. (1969): The mechanics of bird migration. Ibis 111: 525–556.

Pennycuick, C. J. (1989): Bird Flight Performance, Oxford–New York–Tokyo.

Perdeck, A. C. (1958): Two types of orientation in migrating starlings, *Sturnus vulgaris L.*, and chaffinches, *Fringilla coelebs L.*, as revealed by displacement experiments. Ardea 46: 1–37.

Perez, S. M., O. R. Taylor u. R. Jander (1997): A sun compass in monarch butterflies. Nature 387: 29.

Pernau, F. A. v. (1702): Unterricht. Was mit dem lieblichen Geschöpff, denen Vögeln, auch ausser den Fang, nur durch die Ergründung deren Eigenschafften und Zahmmachung oder anderer Abrichtung man sich vor Lust und Zeit-Vertreib machen könne.

Persson, B. (1972): DDT-content of whitethroats lower after summer stay in Sweden. Ambio 1: 34–35.

Peterson, R., G. Mountfort u. P. A. Hollom (1985): Die Vögel Europas, Berlin–Hamburg.

Pfister, C., M. J. Kasprzyk u. B. A. Harrington (1998): Body-fat levels and annual return in migrating Semipalmated Sandpipers. Auk 115: 904–915.

Phillips, J. B. (1986): Two magnetoreception pathways in a migratory salamander. Science 233: 765–767.

Piersma, T. (1987): Hink, stap of sprong? Reisbeperkingen van arctische steltlopers door voedselzoeken, vetopbouw en vliegsnelheid. Limosa 60: 185–194.

Piersma, T. u. N. C. Davidson (1992): The migrations and annual cycles of five subspecies of Knots in perspective. Wader Study Group Bull. 64, Suppl.: 187–197.

Piersma, T. u. R. E. Gill (1998): Guts don't fly: Small digestive organs in obese Bartailed Godwits. Auk 115: 196–203.

Piersma, T., G. A. Gudmundsson, N. C. Davidson u. R. I. G. Morrison (1996): Do arctic-breeding Red Knots *(Calidris canutus)* accumulate skeletal calcium before egg laying? Can. J. Zool. 74: 2257–2261.

Piersma, T., M. Klaassen, J. H. Bruggemann, A.-M. Blomert, A. Gueye, Y. Ntiamoa, B. v. Brederode u. N. E. v. Brederode (1990): Seasonal timing of the spring departure of waders from the Banc d'Arguin, Mauritania. Ardea 78: 123–134.

Prater, A. J. (1980): Migration patterns of waders *(Charadrii)* in Europe. Acta XVII. Congr. Internat. Ornithol., Berlin 1978, 507–511.

Prinzinger, R. (1990): Temperaturregulation bei Vögeln. I. Thermoregulatorische Verhaltensweisen. Luscinia 46: 255–302.

Prokosch, P. (1990): Ostatlantischer Zugweg – Was hat das Wattenmeer damit zu tun?. Programm 123. Jahresversamm. DO-G, Husum.

Pulido, F., P. Berthold u. A. J. van Noordwijk (1996): Frequency of migrants and migratory activity are genetically correlated in a bird population: Evolutionary implications. Proc. Natl. Acad. Sci. 93: 14642–14647.

Pütz, K. (1996): Die Wanderwege von Königspinguinen während der Brutzeit im Südindischen Ozean. Verh. Deutsch. Zool. Ges. 89: 126.

Putzig, P. (1938): Beobachtungen über Zugunruhe beim Rotkehlchen *(Erithacus rubecula)*. Vogelzug 9: 10–14.

Rabøl, J. (1989): The orientation in autumn of 20 Pied Flycatchers *Ficedula hypoleuca*, 7 Lesser Whitethroats *Sylvia curruca* and 18 Garden Warblers *Sylvia borin* after displacement from Denmark to Kenya, Copenhagen.

Rabøl, J. (1995): Compensatory orientation in juvenile Garden Warblers *Sylvia borin* and Redstarts *Phoenicurus phoenicurus* following a geographical displacement. Dansk Ornithol. Foren. Tidsskr. 89: 61–65.

Rabøl, J. (1998): Star navigation in Pied Flycatchers *Ficedula hypoleuca* and Redstarts *Phoenicurus phoenicurus*. Dansk Ornithol. Foren. Tidsskr. 92: 283–289.

Rabøl, J. u. F. D. Petersen (1973): Lengths of resting time in various night-migrating passerines at Hesselø, Southern Kattegat, Denmark. Ornis Scand. 4: 33–46.

Ralph, C. J. (1978): Disorientation and possible fate of young passerine coastal migrants. Bird Banding 49: 237–247.

Ramenofsky, M. (1990): Fat storage and fat metabolism in relation to migration.

In: E. Gwinner (Hrsg.), Bird Migration: The Physiology and Ecophysiology, Berlin–Heidelberg–New York, 214–231.

Ramenofsky, M. u. T. Boswell (1994): Regulation of feeding cycles during migration: A possible role for insulin, Abstr. 21 Internat. Ornithol. Congr. J. Ornithol. 135 (Sonderh.): 67.

Rands, M. R. W. (1989): Conserving threatened birds: an overview of the species and the threats with some roles for population studies. Ber. Dt. Sekt. Internat. Rat Vogelschutz 28: 101–112.

Ranftl, H., D. Franz u. M. Kraus (1989): Winterflucht nordischer Gänse nach Bayern. Anz. Ornithol. Ges. Bayern 28: 39–57.

Ranvaud, R., J. U. Ganzhorn u. K. Schmidt-Koenig (1994): Decoupling spatial and temporal components in the sun compass of pigeons. J. Ornithol. 135: 93.

Rappole, J. H. (1995): The ecology of migrant birds: a neotropical perspective, Washington–London.

Rayner, J. M. V. (1990): The mechanisms of flight and bird migration performance. In: E. Gwinner (Hrsg.), Bird Migration: The Physiology and Ecophysiology, Berlin–Heidelberg–New York, 283–299.

Rayner, J. M. V. (1994): Aerodynamic corrections for the flight of birds and bats in wind tunnels. J. Zool. Lond. 234: 537–563.

Rees, E. C. (1987): Conflict of choice within pairs of Bewick's swans regarding their migratory movement to and from the wintering grounds. Anim. Behav. 35: 1685–1693.

Rees, E. C. (1989): Consistency in the timing of migration for individual Bewick's swans. Anim. Behav. 38: 384–393.

Reymond, A. u. O. Zuchuat (1995): Perch fidelity of Cormorants Phalacrocorax carbo outside the breeding season. Ardea 83: 281–284.

Rheinwald, G., J. Ogden u. H. Schulz (Hrsg.) (1989): Weißstorch. Schriftenr. Dachverb. Dt. Avifaunisten 10.

Richardson, W. J. (1990): Timing of bird migration in relation to weather: updated review. In: E. Gwinner (Hrsg.), Bird Migration: The Physiology and Ecophysiology, Berlin–Heidelberg–New York, 78–101.

Richardson, W. J. (1991): Wind and orientation of migrating birds: a review. In: P. Berthold (Hrsg.), Orientation in Birds, Basel–Boston–Berlin, 226–249.

Richardson, W. J. (1998): Serious birdstrike accidents to military aircraft of 22 countries: frequency and circumstances. In: N. J. Adams u. R. H. Slotow (Hrsg.), Proc. 22 Internat. Ornithol. Congr., Durban. Ostrich 69: 448.

Ricklefs, R. E. (1973): Fecundity, mortality, and avian demography. In: D. S. Farner (Hrsg.), Breeding Biology of Birds, Washington, 366–435.

Ritchison, G., J. R. Belthoff u. E. J. Sparks (1992): Dispersal restlessness: evidence for innate dispersal by juvenile eastern screech-owls? Anim. Behav. 4: 57–65.

Roberts, S. B. (1989): Use of the doubly labeled water method for measurement of energy expenditure, total body water, water intake, and metabolizable energy intake in humans and small animals. Can. J. Physiol. Pharmacol. 67: 1190–1198.

Rowan, W. (1925): Relation of light to bird migration and developmental changes. Nature 115: 494–495.

Rowan, W. (1931): The Riddle of Migration, Baltimore.

Rüppell, G. (1980): Vogelflug, Reinbek.

Rüttiger, L. u. K. Schmidt-Koenig (1994): Radio tracking and pigeon homing: a new method of flight path analyses. J. Ornithol. 135: 256.

Ryzhanovskii, V. N. (1987): Relationship of the postnuptial molt and breeding and migration in passerines in the subarctic. Ekologiya 3: 31–36.

Saali, K. u. J. Juutilainen (1988): Orientation of chick embryos in static magnetic fields. Ann. Zool. Fennici 25: 187–189.

Salomonsen, F. (1955): The evolutionary significance of bird-migration. Dan. biol. Med. 22: 1–62.

Salomonsen, F. (1967): Fugletraekket og dets gader, Kopenhagen.

Sandberg, R. u. F. R. Moore (1996 a): Fat stores and arrival on the breeding grounds: reproductive consequences for passerine migrants. Oikos 77: 577–581.

Sandberg, R. u. F. R. Moore (1996 b): Migratory orientation of red-eyed vireos, *Vireo olivaceus*, in relation to energetic condition and ecological context. Behav. Ecol. Sociobiol. 39: 1–10.

Sanden, E. v. (1989): Wechseln Kraniche *(Grus grus)* ihre Zugrouten? Ornithol. Mitt. 41: 176–177.

Sauer, E. G. F. (1957): Die Sternenorientierung nächtlich ziehender Grasmücken (*Sylvia atricapilla, borin* und *curruca*). Z. Tierpsychol. 14: 29–70.

Schaefer, G. W. (1968): Energy requirements of migratory flight. Ibis 110: 413–414.

Scheid, P. u. H. Shams (1995): Höhenflug von Vögeln. Naturwiss. Rundschau 48: 413–418.

Schindler, J., P. Berthold u. F. Bairlein (1981): Über den Einfluß simulierter Wetterbedingungen auf das endogene Zugzeitprogramm der Gartengrasmücke *Sylvia borin*. Vogelwarte 31: 14–32.

Schmidt, R. u. H.-U. Dost (1988): Nachweis einer am Schwarzen Meer erbrüteten Brandseeschwalbe *(Sterna sandvicensis)* als Brutvogel in einer Kolonie der Ostseeküste der DDR. Beitr. Vogelkde. 34: 60.

Schmidt-Koenig, K. (1973): Über die Navigation der Vögel. Naturwiss. 60: 88–94.

Schmidt-Koenig, K. (1980): Das Rätsel des Vogelzugs, Hamburg.

Schmidt-Koenig, K. (1985): Hypothesen und Argumente zum Navigationsvermögen der Vögel. J. Ornithol. 126: 237–252.

Schmidt-Koenig, K., J. U. Ganzhorn u. R. Ranvaud (1991): The suncompass. In: P. Berthold (Hrsg.), Orientation in Birds, Basel–Boston–Berlin, 1–15.

Schneider, T., H.-P. Thalau, P. Semm u. W. Wiltschko (1994): Melatonin is crucial for the migratory orientation of pied flycatchers (*Ficedula hypoleuca* Pallas). J. Exper. Biol. 194: 255–262.

Schuchmann, K.-L. (1996): Hummingbirds – ecophysiological and behavioral adaptations to extreme environmental conditions and to limited food sources: a review. Proc. V. Congr. Brasileiro de Ornitol., Campinas, Brazil, 67–76.

Schulz, H. (1988): Weißstorchzug. WWF-Umweltforschung 3, Weikersheim.

Schulz, H. (1995 a): Der 5. Internationale Weißstorchzensus 1994/95: Organisatorisches Vorgehen, Methodik der Bestandserfassung und erste Ergebnisse. In: O. Biber, P. Enggist, C. Marti u. T. Salathé (Hrsg.), Proc. Internat. Sympos. White Stork (Western Population), Basel 1954, 313–322.

Schulz, H. (1995 b): Zur Situation des Weißstorchs auf den Zugrouten und in den Überwinterungsgebieten. In: O. Biber, P. Enggist, C. Marti u. T. Salathé (Hrsg.), Proc. Internat. Sympos. White Stork (Western Population), Basel 1994, 27–48.

Schulz, H. (1997): Der Weißstorch – Gefährdung und Schutz eines Langstreckenziehers. Tagungsdokumentation „Zugvögel – Botschafter weltweiter Klima- und Lebensraumveränderungen", Stuttgart, 25–44.

Schulz, H. (1998): World status and conservation of the White Stork. In: Y. Leshem, E. Lachman u. P. Berthold (Hrsg.), Proc. Internat. Seminar: Migrating Birds Know No Boundaries, Torgos 28: 49–65.

Schulz, H. u. C. Mayr (1997): EU-Instrumente für den Schutz von Zugvögeln und Stand der Notifizierung von Important Bird Areas (IBAs) als Rastgebiete für Zugvögel in der Bundesrepublik Deutschland. In: Tagungsdokumentation „Zugvögel – Botschafter weltweiter Klima- und Lebensraumveränderungen", Stuttgart, 81–93.

Schüz, E., P. Berthold, E. Gwinner u. H. Oelke (1971): Grundriß der Vogelzugskunde, Berlin–Hamburg.

Schüz, E. u. W. Meise (1968): Zum Begriff des Teilziehers. Vogelwarte 24: 213–217.

Schüz, E. u. H. Weigold (1931): Atlas des Vogelzugs nach den Beringungsergebnissen bei paläarktischen Vögeln, Berlin.

Schwabl, H. (1983): Ausprägung und Bedeutung des Teilzugverhaltens einer südwestdeutschen Population der Amsel *Turdus merula.* J. Ornithol. 124: 101–116.

Schwabl, H. u. B. Silverin (1990): Control of partial migration and autumnal behavior. In: E. Gwinner (Hrsg.), Bird Migration: The Physiology and Ecophysiology, Berlin–Heidelberg–New York, 144–155.

Seebohm, H. (1888): Geographical Distribution of the *Family „Charadriidae"*, London.

Seebohm, H. (1901): Birds of Siberia, London.

Seilkopf, H. (1962): Herbstliche Umkehrzüge. Vogelwarte 21: 206–210.

Senar, J. C., A. Borras, T. Cabrera u. J. Cabrera (1993): Testing for the relationship between coniferous crop stability and Common Crossbill residence. J. Field Ornithol. 64: 464–469.

Sherry, D. F. u. S. J. Duff (1996): Behavioural and neural bases of orientation in food-storing birds. J. Exper. Biol. 199: 165–172.

Sick, H. (1968): Vogelwanderungen im kontinentalen Südamerika. Vogelwarte 24: 217–243.

Silverin, B., P. A. Viebke u. J. Westin (1989): Hormonal correlates of migration and territorial behavior in juvenile willow tits during autumn. Gen. Comp. Endocrinol. 75: 148–156.

Skov, H. (1989): Der Status des Weißstorchs in Dänemark. In: G. Rheinwald, J. Ogden u. H. Schulz (Hrsg.), Weißstorch. Schriftenr. Dachverb. Dt. Avifaunisten 10: 55–60.

Skov, H. (1999): The white stork *(Ciconia ciconia)* in Denmark. In: H. Schulz (Hrsg.), Weißstorch im Aufwind? – White storks on the up? Proc. Internat. White Stork Symp., Hamburg 1996. Bonn, 111–131.

Smith, H. G. u. J.-A. Nilsson (1987): Intraspecific variation in migratory pattern of a partial migrant, the blue tit *(Parus caeruleus):* an evaluation of different hypotheses. Auk 104: 109–115.

Sniegowski, P. D., E. D. Ketterson u. V. Nolan (1988): Can experience alter the avian annual cycle? Results of migration experiments with indigo buntings. Ethology 79: 333–341.

Snow, B. u. D. Snow (1988): Birds and Berries, Calton.

Snow, D. W. (1971): Evolutionary aspects of fruit-eating by birds. Ibis 113: 194–202.

Soler, M., J. J. Palomino u. J. G. Martinez (1994): Activity, survival, independence and migration of fledgling Great Spotted Cuckoos. Condor 96: 802–805.

Spina, F. (1986): Baltic birds through the Mediterranean: Some aspects of bird conservation in Italy. Var Fagelvärld Suppl. 11: 207–210.

Spina, F., A. Massi u. A. Montemaggiori (1994): Back from Africa: who's running ahead? Differential migration of sex and age classes in Palearctic-African spring migrants. Ostrich 65: 137–150.

Spina, F., D. Piacentini u. S. Frugis (1985): Vertical distribution of blackcap *(Sylvia atricapilla)* and garden warbler *(Sylvia borin)* within the vegetation. J. Ornithol. 126: 431–434.

Spina, F. u. A. Pilastro (1997): Ecological, morphological and conservation aspects of spring songbird migration strategies across the Mediterranean (Abstr.), 1st meeting Europ. Ornithol. Union, Bologna.

Stark, H. (1996): Flugmechanik nachts ziehender Kleinvögel, Diss. Univ. Basel.

Stenzel, L. E., J. C. Warriner, J. S. Warriner, K. S. Wilson, F. C. Bidstrup u. G. W. Page (1994): Long distance breeding dispersal of Snowy Plovers in western North America. J. Anim. Ecol. 63: 887–902.

Stolt, B.-O. u. T. Fransson (1995): Body mass, wing length and spring arrival of the Ortolan Bunting *Emberiza hortulana*. Ornis Fennica 72: 14–18.

Stresemann, E. (1934): Aves. In: W. Kükenthal, T. Krumbach (Hrsg.), Handbuch der Zoologie 7, Berlin.

Stresemann, E. (1944): Der zeitliche Ablauf des Frühjahrszuges beim Kappenammer, *Emberiza melanocephala* Scop. Ornithol. Monatsber. 52: 85–92.

Stresemann, E. (1951): Die Entwicklung der Ornithologie von Aristoteles bis zur Gegenwart, Berlin.

Stresemann, E. u. V. Stresemann (1966): Die Mauser der Vögel. J. Ornithol. 107, Sonderh.

Strikwerda, T. E., M. R. Fuller, W. S. Seegar, P. W. Howey u. H. D. Black (1986): Bird-borne satellite transmitter and location program. J. Hopkins APL Tech. Digest 7: 203–208.

Sutherland, W. J. (1996): From Individual Behaviour to Population Ecology, Oxford–New York–Tokyo.

Svensson, L. (1984): Identification Guide to European Passerines, Stockholm.

Swain, S. D. (1988): Avian flight muscle response to food deprivation. Amer. Zool. 42A: 206.

Swanson, D. L. (1995): Seasonal variation in thermogenic capacity of migratory warbling vireos. Auk 112: 870–877.

Tanabe, S., K. Senthilkumar, K. Kannan u. A. N. Subramanian (1998): Accumulation features of polychlorinated biphenyls and organochlorine pesticides in resident and migratory birds from South India. Arch. Environ. Contam. Toxicol. 34: 387–397.

Terrill, S. B. (1990): Ecophysiological aspects of movements by migrants in the wintering quarters. In: E. Gwinner (Hrsg.), Bird Migration: The Physiology and Ecophysiology, Berlin–Heidelberg–New York, 130–143.

Terrill, S. B. (1991): Evolutionary aspects of orientation and migration in birds. In: P. Berthold (Hrsg.), Orientation in Birds, Basel–Boston–Berlin, 180–201.

Terrill, S. B. u. K. P. Able (1988): Bird migration terminology. Auk 105: 205–206.

Terrill, S. B. u. P. Berthold (1989): Experimental evidence for endogenously programmed differential migration in the blackcap *(Sylvia atricapilla)*. Experientia 45: 207–209.

Terrill, S. B. u. P. Berthold (1990): Ecophysical aspects of rapid population growth in a novel migratory blackcap *(Sylvia atricapilla)* population: an experimental approach. Oecologia 85: 266–270.

Thielcke, G. (1998): Fortschritte im Vogelschutz in Italien. J. Ornithol. 139: 193.

Thienemann, J. (1927): Rossitten, Neudamm.

Thienemann, J. (1931): Vom Vogelzuge in Rossitten, Neudamm.

Thiollay, J.-M. (1971): L'exploitation des feux de brousse par les oiseaux en Afrique occidentale. Alauda 39: 54–72.

Tulp, I., S. McChesney u. P. de Goeij (1994): Migratory departures of waders from northwestern Australia: behaviour, timing and possible migration routes. Ardea 82: 201–221.

Tyrberg, T. (1986): Cretaceous birds – a short review of the first half of avian history. Verh. Ornithol. Ges. Bayern 24: 249–275.

Underhill, L. G., R. P. Prys-Jones, R. J. Dowsett, P. Herroelen, D. N. Johnson, M. R. Lawn, S. C. Norman, D. J. Pearson u. A. J. Tree (1992): The biannual primary moult of Willow Warblers *Phylloscopus trochilus* in Europe and Africa. Ibis 134: 286–297.

Valkjunas, G. A. (1989): On the role of seasonal migrations of palaearctic migrants in the spread of *Haemosporidia* of birds *(Sporozoa, Haemosporidia)*. Parasitologija 23: 208–215.

Vauk, G. (1977): Geschichte der Vogelwarte und der Vogelforschung auf der Insel Helgoland, Otterndorf.

Viguier, C. (1882): Le sens de l'orientation et ses organes chez les animaux et chez l'homme. Rev. Philos. France Etranger 14: 1–36.

Vleugel, D. A. (1954): Waarnemingen over de nachttrek van lijsters *(Turdus)* en hun waarschijnlijke oriëntering. Limosa 27: 1–19.

Wachs, H. (1926): Die Wanderungen der Vögel. Ergeb. Biol. 1: 479–637.

Wagner, H. O. (1930): Über Jahres- und Tagesrhythmen bei Zugvögeln. I. Mitteilung. Z. Vgl. Physiol. 12: 703–724.

Wallin, E. u. P. Milberg (1995): Effect of bean geese *(Anser fabalis)* grazing on winter wheat during migration stopover in southern Sweden. Agriculture, Ecosystems and Environment 54: 103–108.

Wallraff, H. G. (1989): The whereabouts of non-homing homing pigeons: recoveries of normal and anosmic birds. The Royal Institute of Navigation (Hrsg.), Orientation and Navigation, Paper Nr. 10.

Wallraff, H. G. (1991): Conceptual approaches to avian navigation systems. In: P. Berthold (Hrsg.), Orientation in Birds, Basel–Boston–Berlin, 128–165.

Wallraff, H. G., J. Kiepenheuer, M. F. Neumann u. A. Streng (1995): Homing experiments with starlings deprived of the sense of smell. Condor 97: 20–26.

Weatherhead, P. J. u. M. R. L. Forbes (1994): Natal philopatry in passerine birds: genetic or ecological influences? Behav. Ecol. 5: 426–433.

Weber, T. P., B. J. Ens u. A. I. Houston (1998): Optimal avian migration: A dynamic model of fuel stores and site use. Evol. Ecol. 12: 377–401.

Weber, T. P. u. A. I. Houston (1997): Flight costs, flight range and the stopover ecology of migrating birds. J. Animal Ecol. 66: 297–306.

Wehner, R. (1982): Himmelsnavigation bei Insekten. Vierteljahresschr. Naturforsch. Ges. Zürich 126: 1–132.

Weigold, H. (1930): Der Vogelzug auf Helgoland, Berlin.

Weindler, P., R. Wiltschko u. W. Wiltschko (1996): Magnetic information affects the stellar orientation of young bird migrants. Nature 383: 158–160.

Wenink, P. W. u. A. J. Baker (1996): Mitochondrial DNA lineages in composite flocks of migratory and wintering Dunlins *(Calidris alpina)*. Auk 113: 744–756.

Westermann, K., M. Schütterle u. H. Späth (1996): Wiederansiedlung des Weißstorchs am südlichen Oberrhein – Bilanz und Forderungen. Naturschutz südl. Oberrhein 1: 239–242.

Wetmore, A. (1926): The Migration of Birds, Cambridge (Mass.).

Whelan, C. J. u. M. F. Willson (1994): Fruit choice in migrating North American birds: field and aviary experiments. Oikos 71: 137–151.

Widmer, M. (1999): Altitudinal Variation of Migratory Traits in the Garden Warbler *Sylvia borin*, Diss. Univ. Zürich.

Williams, T. C. u. J. M. Williams (1990): The orientation of transoceanic migrants. In: E. Gwinner (Hrsg.), Bird Migration: The Physiology and Ecophysiology, Berlin–Heidelberg–New York, 7–21.

Williams, T. C., J. M. Williams, L. C. Ireland u. J. M. Teal (1977): Autumnal bird migration over the western North Atlantic Ocean. Amer. Birds 31: 251–267.

Willis, E. O. (1986): Vireos, wood warblers and warblers as ant followers. Gerfaut 76: 177–186.

Wilson, E. O. (Hrsg.) (1986): Biodiversity, Washington.

Wilson, E. O. u. W. H. Bossert (1973): Einführung in die Populationsbiologie, Berlin–Heidelberg–New York.

Wiltschko, R. (1990): Das Orientierungssystem der Vögel, Habil.schr. Univ. Frankfurt a. M.

Wiltschko, R. (1995): Kompaßsysteme in der Orientierung von Vögeln. In: Information Processing in Animals 9, Stuttgart–Jena–New York.

Wiltschko, R. (1996): The function of olfactory input in pigeon orientation: Does it provide navigational information or play another role? J. Exper. Biol. 199: 113–119.

Wiltschko, R. u. W. Wiltschko (1990): Zur Entwicklung der Sonnenkompaßorientierung bei jungen Brieftauben. J. Ornithol. 131: 1–19.

Wiltschko, R. u. W. Wiltschko (1998): Pigeon homing: Effect of various wavelengths of light during displacement. Naturwiss. 85: 164–167.

Wiltschko, W. (1968): Über den Einfluß statischer Magnetfelder auf die Zugorientierung der Rotkehlchen (Erithacus rubecula). Z. Tierpsychol. 25: 537–558.

Wiltschko, W., P. Daum, A. Fergenbauer-Kimmel u. R. Wiltschko (1987): The development of the star compass in garden warblers Sylvia borin. Ethology 74: 285–292.

Wiltschko, W., U. Munro, H. Ford u. R. Wiltschko (1993): Red light disrupts magnetic orientation of migratory birds. Nature 364: 525–527.

Wiltschko, W. u. R. Wiltschko (1991): Magnetic orientation and celestial cues in migratory orientation. In: P. Berthold (Hrsg.), Orientation in Birds, Basel–Boston–Berlin, 16–37.

Wiltschko, W. u. R. Wiltschko (1992): Migratory orientation: magnetic compass orientation of garden warblers (Sylvia borin) after a simulated crossing of the magnetic equator. Ethology 91: 70–74.

Wiltschko, W. u. R. Wiltschko (1995): Migratory orientation of European Robins is affected by the wavelength of light as well as by a magnetic pulse. J. Comp. Physiol. A 177: 363–369.

Wiltschko, W. u. R. Wiltschko (1996): Magnetic orientation in birds. J. Exper. Biol. 199: 29–38.

Wiltschko, W. u. R. Wiltschko (1998): The navigation system of birds and its development. In: R. P. Balda, I. M. Pepperberg u. T. A. C. Kamil (Hrsg.), Animal Cognition in Nature, San Diego, 155–199.

Wingfield, J. C. u. J. D. Jacobs (1998): Innate versus experiential factors regulating the life history cycle of birds. In: N. J. Adams u. R. H. Slotow (Hrsg.), Proc. 22 Internat. Ornithol. Congr., Durban. Ostrich 69: 125.

Wingfield, J. C., H. Schwabl u. P. M. Mattocks jr. (1990): Endocrine mechanisms of migration. In: E. Gwinner (Hrsg.), Bird Migration: The Physiology and Ecophysiology, Berlin–Heidelberg–New York, 232–256.

Wingfield, J. C. u. B. Silverin (1998): Ecological bases of endocrine phenomena. In: N. J. Adams u. R. H. Slotow (Hrsg.), Proc. 22 Internat. Ornithol. Congr., Durban. Ostrich 69: 66.

Winkel, W. (1993): Zum Migrationsverhalten von Kohl- und Blaumeise. Jber. Inst. Vogelforschung 1: 9.

Winker, K. (1995): Habitat selection in woodland nearctic-neotropic migrants on the isthmus of Tehuantepec I. autumn migration. Wilson Bull. 107: 26–39.

Winker, K., P. Escalante, J. H. Rappole, M. A. Ramos, R. J. Oehlenschlager u. D. W. Warner (1997): Periodic migration and lowland forest refugia in a „sedentary" neotropical bird, Wetmor's Bush-Tanager. Conserv. Biol. 11: 692–697.

Winkler, R. (1998): Moult strategies of European passerines. In: N. J. Adams u. R. H. Slotow (Hrsg.), Proc. 22 Internat. Ornithol. Congr., Durban. Ostrich 69: 35.

Winstanley, D., R. Spencer u. K. Williamson (1974): Where have all the whitethroats gone? Bird Study 21: 1–14.

Wojta, J. u. H. Aspöck (1982): Untersuchungen über die Möglichkeit der Einschleppung durch Stechmücken übertragener Arboviren durch Vögel nach Mitteleuropa. Mitt. Österr. Ges. Tropenmed. Parasitol. 4: 95–98.

Woldhek, S. (Hrsg.) (1980): Bird killing in the Mediterranean. Internat. Council Bird Preserv. European Committee for the prevention of mass destruction of migratory birds, Zeist.

Wolf, M. E. (1987): Jungvogel- und Mauserstrich bei der Mönchsgrasmücke *(Sylvia atricapilla)* und deren biologische Bedeutung, Diss. Univ. Wien.

Wolters, H. E. (1975–82): Die Vogelarten der Erde, Hamburg–Berlin.

Wuethrich, B. (1994): Electronic twitchers spot the night birds. New Scientist 2: 10.

Yeagley, H. L. (1947): A preliminary study of a physical basis of bird navigation. J. Appl. Physiol. 18: 1035–1063.

Zalakevicius, M., S. Svazas, V. Stanevicius u. G. Vaitkus (1995): Bird migration and wintering in Lithuania. Acta Zool. Lituanica Ornithol. 2.

Zink, G. (1973–85): Der Zug europäischer Singvögel, Möggingen.

Zink, G. u. F. Bairlein (1995): Der Zug europäischer Singvögel. Ein Atlas der Wiederfunde beringter Vögel. Bd. III: *Fringillidae, Passeridae, Sturnidae*, Wiesbaden.

Register

Sind Begriffe oder Vogelnamen im Text mindestens innerhalb der nächsten rund fünf Seiten wieder aufgeführt, ist ff. angegeben.